"十四五"国家重点图书出版规划项目

燮译文集 第五卷

普希金传

Пушкин

[苏] 列昂尼德·彼得洛维奇·格罗斯曼 著

王士燮 译

黑龙江大学出版社
HEILONGJIANG UNIVERSITY PRESS

哈尔滨

图书在版编目（CIP）数据

王士燮译文集．第五卷 ／（苏）列昂尼德·彼得洛维奇·格罗斯曼著；王士燮译．-- 哈尔滨：黑龙江大学出版社，2023.4

ISBN 978-7-5686-0593-9

Ⅰ．①王… Ⅱ．①列… ②王… Ⅲ．①俄罗斯文学—作品综合集②普希金（Pushkin, Alexander Sergeyevich 1799-1837）—传记 Ⅳ．① I512.11 ② K835.125.6

中国版本图书馆 CIP 数据核字（2021）第 002353 号

王士燮译文集·第五卷
WANGSHIXIE YIWENJI·DI-WU JUAN

普希金传　　[苏]列昂尼德·彼得洛维奇·格罗斯曼　著
PUXIJIN ZHUAN

王士燮　译

责任编辑　张微微　陈连生
出版发行　黑龙江大学出版社
地　　址　哈尔滨市南岗区学府三道街 36 号
印　　刷　三河市铭诚印务有限公司
开　　本　720 毫米 ×1000 毫米　1/16
印　　张　31.25
字　　数　421 千
版　　次　2023 年 4 月第 1 版
印　　次　2023 年 4 月第 1 次印刷
书　　号　ISBN 978-7-5686-0593-9
定　　价　118.00 元

出版说明

　　文化交流是中俄两国进行经济、政治以及其他领域深层次交流的重要基础和前提，是两国寻求更深层次合作发展的重要途径之一，具有极为深远的当代价值和意义。为了进一步服务中俄合作领域的哲学社会科学研究，为我国文艺作品繁荣发展、中俄文化交流以及"一带一路"建设贡献积极力量，我社结集出版了王士燮先生的俄罗斯文学经典翻译作品。

　　王士燮先生为我国资深俄苏文学翻译家，在俄罗斯文学翻译领域具有深厚的积淀和学养，此次结集出版的翻译成果有《叶夫根尼·奥涅金》《死魂灵》《烟》《青年近卫军》《普希金传》等经典译本。

　　译文集多数篇目由原始版本辑录。对于个别原始版本中的前言、后记、附录等内容，并非俄文原版图书内容的，均不收录，译者本人所写译者序等予以保留。

　　丛书旨在突出译者翻译作品的原貌，故在编辑过程中，只对作品中会影响读者理解的明显讹误进行了订正；考虑到翻译版本年代久远，对于个别词形、人名以及事件名称的表述，我们以现有的文字规范和译名规范为准；除作者原注外，亦保留译文在初次出版时的译者注，供读者参考。

出版前言

在整个中国翻译界,黑龙江的文学翻译是一个独特的景观。大批俄语文学翻译家在此诞生,得以培养,其人数之多,翻译作品之繁盛,都蔚为大观。虽然由于地理位置特殊,有些成就很大的翻译家在国内的名气未必高扬,但细察他们的成就,却令人感叹不已。

黑龙江俄语翻译人才的成长,离不开一所学校。1944 年,周恩来同志提出了为新中国准备外语干部的要求,积极主张加强外语人才的培养工作。中央决定将中央军委俄文学校扩建为包括俄文系和英文系的延安外国语学校。1946 年初,党中央从培养俄文军事翻译的实际需要出发,决定把延安外国语学校迁至哈尔滨复校。1946 年 11 月 7日,东北民主联军总司令部附设外国语学校正式成立。学校是军事干校性质,专门培养军政翻译。1948 年底,东北全境解放,东北民主联军总司令部附设外国语学校改归东北局和东北人民政府领导,改名为哈尔滨外国语专门学校,成为当时培养革命俄文干部的主要阵地。1953年,我国大专院校进行调整,哈尔滨外国语专门学校改名为哈尔滨外国语专科学校,归高等教育部领导。1956 年,哈尔滨外国语专科学校更名为哈尔滨外国语学院,这所学校也就是现黑龙江大学的前身。许多著名的翻译家就毕业于原来的哈尔滨外国语专科学校,如赵洵、李锡胤、郝建恒、徐昌汉、王士燮、姜长斌、高文风、刁绍华、张会森、王育伦、孙维韬、王忠亮、赵慧晨、甘雨泽、黄树南、宋嗣喜、金亚娜等。

王士燮先生从 1955 年起就开始从事翻译工作,经验丰富,治学严谨,成果显著。王士燮先生曾先后参加一系列重大翻译项目,是翻译苏联科学院编《俄语语法》(共3卷)的骨干学者。在20世纪60年代，翻译出版了阿克肖诺夫的《带星星的火车票》，反响很好，这使其深受鼓舞，决心在翻译事业上下一番功夫。早在1963年9月，他就译出了普希金的《叶夫根尼·奥涅金》初稿，"文革"开始后译稿搁置。1970年，王士燮先生在插队的时候，于农忙之余又对初译稿进行了逐字逐句的推敲，最后定稿是在1979年，1981年12月由黑龙江人民出版社出版。该书于1991年由浙江文艺出版社推出修订版，其最显著的艺术特色便是它的抒情性，作品中始终贯穿着诗人自己的形象，贯穿着作者的声音。这种特点集中体现在作品中27处之多的"抒情插笔"，其中，有作者对人物的贬褒，有对事件和场面的评论，有对往事的追忆；有的严肃庄重、富于哲理，有的尖锐激烈、锋芒毕露，有的诙谐幽默、妙趣横生，有的画龙点睛、入木三分；有些"插笔"与人物和情节的发展息息相关、丝丝入扣，有些"插笔"看似与人物或事件无关，其实并未离题。正是这些多角度多层次的"抒情插笔"，扩大了作品的容量，深化了作品的内涵，加强了作品的感染力。和其他的译本相比较，王士燮先生的译本不追求诗歌形式上的相似，而是以能够表达作者原意为主旨，无论是从理解深度上，还是从语言风格上，王士燮先生的译本都被公认为我国已有的五种译本中较好的译本，在1987年的"苏联诗歌翻译座谈会"上博得好评。《苏联文学》杂志中报道此次座谈会的文章将王士燮先生列为我国苏联诗歌翻译的第三代译者，名列第二。王士燮先生翻译的多部文学经典作品在国内影响深远，为俄语文学翻译领域学者提供了重要参考和借鉴。

王士燮先生还从事翻译理论研究，不断总结自己多年来的翻译经验，已发表论文《从翻译标准到翻译学》、《文学翻译的特殊要求》和《谈译者风格》等。

本文集收录了王士燮先生一生翻译的多部成果，包括《叶夫根尼·奥涅金》《死魂灵》《烟》《青年近卫军》《散文的诗意——巴乌斯托夫斯基散文集》《梅花鹿——普里希文散文集》《普希金传》等，旨在全方位展示王士燮先生在俄罗斯文学翻译领域的深厚积淀和学养，进一步服务于中俄合作领域的哲学社会科学研究,为我国文艺作品繁荣发展、中俄文化交流以及"一带一路"建设贡献积极力量。同时,本文集中的翻译作品,为国内语言学工作者以及渴望提升俄罗斯文化积淀的专业读者提供了全面丰富的文献资料,为加强中俄文化交流、促进中俄关系的健康发展提供了重要支撑,具有良好的社会效益和学术价值。

作者的话

本书是一九三九年出版的《普希金传》的第二版。当时那个版本是《名人传》丛书之一。这一版同第一版一样,对伟大诗人生平的叙述是以当时的政治事件和文学史为基础,用传记形式编排的。

但是,这一版与第一版也有不同之处,那就是大大扩充了对普希金创作研究的部分。他所有的重要著作,都用专门章节加以论述。我们把伟大作家一生的历史同他的创作密切联系起来加以探讨,因为他的生平乃是他赢得世界声誉的文学遗产的活生生的基础。

诗人的生平可以说明他的艺术,可以通过艺术家的个性揭示他的诗歌源泉。车尔尼雪夫斯基的观察十分准确,他说南方长诗之所以能激起人们的热情,在于"普希金在这些诗中贯注了自己心中的热情"。学者、传记作家和教师的任务,就是揭示普希金伟大作品中的热情和光明的源泉,因为普希金的作品将为俄国每一代新人照亮前进的道路。这就需要大家同心协力不断地工作,才有可能彻底发掘出伟大创作的这些源泉——诗人同人民的压迫者所进行的战斗,他为了争取自由、理智和缪斯的胜利所付出的巨大劳动。本书就是为参加这一集体工作而做的力所能及的尝试。

普希金本人认为,为诗人作传的主要材料,应该是他的思想和文字。他曾经想用这种方法为好友戴里维格作传——既"介绍他的见解",又"分析他的诗歌"。我们在此书中将尽力遵循诗人为后来的传记作家所指出的方向。

如果我们能够在某种程度上表达出高洁的诗人的光辉人格在进入新的历史时代的坚强人民心中所激起的无限热爱,那么,我们认为自己的任务就算相对地完成了。只有我们这个时代才能全面地认识并阐明天才艺术家对他的祖国的特殊重大的意义,而在过去,他同代人中的杰出人物只是模糊感觉到这一点。十二月党人雅库什金写道:"普希金是他那一代人的回声,既有他们的不足,又有他们的美德。或许,正是由于这个原因,他才是俄国从前未曾有过的真正人民的诗人。"普希金是一位用艺术的不朽形象出色地表现了人民的历史命运和文化的伟大作家,他以悲惨的遭遇为代价换取了俄国作家这一崇高使命——这正是从当时文献中所呈现出来的诗人形象,也是活在我们时代的人民心目中的形象,更是这本传记所要塑造的形象。

目　录

第一部

第二部

第一部

第一章 "叛逆的普希金家族"

1

如果到现代莫斯科的市郊,从"集体农庄光荣牌"到苏军剧场的五角大楼的大路上往叶卡捷琳娜公园方向拐去,穿过公园旁边迂曲蜿蜒的小巷,眼前便展现出一片风景如画的古老的城郊庄园。

如今,新的城市已势不可挡地闯到这里来了。有轨电车轰隆而过,伏尔加和胜利牌轿车风驰电掣,摩天大楼高耸入云。只有一些小木房后面零星保存下来的绿树成荫的果园,还能令人想起眼前的"普希金未降生之前的"独特的莫斯科。而对那个时代的莫斯科,无论是研究普希金的专家,还是研究莫斯科史的历史学家,都没有涉猎过。然而,那个时代的莫斯科跟普希金的生平有着密切关系,因而具有毋庸置疑的历史意义。

这些繁华的街道在彼得一世时原是一大片田产,这种田产在古代莫斯科城郊颇为常见。这一片土地从鲍热多姆卡沿杰列加特斯卡亚大街一直延伸到萨莫捷卡,包括沿街附近的无数小巷和斜坡。

这片大贵族的庄园,是普希金的曾祖父亚历山大·彼得罗维奇·普希金于一七一八年从一位没有妻室的远房亲戚那里继承来的。他的这位曾祖父当过御林军普列奥布拉任斯基团的军人。到了十八世纪中叶,这片广袤的土地传给儿子列夫·亚历山大罗维奇·普希金。列·普希金当过近卫军炮兵军官,据他后来成名的孙子的说法,是一个"暴躁而残酷的人"。

　　这个伊丽莎白时代军士的严厉暴虐的脾气，是从他那历史上有名的祖先身上继承下来的。这是一个严酷无情的家族。早先年，普希金家族的旁支曾出现过坚韧不拔、意志刚强的人物。他们往往在朝廷里担任重要职务。他们的始祖——古代勇士加夫里洛·奥列克西奇便是传说人物拉德沙的曾孙。在一二四〇年七月十五日亚历山大·涅夫斯基大败瑞典人的战斗中，奥列克西奇是他的战友。奥列克西奇的曾孙名叫格里果里·普什卡。普什卡有两个儿子改姓普希金。

　　这个家族的远祖的英雄事业，决定了他们所有的后代的历史。在多少个世纪的过程中，普希金家族的代表人物在俄国的各个领域都表现得英勇无畏、精力充沛和富有创造才能。他们在库利科沃会战和伊凡雷帝指挥的决战中，都立过辉煌战功。他们参加过征服克里米亚人、瑞典人和土耳其人的远征。他们在波兰王子侵犯时，保卫过莫斯科。他们出席过一六四二年的全国会议。他们在前方的军团里担任过军事长官，也担任过地方长官和驻外使节。他们曾受命同斯蒂芬·巴托里、安东尼·波谢文或斯道夫·阿多发这样一些历史人物进行谈判，这便足以说明他们卓越的外交才能。在十七世纪俄国的大臣当中，有一个大贵族叫格里果里·加夫里洛维奇·普希金，他声名卓著，曾作为莫斯科的全权代表出使瑞典和波兰，出色地解决了一些重大国际问题。他具有坚定不移捍卫祖国的荣誉和尊严的高度才能。正是他说服了波兰国王扬·卡齐米尔在广场上焚烧一切诋毁俄国的书籍，并"同他签订一项条约"，严厉惩罚一切反俄文章的作者。

　　但是，尽管普什卡的后裔曾为国家立下大功，却未能厕身于上层封建贵族之列。他们既没有爵位，又跟留里克续不上家谱，所以他们的地位跟官吏阶层更为接近，跟高傲的"瓦兰人后裔"则比较疏远。在莫斯科罗斯大贵族的行列里，他们跟名门贵胄也往往有某些距离，从而具有一定程度的独立性。在伊凡雷帝划分沙皇特辖区时，普希金家族属于普通贵族，几乎直到伊凡雷帝死前，一直处于失宠的地位。在鲍里斯·戈东诺夫时期，他们又转到不满的一方。加夫里洛·格里果里耶维奇·普希金曾代表不满的贵族向莫斯科市民发表演说。过了三百年之后，这位兼外交家的军人由于他的天才的后裔把他的名字写入历史悲剧而名扬后世。这位威严的政治家在诗人的书信中，还被比作法国国民议会的代表。

然而，普希金家族成员这种反抗精神也常常使他们脱离时代的进步运动。在彼得一世进行改革时期，普希金家族卷进以霍凡斯基为代表的倒退的、注定失败的潮流。他们受到火枪兵和旧教徒为反对这种不可容忍的改革而结成的势力的影响。这个进步家族中竟然有人参与了反对彼得一世力图使当时的俄国走向文明的反动阴谋。

不过，这次同当局发生争议的结局，对于这个古怪家族的主要成员来说十分悲惨。马特维·普希金本来是"末代罗斯"——亦即大贵族的古代——最有声望、最有权威的拥护者，可是他的儿子费多尔·普希金——年轻的御前大臣却于一六九八年三月四日被处死刑。跟他一同被处死的还有另外两个参与阴谋的人——火枪兵上校齐克列尔和旧教徒、侍从阿列克塞·索科夫宁。从此，大约有半个世纪这个"桀骜不驯的"家族的名字从俄罗斯史册上消失了。

普希金家族史上的这段混沌时期，尤其激发了诗人的想象力。他曾经有一个极为有趣的构思，要通过普希金家庭纪事的人物形象来描写火枪兵的叛乱。诗人一系列未能完成的写作提纲证明，普希金作为诗人和历史学家对于十七世纪这个政治悲剧一直萦系于怀，后来我国另外两位天才——穆索尔斯基和苏里科夫表现了这一题材。

直到十八世纪中叶，普希金家族才又在政治上有点名声。诗人的祖父以反对有名的一七六二年宫廷政变而出了名。当近卫军团、枢密院、东正教总会、彼得堡卫戍军、首都全城居民甚至喀琅施塔得的海军都向叶卡捷琳娜二世宣誓效忠的时候，一个炮兵连连长列夫·普希金却企图劝说普列奥布拉任斯基团的士兵继续支持彼得三世。他的这个企图失败了。被推翻的皇帝交给以拳术闻名的士兵阿列克塞·奥尔洛夫护卫，没过几天便由于"急剧绞痛"猝然死去，而近卫军炮兵军官普希金则被宣布为国事犯，被关进监禁农奴的牢房。

这一著名事件使他的名字载入史册。在从前国外记载"一七六二年俄国革命"的文字里,曾经提到一名古怪的近卫军少校普希金。他的孙子——诗人普希金在自己的藏书中,保存了这些有历史意义的文章,并在笔记中引用这些材料作为依据,用响亮的诗句颂扬了在这场轰动一时的朝廷危机中的微末角色:

> 当年,彼得宫的宫墙里
>
> 突然发生了一场叛乱,
>
> 我祖父像米尼赫一样忠贞,
>
> 对彼得三世矢志不变。
>
> 奥尔洛夫一家飞黄腾达,
>
> 而我的祖父却被关进牢门,
>
> 我们严酷的家族也变得温顺,
>
> 于是我生来便成了小市民。

彼得三世昏庸乖戾,对普鲁士国王腓特烈又奴颜婢膝,固然只当遗臭万年。对他的忠贞也算不得历史功勋。然而,《我的家谱》中这段著名诗句,对普希金家族后来的遭遇写得极其真实。加在一家之长头上的政治惩罚,不仅仅是他个人的挫折,而且是对普希金家族的后裔的一次沉重打击。为此事大发雷霆的叶卡捷琳娜一直统治到十八世纪末,而执拗的列夫·普希金的家族便注定要无声无息地降到一般的中等地位,既不能过问朝廷大事,也得不到宫廷的恩典。这一家族的几代人,都保留着对篡位女皇的不满和对信守誓言的列夫·普希金的某种崇拜,如在《杜勃罗夫斯基》和《上尉的女儿》里写的一七六二年的朝中大臣,便具有列夫·普希金政治生涯中的某些特点,这不能不表明作者的同情。

这位刚毅的近卫军军官的私生活,同他的官运一样富有戏剧性。"他的前妻,"普希金在他的自传中写道,"娘家姓沃叶伊科娃,因为丈夫怀疑她同教她儿子读书的法国人有暧昧关系(不知是否属实)而把她关进私设的牢房,她就死在草堆上了。至于那个法国人,他则按照十足的封建办法,在后院里把他勒死了"。

这一令人震惊的事件,从现今保存的文件里只能得到部分证实。

据列夫·普希金的旧式表达法,家庭教师的处死,只不过是由于他对"威尼斯人哈尔拉姆皮·麦尔卡吉"的"并不经常的责打"的结果。至于他对前妻虐待致死,则找不到任何证据。我们只知道,他年轻时确曾娶过玛丽亚·马特维耶芙娜·沃叶伊科娃为妻,她为他生了三个儿子。而她在五十年代,在丈夫还没丢官之前便死去了。

这场宫廷政变对于普希金家族的财产并没产生影响。列夫·普希金拥有几项庞大的遗产——有几个庄子和几块荒地,在莫斯科从鲍热多姆卡到萨莫捷卡一带有大片的土地,在尼热戈罗德还有一块世袭领地,即"在莫尔多瓦的大片翁翁郁郁的森林附近"的鲍尔金诺村。列夫·普希金在遭难之后,仍然保有这一大片祖传的产业。他出狱后不久,又一次结婚,娶近卫军上校的女儿奥尔加·瓦西里耶芙娜·奇切琳娜为妻。奇切琳娜祖辈曾经当过伊凡三世王妃索菲亚·巴列奥略未入宫时的侍卫。

名门望族当然富有财产。列夫·普希金得到的陪嫁,不仅有庄园和农奴,而且有大量的珠宝和珍贵毛皮。因此,这位著名诗人的祖母,根据他的说法,每逢出门拜客,都要"打扮得漂漂亮亮,戴上钻石首饰"。有一次生孩子也是这身装束。根据家人的传说,这孩子是生在马车上——是否属实,已很难断定。但有一点是千真万确的,那就是奥尔加·瓦西里耶芙娜给丈夫生了四个孩子:两女两男。两个男孩叫瓦西里和谢尔盖,这两个人的名字后来载入了俄罗斯文学史册。

2

新的家庭是在艰难时期建立起来的。据传说,这位专横的地主在鲍尔金诺村曾准备按照"十足的封建办法"把家庭教师吊死在庄园的大门上。一七七三年,普加乔夫的先头侦察骑兵来到这里,他们却要吊死地主本人。这场暴动已经受到两翼夹击,在这里未能展开,起义的群众不久就像潮水一般退去了。于是,为了恐吓不满的农民和镇压新的暴乱,在整个尼热戈罗德省到处设置了绞架。地方当局在鲍尔金诺村也设了刑具，"以便惩罚那些向流窜到此地的恶人躬身下拜和那些请求此等恶人绞死管家的农民"。

在普希金家族中间，关于强悍的祖先参加过祖国历史上轰轰烈烈的事件，无论"在军队或在朝廷中"都功勋卓著——这一类传说流传许多年，并一代传向一代。

然而，列夫·普希金的两个儿子却选择了另一种前途。这个一贯从军或为官的古老家族，到他们这一代第一次转向艺术。出于对叶卡捷琳娜和在一七六二年之后取代普希金家族管理朝政的"新贵"的不满与反抗，普希金家族的年轻一代便把精力放在纯文化和创作的尝试上了。他们尽管从小在近卫军里挂了名，却对从军和立功疆场毫无兴致。吸引他们的是另一种战斗和胜利，是在诗人小组和文艺沙龙里或在戏剧爱好者的舞台上赢得成功。这便是做诗人、朗诵家、即兴作品的作者、诙谐的健谈家、家庭戏剧的演员和导演。要做到这一点，首先必须是"语文学家"，在当时指的是业余的语言表演家。他们在刚刚觉醒的俄国社会传播了欧洲诗歌的新形式。

诗歌艺术很早就成为这两个年轻人的爱好。瓦西里·普希金逐渐成了真正的文学家，经常在著名刊物上发表文章并参加轰动一时的论战。弟弟谢尔盖·普希金直到晚年一直写诗，一生都无私地献身于缪斯，但对于发表作品和赢得声誉都十分冷淡。他们俩谁也没有卓越的才能，但是他俩却在自己的周围形成一种充满优雅的文学素养的气氛，从而造成培养少年诗人的天才最为适宜的环境。

研究普希金传记的传统观点，毫无根据地把他的父辈描写成不可救药的洋奴。只要仔细研究一下这个问题，便可以得出结论：他们所受的法国教育并没有把他们变成本国土地上的洋人。相反，他们成为两个世纪之交的进步贵族知识分子的突出代表，莫斯科社会生活的出色的参加者。他们极其珍视祖国文学的发展。帕·瓦·安年科夫对他们尽管不无讽刺，可也不得不承认，"他们对俄国的文明最热心，为之到处奔走"。对于这一点，我们在有关当时的回忆录中的确可以找到大量印证。

瓦西里·普希金和谢尔盖·普希金祖居莫斯科,是在十八世纪八十年代莫斯科文化生活极其活跃的环境里成长起来的。这正是所谓的俄国书籍出版和新闻事业、哲学讲座以及自愿结合小组蓬勃发展的"诺维科夫"①十年。"友谊学会"和"印刷公司"使年轻的俄国文化生机勃勃。这位杰出的政论家同农奴制的残酷行为进行斗争,同封建贵族的无知进行斗争,同首都贵族老爷那种对法兰西崇拜得五体投地而对祖国的一切轻藐已极的虚伪文明进行斗争,从而大胆地提出关于祖国和自由的主张。诺维科夫向读者展示了俄国古代文明的价值、民族历史的生动传说,同时号召实行普遍的合理的教育,以培养新公民的独立坚强的个性。他与一切伟大的启蒙者一样,为了从根本上改造奴隶制社会,努力广泛传播和鼓吹解放的新文学。他一方面抨击宫廷贵胄和"有爵位的"上层贵族,一方面把注意力放在第三等级的人身上,同时把下层的破落贵族看作接近于第三等级的人。"从不做事的俄国贵族,几乎到了诺维科夫才第一次拿起笔和书为祖国服务,就像他们的祖先骑马提剑去出征一样。"——瓦·奥·科留切夫斯基这样生动地写道。永不知疲倦的政论家在自己的出版物中,用进步观点来阐释世界大事,大胆响应各族人民为争取共和国的自由而进行的斗争。"休息的勤劳者"②对占有农奴的大老爷进行愤怒的抨击,为格里鲍耶多夫③的讽刺开了先河。

这些报刊当时也传到列夫·普希金古老的萨莫捷卡庄园。正在成长的年轻一代正是通过这些报刊上的文章来了解生活和认识时代的。启蒙精神、政治上平等和解放思想的精神在无形之中培育了年轻的普希金兄弟。他们正是由此产生了独立的信念,自己选定了前途,对那"令人艳羡"的入宫晋升之途完全无动于衷,对艺术及其进步要求绝对忠诚。他们在莫斯科文学团体里向来崇拜诺维科夫,而对那些半

---

① 尼·伊·诺维科夫(1744—1818),俄国启蒙者、讽刺作家,曾出版《雄蜂》等杂志,还从事过书籍的出版、发行工作。——译者注

② 指诺维科夫出狱后仍不能工作而言。——译者注

③ 格里鲍耶多夫(1795—1829),俄国剧作家,代表作为《聪明误》。——译者注

官方的思想家不屑一顾。正是由于这个缘故，车尔尼雪夫斯基①以其一贯的洞察力，把瓦西里·普希金看作俄国的早期启蒙者。俄罗斯的文化界当时曾培育了许多有贡献的社会活动家，在这中间普希金的父亲和伯父占有自己小小的地位。在十八世纪贵族老爷们的莫斯科，到处是花天酒地，斗拳的士兵斗得你死我活，无聊的寄生虫靠血淋淋的斗鸡斗鹅来消愁解闷。在这追欢取乐和残酷无情的莫斯科，一个专横昏聩的地主的两个儿子偏偏爱上了文学，决心为文学献出自己的一生。

3

继诺维科夫的莫斯科之后，是拉吉舍夫②的彼得堡。普希金兄弟遵照家庭传统，在少年时代结束之后入了近卫军。他们作为军官颇不称职，但是两个人都进入了首都的文学界。他们在军阶上的每次擢升，都标志着他们文化成长的重要阶段。

十八世纪末彼得堡的进步报刊，都是在拉吉舍夫的思想影响下创办的。瓦西里·普希金的作品都是在克雷洛夫和阿·伊·克卢申的杂志上发表的。他们两个人都属于自由思想者伊·格·拉赫玛尼诺夫的小组，而拉赫玛尼诺夫又跟拉吉舍夫十分接近。

《观察家》和《圣彼得堡的莫考莱》是属于"第三级官吏"的人士办的头一批刊物。所谓的第三级官吏，在十八世纪就是指早期的平民知识分子。他们与崇拜法国的上层贵族截然不同，坚决主张独立的民族文化思想。这种思想在诺维科夫的莫斯科便露出苗头。正是这种思想决定了普希金兄弟的文学创作立场。他们本来是在古典主义熏陶下成长起来的，如今在少年时代结束之际经历了一番风格上的革命：

在爱好上发生急剧变化的时刻来到了：

---

① 车尔尼雪夫斯基（1828—1889），俄国革命民主主义思想家、文艺批评家兼作家。——译者注

② 亚·尼·拉吉舍夫（1749—1802），俄国革命思想家、作家。——译者注

如今出现了卡拉姆辛①和德米特里耶夫－拉封丹②！

瓦西里·普希金在给茹科夫斯基的诗中这样写道。

在二十年代曾发生一场主张语言要生动、诗体要革新的文学论战，这场论战后来变得十分激烈。普希金兄弟是文体改革的坚决拥护者。

他们最先结识的好友当中，便有谢苗诺夫团的青年军官德米特里耶夫——寓言作家和歌词作者。他是卡拉姆辛的好友和至亲，在建立新文体的斗争中又是他最亲密的战友。他有一篇诙谐的诗体小说，题为《时髦的妻子》，写得非常成功。这篇诗体小说除开题材轻松之外，还代表着新的文学流派：诗的主要优点不是灵感的翱翔或激情的奔放，而是语言准确，有分寸感，形式优雅，富有艺术趣味。这些因素也构成了这两位青年诗人诗歌创作的基础。

他们通过德米特里耶夫又结识了杰尔查文③、鲍格丹诺维奇④、叶·伊·科斯特罗夫⑤（阿卜利士和奥西安的译者）和有名的艺术鉴赏家兼古董鉴赏家阿·尼·奥列宁。这些交往无疑打开了他们的眼界，提高了他们的写诗技巧。

这正是黑暗年代，反动政府被法国革命吓破了胆，决定向独立的"文学家"阶层进行决战。后来普希金曾把这个阶层认作俄国的"中间阶层"，甚至把它称作"文明的先头部队"。沙皇政权对持反对立场的知识分子的斗争残酷无情。"文明的"女皇亲自出马，指挥这场对具有"雅各宾"思想和作家职业的新劳动阶层的围歼。一七九〇年秋，由于写作《从彼得堡到莫斯科旅行记》而被判杀头的拉吉舍夫，被流放到西伯利亚。一七九二年春，诺维科夫被投入施利色堡要塞。据叶卡捷

①　卡拉姆辛(1766—1826)，俄国作家和历史学家，代表作为《可怜的丽莎》。——译者注
②　德米特里耶夫(1760—1837)，俄国寓言作家；拉封丹(1621—1695)，法国寓言作家。这里是把德米特里耶夫比拉封丹。——译者注
③　杰尔查文(1743—1816)，俄国诗人。——译者注
④　鲍格丹诺维奇(1743—1803)，俄国诗人。——译者注
⑤　叶·伊·科斯特罗夫(约为1755—1796)，俄国诗人兼翻译家。——译者注

琳娜宣称，他应当受到"最重的刑罚，决不宽贷"。克尼亚日宁①的悲剧《瓦吉姆·诺夫戈罗德斯基》被当众烧毁，据认为悲剧主人公是共和政体分子。严厉的最高缉查或叫"挥舞鞭子的刽子手"舍什科夫斯基，曾亲自审问担任枢密官的诗人杰尔查文，为什么要对圣经里的国王发出这种议论："你们也会跟我们一样死亡，就像树上的枯叶要飘落一样……"政府采取了特别措施来防范"法国的传染病"，即革命思想；出版社被砸毁，印刷厂遭到封闭。书商稍一不慎，便要受到皮鞭、苦役以及豁鼻的恐吓。

但是，尽管书刊的出版遭到空前的洗劫，普希金兄弟仍然留在文学界，并且每人都按照自己的方式"练习写诗"：哥哥作为职业作家，弟弟则作为刚入门的爱好者。

到了九十年代中期，谢尔盖·普希金的个人命运也有所安排了。

在彼得堡，他拜访了一门远亲，叫玛丽亚·阿列克谢耶芙娜·汉尼拔，并结识了她的漂亮的女儿纳杰日达·奥西波芙娜。这位少女有一副独特的美貌——略长的眼睛，鹰一般的侧影，微黑的皮肤。她有个绰号，叫"美丽的混血儿"。人们都经常这样叫她，其实并没有足够的根据。因为一般说的混血儿，指的是欧洲人在殖民地生下的后代。不过，她从来也不隐讳她的祖父是阿比西尼亚②人，而她那娴雅的容貌的确有一种隐约可以辨认出来的阿比西尼亚人的痕迹。

谢尔盖·普希金对她看样子一见钟情，很快就向这位具有四分之一混血血统的外貌和一个非洲征服者③姓氏的少女求婚，希望她能做他的终身伴侣。

---

① 克尼亚日宁(1742—1791)，俄国古典主义剧作家。——译者注
② 阿比西尼亚是埃塞俄比亚的旧称。——译者注
③ 指汉尼拔(公元前247—公元前183)，迦太基统帅，曾征服罗马，后战败自杀。——译者注

第二章　工程师和航海家的家族

在谢尔盖·普希金的双亲看来,他的这门亲事并不太合适。纳杰日达·奥西波芙娜没有丰盛的嫁妆,汉尼拔家族既算不上古老,也算不上名门,况且她父亲由于重婚案件掀起一场风波,家门名声颇坏。汉尼拔家族是彼得一世一手扶植的,也是在彼得在位时期为官做事的。他们在十八世纪的俄国以军事工程师、国防工程的指挥、炮兵军官和军事长官而闻名。他们曾在遥远的边疆修造要塞,在南纬的航线上率领舰船。这种工作特点决定了他们动荡不安的冒险经历:普希金家族如果犯罪,要关进牢房,而汉尼拔家族一旦犯罪,便要被押上军舰,送到地中海去打仗。他们总是能完成使命,夺得战利品,因为他们能干,行动机敏。这是一些个性鲜明、独具特色的人。他们精力充沛,感情奔放,善于安排自己的生活,善于同逆境做斗争并战胜环境。这些性格坚强、屡建战功的人虽然并没给后人留下任何记载,但是他们留下了有历史意义的形象,成为后来成名的外孙的宝贵财富。

纳杰日达·奥西波芙娜的祖父是阿比西尼亚人,本叫伊勃拉吉姆,到俄国之后改名阿勃拉姆·彼得罗维奇·汉尼拔,官至大都督。他的一生离奇曲折,充满了机缘巧合,可以说绝无仅有。命运把他从非洲的高原带到外贝加尔草原,从博斯普鲁斯海峡带到莫斯科,从新建的彼得堡带到法国军事学院,从路易十四的繁华巴黎带到战场。他担任过沙皇的秘书,参加过著名战役,做过军事数学家、宫廷教师,修过要塞,开过运河。毋庸置疑,他具有超人的智慧、丰富的知识和全面的才干。

关于他的童年生活有种种传说。从伊丽莎白的贵族档案里查到,伊勃拉吉姆生在阿比西尼亚北部洛冈,在哈马先和萨拉埃的交界处;他父亲在那里,在马列勃河右岸拥有两三座城镇。

十七世纪末,东北非成为同土耳其发生纠纷的场所。土耳其从那里把战利品、掳获物、俘虏、奴隶和人质运到君士坦丁堡,这个洛冈的非洲儿童也成了人质。在他被带走的时候,还有一段充满高尚情操的传说:伊勃拉吉姆的姐姐拉甘追赶拉走亲爱的弟弟的大船,跟在后面游了很久,最终淹没在大海的波涛里了。

文艺复兴时代,使用黑色奴仆的古代风气又开始盛行。这种习俗在十七世纪从欧洲宫廷传到俄国。彼得一世也常用黑人做奴仆。一七〇四年的一幅版画像上,刻的是威风凛凛的彼得一世,旁边就有一个保护皇帝的黑人。一七〇六年,俄国驻土耳其公使接到彼得的命令,要求给他弄几个黑人儿童来点缀宫廷。有材料说明,伊勃拉吉姆是在大臣协助下从难于靠近的苏丹王宫里偷跑出来的。

一七〇七年,这个非洲儿童从伊斯坦布尔运到北国的首都。从此,他就一直跟随沙皇,并且渐渐成为俄国和欧洲历史上一系列重大事件的见证人。彼得一世发现他在"出征与作战中"表现出卓越才能,于是派他到法国去学习军事工程。

尽管汉尼拔在巴黎生活困苦,在战争中又负了重伤,却仍然在梅次炮兵学校完成学业,回到彼得堡便成为数学和工事工程学教授。他从巴黎带回来大量法国图书,共有四百卷,其中不仅有他的专业书籍,还有地理、历史、哲学和文学书籍。在这些书籍当中,就有拉辛、高乃依、西拉诺·德·柏热拉克的著作,冯泰内勒的书信集,马基雅弗利的《君主论》,布兰托姆的回忆录,马勒伯朗士的哲学论文,博絮埃的《世界历史》。数学、军事方面的著作最多。

汉尼拔本人也写过一本有关工程学的书,还用法语写过回忆录。他临死时,不仅遗留下田产、农奴和最高官衔的履历,而且留下了浩瀚的藏书和成套珍贵的物理仪器和机械仪器,而最主要的是留下了关于他的科学活动的美好记忆:十八世纪著名的回忆录作家鲍洛托夫在其札记中记述了"汉尼拔的出色的几何学和工事工程学"。显然,汉尼拔的名字不仅在政界和军界甚有威望,而且在渴求知识的年轻一代人中间也颇享盛名。

伊勃拉吉姆所经历的严峻的生活考验,使他的性格变得有些严酷,这在他的家庭生活中也充分地显现出来。

一七三〇年末,汉尼拔在彼得堡遇见一位美貌的姑娘,据认为是希腊女郎。她是一位船长的女儿,名叫叶芙多基亚·安德烈耶芙娜·季奥佩尔。汉尼拔向她求婚,并且不顾女郎的坚决反对,坚持要与她结婚。一七三一年年初,他们举行了婚礼,然后他就把妻子带到里加湾的一个小港——佩尔诺夫。没过多久,他便指控这年轻女人有意药死他,并通过"严刑拷打"逼迫她交出正式供词。这不幸的女人被关进监狱,大权在握的阿比西尼亚人又和当地一名大尉的女儿赫里斯季娜·列基娜·舍别尔格同居,并且生下几个孩子。到了孩子需要上学的时候,汉尼拔与舍别尔格举行了婚礼,而这时他的前妻仍在监狱里受折磨。他利用关系弄到一张判处前妻酷刑的判决书:"着将淫妇用树条抽打,游街示众,然后立即送纺纱厂做工,永不宽宥。"前妻的终身囚禁,可使他汉尼拔的第二次婚姻合法化。但是季奥佩尔不知道通过什么妙法逃脱监狱,来到彼得堡向东正教总会提出申诉。她交保获释,案情要重新审理。这个受迫害的女人在彼得堡居住期间,同科学院工匠帮手同居,生下个女儿,叫阿格里萍娜。这个女孩子就成为伊勃拉吉姆的妻子生下一个白种孩子的传说的来源。由于这件事获罪的母亲被送进修道院。这个传说激发着外曾孙的灵感。普希金在《彼得大帝的黑奴》的序言草稿中写道:"我常常思考这件可怕的家庭轶事。"

这个小女孩的出生使汉尼拔得到口实,向彼得堡宗教法庭提出控告,要求"该淫妇不得再称作他的妻子"。一七五三年九月九日,季奥佩尔被判决与丈夫离婚,并送往边远的修道院幽禁,后来死在那里了。而汉尼拔为重婚一事,仅受到宗教惩罚和罚金便算了事。他同赫里斯季娜·舍别尔格的婚姻即得到承认。

这桩案子的结局之所以对他这么有利,是因为在伊丽莎白·彼得罗芙娜执政时期,她父亲的宠儿正盛极一时,炙手可热,受到女皇优厚的恩宠。他获得少将军衔和列韦里要塞司令的职位,还在普斯科夫省奥波切茨县"米哈伊洛夫村"获得五百农奴。他的后代就一直居住在那里,守着祖传的产业,并世世代代地怀念"黑人的曾祖"。

由于离婚案件结束,汉尼拔的几个儿子终于进入了贵族军官学校并在近卫军和海军中服役。长子伊凡·阿勃拉莫维奇成了历史上的英雄人物,并博得外孙的赞颂诗句:"纳瓦林的汉尼拔真了不起!"一七七〇年,经过大规模登陆作战和十五天的包围之后,伊凡·汉尼拔攻占了希腊群岛的纳瓦林要塞。一七七〇年六月二十四日,在希沃斯战斗中,他指挥舰队的火炮击沉了隐蔽在车斯米湾里的全部土耳其舰队。不久他又用事实证明,他不仅能炸沉巡洋舰,而且会修造堡垒。一七七八年,他接受一项任务,要在亚历山大-尚茨的规模很小、已经陈旧的工事旧址修造赫尔松要塞。三年过后,在原来安娜时代的偏僻要塞的地方,修成一座大城市,既有军港和军舰修造厂,也有普通的造船厂和武器库。

然而,汉尼拔的后代并不是个个都这样英勇善战的。这位攻无不克的"旅长"的弟弟,父亲给他取名叫亚努阿里,母亲取名叫约瑟夫。这个亚努阿里-约瑟夫的名字得以载入历史,只不过因为他是著名诗人的亲外祖父。

这个亚努阿里-约瑟夫,平常叫奥西普·阿勃拉莫维奇·汉尼拔,性情暴躁乖张,被认为是"不要命的人"和"家中的祸害"。一七七三年,他以海军炮兵少校官衔被派到利彼茨克视察铸造厂。这是彼得一世为给黑海舰队造大炮而修建的工厂。距离利彼茨克二十俄里有个村庄,叫波科罗夫斯科耶,是退伍大尉阿列克塞·费多罗维奇·普希金和他的妻子索菲亚·尤里耶芙娜(娘家姓尔热夫斯卡娅)的领地。奥西普·汉尼拔常常去波科罗夫斯科耶做客,并向他家十八岁的女儿玛丽亚·阿列克谢耶芙娜求婚,不久就同她结了婚。

新娘把雅罗斯拉夫斯科耶的田产全都用去给丈夫顶账,之后又想尽办法使严厉的公公同他败家的儿子和好。过了不久,新婚夫妇在彼得堡附近老父亲的庄园(绥达庄园)里定居下来。一七七五年他们生了一个女儿,就是纳杰日达。奥西普·阿勃拉莫维奇经常外出,迟迟不归,根本不过问家里的事。有了孩子的妻子不得不千方百计劝说丈夫。丈夫讨厌这种没完没了的规劝,决定同她一刀两断,永远离开绥达庄园,并且为了向妻子示威,还带走了幼小的女儿。他的这个主意打对了。妻子彻底服输了,只要求还她的孩子。

她给丈夫的信直到现在还保存着。后来,诗人戴里维格曾对这封书信所用的生动活泼的俄罗斯语言大加赞赏。我们在下面引用的书信可以证明这一点。然而,更令人感动的还是信中含蓄而朴素地表现出来的深刻的悲剧情绪。

"我的夫君奥西普·阿勃拉莫维奇:

我与您的不幸遭遇,使我不得不写信同您解释一下:当您对我的不悦达到极点,以至于您已不愿与我同居的时候,我已决计不使自己再成为您的累赘,从此与您分离,在任何方面对您都决无奢望,只有一事相求,请将我们的女儿交还于我,让她在我的监护下受到教育。至于对我们的女儿和对我的赡养费,我决不向您以及您的子女提出要求,谨此向您表示真挚的敬意。您的恭顺的奴婢玛丽亚·汉尼拔。"

奥西普·汉尼拔得到了必要的保证,很高兴地归还了女儿,附带写了一封相当挖苦的书信。他在书信中写道,希望妻子利用"可贵的自由",结尾还说:"让我最后一次称作您的丈夫约瑟夫·汉尼拔。"

从此,他果然再也没有回家。他认为同妻子的关系已经彻底结束,便在一七七九年再次结婚,娶寡妇乌斯京雅·托尔斯塔雅为妻,并且把一份证明他本人确无妻室的"亲笔信"递交宗教机构。玛丽亚·阿列克谢耶芙娜这时正住在莫斯科,安然无恙。听说丈夫新婚并声明前妻"死亡",她即向相应机构递交证明材料,揭露丈夫犯有重婚罪,所谓"确无妻室"实属伪造。不合理的婚姻被宣判解除,犯重婚罪的丈夫用船发配到北海。他的不动产分出四分之一,用来"赡养奥西普·汉尼拔年幼的女儿"。为此目的,剥夺了他在彼得堡省索菲亚县的科勃里诺村,玛丽亚·阿列克谢耶芙娜带着正在成长的女儿在这里定居下来。纳杰日达的伯父伊凡·汉尼拔领有左近的绥达庄园,就做了她的教父和保护人。

玛丽亚·阿列克谢耶芙娜的不幸婚姻使她的财产遭到重大损失,然而也使她得到痛苦的经验,从而遇事十分谨慎,也锻炼了她的办事能力和料理家务的本领。她在管理自己的小小庄园上十分在意,"决不让任何人力或物力白白浪费掉"。她只是经过这么一番不懈的努力,才有可能积蓄一些钱,在彼得堡普列奥布拉任斯基团买下一幢房子。从八十年代中期起,她同女儿开始在这里居住。

纳杰日达·奥西波芙娜受到了在当时上流社会看来属于头等的教育。她的法语十分娴熟,而在尺牍艺术方面成为戴·谢文耶太太的优等生。现在还保存的纳杰日达·奥西波芙娜写的书信,的确证明她的书信文体活泼,富有文学味道。

因而,青年诗人、近卫军军官谢尔盖·普希金给这位有教养的少女留下最深刻的印象是不足为怪的。一七九六年夏,他已成为她的未婚夫,到了九月末他们便在新娘祖传领地绥达庄园的小教堂里举行了婚礼。当时在场的人谁也没有料想到,在他们眼前建立的这个家庭,不仅在赫赫有名的普希金家族史上,而且在整个世界诗歌史上将要赢得永不泯灭的声望。

第三章 诗人的诞生

1

亚·普希金的父母新婚不久,就发生了一个重大事件——叶卡捷琳娜二世驾崩。十一月五日晨,女皇中风,第二天傍晚便死了。十一月六日深夜,谢尔盖·普希金和哥哥一起被匆忙叫到伊兹马伊尔兵营向新沙皇宣誓效忠。

第二天早晨,普希金兄弟参加阅兵式时,都穿着加特奇纳式"时髦军队"的崭新军装站在本队前面。这种军装在叶卡捷琳娜执政时期是严格禁止的。他们穿着箍得紧绷绷的制服,戴着瘦瘦的护腿套和带喇叭筒的手套,向新沙皇致敬。新沙皇身材矮小,脸色苍白,仿佛戴着一副死神的面具,第一次端着架式骑马在呆若木鸡的队伍前面跑过。他要用"铁条"来治国的恫吓,人人皆知。

保罗一世这种乖戾的统治,搞得人心惶惶,对普希金父母的生活也立刻产生了很大影响。在保罗一世死前的五年里,他的父母一直没有找到一个可以安居的地方,总是在两个皇都之间搬来搬去。直到一七九八年初,谢尔盖·普希金要求退役才跟哥哥一起返回祖居的莫斯科。

普希金一家住在城郊涅麦茨卡亚街。按居住条件来说,这在当时是全城最好的地方。这里住着外国人、达官贵人和学者。这里也住着普希金家的朋友和熟人,有名的藏书家布图尔林、著名学术出版家穆辛–普希金(出版过《罗斯法典》和《伊戈尔王子远征记》)、沃隆佐夫家族、布尔加科夫家族、拉祖莫夫斯基家族以及莫斯科上层社会的其他著名人士。谢尔盖·普希金从小就属于这上层社会,并且完全受这里的社会舆论左右。因此,我们觉得有一种流传颇广的新颖说法很值得怀疑。按照这种说法,一七九九年五月,在纳杰日达·奥西波芙娜临产之前,普希金一家搬到一座陈旧的、半倒塌的小房,甚至屋顶都沉下来了,说伟大的诗人就是在这里诞生的。我们认为这种说法的根据很不充分。谢尔盖·普希金和他的妻子当时住在莫斯科的涅麦茨卡亚街(现在的巴乌曼大街)。靠近叶洛霍瓦亚街一带有一座不为人知的房子(早已拆毁),一七九九年五月二十六日(星期四),他们就在这座房子里生下一个儿子,并给他起了一个有历史意义的响亮的名字——亚历山大。

他出生在艰难而混乱的时代。普希金诞生的那一年,发生过一系列重大政治事件。一七九九年,海军上将乌沙科夫率领舰队成功地绕过伊奥尼亚群岛,并攻占了难以接近的科府岛。同一年,俄国军队在传奇人物苏沃洛夫率领下,在亚达河、特里皮亚河和诺微等地取得了辉煌的胜利,并且第一次越过圣哥达隘口的冰封峭壁,把在阿尔卑斯山另一侧陷入重围的里姆斯基-科萨科夫的军队拯救出来。最后,一七九九年十一月九日,波拿巴将军推翻了执政内阁,成为法国专权的君主。沙皇政府顽固地继续推行叶卡捷琳娜制定的扼杀革命的政策,然而俄国人民在远离祖国的战场上已经表现出不怕任何艰难险阻和在由俄国将领英明指挥的历史性战役中所向无敌的精神。所有这一切在十八世纪末已经预示着世界历史到十九世纪初将要加快步伐,受拿破仑统治的欧洲的命运到那时将在莫斯科得到解决。

由农奴出身的奶娘围聚在婴儿摇篮周围。其中有一个曾经给普希金的姐姐奥尔加当过奶娘,由于口齿伶俐而被普希金的父母看中了。她那富于形象的语言在普希金家中一直流传下来,而她那擅于讲民间故事的卓越才能更决定她要永远给主人看孩子。这个农奴出身的奶娘叫阿里娜·罗吉翁诺芙娜。

这是一个四十岁上下的女人,对车斯米湾的胜利和普加乔夫起义都记忆犹新。她于一七五八年四月十日生于阿普拉克辛伯爵的世袭领地绥达庄园。这是十七世纪曾被瑞典人侵占的古老的伊若尔地区，后来彼得一世把它重新夺了回来。这个饱经战祸的边塞保存着对多少世纪以来争夺波罗的海海岸的斗争血淋淋的记忆，并通过诺夫戈罗德人、芬兰人、俄罗斯农民的口头诗歌把古代战争的回忆记录下来。俄罗斯人是在十八世纪初才迁居此地的。

农奴女儿阿里娜就是在这样的环境里诞生的。她刚满一周岁的时候，就成为著名大都督阿勃拉姆·汉尼拔的"奴隶"，并在二十二年间，即直到他于一七八一年去世为止，一直是他的私有财产。她对这位可怕的老爷记得清清楚楚，能根据自己的亲身经历讲述这位"沙皇的黑奴"的许多故事，从他那不同凡人的身材直到他那暴烈的脾气。

在彼得大帝的著名宠臣死去以后，这位年轻的歌手又被当作遗产转到他的三子奥西普·汉尼拔手里。奥西普·汉尼拔的田产于一七八四年经政府判决交给被遗弃的妻女——玛丽亚·阿列克谢耶芙娜和她的小女儿纳杰日达。又过了十三年之后，死掉丈夫的"农妇"阿里娜·罗吉翁诺芙娜又在自己小姐的家中当奶娘。在这里她注定要用自己"唱歌的才能"使她那默默无闻的名字永远流传于世。

普希金的父母在儿子出生之后不久，又到米哈伊洛夫斯科耶村奥西普·汉尼拔那里住过一段时间。从那里又去彼得堡，在彼得堡住了将近一年。

保罗的制度正迅速走向灭亡。保罗一世为了猖狂地扼杀革命，继续推行他的"恐怖统治"：秘密警察到处横行，书刊检查无情地摧残刊物，印刷厂被封闭，文学销声匿迹。

严格而烦琐的礼节完全束缚住彼得堡的生活。在宫廷里，不论男女都要在皇帝面前屈单膝下跪，还要吻他的手。在街上遇到沙皇，过往行人都要下车向皇帝鞠躬敬礼。稍一触犯这些规矩，便要遭到严酷的迫害和处罚。正是由于这个缘故，保罗每逢上街，便成了人人迅速逃避的信号。百姓用惊慌逃跑来表示他们对沙皇的敬意。

普希金的儿童时代发生过一件可笑的事情，也是由于这种在街上施礼的规矩造成的。保罗一世曾亲自向普希金的奶娘发出警告,因为奶娘在皇帝走到跟前的时候,还没有把刚满周岁的普希金头上的帽子摘掉。人们很可能把这件事当作笑谈,然而,在保罗把礼节规定得那么琐细的情况下,则是完全可以理解的。后来普希金本人在书信中也讲到这件稀奇古怪的事,并且把这看作他一生总跟沙皇不睦的某种预兆。他直到临死之前,的确没有向皇帝施过多少礼。

2

一八〇一年初,谢尔盖·普希金返回莫斯科,在"清水塘"——在波科罗夫斯基和米亚斯尼茨基两座城门之间,定居下来,缅希科夫塔就在那一带。

保罗时代的结束预示着俄国文学的复兴。一八〇一年春,诗人的声音又开始响亮了。"产生了一些才能卓著的年轻诗人,"格列奇写道,"有茹科夫斯基①、巴丘什科夫②、维亚泽姆斯基③、格涅季奇④"。克雷洛夫⑤又开始发表作品;"杂志、集刊、批评和论战纷纷出现"。普希金兄弟又重新从事心爱的诗歌创作,在谢尔盖·普希金家经常举行文学晚会。

这些年他家经常搬迁,但是总没离开莫斯科古城的涅麦茨卡亚街和奥戈罗德尼基一带。在那里居住的大半是文学家和学者。

普希金的幼年就是在莫斯科东北部的这一带市区度过的。他小时常常上清水塘边玩耍,欣赏尤苏波夫家一簇簇剪得整整齐齐的"凡尔赛"树,观看波科罗夫斯基城门和米亚斯尼茨基城门附近的市井风光。每年春季的放鸟节,令许多外国人感到惊异。在这一天,莫斯科的"愚昧百姓"——仆人、农奴和农民——成群结队地涌向广场,到那

① 茹科夫斯基(1783—1852),俄国诗人,代表作为《斯维特兰娜》。——译者注
② 巴丘什科夫(1787—1855),俄国诗人。——译者注
③ 维亚泽姆斯基(1792—1878),俄国诗人。——译者注
④ 格涅季奇(1784—1833),俄国诗人兼翻译家。——译者注
⑤ 克雷洛夫(1769—1844),俄国寓言作家。——译者注

里每人买一只装在笼子里的鸟,然后在周围人群的欢呼声中把鸟放走,使它获得自由。据一位回忆录作家说,这种风俗习惯有一种既令人感动又令人凄楚的情调。这种具有象征意义的节日活动,好像更使这些处在奴隶地位的不幸人们感受到侮辱。普希金从小就喜欢这种"古老而亲切的风习",哪怕它只能使"一个造物"获得自由也好。

四下望去是漫无边际的莫斯科——是"由老爷们的庄园构成的大村镇",是一座房屋错落、人烟稠密、五光十色的都市。那时还没有石砌的马路,路面是用圆木铺的。街上有酒店、饭店、面包房和大车店,还有修道院、车站和宫殿。

普希金小的时候,总是由他家的一名年轻的仆人带领上街玩耍。他叫尼基塔·季莫菲耶维奇·科兹洛夫,原是鲍尔金诺的一个农奴,如今专门照看普希金。他在诗人的人生道路上一直陪伴着他,诗人甚至曾用急就的诗句将他称颂。他在同普希金最接近的人——他的亲友中,将占据一个不大显著的位置。即使他不是诗人(Л. 帕夫利谢夫不顾已有的材料,硬说他会作"即兴诗"),俄语却讲得很地道,善于运用俄语的鲜明形象和丰富的比喻。他曾对普希金的一位朋友打比方说,老爷一直住在别墅,偶尔到城里走走,"就像火石打出的火花似的",使这位朋友大为惊异。普希金能够成为未来伟大的语言艺术家,他的语言无疑吸取了这种形象的民间语言的生动活泼的特点。

尼基塔在陪普希金上街游玩时,也培养了他的艺术欣赏力。是他最先向幼小的普希金介绍了莫斯科风景和建筑的优美。后来,诗人在许多著名诗句中都颂扬过亲爱的莫斯科。

莫斯科啊,我的故城,

啊,你那金碧辉煌的圆顶——

普希金在他最后一篇长诗的草稿中这样写道。

有材料证明,普希金小时很喜欢爬到钟王伊凡的钟楼顶上去。在他的第一篇长诗中,的确提到过这座钟楼。从钟楼向下望,眼前展现出一片田野和丛林、土城墙上的岗哨、中国城、瓦尔瓦尔卡和米亚斯尼茨基街一带作坊的烟囱。有许多新建筑物的柱廊整齐而雄伟,如卡扎科夫建造的大学和巴任诺夫修建的"巴什科夫大厦"（如今是列宁图书馆）。涅格林那亚河像条带子一样绕过克里姆林宫。在拆除白城城墙的地方，修起一处处绿油油的街心花园。十八世纪的莫斯科就是这样延伸开去，它那闪闪发光的屋顶好像用五色积木拼成似的。它既广阔无边，又风景如画；既终日劳苦，又闲散无事。这座古都，伟大俄国的畿辅，无边无际的祖国的条条大道都汇集于此。正如《叶夫根尼·奥涅金》的作者无限感慨地赞叹道："我的莫斯科啊！"他永远忘不了旧国都的独特生活以及那里古怪的显贵和恶作剧的富翁。他们每逢出门都大讲排场，坐上用白银锻造的带篷马车，有成群的奴仆、黑人、猎人和跟班前簇后拥。

这些印象，幼小的普希金都默默而聚精会神地吸收到脑海里。不过他喜欢独自思考，可又显得反应迟钝，这有时倒很令母亲担忧。他早期诗歌思维隐秘的内在过程就是这样形成的。"他从懂事起就表现出对诗歌的爱好。"普希金的弟弟证实说。诗人自己也不止一次地指出他的创作欲望产生得很早。比如下面这些歌颂缪斯的诗句都属于这类："幼时缪斯便爱上了我……""在襁褓之间便赠我以芦笛……"

　　　　她俯在我儿时的摇篮上，

　　　　　微微呼出芳香的气息……

儿童想象力的产生得益于同民间故事的诱人世界的接触。

"有一个沙皇想要娶老婆……有一天他听见三个姐妹在闲说话。大姐夸耀说，她用一个米粒就能让丈夫吃饱；二姐夸耀说，她用一块布头就能给丈夫做身衣服；三姐夸耀说，她头一年就要给丈夫生上三十三个儿子。沙皇娶了三姐……"——奶娘阿里娜这样讲述说。

她有说不尽唱不完的民歌、故事和传说。她年轻时是汉尼拔的农奴，后来得到自由，可是她不愿意回自己家，仍然在普希金家照看这些小主人。她在自己的家乡科勃里诺，在汉尼拔的庄园里，听到过许多民间故事：有关于沙皇苏尔坦的，有关于玛丽亚公主的，有关于比小鬼还狡猾的雇工巴尔达的。她是一位真正的讲故事能手，她把这些民歌、俚谚、小故事的生动细节都记得扎扎实实。她拖着长声唱着凄哀的民歌,唱得富有音乐感,而这种音乐感正是俄罗斯人民所特有的。

　　　　小山雀在大海彼岸日子不好过……

　　凄凉的歌声突然出人意料地变成快活急促的舞蹈旋律,从中可以听到饱经苦难的农民内心里压抑不住的力量。俄国的农民尽管经历多少世纪奴役的沉重压迫,仍然保持着永不衰竭的才能。

　　于是,在普希金家的儿童室里响起快活而热情的、婉转悠扬的歌声。歌中唱道:在宽阔的大路上,"有一个少女去打水,去打清澄的泉水……"

　　普希金的著名诗句可以证明奶娘是经常唱这支歌的:

　　　　给我唱一支歌吧,唱那山雀

　　　　在大海彼岸过着平静的生活;

　　　　给我唱一支歌吧,唱那少女

　　　　清早起来到泉边去打水……

　　普希金家里还有一个会讲故事的人,这就是外祖母汉尼拔。她的娘家姓尔热夫斯卡娅,是一个古老的家族。据她的外孙女说,她"很珍视自己的门第,并且常常喜欢回忆从前的景况"。关于十八世纪的一些历史轶事,小普希金最先就是从她那里听到的,后来他非常喜欢记录这些轶事。她跟历史上有名的两位汉尼拔也有过密切接触,甚至曾企图软化一下阿勃拉姆·汉尼拔的厉害脾气,而对于他的长子——纳瓦林的胜利者,则永远保留着感恩不尽的怀念。

　　整整一个世纪的俄国历史、战事、沙皇们的私生活、彼得和女皇们、探索者和战友们——所有这一切都穿插在她讲述的家庭重大事件和关于祖辈的传记之中。

　　普希金在幼年是跟外婆学习的俄语。她出身于破产的贵族家庭,没有受过上层贵族式的教育。她喜欢祖国的语言,而且掌握得娴熟,讲起话来很标准。

　　一八〇四年末,外祖母汉尼拔在莫斯科近郊的兹维尼戈罗德区购买了扎哈罗沃村。这座村庄距离大庄园维亚焦玛只有两俄里远。那是一个充满历史往事和古老石碑林立的地方。以前曾是鲍里斯·戈东诺夫的领地，后来做过伪德米特里的行宫，玛琳娜·姆尼舍克就曾在那里住过。从斯摩棱斯克大道往莫斯科去的各国使节和外国旅游者也都在这里停留过，彼得一世也曾到这里求教于他的老师鲍里斯·戈利增。这些史实在当地的传说和民歌中都留下了痕迹。

普希金小的时候，便喜爱扎哈罗沃的槭树、白杨、湖光水影和绿树浓荫。俄罗斯中部地区的风景，在这一带是五彩缤纷、绚丽如画的。正是在这一带，在古老的莫扎伊斯卡亚大路上，在普希金之后不久，成长着另一位伟大的俄国作家——赫尔岑①。赫尔岑对莫斯科西郊的草地和丛林有着欣喜若狂的印象："我们那无边无际的草原覆盖着平坦的绿茵，看了真令人心旷神怡；在我们那坦荡如砥的大自然里，有一种恬静的、信任的、坦白的情调……有一种正像俄国民歌所歌唱的那种情调，在俄国人的心中勾起亲切的回响。"

普希金对于这一带故土风光的感受，也正是这样。他在自己学生时代写的一首致友人的诗中，就曾怀着热爱乡土之情描绘扎哈罗沃的风景，而一八一九年在米哈伊洛夫斯科耶也曾用美好的诗句表达自己对于俄罗斯大自然的深厚的爱。他的这种爱最初就是在他非常喜欢的扎哈罗沃村产生的：

> 你要爱那芳草如茵的山坡，
>
> 和我的懒散闲游揉皱了的草原，
>
> 和椴树的阴凉、槭树的沙沙声响——
>
> 它们最能激发你的灵感。

但在扎哈罗沃村，并非一切都富有田园诗意。在这里普希金第一次见到农奴，他们随即永远成为他思考的对象，他一直怀着惶惑和愤慨的心情思考着"忍受苦难的奴隶"的悲惨命运。

---

① 赫尔岑（1812—1870），真名为亚历山大·伊凡诺维奇·伊斯坎德尔，俄国民主主义革命家、唯物主义哲学家和作家，代表作有《谁之罪》等。——译者注

3

在这童年时代，普希金便在不知不觉中接受了文学教育。他生长在有教养的家庭，全家都对语言艺术感兴趣，他们把诗歌看作生活中最重要的东西。一八二一年，普希金给弟弟写信说："如果你像家里的人，你就会成为文学家。"普希金本身从儿时就为民歌、童话和诗歌所陶醉。谢尔盖·普希金后来写道："他是那么聚精会神地谛听大人朗诵德米特里耶夫和他伯父瓦西里·里沃维奇·普希金的寓言和别的诗作，有些还背诵下来了。当时有一位可尊敬的亲戚看到这事非常高兴，便劝他读一些我国诗人的作品，说这样会有益于智力和心灵。"普希金采纳了这个主意。

普希金在幼年便对作家的人格发生了兴趣，在他这种年龄这是异乎寻常的。一八〇四年，卡拉姆辛来拜访谢尔盖·普希金。这是在卡拉姆辛被任命为"历史编纂官"之后不久的事。这时，卡拉姆辛同反对他改革俄语的人的斗争刚刚开始。最初是在一八〇三年，海军上将A. C. 希什科夫发表他那轰动一时的文章《论旧文体与新文体》，把卡拉姆辛的文学主张说成仿佛是来源于对法国革命的同情，并把这种主张同反映东正教教会和专制政权的教会斯拉夫语言传统对立起来。语文问题变成了尖锐的政治斗争，而"斯拉夫罗斯派"同卡拉姆辛派开始的文学论战便具有了突出的社会意义。

这场激烈的语言学论战把瓦西里·普希金推到斗争的第一线。尼·加·车尔尼雪夫斯基写道："卡拉姆辛派同希什科夫派的斗争属于本世纪初我国文学最有趣的运动之列……正义在卡拉姆辛派一边；瓦·里·普希金是卡拉姆辛派最热烈的拥护者之一，他向敌人的阵营做了两三次成功的出击。"

由此可见，卡拉姆辛同瓦西里·普希金谈话的题目很广泛。这位历史学家从沙发椅上站起来，挺直魁梧的身躯，高声朗诵，正像茹科夫斯基描绘的那样：

　　　向上伸出手指，

　　　两眼闪着火花。

　　这是一个不寻常的场面,对五岁的孩子来说更是如此。他默不作声地躲在沙发的角落里,两眼盯着"真正的作家",贪婪地吸取不可理解而又美妙的语言。也许大人已经悄悄地告诉了他,这个身材魁伟、声音洪亮的人曾经写过歌颂伊利亚·穆罗麦茨的悠扬动听的童话。这位诗人的小崇拜者一下子就爱上了这篇童话故事。

　　于是他们又滔滔不绝地谈论起来,提到许多奇怪的名字,接着又朗诵诗歌。在普希金面前展现出一个独特的世界——这里再也没有银足的少年和前额上带一颗星星的公主,而是一些写诗和编书的活生生的优秀人物。他不知从哪里产生出一种模糊而惶惑的愿望:有一天他也要成为这样一个编造"美丽的幻想"的诗人……

　　这些情况我们是从谢尔盖·普希金的记述中了解到的。他描写过一八〇四年卡拉姆辛这次傍晚的造访:"整个晚上亚历山大都坐在他对面,仔细倾听他的谈话,目不转睛地望着他……"

　　上面说的这些就是普希金儿时的美好印象:乳母、外祖母、尼基塔、克里姆林宫、扎哈罗沃、寓言和民歌、仆人和诗人——所有这一切都哺育着他那易于感受的幼小心灵,在不知不觉中为他未来的创作做好了准备。

　　我们没有必要夸大普希金童年的痛苦。诗人自己留下了关于他童年的欢乐的确凿证据:

　　　我的童年时代啊,

　　　多么平静而美好……

　　他在一八一七年这样追记清晰的往事。

　　但是,我们也不必隐讳诗人儿时的真正的苦闷。他长时期得不到父母的钟爱,因为父母不了解大儿子为什么总是那副若有所思的样子。纳杰日达·奥西波芙娜觉得自己不善于管理家务,情愿把一切都推到能干的母亲身上。她跟丈夫一样,性格热情,醉心于社交界的生活。然而,尽管普希金的母亲有外国美人的名声,但她却是一个地道的俄罗斯妇女。按照外祖父算,她属于俄国历史上有名的普希金家族;按照外祖母算,她属于大贵族尔热夫斯基家族;按照父亲算,她属于早已俄化并在俄国军队、海军和政府里供职,功勋卓著的汉尼拔家族。教育她的人正是波尔塔①的著名征服者、十八世纪出色的俄国统帅和海军将领的战友。她从来也没有离开过自己的母亲,而母亲又是那么喜欢俄国古老的事物,那么娴熟地掌握了俄罗斯的民间语言。她是同表兄弟亚历山大·尤里耶维奇·普希金一起长大的。表兄弟是陆军贵族军官学校的学生,曾给她讲述过许多关于俄国辉煌战功的传说。尽管上层社会的教育使得纳杰日达·奥西波芙娜无论讲话或写信都要带上时髦的法国古典主义的色彩,但毕竟没有使她与俄罗斯的大自然和在乡下或首都一直围在她身边的俄罗斯人完全隔绝。她喜欢长时间地住在米哈伊洛夫斯科耶村。她有着与丈夫共同的文学爱好,从事共同的活动,因而经常跟俄国的一流作家往来。她在谢尔盖·普希金的文艺沙龙里,可算得上称职的女主人。她喜爱晚会、家庭演出、朗诵、剧院和同音乐家、画家接触。属于他们这个沙龙的有一个作家,叫克萨维耶·戴·麦斯特尔,颇有绘画才能,给纳杰日达·奥西波芙娜画了一幅时髦的彩画——用水彩在象牙上画的,极其生动地表现出她那俏丽的容貌和聪明的眼睛。

但这种终日游乐的社交生活完全俘虏了年轻的女人,使她与孩子们完全疏远了,使他们失去了高尚而幸福的母爱。对于这一点,不受父母喜欢的普希金感受尤深。在他的诗歌中根本找不到母爱的题材,不能不说是对纳杰日达·奥西波芙娜的无言责备。

但是,纳杰日达·奥西波芙娜在教育子女方面有一件功劳也必须指出:据她的女儿证实,他们之所以热爱法国文学,不仅是由于父亲的培养(父亲常常"给他们朗诵莫里哀②的作品,朗诵得绘声绘色"),也由于母亲的培养,每次巴黎出版了优秀书刊,母亲都要给亚历山大和奥尔加诵读。

---

① 波尔塔,奥斯曼帝国政府之称。——译者注
② 莫里哀(1622—1673),法国剧作家,代表作有《伪君子》等。——译者注

在童年时代,普希金同父亲的关系便有点疏远,后来终于导致公开反目。普希金到了青年时代,即成为战斗的诗人,成为十二月党人的鼓舞者和战友。他的成就大大超过了他父亲的室内诗歌,因而他们内心的格格不入和公然的决裂则是完全不可避免的了。天才的少年人同周围的庸庸碌碌、目光短浅的人们之间的对立,在早年虽然尚不易觉察,但必然要引起彼此之间的戒备和疏远。

谢尔盖·普希金处于生活的重重矛盾之中,从而形成一种古怪的性格,这也使得孩子难于同他真诚相见。

这是一个很有教养、待人和蔼的人,是法国古典文学的热烈崇拜者和出色的专家,几乎可以说是俄国第一位"莫里哀专家";但是另一方面,又性格暴躁,易于动怒,独断专行,办事过于马虎,不过十分节俭。谢尔盖·普希金很早便表现出对诗歌的爱好,这使他脱离了俄国官场,而结识了俄国文化界的名人。他在青年时代性格谦逊、腼腆,到了成年也极力逃避显赫的名声,而把同才华出众的人的友谊和从事诗歌创作看得比什么都重要。谢尔盖·普希金二十八岁时当上上尉,随即退役,离开彼得堡回到莫斯科,在一个小机关里担任很不起眼的职务。显然,他同哥哥的见解是一致的,他们都瞧不起俄国那些数不胜数的农奴主。这些人的一生正像瓦西里·普希金用讽刺的笔法刻画的地主佩尔胡罗夫一样,都是在抽烟、喂狗、鞭打农民中度过的。在这个阶层中间广泛流行的常常导致犯罪的赌博,他深恶痛绝。他既不像农奴主那样任意胡为,也不追逐官爵,更不迷信朝廷。他精通诗歌和戏剧,具有写诗的天赋,甚至出口成章。谢尔盖·普希金在语言研究上也有突出的才能,他不论用俄文押韵或用法文押韵,都同样流畅和谐。他是写"即兴诗"的能手,而且很乐于给朋友们题诗。在三山村,有许多人家的纪念册里都保留着他晚年的诗作,有的是献诗,有的是寄语和祝词,其中大半是俄文诗歌。比如下面描绘米哈伊洛夫斯科耶风景的诗,就很有代表性:

> 恬静的所在,日子过得多么快乐,
>
> 有湖水,有森林,有心爱的花园……

他给儿子写的一首献诗也保存下来了,这是在新年之际他送给儿子一个墨水瓶时写的。诗中赞扬了这位"缪斯的宠儿"出众的天才和辉煌的声誉。一八三七年,谢尔盖·普希金把儿子亚历山大的肖像送给普·亚·奥西波娃,同时赠给她一首俄文诗,倾诉了做父亲的痛苦。正是他为后世保存了儿子的藏书,并在报刊上发表了尽管短小却非常有价值的回忆儿子的文章。

4

正在成长的诗人最爱的亲人,无疑是伯父瓦西里·普希金。瓦西里·普希金和弟弟不同,他是一个性情极其温和的人。他对没有得到父母之爱的长侄关怀备至,给予温暖,对他的前途和命运曾反复思虑,深刻同情。实际上是他第一个致力于培养诗人的才能。如果说外祖母汉尼拔教给了普希金俄语,那么伯父瓦西里则教给他怎么用俄语作诗。后来到了皇村学校时代,普希金为了感谢伯父瓦西里关心自己在创作上的成长,对他表示尊敬,把他称作"我的诗父"。

这位不大引人注目的文学家发现了孩子的才能,便主动教给他语文,并且认真地完成了这一重要任务。应当承认,这个任务他是完全胜任的。他作为抒情诗人虽然才赋不高,但却孜孜不倦写诗("你的语言总是那么纯洁,语法会认为你是它的崇拜者。"——诗歌语言大师茹科夫斯基对他这样写道)。瓦西里·普希金仔细研究过各种诗歌体裁——致友人诗、寓言、童话诗、长篇讽刺诗、讽刺诗、给女郎的献诗、纪念册题诗、即兴诗和限韵诗。托尔斯泰在《战争与和平》和《瓦西里·普希金的限韵诗》中,曾经描写过古代莫斯科的一些典型的生活场景。最后,这位精明的诗学家还曾研究过民间创作,他属于十八世纪专门研究俄国古代文化和斯拉夫神话的杰出诗人(赫拉斯科夫①、杰尔查文、鲍格丹诺维奇和拉吉舍夫)中的一员。

---

① 赫拉斯科夫(1733—1807),俄国诗人、小说家。——译者注

瓦西里·普希金正是由于这些成就而被尊为"诗歌教授"。他可以在诗的节奏、句子的安排、修辞理论各方面对初学写诗的人进行切实的指导。他对自己的诗学是这样表述的:"我学逻辑学,力求语言明白。"瓦西里·普希金喜欢简短、准确而恰当的语言,练就了擅长写格言的真本领。格言正是寓言和讽刺诗中必不可少的。"顽皮佞儿"称赞他善于论战,善于准确有力地打击对方,他当之无愧。年轻的讽刺诗人珍视伯父这种惊人的本领——只用"一行诗便在舒托夫斯科伊①阴郁的前额上留下印记"。

他那种"写实"的风格,给初学写作的人也带来了毋庸置疑的好处。瓦西里·普希金不喜欢任何神秘和幻想的东西,他擅于描绘生活,掌握民间语言,对当时社会的种种生动的典型和热闹的风俗都有精细的观察。他在《危险的邻居》中,对莫斯科"底层"做了非常鲜明的描写:飞快的三套马车、一群醉鬼、酗酒的布扬诺夫。后人甚至承认这个人物形象正是罗士特莱夫②的雏形。这篇叙事诗仿佛为列斯科夫③的《驱鬼》开了先河。人物的语言非常生动,车夫、厨娘、村姑的语言富有民间语言的魅力和市井语言的特色。无怪乎巴丘什科夫和普希金对这篇叙事诗都赞赏不已。

瓦西里·普希金的真正使命就在于描绘这类"写生"的图景。在四十年代写实小说风行的气氛中,他本可以大显身手,充分表现风俗作家的才能。在十八世纪初,他走的是一条许多文人已经走过的写时髦抒情诗的道路,因而未能表现出他的真本领,而他的真正才能在于对市井的独特生活的细密观察:酒店、各种罪恶的渊薮以及那里的商人、诵经员、酒徒、"酒气和大蒜味"。

这在诗歌中可以说是创见,而这种创见在"前浪漫主义"环境里是站不住脚的。《修士》的作者高度评价了"伯父诗人"的这一大胆的创

① 舒托夫斯科伊,意为"小丑",是按谐声给沙霍夫斯科伊起的绰号。这个人属于希什科夫派。——译者注
② 果戈理(1809—1852)的长篇小说《死魂灵》中的人物。——译者注
③ 列斯科夫(1831—1895),俄国作家,代表作有《左撇子》等。——译者注

举,并对自己的"堂兄"布扬诺夫一直引以为荣,甚至让他作为达吉雅娜的追求者而出现在自己心爱的长诗中。

学习是不会徒劳的。普希金在写诙谐长诗、讽刺诗和致友人诗时都借鉴伯父的方法和经验。青年诗人也接受了老师的自由思想。但是,"老师"的主要功劳则在于他的谆谆教诲:用词要明白、恰当、准确,形象要具体、"实在",不要任何浪漫主义的不知所云和对彼世的向往。瓦西里·普希金的这些教诲,对于德国反动浪漫主义所带来的一切神秘、奇异、写神作鬼的东西都是一种最有效的解毒剂。尽管普希金青年时代曾努力向茹科夫斯基学写诗,也不管茹科夫斯基的诗多么诱人,多么富有魅力,但是他那"脱离尘世"和"不食烟火"的诗歌却未能传染给普希金。普希金对这种诗歌一直抱着嘲弄态度。普希金写的是人间生活,他要用自己的语言来反映人们心灵上的风波,既要为人们所理解,又要引人入胜——瓦西里·普希金一直为此奋斗,也一直教导侄子努力达到这种境界。而他是教诲有方的,直到现在,他的功劳一直被人忽视,然而他的功劳是巨大的。《危险的邻居》的作者的声誉,应该与那些培养伟大的作曲家和最优秀的音乐家的默默无闻的音乐老师的声誉同高。瓦西里·普希金是普希金在诗歌领域的第一位老师——他把普希金引上了正确道路。诗歌大师巴丘什科夫和茹科夫斯基比他不知要胜过多少倍,比他的影响也大得多,但是他们是后来者。

普希金的童年时代就是在这种五光十色的印象和各种语言交杂的环境中度过的,但又是在俄罗斯的大自然中,在俄国的建筑、俄国的寓言和民歌中度过的。

第四章 "在少年时代"

1

该考虑认真教孩子读书了。谢尔盖·普希金对子女的教育问题非常重视,但他的解决办法有些特别。他对下一代用的还是自己在叶卡捷琳娜时代所接受的最讲究的贵族教育原则。此外,看样子还加上了他本人参加社交生活和经常从事文学娱乐的亲身经验。他把掌握欧洲各种语言,尤其是法语,当作教学的开端和基础。他自己法语掌握得很纯熟,并且能够得心应手地用于双关语的游戏。当时认为,只有掌握文学语言,特别是掌握诗歌体裁,才算是掌握了一门外语,因此,学习外语完全靠朗读经典名著——《熙德》《安德洛玛克》《伪君子》《麦克白》《亨利亚德》。① 由此认为,一个教师的水平高低,取决于他是否精通艺术——诗歌、音乐、演说术和绘画。我们知道,谢尔盖·普希金本人就是用给孩子朗诵他最喜爱的莫里哀作品的办法对他们进行文学教育的。

遗憾的是,实践的结果并未达到预期的目的。家庭教育使普希金永远厌恶附有译文的法语生词表和算术,可却有助于他熟练地掌握外语,促使他阅读了很多法语诗歌。在这一点上,他父母的功劳绝不亚于后来的教师。谢尔盖·普希金从孩子很小的时候便开始让他接触成年人的文学作品,这条路子无疑是走对了。他让八岁的孩子随意翻

① 《熙德》,高乃依的作品;《安德洛玛克》,拉辛的作品;《伪君子》,莫里哀的作品;《麦克白》,莎士比亚的作品;《亨利亚德》,伏尔泰的作品。——译者注

弄自己的书橱，允许他经常在书斋和客厅里听作家们谈话。谢尔盖·普希金自己虽是"小"诗人，却为培养他的儿子——伟大的诗人创造了良好的学习环境。

普希金的主要课堂，不是在儿童室，而是在父亲的会客室。在这里他可以经常听到诗歌朗诵并且毫不费力地记在心里。按照这种培养方法，教师的作用大大减弱了。各种语言的女教师——有德国人、法国人，也有英国人——对他来说并没有多大意义。我们如今知道教过普希金弟兄外语的女教师，只有英国的贝利小姐和德国的洛尔吉太太。普希金在小的时候，无论是英语还是德语都没有学会，但他后来在自传提要中写道："第一件不愉快的事是家庭女教师。"

普希金渐渐长大了，不久就离开了令人讨厌的女教师，开始接受法国教师的照管。普希金的第一个家庭教师——蒙弗尔伯爵，是个受过上流社会教育的人，是音乐家兼画家。接替他的是卢斯洛先生。卢斯洛除教法语外，还教拉丁语，即使在普希金家中，他写诗的才能也是显得很高的。显然，谢尔盖·普希金请来的家庭教师并不像其他地主家庭那样，是从法国侨民中随便请来的。

教授普希金弟兄本国语文的是别利科夫神父。这可不是一个偏僻地方的诵经员，只会教十八世纪的纨绔子弟认认字。他与普希金一家的文化水平不相上下，是个著名的传教士，甚至是个作家。除开俄语之外，他还教授算术和教义问答。他曾在两个学院任过教授，法语掌握得很熟练，曾翻译出版过马西里昂的布道演说。

普希金在其早期诗歌中便鲜明表现出锤炼语言的功夫，这正是由于他小时爱读书之故。据普希金的弟弟回忆："他小时常常彻夜不寐，偷偷地在父亲的书斋里一本接一本狼吞虎咽地读。"谢尔盖·普希金的丰富藏书对儿子的智力发展具有头等重要的意义。据诗人的姐姐说，她父亲的藏书全是"十八世纪法国古典作家和哲学家的作品"。可以肯定,其中包括了拉伯雷①、高乃依②、拉辛③、莫里哀、拉封丹、布阿洛④、勒萨日⑤、伏尔泰⑥、博马舍⑦等,这些人的名字在普希金的作品里是经常可以见到的。谢尔盖·普希金像当时的许多藏书家一样,也搜集了"道德家"和"政治家"的作品,哲学大师则有霍尔巴赫、爱尔维修、马布利、孟德斯鸠、狄德罗、卢梭,其中的某些人普希金在《致权贵》中曾经提到过:

> 霍尔巴赫男爵、莫尔利、加利亚尼、狄德罗,
>
> 百科全书派的怀疑主义者……

诗人在叶夫根尼·奥涅金的读书目录中又补充了一些人名:

> 他读过怀疑主义的培尔,
>
> 也读过冯泰内勒的著作……

瓦西里·普希金同弟弟的情谊很深,趣味相投,在他的致友人诗中还提到过孔狄亚克(他的著名文章是《论感觉》)和戴里尔(在《科洛姆纳的一座小房》中有个名句,称他为"帕尔纳斯的蚂蚁")。可以料到,普希金在父亲的藏书中也找到了"古代法兰西"的滑稽诗和轻松诗歌的范文。他在皇村学校时代写的诗中就提过拉法尔、肖利埃、格列古⑧、维尔若⑨的名字。《情歌》和《圣经奇谈》的作者埃瓦利斯特·帕尔尼⑩则具有特殊的意义。普希金也熟悉克勒曼·马罗⑪。据奥尔加·谢尔盖耶芙娜·帕夫利谢娃证实,在古希腊的作家当中,她的弟弟在九岁时便喜欢读普鲁塔克⑫的诗。普鲁塔克是共和派最喜欢的诗

---

① 拉伯雷(约为1494—1553),法国作家,文艺复兴的代表人物。——译者注
② 高乃依(1606—1684),法国剧作家。——译者注
③ 拉辛(1639—1699),法国剧作家,代表作有《费德尔》等。——译者注
④ 布阿洛(1636—1711),法国诗人、古典主义理论家。——译者注
⑤ 勒萨日(1668—1747),法国作家。——译者注
⑥ 伏尔泰(1694—1778),法国资产阶级启蒙运动的重要人物,杰出作家。——译者注
⑦ 博马舍(1732—1799),法国剧作家,代表作有《费加罗的婚礼》等。——译者注
⑧ 格列古(1683—1743),法国诗人。——译者注
⑨ 维尔若(1657—1720),法国诗人。——译者注
⑩ 帕尔尼(1753—1814),法国诗人。——译者注
⑪ 马罗(约1496—1544),文艺复兴初期法国诗人。——译者注
⑫ 普鲁塔克(约46—126),古希腊道德作家。——译者注

人,莎士比亚曾从他的作品中受到鼓舞,贝多芬年轻时读到他的诗也是爱不释手。普希金也非常喜欢荷马史诗的法文译本,他的著名两言诗《题伊利亚特的译本》(一八三○年)("我听到神奇的希腊语言的沉寂已久的声音……"),应当是来源于童年读书时的印象。

正像伊·伊·普辛指出的那样,他的好友普希金的童年不单单是在自己父亲家里度过的,而且是"在伯父家,在文学家的圈子里"度过的。这就意味着,普希金少年时曾经利用过瓦西里·普希金的藏书。他的这些藏书是一八○三年从外国带回来的,至于俄文藏书显然也大大充实了。普希金十二岁时慕名访问了布图尔林的珍贵的藏书室。他喜欢"瞧那些精制的羊皮书脊",看珍奇的版画,读他父亲的书斋里所没有的书刊。

在这里,普希金不仅阅读世界名著,而且接触祖国的经典著作。瓦西里·普希金在他诗中提到的那些俄国诗人的名字,对于判断他的天才的侄儿在少年时读过哪些作品肯定是有价值的。这便是罗蒙诺索夫①、杰尔查文、鲍格丹诺维奇(他曾用"无与伦比的长诗"歌颂过爱情),以及语言和文体的革新者卡拉姆辛和德米特里耶夫。

这些正是俄国人值得引以为自豪的人物!

显然,普希金在童年时代便已经谙悉本国伟大诗人们的作品,不然的话,他不可能在少年时代就对俄国诗的格律运用得那么自如。至于十八世纪的俄国诗歌,他也无疑在童年时代读过很多,这在他学生时代的诗歌中曾经常提到。谢尔盖·普希金的藏书和文学沙龙,在他儿子接触本国文学名著方面起了头等重要的作用。在普希金的早期诗歌里,曾经出现过罗蒙诺索夫、杰尔查文、冯维辛②、拉吉舍夫、克雷洛夫、茹科夫斯基、巴丘什科夫的名字。值得注意的是,早在一八一二年春,普希金的诗友们便对这位杰出的同学的文学素养给予了高度评价,说他生活"在优秀的诗人中间,在诗歌方面学到了很多知识和情趣"。

---

① 罗蒙诺索夫(1711—1765),俄国学者、诗人。——译者注
② 冯维辛(1745—1792),俄国剧作家。——译者注

但是,他的学识要比这渊博得多。十三岁时,他给皇村学校不仅带来关于世界文学的丰富知识,而且带来与无神论的革命启蒙哲学思潮相呼应的成型的思维方式。按照皇村学校正统教师的说法,普希金被家庭教育"惯坏了",甚至不可救药。其实,他的天性经受过大胆批判精神的陶冶,所以对于他们那些充满宗教迷信和保皇思想的说教曾进行过坚决抵制。

2

但是在普希金家里,在一堆堆的诗集和集刊上面一直回荡着诗人们活生生的声音。这里经常朗诵诗,有的以警句典雅工整而令人拜倒,有的以新式哀诗的节奏富于音乐性而动听。正是在普希金的少年时代,在他父亲的文学沙龙里出现了属于年轻一代的两位大诗人——茹科夫斯基和巴丘什科夫。不久之后,普希金在皇村学校时期便认他俩为自己的老师了。

巴丘什科夫在青年诗人中间,以写诗孜孜不倦而出众。他在十八世纪诗体的基础上,努力增加新的活泼的音调。他所进行的艰巨尝试,取得了意想不到的成果。他创造出一种新的抒情诗,节奏圆润而铿锵,完全适应于俄国文学当时面临的宏伟任务。根据别林斯基①的意见,巴丘什科夫的早期诗歌"应该引起普遍的注目,因为它们预示着俄国诗歌即将发生的变化。这还不是普希金的诗,但是,在巴丘什科夫之后应该出现的正是普希金的诗,而不会是别的什么人的诗了"。

这时,普希金最早的诗作开始诞生了,尽管还带着孩子腔,但已经预示着将来必然有远大的前途。

在普希金的早期习作中,有三个特点是令人惊叹的:他的创作才能显露得绝早,体裁丰富多彩(这个小歌手试过各个体裁),早期作品的自信和成熟。不久又表现出另一重要特点:他始终不渝地追求时代

① 别林斯基(1811—1848),俄国革命民主主义者,文艺批评家。——译者注

的进步思想和主导的政治观念。正是这一特点决定了他的诗歌的整个发展前途。不过普希金真正做到这一点，那已经是青年时代了。

据家人说，他的诗歌意识萌生于"刚刚懂事"的幼年和童年之交。他一八一六年写的一首诗，题为《梦》，正是根据清晰的记忆而描绘出的儿时的印象——听了乳母的故事后在脑海中浮现出来的绚烂世界。这首诗深刻揭示出儿童的创作思维开始产生时难以捉摸的内在过程。童话的神奇形象唤起了"联翩的幻想"，骑士的功勋唤起了成名的渴望，"于是幼小的心灵在梦幻中翱翔……"

这个未来的语言艺术大师的多方面才能也表现得很早。他很快就掌握了各式各样的体裁和格律，并且能使自己刚刚诞生的诗歌具有各种不同的语调。

最早吸引普希金的诗歌体裁之一，据他姐姐说是寓言。我们前面提到，谢尔盖·普希金也曾指出过这一点。十八世纪初，德米特里耶夫的寓言颇享盛名，是他最先使这种体裁"语言准确、优美、富有诗意"。可以与他媲美的是他的追随者瓦西里·普希金。后者写过许多很有趣的劝谕寓言。不久后，年幼的普希金怀着一种特殊的亲密感情，称德米特里耶夫为"万纽沙·拉封丹"。他在童年就有自己的一本法奈龙寓言集。

谢尔盖·普希金还是一个有名的戏剧爱好者。他家经常演出家庭戏剧，把客厅里的沙发椅排成一排排，屏风变成幕布，主人担任导演兼演员，演的主要是莫里哀的作品。他们的演出可以和古代莫斯科最优秀的戏剧爱好者比高低。来看戏的朋友们毫不掩饰地表示赞赏，而孩子们仿佛着了魔似的谛听讽刺喜剧或民间滑稽戏的插科打诨。

最早吸引普希金的戏剧体裁之一，据他姐姐说是"小喜剧"。这种喜剧是用法语演出的，而且显然受到莫里哀的影响。属于这类的独幕剧有：《可笑的装腔作势的女人》《不由自主的婚姻》《疑心的丈夫》。这种短小喜剧的特点是：情节离奇、激烈，剧情发展迅速，结尾皆大欢喜。故事的中心往往是可笑的欺骗或喜剧性的误会，结果产生一系列逗人发笑的场面。

流传至今的普希金的一个早期戏剧作品的题名表明,它是属于古老传统的喜剧题材。《掠夺者》实际上并不是窃贼,而是骗子、滑头。在莫里哀喜剧的结构中,骗局起多么大的作用,是我们大家都清楚的。很可能普希金在写这篇早期的习作时,就受了《司卡班的诡计》的影响,而在后面这篇作品里,这个题材写得最尖锐,最有独创性。

这时,《伪君子》的作者最使普希金感兴趣的地方,不过是逗人发笑的阴谋和滑稽的人物。过了不久之后,他才感到莫里哀是伟大作家,是诗人和思想家。莫里哀通过轻松的喜剧形式,表现出他对大自然、对智慧、对当代要求解放的思想的崇尚。对普希金来说,莫里哀成了他和法国文艺复兴的叛逆精神之间最密切的联系渠道之一。

普希金在写第一部喜剧的同时,便尝试另一种体裁——讽刺诗。我们知道,姐姐给《掠夺者》喝了倒彩。据她说,弟弟不但没有生气,反而给自己写了一首打油诗:

> 请问:这个《机灵的窃贼》
>
> 为什么被人喝了倒彩?
>
> 啊! 原来它不是诗人的独创,
>
> 而是从莫里哀那里偷来。

在普希金最早试作的讽刺诗(这些诗全是靠他姐姐的记忆保存下来的)中,已经可以感觉出他那不容置疑的天赋。语句写得自然、流畅、生动,用极其简洁的话语表现出俏皮的思想,从而使全诗有力、准确、精彩。普希金小时便已掌握讽刺诗的典型格律。

长篇史诗使普希金对于现代文学发生了兴趣。据她姐姐说:"他十岁时读了伏尔泰的《亨利亚德》,便写了一大篇英雄滑稽叙事诗,共分六章,题为《托里亚德》。诗中主人公是不劳而食的侏儒沙皇达戈别尔特,内容写的是男女侏儒之间的战争。"

伏尔泰这篇史诗的题材取自十六世纪德国残酷的内战年代。这个题材使他得以表示对宗教偏执的反抗。他描绘的巴黎的瓦尔富洛麦之夜和饥馑景象,是极其真实的历史画面。《亨利亚德》具有高度的社会思想性(反对宗教狂热)、戏剧性的历史题材和闪光的纯洁的语言。这一切使得这篇长诗受到了普遍赞扬。

普希金在十岁时便记住了伏尔泰对真理（而不是对缪斯）所说的名言：真理应赋予他的作品以力量和光辉，应能迫使国王倾听他的声音，应通过他的笔来表现人民的疾苦，揭露统治者的过失。

然而，普希金当时并没给自己提出力所不及的任务——创作类似《亨利亚德》体裁那样难的作品。他的姐姐正确指出，他着手写一篇英雄滑稽叙事诗，即讽刺模拟英雄叙事诗。可以想见，在谢尔盖·普希金的藏书中，除开十八世纪其他的一些滑稽叙事诗之外，一定会有法国诗人蒙布龙的讽刺模拟长诗《亨利亚德新编》。看来普希金正是仿照他的做法，写出自己的《托里亚德》。

普希金这篇最早的史诗的命运很悲惨。一个家庭女教师对于普希金不好好学习功课，"做这种没有用的事"很不满，于是偷偷拿走他的本子，交给了家庭教师舍戴尔，同时告了他一状。这个法国人读了这篇模拟诗的头几行，不礼貌地大笑起来。

刚刚学习写诗的普希金，感到自己受到了莫大侮辱：他的诗稿被偷走了，他的作品受到粗鲁的嘲笑。据奥尔加·谢尔盖耶芙娜说："于是，这位小作者大哭起来，感到自尊心受到伤害，一时气愤，竟把这篇长诗扔进炉子里了。"乍看起来，这不过是儿童生活中常见的事，然而在普希金的创作史上，这毕竟是第一次打击——他的手稿被人随意取走，并受到嘲笑。其结果是作者只好把心爱的笔记本烧掉，以示对这种令人愤慨的曲解和强暴行为的反抗。

3

还在父亲家里住的时候，少年普希金的内心便发生了明显变化：儿童的天真想象已被"对于人生种种印象"的经过思考的真切感受所代替了。到了一八〇六年，他儿时那种迟钝和沉默早杳无踪影了。据他父亲后来说，普希金"各门学科、各种语言成绩优异，还在孩提时便性格热情，记忆力惊人，尤其是观察力极强，这同他的年龄很不相称"。

在普希金的自传提纲里曾有一段非常有意义的记载：儿时的初恋，便属于这个转折时期。关于这件事，诗人在一八一五年学生时代的诗歌里曾经温情脉脉、兴致勃勃地回忆过：

我黄金时代的女友，

我美妙儿时的女友，

是你出现在眼前吗，亲爱的苏什科娃？

明眸的女郎呀，心上的密友。

不论在黑暗凄凉的深夜，

还是在阳光灿烂的白昼，

你的形象到处与我相随，

你的倩影到处在我左右。

这首诗中的姓氏是普希金专家添上去的——作者用三个星号把她隐讳起来，但这无疑是索菲亚·尼古拉耶芙娜·苏什科娃。她是一个文学家的女儿，"小普希金"曾常到她家做客。她生于一八〇〇年（死于一八四八年）。这种儿时的爱慕之情所留下的印象，不久就被另一些印象所代替了。这些印象更鲜明，更有力，产生出许多著名的哀诗和赠诗。然而，"亲爱的苏什科娃，心上的密友"仍是永远难忘的（这份自传提纲是在三十年代编的）。对于这个莫斯科的小女孩，我们了解得很少，然而她毕竟是普希金——未来伟大的"爱情歌手、自己哀愁的歌手"——的爱情诗第一个灵感的源泉。在普希金心灵中，在儿童舞台上同小索菲亚·苏什科娃的邂逅，成了他永远不能忘却的往事。

新的生活经历扩大了他的精神视野。读书和讨论又使他的思想得到发展。他开始明白，文学不只是平心静气地去安排韵脚，而是一场不停顿的斗争，是意见的交锋，是出击和自卫。坚强有力的诗的形象可以鼓舞人去战斗，而一针见血的诗句可以击中敌人要害。这些他都是听卡拉姆辛的朋友们讲的。他们一提到自己的对手——希什科夫、赫沃斯托夫、沙霍夫斯科伊，都带着明显的嘲笑和鄙视。文坛好比战场，要想赢得胜利，就必须由志同道合的人组成一个大军，步调一致地向前冲,把讽刺的矢弩一齐向敌人投去。

普希金从自己家里获得了丰富的语言知识。外祖母汉尼拔的俄语掌握得非常纯熟,一向闻名。由于她生活经历复杂,在讲述往事时常常使用丰富多彩的词汇,其中有十八世纪官场用语、军事和航海词汇、外省的方言土语、古代官府使用的雕琢的文体。所有那些生长在绥达、科勃里诺、鲍尔金诺、扎哈罗沃的奶娘、仆人、农奴,在他们的谈话、民歌和童话中都使用生动活泼的民间语言,不断地倾吐丰富而珍贵的语汇。传教士别利科夫讲课时大量援引古斯拉夫语的文章。这里除庄严的古典诗歌之外,还激荡着茹科夫斯基和巴丘什科夫的歌声。悲剧演员缓缓的独白、寓言的自由格律、即兴诗的轻快诗句、民歌的刁钻韵脚——这一切经常在普希金的家里响起。他不断受到文化、诗歌和语言的各种陶冶。

然而,少年时代毕竟没给普希金留下多少欢乐的回忆。无人关心和体贴这个少年独特的内心生活。他的父母很早就对他十分冷淡(什么原因,至今也没有弄清楚),如果同他们对幼子列夫(生于一八〇五年)的溺爱相比,则就显得更突出了。后来,十分了解他生活情况的外交部上司曾在正式文件里写道:"年轻的普希金的整个童年饱经辛酸,他毫不留恋地离开了父母的家。他的心没有一丝子女的依恋之情,只有一个强烈渴求独立的热望……"完全可以料想,这一评语是在卡拉姆辛的授意下写的,卡拉姆辛当时是为了尽量减轻被流放的诗人的厄运。十分了解普希金一家和他的好友的安年科夫,后来满有根据地说:一八一五年以前,普希金的父母对他的创作活动一直抱着怀疑的态度,"年轻的普希金的诗歌,在他亲人的眼里似乎只不过是淘气,因而经常受到责难"。

但是外人却能从这个初学写作的诗人身上发现不比寻常的才华,从而给予他以重视和高度的评价。优秀的教育家列夫·吉莱曾经注意到谢尔盖·普希金的儿子贪婪地倾听沙龙诗人的朗诵和演说家的讲演,他说:"多么奇怪的孩子呀!他这么小就什么都开始懂了。"

这种评价足以证明外人对这个孩子的热情关注,然而普希金从他父母那里却得不到这种关怀。他的童年跟他后来的一生一样,没有给予他任何平静的和持久的欢乐。他杰出的创作天性很早便产生彷徨和渴望,从而模模糊糊地折磨着他的心灵,可却得不到任何反响。他在父母的家里,命中注定只有孤独和不被理解。

然而,正是在这里他培养了自己对自由的最初的向往。他从父亲的藏书中接触到俄国诗歌和世界诗歌的名著,在不知不觉中接受了古代"自由思想"的怀疑主义。他关于自然界和社会的这些大胆的新的想法,幸而没有受到大人的束缚而得以自由发展。他们都拥护进步的文学运动,都十分重视逻辑学和诗歌,都受到启蒙运动的哺育,从而为初学写作的诗人的发展创造了有利环境。他正是从他们那里最先听到伏尔泰和拉吉舍夫的名字,而这两个人的名字永远地占据了他的心。

正是由于这个缘故,普希金从他父亲的家里走出来时,是完全自由的,既不崇拜"祭坛",也不崇拜"王位"。从童年时代起,"渴求独立"已经成为他性格的重要特征。

第五章　皇村学校开学

1

关于送普希金上什么学校的问题，决定得较晚，直到诗人十三岁的时候才确定下来。开头，谢尔盖·普希金曾打算送他进彼得堡耶稣会学校。但是到了一八一一年一月初，政府公布了关于开设新学校——皇村学校的决定。这就从根本上改变了谢尔盖·普希金的教育计划。

皇村学校的设置和教学都反映了亚历山大一世的统治和个性的基本特征。后来，普希金曾不止一次地用讽刺诗痛斥沙皇的口是心非、"两面三刀"和"出尔反尔"。普希金送给他一个最恰当的称呼：小丑——身穿布头彩衣的丑角。他的政策一贯是极力在两个极端之间搞平衡，喜欢用政见相反的人做顾问，一方面始终如一地加强自己的专制政权，一方面炫弄最新式的进步观点。他的"教育"体系也是这样确立的，在自由主义词句的掩盖下同"平民知识分子和老百姓"进行斗争。他的这一切做法在俄国社会的进步阶层中引起暗中的反抗。

原来就曾经设想在皇宫内为正在成长的两个皇弟（尼古拉和康斯坦丁）设立一个特殊的家庭大学，如今要办得更有声势。在这里，大公们在名门贵族子弟的陪伴下，像在普通学校一样听名教授的公开讲授。于是,由拉加普①的《中学教材》或《古代文学和新文学教程》而得名的一座上层贵族的高级专科学校,便在叶卡捷琳娜皇宫的皇村陈列馆开办了。

皇村学校的设置具有重要的政治目的,其基本任务在于用敌视法国革命思想的精神来培养俄国的新的一代。但在讨论新学校的方案时,根据沙皇行之有效的方法,让两个持相反观点的顾问参加:一个是亚历山大政府最进步的活动家之一斯佩兰斯基,另一个是思想最阴暗的反动政客约瑟夫·德·麦斯特尔。前者极力想把一八○四年关于教育章程的命令实施于皇村学校。按照这个章程,各阶层的学生在教师的讲坛前面是一律平等的。后者写信给教育大臣拉祖莫夫斯基,坚持对上层贵族子弟实行耶稣会的教育原则,即以修士的清苦和互相告密为基础,以便为教会或朝廷培养忠实奴仆。

在皇村学校的规章和大纲中,这两种思潮形成犬牙交错的状态,并且马上反映到学校里迥然各异的生活方式和折中的教学方法之中。但是曾一度博得沙皇宠幸的斯佩兰斯基,从一八一一年夏实际上已经失宠,而沙皇的神秘主义思想从一八一二年夏越来越严重,从而导致学校管理上的宗教和道德原则及耶稣会政治原则的加强。原来的平衡遭到明显的破坏,但是亚历山大一世的两面派作风依然保留下来,形成一种不同寻常的大杂烩:一方面是皇村学校的自由思想,另一方面便是"神的启示"理论;一方面从政治讲坛上发出反暴政的号召,另一方面是反动学监的特务活动。

处在这种矛盾旋涡中间的皇村学校,本来有可能变成一座反动的保皇派学校。然而,这种现象没有发生,甚至发生了完全相反的情况。生活有其固定不移的方向,它要以汹涌澎湃的"春潮"冲掉一切停滞不前的现象,结果也就推翻了沙皇的大臣们建立与世隔绝的学府的方案。在学校的教授中间,有进步的思想家库尼增。他在思想上实际上

---

① 拉加普(1739—1803),法国剧作家和古典主义理论家。他的这本教程是在巴黎中学讲的讲稿(лекция),所以作者说皇村学校(лицей)的名称来源于此,但多数资料认为皇村学校的名称来源于古希腊的学校名称。——译者注

是十二月党人,并且是尼古拉·屠格涅夫①的好友。在学生中间,有未来的伟大诗人、"自由的预言家"普希金;跟他一起成长的是他的"难得的好友"伊凡·普辛。后来,在十二月十四日,普辛成为枢密院广场上最勇敢的战士之一,曾介绍雷列耶夫参加革命运动。这三个名字确定了皇村学校真正的精神生活。新的思潮推翻了学校创办人预先做出的一切决定,把学校从一个阴森的修道院变成了具有新思想和解放要求的自由团体。从这里培育出了新一代的优秀人才,他们成为祖国的最大光荣。

"普希金的"皇村学校就是这样建立起来的。一八一一年一月十一日公布的开办新学校的命令规定,学校将受到沙皇的庇荫,归国民教育大臣直接管辖。命令说,新学校的任务在于培养青年,使之成为"国家各重要部门有用的人才"。大纲中没有自然科学,可是除开历史课和"修身课"之外,还把学习各种语言和"尺牍基础课"放在重要地位。

实现既定大纲的最重要的条件,当然是未来学校的校长人选,而推荐担任这一职务的竟是瓦·费·马林诺夫斯基。在这之前,他只在档案馆和领事馆任过职。他原来是彼得堡很有势力的"马尔丁派"提出的人选。"马尔丁派"在政府里担任着许多重要职务,而且颇受沙皇的信任。当时这些身居要职的神秘主义者采取积极的政策,极力想把同他们接近的人安排到重要职位上去。马林诺夫斯基本人在年轻时曾经信奉过合法的"自由主义",但是这一点丝毫也不影响他力图在俄国组织一个圣经会,他撰写过许多关于"神学"的文章。一八○三年,他出版了《秋天的黄昏》周报,用宗教观点来解释政治问题,预先为后来的神圣同盟提供了理论基础。所有这一切为皇村学校准备了一种特殊的教学环境,过了不久,学校最进步的学生不得不起来同这种环境进行斗争。

---

① 尼古拉·屠格涅夫(1789—1871),俄国十二月党人。——译者注

2

在创办皇村学校的决定公布一个半月之后,谢尔盖·普希金向国民教育大臣递上一份申请书,并很快接到了准许他的儿子参加入学考试的通知。

恰好这时各个文学派别之间的斗争越来越激烈,瓦西里·普希金积极投入了这场斗争,正需要到彼得堡去一趟。这样就顺便解决了送普希金去参加皇村学校考试的问题。伯父瓦西里带他去了。

到了彼得堡,瓦·里·普希金参加了德米特里耶夫的文学小组。德米特里耶夫原以寓言作家而闻名,如今担任司法大臣。瓦西里·普希金经常带着年轻的侄儿一起去拜访他。常常在他家进行讲演的有"语言纯洁派"和新文体的积极拥护者勃卢多夫和达什科夫。当他们进行热烈的讨论时,德米特里耶夫家的第三位常客亚历山大·屠格涅夫往往插进丰富的知识和准确的观察。他也是希什科夫的斯拉夫主义的反对派。谢尔盖·普希金的这位老朋友由于在国民教育部当官,为普希金进入皇村学校帮了很大忙。

八月十二日,"贵族子弟亚历山大·普希金"被带到国民教育大臣拉祖莫夫斯基在方坦卡的宽大的宅邸。考试科目有俄语语法和法语语法、算术和物理、历史和地理,普希金的得分是"优"、"良"和"及格"。最高分"优异"他没得到,但也没像其他一些考生那样得到"不及格"。

皇村学校的开学典礼是在一八一一年十月十九日星期四举行的。根据德·麦斯特尔的规定,学生家长不许参加庆典,然而却邀请了国务会议的成员和东正教总会的神职人员参加。以亚历山大一世为首的皇室都来了。学校领导极力强调这所新学校的官办性质,强调它跟最高当局的首脑和教会最高机关的不可分割的联系。具有重要意义的是斯佩兰斯基没有出席开学典礼,而他的对头阿拉克切耶夫却来参加了。果然没过多久,阿拉克切耶夫就开始对皇村学校施加巨大压力。

普希金参加了这次庆典,第一次感到那种官气十足的陈词俗套同他格格不入,从此他对这种现象永远抱着发自内心的深刻敌意。

堂皇富丽的拉斯特列里宫有一条长廊通向一座格局朴素严谨的漂亮楼房。这座楼房就是拨给皇村学校的。这原来是为叶卡捷琳娜的孙女们修造的所谓"新厢房",是由伊利亚·涅耶洛夫设计的,如今又由俄国著名建筑师瓦·彼·斯塔索夫改建,供皇村学校使用。

在庄严的祈祷仪式结束之后,在大礼堂开始举行世俗的典礼。在这里宣读的官方文件和祝词,都不大合乎普希金的文学趣味。他的新老师们讲话时用的陈旧夸张的教会斯拉夫语,早已被进步的诗人所坚决摈弃。

整个典礼仿佛是宗教仪式的继续。两个副教授打开一个金锦缎封皮的对开的大本子,上面有由沙皇姓氏组成的图纹和双头鹰。他们摆出一副庄严的神气,把大本子举到国民教育部司长马尔蒂诺夫面前,后者用发颤的高音读起颁发给皇村学校的证书。普希金觉得,这里好像在故意援引旧文体的可笑例证。

在马尔蒂诺夫宣读完之后,皇村学校校长马林诺夫斯基立刻讲话。他是一个很微末的官吏,平时只爱翻译圣经和赞美诗,如今头一次当着"圣上"的面讲话,竟然不知所措了。他激动地用断断续续的声音照本宣读不知什么人写的祝词。他那效忠沙皇的语调,同庄严的斯拉夫文体倒是很相称。

皇村学校校务会议秘书、俄语和拉丁语教授科尚斯基讲话时,语调非常平稳。他原是莫斯科大学的学生,读过两个系,获得"文学硕士和哲学博士"的学位。科尚斯基曾翻译过希腊诗人的作品,是公认的优秀朗诵家,擅于运用自己的声音。正是委托他代表皇村学校的全体师生向沙皇致意。

在大礼堂的一片沉寂中,从科尚斯基口里第一次吐出亚历山大·普希金的名字。从一群学生中间走出一个"活泼、鬈发、眼睛灵活的男孩儿",按照规矩行过礼,走到两个大圆柱中间的一张桌子旁边,贵宾就坐到那里。

亚历山大一世第一次看到普希金。

在——介绍完毕之后，副教授库尼增宣读"给皇村学校学生的训词"。在马尔蒂诺夫的发颤的高音和马林诺夫斯基的欲断欲续的低语之后，库尼增的"纯净、响亮而清楚的嗓音"引起了普遍注意。

库尼增后来对于皇村学校学生的进步社会思想的发展起了重要作用，这一点便促成了关于他第一次讲演的某种夸张的传闻。我们应该恢复事情的本来面目。根据现在保存着的他的"训词"，可以清楚证明这个青年学者因受到官方要求的束缚，不得不遵照有"圣上在场"时应该遵循的死板规矩。

修身课教授在自己讲话中必须保留古代演说术的一切手段，包括设问和赞叹。

然而他年轻，才气横溢，信仰自由，这些特点战胜了歌功颂德的老调，并在他那铿锵的语调中出人意料地流露了出来。他的讲话并没有号召学生去忠君和阿谀逢迎，而是号召他们做一个好公民，去为祖国服务。库尼增这种令人振奋的话语饱含着一个进步思想家的高尚爱国主义，使这些少年人听得入迷，并永远记在心里。"你们可记得：当皇村学校诞生的时候，"过了四分之一世纪之后，普希金激动地询问自己少年时代的同学：

　　我们来了，库尼增

　　在皇族贵宾中间致辞欢迎。

　　那时，一八一二年的战祸

　　还在酣睡。那时，拿破仑

　　只是恐吓恫吓，还在犹豫不决——

　　他还没敢触犯伟大的人民。

他们把一八一一年十月十九日牢牢记在心间。在沉默不语的贵宾中间，响起年轻学者的令人振奋的声音。他仿佛在预言卫国战争的时代即将来临，它将向全世界显示出"伟大人民"的英雄主义。

库尼增的讲话成了皇村学校的第一件大事。年轻副教授的奔放感情和演说才能仿佛冲破了官场文章的陈规俗套,并打动了少年听众的心田。

然而,开学典礼在其他方面则不过是一种说教的仪式,丝毫没有引起这个热爱自由的少年人的兴趣,因为这时他已经懂得,诗歌语言纯朴的优美和力量在于表达真挚自由的思想。

庆典的下一项活动是与来宾共进午餐,而最后以彩灯告终。在这座宫廷厢房的阳台上,点亮了一幅透明画,四周是花束、桂叶和桃金娘,中间是以"皇村学校创办者"沙皇的姓氏字头编成的图案。

这场宫廷庆典令人感到冷清和无聊。房子四周是著名的园艺建筑大师修造的一座座花园。普希金跑到丛林中去,那里竖立着几尊塑像。他来到湖边,湖水倒映出大理石的方尖碑。这北国的秋色令他着迷,风景虽有些暗淡、凄凉,然而经过严整的古典艺术品的点缀,倒显得颇有生气。普希金一向认为,正是在这里,在"皇村学校的花园里",缪斯第一次出现在他眼前。

3

一八一一年十二月十日,瓦西里·普希金第一次到皇村学校来探望自己的侄儿,他发现侄儿的模样发生了很大变化。普希金穿一身蓝制服,红领子,金纽扣,显得非常一本正经的样子。前不久还在布图尔林的花园里无忧无虑地做儿童游戏的孩子,如今成了一个与外界隔绝的小团体的成员。这个小团体有它特殊的风气和规矩。他像剑桥大学的学生一样,吃午饭时要喝黑啤酒,要受学监的监督。所谓的学监,就是在课后也要同学生打交道的教授。每逢节日,他还要穿上白坎肩,戴上三角帽,还要学习击花剑。他离开了亚乌扎河畔独门宅院的宽敞的儿童室,住进了皇宫厢房四楼一间狭小的房间。他的房间同旁边的房间一样,中间仅一道薄间壁相隔,间壁与天花板之间是百叶窗。教育大臣拉祖莫夫斯基在规定皇村学校内部生活制度时,除采用英国高等专科学校的某些规则外,还引用了与外界隔绝的天主教学校的校规:夜里要严格隔离学生。约瑟夫·德·麦斯特尔特别坚持这一点。

　　这一群少年被安排在这样的房间里,其中大半并不属于"名门贵胄",而属于中层仕宦贵族。上层贵族和平民知识分子(根据其祖父确定的)都很少,他们改变不了皇村学校第一批学生的基本社会面貌。拉吉舍夫、卡拉姆辛、德米特里耶夫和巴丘什科夫也都属于中层贵族。中层贵族已经开始创造俄罗斯文学,而其中某些代表人物则开始形成反对派思想。

　　无怪乎在皇村学校的学生当中出现了几个诗人,他们彼此还展开了文学竞赛。年轻的学生开始出版手抄的杂志,在大型刊物上发表作品,其中有的人后来参加了某些自发的政治团体。这里有一种崭新的思想气氛和创作环境,这对诗人普希金的发展起了巨大的推动作用。

　　后来,他父亲曾非常正确地指出:"无疑,他在皇村学校的同学中遇到了一些对手,他们互相比赛,从而大大促进了他的才华的发展。"

　　他的第一个对手就是伊利切夫斯基。早在一八一一年秋,他就跟普希金比叙事诗,大约是模仿茹科夫斯基的《柳德米拉》或《格罗莫鲍伊》。

　　这些文学比赛开始时还是偶尔间举行,不久就变成经常性的了。一八一一年末或一八一二年初,举行了皇村学校诗人的第一次公开比赛。这是在俄语和拉丁语教授科尚斯基的课上进行的。

　　科尚斯基是茹科夫斯基在莫斯科大学时的同学,又是巴丘什科夫的好友。他在俄国算是古希腊罗马文学的优秀专家之一。科尚斯基翻译过古希腊游方歌手的作品,自己也写诗,对当代的抒情诗很精通,常常在讲课时诵读新诗人的作品。他翻译的诗歌对巴丘什科夫仿效古希腊罗马风格的诗歌以及后来对普希金的创作都发生了良好的影响。

　　向学生传授诗歌理论并教他们写作,都属于科尚斯基的教学范围。他对这个问题十分重视。他以友善的态度修改学生的第一篇手稿,努力激发他们独立从事诗歌创作的兴趣。

　　进行第一次诗歌比赛时,科尚斯基给学生规定的题目是从他讲授

的修辞课的相应章节(紫罗兰、野百合、玫瑰)选出来的。课文里引用
了杰尔查文的诗:

> 小小的玫瑰
>
> 刚刚绽开
>
> 鲜红的刺;
>
> 寒风乍起,
>
> 它悄然入睡,
>
> 花儿已枯萎。

看样子,科尚斯基希望学生们写的也是这样的小诗。

据伊·伊·普辛后来证实,这次竞赛的最后优胜者正是普希金。
显然,无论就其构思敏捷("普希金转眼之间就读出两节四行诗
……"),还是诗作的优美("他的诗使我们大家都赞叹不已"),他都名
列前茅。科尚斯基对普希金的习作很感兴趣,把它带走了。

普希金的这份最早的诗稿没有流传下来。但是他用科尚斯基出
的这个题目,在一八一四至一八一五年之间又写过几首,其中有用法
语写的优美的斯坦司体《您看见过娇柔的玫瑰吗?》,还有短小的抒情
诗《我们的玫瑰在哪儿?》。后面这首小诗总共不超过三十个词,然而
形象刻画得鲜明生动,富有抒情味。

普辛接着说"我们的诗都写得不大顺手",这不能不引起某种怀
疑。因为在参加比赛的学生中,还有几个有才华的诗人,其中之一是
伊利切夫斯基。他很早就成为写短小体裁(如题词、给女人的献诗、风
景诗等)的能手,他正是以才思敏捷出名的。一八一五年,他在《阿斯
帕齐娅的书斋》杂志上发表了一首音韵铿锵的题名《玫瑰》的诗。在
第一学年初,他甚至被认为是皇村学校的第一名诗人。

在科尚斯基教的班级里,还有戴里维格[①],他在一八一四年写过一
首诗,题为《紫罗兰和玫瑰》。他从小就以"想象力丰富"而见长,他自
己编造说他参加过一八〇七年的远征,仿佛他跟在父亲带领的队伍后

---

① 戴里维格(1798—1831),俄国诗人。——译者注

面的辎重队。普希金听了后，感到十分惊异。

戴里维格在班上并不用功，可却专心致志地研究诗人的作品。普希金后来曾回忆说："我同他一起读杰尔查文、茹科夫斯基的诗，同他一起讨论令人激动或苦恼的事……"当普希金的才华刚刚显露出来时，戴里维格最先表示对他真诚的崇拜，而戴里维格对他的天才的爱慕和无私的信赖，令初试身手的诗人大为感动。在自己的学友当中，普希金也是对戴里维格感情最深，他对戴里维格的富有魅力的人格和优美的诗歌都评价很高。据他后来的说法，只有两个"缪斯"汇集到皇村学校的诗社里，在会写诗的同学中，只有《多利达》的作者是他最感到亲切的真正的诗人。

普希金对待皇村学校另一个诗人的态度则迥然不同了，这里指的是久赫里别克尔①。早在皇村学校学生最先出的手抄杂志《信使》（一八一一年十二月三日的一期）上，就发表过久赫里别克尔署名的从法语翻译过来的诗（《铜声的恐怖》）。这首诗无论形式或内容都很古怪，给人提供了嘲笑和讽刺的丰富资料。久赫里别克尔原来在利弗梁季亚学习，到皇村学校后，开始他的俄语还不十分熟练，要经过长期顽强的努力来掌握大量词汇，以便将来表达他那奇特的人生观。他写的诗形式复杂，风格也特殊，故意带有古体风味，可是往往具有真正的写诗技巧。他那出奇的才能的特点，很早即成为同学们嘲笑的对象，而这位皇村学校"幻想家"漫不经心的神情和笨手笨脚的样子也助长了这一点。但是，这并不妨碍他们高度评价久赫里别克尔的高尚性格和博学多识、对诗歌的崇拜和对德国文学的熟悉。在皇村学校的许多抒情诗人中间，如果不论才气，而只就性格和信念而言，他是最典型的浪漫主义诗人，他可以只靠自己的灵感而生存，他敢于逆潮流而行。

普希金和久赫里别克尔在诗歌创作上探索的方向不同，这也使他们分道扬镳。普希金喜欢准确明白的语言，他接受不了运用古语词汇的庄严古体诗的习作。久赫里别克尔写诗很吃力，喜欢采用复杂的诗

---

① 久赫里别克尔(1797—1846)，俄国诗人，十二月党人。——译者注

体,他觉得这种诗的晦涩正适于他早期的思维和表达方式。久赫里别克尔曾经运用六音步的扬抑抑格写作现代抒情诗,并坚持说这种复杂的格律要比轻快的或"简单的"抑扬格或扬抑格更好,然而普希金则很早就喜欢抑扬格和扬抑格的节奏。在这两种不同流派的诗人中间,对于这类作诗法问题,显然曾发生过热烈的争论。普希金于一八一三年写的讽刺诗《克利特的不幸》就是很好的明证:

特列季亚科夫斯基的孙子克利特用六音步的

诗体写抒情诗,一提起扬抑格或抑扬格便

恼火万分……

这首诗证明,皇村学校这些诗人在低年级时,曾就古体诗和新体诗如何用于俄语诗歌创作这一难题展开过争论,而普希金和久赫里别克尔各持己见,互不相让。

久赫里别克尔从皇村学校毕业后,即显露出自己的全部才华,而他那豪迈的性格以及悲惨的命运都博得了普希金的深刻同情。

在皇村学校的学生中,还有两个诗人——科尔萨科夫和亚科夫列夫,他俩同时又是很有才能的音乐家。

"抒情诗人"科尔萨科夫是皇村学校文学小组的发起人,又是头几期学校小报和杂志的出版者。不过,他在同学中间首先以歌唱家、吉他演奏家和作曲家而出名。普希金写的《饮酒的大学生们》中有四行诗是献给他的,这一节诗仿佛回荡着"轻柔的吉他声"。

亚科夫列夫的演员才能则更为耀眼,更为突出。同学送给他的绰号有"小丑""滑稽演员""调皮鬼""音乐家""歌手"。这些绰号都证明他有出众的表演才能。这个少年有一张阴晴不定的脸,擅于扮出各种表情。他能成功地装出皇村学校一切人的脸相,包括校长、教授和其他师生,从教育大臣拉祖莫夫斯基到跛脚的诵经员。亚科夫列夫生气勃勃的快活性格,很投普希金的脾气。

皇村学校的这些音乐家对普希金诗歌的广泛流传起了很大的促进作用。科尔萨科夫把普希金的《啊,亲爱的黛丽亚》一诗的头几段和给玛莎·戴里维格的斯坦司体诗谱成了音乐。亚科夫列夫还给《美惠女神①的孩子》的文字谱了乐曲。所有这些乐曲在皇村学校和皇村的各家各户反复传唱。在这里,普希金的早期诗歌由他的朋友们谱写成歌曲而广为人知。

皇村学校的"第一名学生"哥恰可夫也参加文学活动。他最喜欢历史题材,曾在散文方面进行过尝试(后来他成为著名外交家,文笔精湛)。皇村学校最懒惰的学生之一康斯坦丁·丹扎斯也从事历史题材写作,可他只对"出版"杂志表现出明显的积极性。

这些少年在皇村学校的头一年,便充分地表现出了他们的兴趣和爱好:伊利切夫斯基入学之前便读过大量俄国古诗,而在诗歌创作方面已经进行了一定尝试;戴里维格入学前就非常喜欢古代神话形象;久赫里别克尔则酷爱德国"狂飙"时代的诗歌;普希金不仅表现出非常熟悉十八世纪进步作家的作品,而且把他们追求解放思想(使人类思想摆脱一切封建偏见)的要求带到了皇村学校。

这些自发的创作欲望同皇村学校中盛行的假道学和密探的牢固体系的冲突,不久就暴露出来了。校方自始至终极力压制学生们追求思想观念独立的坚定愿望,从而造成一种不安定,有时甚至令人惊恐的气氛,结果引起误会和冲突。普希金敏感、暴躁,他经常感到这种环境的沉重压抑,无法在里面安静地生活下去。据他的好友普辛证实,普希金的性格包含着"过分的大胆和腼腆",常常"使自己处于窘境"。这里清楚表现出他的才华横溢的个性。这是诗人的坦率性格的顽强表现,他的性格同官方宿舍烦琐的礼节和规矩格格不入。他准备反抗这种官方规定的制度和一切虚伪的礼节。

每当夜深人静的时候,两个好朋友便隔着单人房间当中的间壁墙悄声讨论当天发生的事情——不外乎是使普希金深感激动的事情,是在深夜的寂静中引起他的怀疑、懊悔或令人苦恼的事情。早在皇村学校普希金就常常自我解剖自己的心境,不过当时还只是初步的,而后来则变得尖锐有力,以至于把它表现在《当喧闹的白昼对人们已经沉

---

① 希腊神话中的美惠三女神,传说是宙斯的女儿,能给人间带来快乐、雅致和美丽。——译者注

寂的时候》一诗之中。

这些夜间的谈话充满着忏悔的倾诉和痛苦的告白,伴随着辛酸的眼泪。善良的普辛不得不寻找一些道理来安慰自己的好友,消除他内心的苦痛。

这些夜半的交谈同样揭示出了两个好朋友的性格。这里既充分显露出普希金内心生活紧张的特点,也表现出普辛富有同情心、关心别人疾苦的罕见品质,从而证明高尚的普辛具有一副热心肠和聪明的头脑。他最深情地向他的天才的朋友表明了友谊的可贵和高尚。

普希金为了逃避皇村学校给予他的痛苦,便从诗歌创作中寻找慰藉。尽管他曾大谈什么歌手们的"无忧无虑"和"懒惰成性",可是早在皇村学校他就孜孜不倦进行诗歌创作,并刻苦研究文学名著。在谈到戴里维格时,他曾说过,他"几乎可以背诵"茹科夫斯基出版的一本包罗万象的俄国诗集。此话大概对他自己也适用。普希金罕见的记忆力使他的同学和老师都大为惊异。

普希金所说的五卷本的俄国诗歌全集,从坎杰米尔①开始一直收到一八一〇年,极大地扩大了普希金早期的阅读范围,向他展示出诗歌语言的新的宝藏。

他的创作构思和计划也大大扩展了:他同快活的、诙谐的亚科夫列夫合写了一个为家庭演出的喜剧《世上就是如此》,自己开始写作散文体的长篇小说《吉卜赛人》、诗体喜剧《哲学家》以及稍后的中篇小说《法塔木,或人类的理智》。这一切还都带有初次尝试的性质,最后都没有完成,而且很快就被遗忘了,可是在不知不觉中却为更自由的独立创作积累了资料和经验。

---

① 坎杰米尔(1708—1744),俄国古典主义作家,写过讽刺诗、寓言、长诗等。——译者注

第六章 "一八一二年的战祸"

1

皇村学校的创立,正值国际局势紧张的时刻。就在国民教育大臣主持新生入学考试的时候,关于俄国即将同法国破裂的消息传到了彼得堡。

不久就明白了,原来在一八一一年八月三日(十五日),拿破仑为了庆祝他的命名日招待外国使团,就在这次盛大招待会上,他就亚历山大一世进行军事准备一事向俄国使节库拉金发出指责和恫吓。这种没有先例的举动,在场的各国大使都理解成未公开的宣战,而且不久就会公开和最终宣布。

杜尔里宫事件在俄国社会引起广泛的反响,又过了四分之一世纪以后,普希金根据惊人准确的史实指明,就在皇村学校成立的日子里,拿破仑向亚历山大一世发出恫吓,只是他还举棋不定,没敢断然进攻俄国。

"到了一八一一年末,人们已经纷纷议论对拿破仑的战争了。"普希金在一八三一年回忆说。从一八一二年初,人人都看得清楚,冲突是不可避免的了。一月,拿破仑跟奥地利和普鲁士签订军事同盟。二月,法国军队越过了易北河和奥得河,一直向俄国边界推进。三月,沙皇颁发招募新兵的诏书,公开宣布战争的危险。四月,库拉金大使申请护照离开法国。

到了夏天,形势急转直下。根据皇村学校历史教授凯丹诺夫的说法，"拿破仑企图建立世界帝国,准备把俄国当作妨碍他实现野心的最后障碍予以消灭。当欧洲还莫名其妙并在考虑自己未来命运时,几百万人民仿佛着了魔似的骚动起来。拿破仑得到二十个同盟国的支持,收罗了五十八万大军和大量武器,越过涅曼河进入俄国。按照他的说法,俄国的命运早已注定了……"

六月十六日(二十八日),拿破仑来到维尔诺。

这些少年关在皇村学校里,当然不可能了解已经爆发的战争的全部复杂原因,然而他们和整个俄国社会一样,十分清楚这个怀有世界野心的征服者企图奴役俄罗斯民族,以建立在他专权统治下的世界帝国。

面临的问题是拯救自己的祖国,免遭最大的屈辱和毁灭。尽管上层贵族集团意见不一,因为那里就有"波拿巴分子",但是俄罗斯民族的优秀分子都团结一致,决心击退这场猛烈的进攻。

这在普希金的一生中是一次重大事件。他早在少年时代就有时代感,清楚认识到诗人的使命在于表达民族的意志。

从彼得堡通向南方的大路经过皇村。皇村学校的学生送别从学校门前经过的近卫军队伍。普希金在一八一五年曾回忆过这些热烈的送行场面：

> 鲍罗金诺的儿子们,啊,库里姆的英雄们!
>
> 我看见你们的队伍向战场飞奔;
>
> 我振奋的心追随你们飞向前方。
>
> 为什么我不能把自己的鲜血洒在沙场?

关于这个战火纷飞和英雄的岁月,他保留着不可磨灭的回忆。过了四分之一世纪后,他激动而自豪地写道：

> 你们可记得,队伍像潮水一般流过,
>
> 我们跟大哥哥们难舍难离,
>
> 怏怏不乐地回到科学的宫殿,
>
> 而上前线的人准备为国捐躯,
>
> 我们羡慕极了……两个民族交锋,

罗斯抱住了狂妄的死敌，

于是莫斯科燃烧起熊熊烈火，

照亮了为敌军准备好的雪地。

　　普希金少年时代的诗歌，充满着炽烈而真挚的爱国主义。准备为祖国和人民献出自己生命的决心，已成为他在皇村学校时期的政治抒情诗的主题。这种爱国主义一直贯穿着他的整个创作。诗人的早期作品是他后来写的纪念"鲍罗金诺的伟大日子"著名诗篇的前奏。

　　他们在皇村学校屏息注视前线战事的发展。

　　伟大的历史悲剧在俄罗斯西部平原急遽展开。俄国指挥部仅用四五个星期就粉碎了拿破仑企图在国境线上消灭俄军并迫使亚历山大一世签订和约的如意算盘。"新奥斯特利茨战役"失败了。在战争初期由于福尔愚蠢的普鲁士战术而分成两路的俄军，于七月二十二日（八月三日）在斯摩棱斯克会师了。敌人被迫深入内地，可是找不到决战的机会。在两个月之间，他们推进到莫扎伊斯克，把自己的交通线拖长到一千俄里，在背后留下许多黑烟滚滚的废墟，而每前进一步，便要增加进攻的危险和丧失取得胜利的最后时机。

　　俄军总司令巴克莱·德·托利避免与兵力占优势的拿破仑交战的战术本来正确，可却引起沙皇和将领们以及上层贵族的不满。普希金后来写道："他的退却现在看得十分清楚，是必要的行动。当时却遭到非难。不但人民不满，变得残酷而愤懑，连有经验的军人也横加指责，几乎当面把他叫作叛徒。"

　　皇村学校的学生对这些议论之所以发生兴趣，还由于一个偶然的情况，即巴克莱·德·托利是久赫里别克尔的亲戚。八月末，久赫里别克尔的母亲曾写信给儿子，想用巴克莱仍留在军中的事实来驳倒败坏他名誉的谣言。

　　八月八日，俄军主帅换人。根据整个社会和人民的一致意见，委任苏沃洛夫的爱将米哈伊尔·伊拉里昂诺维奇·库图佐夫为俄军总司令。

　　八月二十六日（九月七日），在莫斯科远郊的要冲，在莫扎伊斯克附近,在鲍罗金诺村旁的旷野里,新出任的总司令同拿破仑进行了一场决战。

这是人类历史上最为血腥的日子之一(E. B. 塔尔列的说法)。"这是争取自由的激战。"——没过多久,普希金就这样来称呼这个日子。他很早就明白了卫国战争的解放意义。"于是俄罗斯人在敌人面前变成可怕的堡垒。"——他在描绘鲍罗金诺战场时这样写道。

这时在普希金的诗歌里第一次出现了库图佐夫的光辉形象,他不仅承担了同拿破仑决战的责任,而且后来还承担了为保全俄军而撤出莫斯科的责任:

在这里白发将军还没有把他打败,

啊,鲍罗金诺血腥的战场呀!

你并没有打掉他的狂暴和骄横!

看吧! 法国人上了克里姆林宫的楼顶! ……

"我们放弃首都就是为了给敌人准备一座坟墓。"库图佐夫在菲利军事会议召开之后信心百倍地写道。杰出战略家的这一英明决策后来反映在士兵的战歌里了:"把莫斯科让给法国人吧,这的确用不着悲伤! 我们的元帅库图佐夫公爵放他们进来,为的是将他们埋葬!"

然而,总司令和他的军队的坚定信念却没有得到俄国社会的同情,因为俄国社会已被战场的无情扩大吓得惊惶不安。

"我们不能不回忆我们为了鲍罗金诺战役和莫斯科失陷而落下的热泪。"科尔弗在其回忆录中写道。戴里维格写了一首《俄罗斯之歌》,表达了整个皇村学校青年学生的爱国热情。过了两年之后,普希金写了一首庄严的颂诗,满腔热忱地叙述了事件的进程。又隔了很久,他在《罗斯拉夫列夫》中描绘了一八一二年爱国主义的高涨。小说的女主人公对自己的人民在保卫祖国的宏伟斗争中所建立的功绩赞叹不止:"哦,我可以为把自己称作俄罗斯人而自豪!"

随着战争的演进,一八一二年俄国将领们的品格都清楚地表现了出来。他们与重大的战役息息相关,他们的英勇行为令人永远不能忘怀。比如拉耶夫斯基将军在七月十一日同达武元帅争夺莫吉廖夫要冲的激战中,拉着自己两个年轻儿子的手,同他们一起向萨尔坦诺夫卡近前难于靠近的炮垒冲去,向战士们高喊:"前进,士兵们!……我和我的孩子给你们带路。"队伍跟着他们一拥而上,炮垒被攻打下来。普希金一八二九年在追悼拉耶夫斯基将军的文章中曾记述过此事。

米洛拉多维奇将军的名字也应当是永世不忘的。他参加过苏沃洛夫率领的对意大利的远征。他曾迫使法国指挥部签订二十四小时的停战协定,以便从莫斯科撤出辎重和尚未撤完的大炮。过了一个月之后,又是他向德军前卫军将领缪拉特宣称,在俄国境内的对法战争已经变成了人民战争。

到了九月末已经看得十分清楚,防御战计划已经取得了预期效果。"敌人在我军攻击下,每日伤亡惨重,不得不于十月十一日(二十三日)放弃莫斯科。"——当时的作战报告这样写道。

"俄国得救了!"库图佐夫感慨地喊道。

"当法国人撤出莫斯科时,我们都破涕为笑,一片欢腾!"科尔弗在回忆录里写道。

过了九年之后,当拿破仑去世时,普希金用铿锵的诗句总结了一八一二年秋导致征服者灭亡的原因:

> 他用麻木的双手,
>
> 抱住自己的铁冠,
>
> 他看见眼前一片深渊,
>
> 他毁灭了,终于毁灭了。
>
> 欧洲的民军纷纷逃窜!
>
> 雪地上的血迹斑斑,
>
> 宣布他们必然完蛋,
>
> 敌人的踪迹跟雪一起融化了。

普希金在俄国人的胜利中,看到"人民复仇之神的面容"。

早在一八一二年,在普希金的脑海里就形成了把祖国从异族的铁蹄下解放出来的统帅的理想形象。库图佐夫把俄国人民的赫赫战功提高到新的高度,在普希金的心目中他永远是一位民族英雄,但是直到二十年之后,他才把这个英雄的形象塑成清晰有力、不可磨灭的胜利浮雕。

2

一八一二年秋,在敌人所有的通路上展开游击战争(最先是从斯摩棱斯克附近开始的)。在鲍罗金诺战役即将开始之前,库图佐夫让杰尼斯·达维多夫(他也是一位诗人)中校率领一支小队伍到敌军后方进行偷袭。这支队伍由骠骑兵和哥萨克组成。他们在武装农民的协助下,给予法国人以可怕的打击。普希金早在皇村学校时就曾高度评价这位游击诗人,说他的"文体鲜明,不可模仿"。后来甚至还说,他"青年时代曾模仿过达维多夫写诗,而且掌握了他的手法"。一八一六年,他在《游击骑兵》里描写了达维多夫率领的游击队。

早在一八一二年十月二十七日,亚历山大·屠格涅夫在给彼·安·维亚泽姆斯基的信中就曾写道,莫斯科和斯摩棱斯克的火光"将为我们照亮通往巴黎的道路"。

到一八一二年底,俄军已全线推到俄国西部边界,一八一三年一月一日(十三日),俄军为了彻底摧毁拿破仑帝国而越过国境。一八一三至一八一四年的解放战争开始了。

从卫国战争一开始,俄国文坛大为改观。在这不安定的岁月里,普希金接触到他从前不熟悉的、完全特殊的"文字"。军中命令、作战报告、公告、圣旨、指挥官汇报、告人民书、爱国文章和说教,完全填满了俄国的报章杂志。皇村学校教授 A. П. 库尼增在《祖国之子》上发出爱国主义的呼吁,深刻揭示了这场突然爆发的战争的解放意义。这个特别时期突然遵命似的创造了新的文体,连俄国的第一流诗人——茹科夫斯基、巴丘什科夫、克雷洛夫都马上接受了。描写法军入侵的著名寓言在前线广泛传开,连总司令都亲自给士兵们朗诵。

到了年末,《欧洲通报》发表了茹科夫斯基的颂诗《俄军营地上的歌手》。这个歌手在战士们的和声伴唱之下,用简短的语言概括了英雄人物的历史性格特征。库图佐夫、叶尔莫洛夫、米洛拉多维奇、维特根什泰因、普拉托夫、科诺夫尼增、沃隆佐夫，尤其是拉耶夫斯基——所有这些杰出的将领，在茹科夫斯基的诗中都赢得了名垂青史的光荣。特别热情地歌颂了游击骑兵——杰尼斯·达维多夫、谢斯拉文和费格涅尔。至于在战斗中牺牲的烈士——巴格拉吉翁、库泰索夫和库里涅夫，则祝愿他们永垂不朽。"还有你，还有你，巴格拉吉翁……做了一场恶战的牺牲品！……"对历史英雄——斯维雅托斯拉夫、德米特里·顿斯科伊、苏沃洛夫和彼得一世的歌颂，也给人留下了强烈的爱国主义印象。

普希金对于这种热情洋溢的爱国主义的赞颂，无疑十分欣赏。他在一八一四年给巴丘什科夫的诗中写道：

> ……同茹科夫斯基一起可以纵情歌唱，
>
> 歌唱战场上血腥的战斗和可怕的死亡。

一八三〇年，在说起我国文学可以自豪地摆到欧洲面前的几部作品时，普希金便提到"茹科夫斯基一八一二年的颂歌"。

在普希金皇村学校时期的一些战事诗歌中，可以相当明显地辨认出来《俄军营地上的歌手》的回响。

巴丘什科夫是最先描绘洗劫一空的莫斯科的诗人之一。他的《致达什科夫》（"我的朋友！我看到了罪恶之海……"）一诗无论就其悲痛的深沉或语言的生动真挚，都堪称关于一八一二年战争的优秀作品之一。"脸色苍白的母亲"抱着哺乳的婴儿在莫斯科大火的火光中仓皇逃命的形象，深刻地表现了敌军入侵的恐怖。这位敏感的大作家用真实的笔法，把这种恐怖描写得淋漓尽致。普希金对这首诗评价很高，他在相和时用对照手法写下愤怒的诗句，来描写这座被烧成灰烬的城市。他将永远铭记巴丘什科夫在国难周年时公开宣布放弃描写享乐的抒情诗的情景。

一八一四年三月十九日（三十一日），俄军进入巴黎。蒙马特尔（当时是巴黎的畿辅）战役使一八一二年的统帅们——叶尔莫洛夫、拉耶夫斯基、巴克莱、米洛拉多维奇又一次扬名于世。在这次战役之后，法军撤出前沿阵地。"我们终于手握佩剑看见了巴黎!"

　　俄国人到了巴黎!——复仇的火把在哪里?

　　高卢,低垂下你的头吧!

　　这是什么景象? 英雄们带着金色橄榄枝,

　　满面含着和解的微笑来到此地……

　　不久之后,普希金这样描绘俄军的胜利和爱好和平。

　　斗争似乎结束了。三月二十五日(四月六日),拿破仑签署了退位诏书,过了两周他即同近卫军分手,被流放到厄尔巴岛。

　　伊利切夫斯基在其一八一五年写的信里,准确地抓住并清楚表达了皇村学校同学们的共同情绪:"俄罗斯民族和俄罗斯人民值得歌颂! 最近这场战争给他们带来了莫大的光荣。"

　　俄罗斯民族和俄罗斯人民由于在这场难忘的战争中的英勇和功绩而赢得的伟大光荣,不久就照亮了皇村学校。俄罗斯的历史性胜利促成了它的伟大诗人的诞生。一八一二年的爱国热忱在普希金的心中第一次产生了英雄人民的生动具体的形象。他属于这个英雄人民,并将用语言为他们服务。民族间的悲剧使普希金从伟大民族的立场出发,对当代的政治事件进行创作酝酿。

　　祖国题材对他来说具有新的意义。还在学校读书时期,他就把人民的尊严和幸福视为高于一切。在他一八一四年的诗歌中,便庄严而胜利地歌唱时代的伟大主题——全民抗击异族的入侵。这个少年诗人怀着儿子般的真挚感情,对伟大战役的战场说:"莫斯科的土地,我的家乡,你们也看到了祖国的敌人! 鲜血染红了你们,火焰吞噬了你们!"普希金抒写世界事件——莫斯科大火和巴黎陷落——的诗歌开始诞生。他第一次提出诗人在民族英雄年代的使命的巨大题材:

　　如果听到战斗歌手的声音,

　　年轻的士兵会激怒和颤抖。

　　普希金在少年时代就同人民的疾苦息息相关。

　　在普希金学习的年代,震惊世界的历史事件激发了他的创作天才。过了几年之后,诗人便对这些长期改变欧洲面貌并把俄罗斯的道德权威提到绝对高度的伟大事件进行了完整的概括。他以钢刀似的铿锵诗句向世界预言,拿破仑的入侵显示出俄罗斯民族的英雄力量和俄罗斯民族的解放使命——俄罗斯人民在决定人类未来命运中的"崇高使命"。

当一九四一年六月希特勒匪帮进攻苏联的时候,我们爱国主义宣传画上书写的普希金青年时代的诗句,使侵略者丢魂丧胆:

> 发抖吧,暴君! 灭亡的时刻来到了!
>
> 你遇到的每个士兵都是无敌勇士……

诗人又在预言自己的祖国在史无前例的民族搏斗中必将取得胜利。历史本身使普希金的笔起到了刺刀的作用。

第七章　在教室和礼堂

1

皇村学校的机构是以"虔诚"和密探的独特结合为基础的,因而要求特殊的教职员。学校按照耶稣会的规章,严密监视学生的思想动向,用一切办法鼓励互相告密。

为了完成这些"监视任务"并和自愿的告密者直接联系,在皇村学校的教职员中,除教授之外,还有二级教师——辅导教师及其助手。这些人往往是从社会上挑选来的,其中有退伍军人、无官衔的外侨、小职员,一般都没有受过什么师范教育。他们当中的优秀分子,可以同时担任辅导和教学两项工作,如自修书法家卡利内奇原是宫廷歌手,现在竟能教学生写优美流利的草书。自修画家契里科夫在这些人当中也很突出,他教学生画临摹画、素描和写生画。他不乏观察力,在皇村学校教师当中是他于一八一三年第一个在给普希金写的评语中指出"尤酷爱诗歌"。契里科夫本人也用诗体写过一个名为《北国英雄》的悲剧。学生们都爱他,喜欢聚集在他的住处讲故事,讲的方式是一个情节大家轮流讲。普希金在这里根据茹科夫斯基的《格罗莫鲍伊》讲了十二个睡美人的故事。

但是,像这样有才干的级任教师并不多。其余的教师都按照严加戒备的校方的要求行事。按照科尔弗的生动描绘,这是一些"卑鄙下流的蠢物,相貌丑陋,作风粗俗,连正经的饭馆老板也不会用他们当伙计"。

　　所有这些低级教师都归副校长兼教务和训导主任马尔登·皮列茨基－乌尔巴诺维奇领导。校长马林诺夫斯基称他为自己的"左右手"。据最新材料证实，他是秘密警察的暗探。学生科尔弗给这个"伪君子、神秘主义者、同明会①会员"画了一幅十分生动的肖像。假如他不是早被赶出学校，"一定会把我们变成耶稣会会员"。"他身材细长而干瘪，眼睛闪烁着宗教狂热的火花，走路和举动像猫一样蹑手蹑脚，脸上一副残酷冷静、带有讥讽的严厉表情，不过总是用父亲般的慈爱掩饰起来。很长时期，他在我们的记忆里一直像是来自另一世界的幽灵。"

　　这个"禁欲主义者"跟许多伪君子一样，也难免要崇拜女性。每当节日有女客来到学校，他总要议论一番。他"对来看望学生的亲属、亲姐妹或表姐妹的温柔但有些亲昵的称呼"，曾引起学生的公愤。

　　普希金成为反对副校长运动的领袖。一次吃午饭时，他在大饭桌前，当着辅导教师的面向全体同学公然宣布皮列茨基对某些学生家长的侮辱。科尔萨科夫当场支持他，饭后又有几个人参加，他们秘密商定了策略。久赫里别克尔也参与了此事。尽管校方极力反对，但是这些不满分子还是在礼堂集合，把皮列茨基叫来，要求他离校，不然他们就自动退学。皮列茨基发现事情要闹大，便接受了最后通牒，用皇村学校副校长的职务换了个彼得堡警察局侦查处长。

　　普希金认为这次事件在一定意义上是思想的胜利。这是一次反对神秘主义、"虔诚主义"、宗教狂热以及一切教派活动的运动。在他最后写的自传里，对这次事件的评价很有代表性："哲学思想——马丁学说——我们驱走皮列茨基。"按十八世纪初的语言，哲学常常指的是启蒙思想。显然，他们是同官方的神秘主义进行斗争，而这种神秘主义是同圣马丁学说结合在一起的。结果，这个"同明会会员"被撵出了皇村学校的自由团体。

　　这种伪装虔诚和密探横行的环境，对某些学生的确产生了作用。

---

　　① 同明会，一种宗教秘密政治团体。——译者注

比如哥恰可夫就对宗教十分虔诚,而科尔弗比他更甚。后者在学校里以爱读教会书籍和爱唱圣歌而闻名。这种情绪在科莫夫斯基的日记里表现得最为突出。他是皇村学校第一期学生中最令人讨厌的人,同学们给他起的绰号叫"告密者"。这个少年的日记里充满令人奇怪的假道学,他老是写什么自己罪孽深重,写自己如何祈祷和斋戒。

然而,思想健康的学生对这阴森的神学倾向则坚决予以回击。普希金后来就记述过:"戴里维格不喜欢神秘主义诗歌,他常说:'越接近上天越冷。'"

当然还是普希金的反抗表现得最强烈。不久,这种自由思想在他早期创作的最初尝试中,便势不可遏地迸发出来。一八一三年夏,普希金写出了第一篇长诗《修士》。这是伏尔泰式的诙谐讽刺诗。长诗的主要情节写的是中世纪一位主教骑着小鬼去朝拜耶路撒冷:

> 我想歌唱一位白髯老者
>
> 怎样把地狱的恶魔当坐骑……

按照古典主义传统,普希金在诗的开头就把自己的作品置于"弗芮老人"①的庇护之下,并极力赞扬他的《奥尔良少女》。他效法伏尔泰的榜样,第一次用讽刺笔法来模拟"经文"。《修士》的情节取自指定诵读的日课经文月书。诗中用讽刺教会的典型语体描绘了年逾古稀的圣徒潘克拉季的生活环境和习惯。他已行将就木,装作为了灵魂得救终日祈祷,过苦行生活,整年吃斋,而实际上却贪嘴好吃。这位隐士看到女人衣服更是心慌意乱。诗人写到这里,圣徒传记也就成了讽刺作品。

把修士潘克拉季写成酒鬼、饕餮、好色之徒,显然是因袭拉伯雷和薄伽丘②的传统。诗人明白无误地表示出他对巴黎秃顶的笛卡儿派、"富有的卡尔美里特僧团"、佩切尔修道院的修士的蔑视和对天主教堡垒梵蒂冈及其靠"布尔冈红酒"和"处女"来追欢取乐的肥胖主教的厌恶。在普希金青年时期的创作中,这股反教会的潮流通过十八世纪诗

---

① 弗芮在日内瓦附近,伏尔泰晚年曾住在这里,故有此称呼。——译者注
② 薄伽丘(1313—1375),意大利作家,代表作为《十日谈》。——译者注

人而与欧洲文艺复兴的文学一脉相承。人道主义的批判思想把遮盖着修道院生活的幕布掀开了一角——在夜里唱唱圣歌并没有什么了不起，"如果让他们跟农民一样赤着脚，衣不蔽体，不论风里雨里都要跟在犁杖后面走的话，真不知他们该唱什么曲了"。

这种思想解放的倾向，在普希金的第一篇长诗里可以明显地感觉出来。在这方面，长诗《修士》中提到意大利和荷兰文艺复兴时代的伟大画家——鲁本斯、替善、科里卓是非常有意义的。

2

一八一四年三月二十三日，皇村学校校长瓦西里·费多罗维奇·马林诺夫斯基死了。这位第一任校长无论对普希金还是对全体进步学生都没有多大影响，因为这些进步学生的发展同校长的宗教道德纲领是背道而驰的。

校长死后的一段时间内，学校由教授会议管理。从一八一四年九月起，日耳曼学家马特斯·冯·豪恩席尔德教授接任校长。

新校长引起学生的普遍反感，学生们编歌把他叫作"嘴里叼着甘草的撒旦"。他的另一个绰号是"奥地利人"，因为他跟奥地利驻彼得堡大使馆有联系。这位维也纳院士后来的外交活动甚至直接跟梅特涅①发生关系，证实人们对他在彼得堡的政治关系过于密切并且具有特殊性质的猜测不无道理。

这个"奥地利人"刚一上任，就向国民教育大臣告密，说普希金跟马林诺夫斯基和普辛三人企图举行秘密酒会，并用朗姆酒把同学蒂尔科夫灌醉。拉祖莫夫斯基刚刚被准予非正式引退，对于这件恶作剧看得过重，亲临皇村，把三个犯事的学生叫来，严加训斥，并把这件事提交教授会议审理。由于大臣亲自干预，皇村学校的最高级会议决定：在两周之内每天全体祈祷的时候，对犯错误的学生罚跪，吃饭时坐在

---

① 梅特涅（1773—1859），奥地利反动政治家，曾任外交大臣和首相。——译者注

最后一排,并把他们的名字记入"黑册"。

这就是普希金同最高当局代表的第一次冲突。

诗人随即第一次使用了他的武器(后来他经常加以利用)——他给拉祖莫夫斯基写了一首讽刺诗("啊,我的上帝,我听到了一个多么可笑的消息……")。

一八一四年七月同法国缔结了和约。七月二十七日在巴甫洛夫斯克举行的爱国庆祝活动,允许皇村学校学生参加。他们从宫廷出来,经过凯旋门来到"玫瑰陈列馆"。凯旋门是用不高的桂树编成的,仿佛有意嘲笑树身矮小而在上面悬挂着欢迎沙皇的词句:"胜利门容不下从战场归来的你。"

普希金根据此事用鹅毛笔画了一张素描,画的是"胜利门"跟前发生的混乱:队伍来到跟前,看到凯旋门的确"容不下"肥胖的沙皇,有些随从便跑上前去砍树。普希金的这张政治漫画闪耀着他绘画的天才。

在有著名演员参加的演出结束之后,开始跳舞了。科尔弗在他的笔记里写道:"当皇室走了之后,门口挤满了穿制服、戴勋章、拍扑粉的达官贵人,在等自己的马车。突然在这群达官中间,有人一连叫了好几次:'奴才! 奴才!! 奴才!!!'同我们刚才参加的温文尔雅的庆祝会比较起来,这种在大胡子沙皇时代才使用的称呼显得多么野蛮而可怕……"

如果这一场面使"品行端庄"的科尔弗都产生这样的印象,那么在像普希金、久赫里别克尔或普辛一类的目击者心目中会引起何种反响,是不难想象的。

这个偶然事件令人想起了历史的悲剧。通过一八一二至一八一四年间俄国人民所从事的伟大斗争,充分揭露出他们的毫无变化的悲惨命运和无权地位。在全国农村,把人民英雄手中的武器都收缴上来,因为武器是不能放在奴隶手中的。不久,普希金即在自己的诗歌中喊出被奴役的无权农民的伟大辩护人——拉吉舍夫的名字。这是他在诗歌中第一次引用讽刺长诗《鲍瓦》的作者、诗人拉吉舍夫的名字。拉吉舍夫的命运曾使老一辈人感到激动不安,而他的创作将永远鼓舞年轻诗人。

在普希金的创作史和政治观念发展史上，这是最重要的名字之一。"拉吉舍夫——奴隶制的敌人"，从皇村学校的课堂一直到死前写的《纪念碑》，在整个创作过程中始终陪伴着他。

然而，普希金的《鲍瓦》已经不仅仅是民间故事了。年轻作者在里面清楚地表达了自己的政治兴趣。他写的是历史题材，是对统治者和国家机构的讽刺。这里充满了暗示，甚至明确指出刚刚过去的或眼前发生的重大事件。

在普希金的笔下，教会的经文做了无神论的阐释，历代沙皇变成讽刺对象——长着驴耳朵，有喝人血的嗜好。人们公认亚历山大一世参与了谋杀保罗一世的事件（普希金在《自由颂》里曾涉及这个题目），人们在这篇童话诗里可以感觉出亚历山大一世的形象：

> 达顿皇帝的王冠和权杖
>
> 并不是从正道得来的，
>
> 而是杀了合法的皇帝——
>
> 傻乎乎的宾多基尔偷来的。

僭王达顿把合法的继承人鲍瓦王子关在监狱里，同亲信商议如何杀害他。这种场面不能不令人想起叶卡捷琳娜不让合法继承人保罗①继承皇位而策划完全剥夺他的宝座的情形。在这篇讽刺故事里，明显地勾勒出一七六二年和一八○一年两次宫廷政变的情节。

少年诗人对当前世界政治事件的直接反响也是引人注目的。在这里，他把"兢兢业业的暴君"这个绰号同时送给亚历山大一世（达顿）及其敌手拿破仑。长诗里还特别提到拿破仑的垮台和流放。作者回忆这个穷兵黩武的统治者把"整个基督世界浸在血泊里"，而他自己也落得一钱不值，受尽屈辱：

> 他已被世人所遗忘，
>
> 如今成为厄尔巴的帝王……

---

① 这里的保罗，应为彼得三世。——译者注

民间故事的形象丝毫也没有削弱《鲍瓦》作者对政府当局诙谐而针针见血的尖锐讽刺。可以想象，这篇长诗写到受人民爱戴的鲍瓦获得自由，在腐败的宫廷和无用的顾问中间把罪恶多端的僭王杀了的场面，对于沙皇制度会成为多么尖锐的揭露。

一八一四年，普希金又写了一篇对神秘文学最尖锐的讽刺诗。早在一八一一年，《欧洲通报》就发表了茹科夫斯基的长诗《十二个睡美人》的第一部——叙事诗《格罗莫鲍伊》。这篇作品实际上是十八世纪一个反动德国作家施皮斯的冒险小说的转述。施皮斯曾经写过许多"恐怖和神秘"的长篇史诗。照别林斯基的说法，茹科夫斯基的改作实际成了"类似天主教的神话故事"。诗中讲述了这样一个故事：有十二个贞洁的少女被他们罪恶的父亲卖给撒旦，但在圣徒的保护下终于得救了。

十五岁的普希金为了同这种"宗教神秘剧"的题材唱对台戏，写了一篇恶作剧的叙事诗，采用极其鲜明的笔调和模拟手法讽刺了茹科夫斯基的劝人为善的神话故事。这就是他在一八一四年写的《巴尔科夫的幽灵》。诗中写的是一个被免职的神父的恋爱故事。普希金利用宗教故事中表示信仰虔诚的细节，充分暴露了色情内容，使用的语言也是不规范的语言，根本上不了书报。与此同时，却保留了茹科夫斯基原诗的节律和分段。不过，拯救格罗莫鲍伊的圣徒尼古拉，在这里变成古诗人巴尔科夫的可笑形象。后者按照他的恬不知耻的缪斯的精神，教唆放荡的神父去干下流勾当。年轻的普希金在这方面表现了惊人的大胆，他用最"俗气"的文体写出这么淫秽的题材，仿佛用这面哈哈镜折射出茹科夫斯基的"天使"诗。普希金的这篇讽刺作品在一定程度上也是模仿《危险的邻居》，只是语言并不像瓦西里·普希金那么含蓄。《巴尔科夫的幽灵》同描写布扬诺夫的故事的长诗一样，也是对"斯拉夫派"的讽刺：希赫马托夫、赫沃斯托夫、鲍勃罗夫在诗中被写成"受阿波罗诅咒"的"糊涂诗人"。诗中反教会的主题也要比《危险的邻居》表现得更强烈：

赞美你呀，被免职的神父——

　　　　　普里阿波的热心的祭司……

　　除诙谐诗之外，普希金这时开始写训诫诗。这种体裁是他所喜欢的许多诗人都常用的体裁。在俄国十八世纪古典作家的作品中，这种体裁颇为常见。我们可以看到，瓦西里·普希金在同文学界敌人进行论战时，正是用的这种体裁。

　　一八一四年的《致诗友》一诗证明，普希金对这种体裁的实质掌握得很透彻。古典的亚历山大体，完整的箴言，使结局显得更加荒唐可笑的结尾部分有趣的寓言——所有这一切都是古训诫诗的典型特点。然而，普希金在俏皮对话的规范形式里，添加了一个重大而悲伤的主题，即诗人在冷漠无情的社会里的悲惨命运。《安德烈·谢尼埃》的未来作者在十五岁时，便对文学家的传记发生了特殊的兴趣（不久他在学生时代的日记里写道："晨起，读伏尔泰的生平。"）。他在这方面收集到的各种材料，使他能够广泛概括名作家的生活经历：

　　　　　幸运的轮子从他们身旁绕开；

　　　　　卢梭①赤身降生，又赤身走进棺材；

　　　　　卡门斯②和乞丐睡一张床铺；

　　　　　科斯特罗夫在阁楼上溘然长逝，

　　　　　亏得陌生人把他抬入坟墓……

　　杰出的才能在诗人的生活中不过是"可诅咒的特长"。这是普希金公开发表的第一篇作品（于一八一四年七月四日刊登在《欧洲通报》上），是诗人描写受迫害、受诬陷的天才的众多作品中的第一篇。

3

　　学校规定一八一五年一月举行公开升级考试。这是皇村学校成立三年来第一次向社会做的汇报。必须证明在开学时所许下的诺言

---

　　①　卢梭（1712—1778），法国启蒙运动思想家，代表作有《民约论》《爱弥儿》等。——译者注

　　②　卡门斯（1524—1580），葡萄牙诗人，死于救济院。——译者注

已经兑现。

语文考试由杰尔查文前来监考。要学生准备好朗读他的诗作或分析他的名篇都不是难事。可是,让这位年迈的诗人看到有才华的年轻诗人能继承他的传统,实现他在创作上的指教,难道不是以最好的方式向他表示敬意?学校会议委托新任古文教师加利奇组织这一公开考试(加利奇从一八一四年春接替了生病的科尚斯基)。

这位副教授平易近人,性情温和,快乐无忧,诙谐幽默。学生立刻发现,新老师对拉丁语的句法不大感兴趣。据给加利奇作传的人说,他们极力利用他的另一优点——对少年学生的生活兴趣的体贴和关心。

"善良的加利奇"是普希金最喜欢的很少几位教师之一。尽管副教授比他的学生年纪大一倍,他们之间的关系却是朋友式的。加利奇常常在自己的房间里继续在教室里开始的谈话,或者组织文学朗诵会,同时还用果酒和"松软的煎包"来款待他们。加利奇是诗歌爱好者,他关心学生,无疑十分珍视普希金日益成熟的才华。这种关系大大帮助了富于同情心的副教授完成相当复杂的任务——安排青年诗人第一次在俄国诗歌和科学界泰斗面前朗诵诗作。人所共知,普希金腼腆,他自己大概不会有决心在科学院名人的会议面前朗读自己的诗。根据诗人最后的说法,是加利奇"强迫"他这样做的。加利奇终于说服普希金按照纯"杰尔查文"主题写一首诗,即按照歌颂攻占伊兹马伊尔、奥恰科夫、多利达的著名颂诗,利用当代政治事件的题材,歌颂俄国军队的战功,"赞颂"对拿破仑的斗争。少年诗人必须在诗中揭示出现代与刚刚过去的时代的联系,抒发对皇村学校所在地皇村花园的印象,把对叶卡捷琳娜世纪的高度赞美灌注到诗句里,因为叶卡捷琳娜的功臣要来评判他的颂诗。

普希金仍然按照自己的想法,来运用这种旧式的、被最新的诗歌流派大大贬低了的体裁。他在写这种限题诗时,从对现实的直接观察出发,运用他经常采用的根据自己的印象描绘外部世界具体现象的方法。这种作诗法本身已经显示出这将是一位未来的现实主义大师。

《皇村回忆》的头七节描写的是叶卡捷琳娜皇宫的花园、宫殿和纪念碑。在"奥西安式"风景描写的背景上，出现了"庞大的宫殿"和俄国胜利的辉煌纪念碑。

可以想象普希金在为自己第一次在大庭广众之中朗诵作品进行准备时，在秋天的花园里来回踱步，从花园的楼房和纪念碑的建筑艺术中重新汲取印象的情景。在这次创作漫步中，特别引起他注目的是莫列伊斯基半岛的胜利纪念碑——用带白纹的蓝色大理石塑成的刻有古战船船头的圆柱，屹立在池塘边。基座上，用作战报告的简短而庄严的文体刻着这样的字句："纳瓦林要塞向汉尼拔旅长投降。俄国军队为数六百人，他们不问敌人多寡，只问在何处；俘虏六千土耳其人。"

这种描写战功的斯巴达式的英雄文体，仿佛要求一定的节律，仿佛能够决定诗的分段。关于车斯米纪念碑的诗句：

> 他看到：在汹涌的波涛之间，
>
> 在长满苔藓的坚硬岩石上，
>
> 耸立着一座纪念碑……

在大殿窗子对面有一座蓝色大理石的方尖碑，既朴素又雄伟，这是为了纪念鲁缅采夫在卡古尔的胜利。他曾吓得土耳其大臣卡利里·别伊望风而逃。

> 在蓊郁的松树的浓荫里，
>
> 有一座朴素的纪念碑屹立着。
>
> 啊，它使卡古尔河岸蒙受多大耻辱，
>
> 给亲爱的祖国带来多大荣耀！

到处是胜利的标志，战争的象征，铜牌上刻着令人振奋、激动人心的词句。从圆大理石上伸出古代战船的船头，在尖削的柱头顶上雄鹰展开翅膀，在庞然大物的台座上刻着精细的浅浮雕：有希沃斯海战，有车斯米湾土耳其舰队的覆没，有米蒂利尼岛的陷落——这都是祖国历史上的伟大事件，又都与普希金和汉尼拔两家家族史上的传说交织在一起。

从过去的战绩过渡到"一八一二年"的现实题材,这里有"鲍罗金诺的血腥战场"和莫斯科大火以及巴黎陷落。卫国战争的事件变成了颂诗的中心题目,而把"狂妄的法国人"从克里姆林宫钟楼上扔下去的"白发苍苍的军人"库图佐夫,则是颂诗的主人公。关于鲁缅采夫和苏沃洛夫的"光荣的世纪"的传说,变成俄国人民的爱国主义赞歌。在同最凶恶的敌人的搏斗中,俄国人民保卫了祖国的荣誉和独立。

语文考试于一八一五年一月八日举行,有达官贵人和学者参加。拉祖莫夫斯基遵循国立学校的一切活动都要尽量庄严的原则,决定皇村学校这次考试要造声势,要扩大影响,让对考试的赞扬声传到正在国外的沙皇耳朵里。

最尊贵的客人是名人杰尔查文,尽管他早已经退休了。他当时七十三岁,身体有病,而且行将就木。为了参加这个盛大场面,他特地穿上制服,但是两腿患痛风,只好穿上家做的天鹅绒靴子。普希金记住了他那无神的眼睛和老态的嘴唇。

少年诗人就要在这样盛大的场面背诵自己的诗作,篇幅几乎相当于长诗。根据主题的要求,在整个朗诵过程中,一直要保持高亢的声音和昂扬的调子。

在这之前,普希金曾在莫斯科的家庭舞台上进行过几次成功的表演,因此他是有准备的。科尚斯基是优秀的朗诵家,教育学生朗读声调的扬抑要根据"真实感情"来确定。普希金本来对诗歌语言非常敏感,无疑早就掌握了古典朗诵理论先进的、成熟的原则。根据这种理论,在朗读时声调要像唱歌一样悠扬,并且要突出节奏。诗的开头几行念得庄严而响亮:

> 在那睡意蒙眬的苍穹里,
>
> 升起了阴沉的夜幕……

但是,用声音传达节奏言语的音乐感时,丝毫也不减弱它本身活泼自然的表情力量。他的朋友普辛说:"普希金读得铿锵有力。"当年轻的作者向十八世纪的伟大歌手表示敬意时,他尽量抑制自己的激动,反而加强了朗诵效果。"当我读到出现杰尔查文名字的诗句时,我的童音突然响亮起来,我的心房欣喜若狂地跳动起来……"

这种歌唱式的朗诵符合当时作家的口味,那时古典朗诵法还是一致公认的。这个小学生的颂诗之所以使杰尔查文折服,还由于它的形象和整个情调。上一世纪的诗学在这里同新式抒情诗的颂扬体裁巧妙地结合起来。回忆的主题很令老诗人感到亲切,而他的名字被写进了响亮而鲜明的诗句(并不像其他学生回答问题时那样千篇一律地赞美),在一系列庄严比喻中间像号声一样嘹亮。杰尔查文自己就是一位音响表现法的大师,他写有这类的名篇《梦中的夜莺》,因此他必定欣赏这篇新颂诗中模拟声音的卓越手法,如诗中巧妙地重复了相像的辅音:

> 在浓重的空气中,剑矢呼啸,
>
> 鲜血飞溅到盾牌上……

与杰尔查文的颂诗比较起来,普希金的《回忆》在结构上更为整齐——这里不是一味地使用四步抑扬格,而是采用了诗律繁复、诗节整齐的写法。在"奥西安式"的风景描写和庄严的词汇(别罗娜、罗斯人、弹唱诗人、橄榄、灾难)中,都可以感觉出杰尔查文的传统。战事诗诗节的结构安排,则是按照新诗人——茹科夫斯基和巴丘什科夫常用的方法。普希金的这篇作品正是模仿他们的方法。

然而,凌驾于所有这些典范、规则、模仿和传统形象之上的,已经是节奏铿锵有力、音色优美动听的独特的普希金诗歌了。这诗歌的音调忽而像哀伤的沉思,忽而像响亮的凯歌,仿佛在这千篇一律的赞美声中发挥出自己的一切特长,以蓬勃的热情表现出惊人的灵活和力量。

有些诗句极其遒劲有力,用简短的词句抒发了关于时代的丰富感受。诗中描写了祖国面临的可怕灾难,以及全体人民如何以无私的爱国主义热忱抵御外侮。少年诗人向胆大的征服者脸上掷去了令人震惊的挑战,反映出他的整个祖国在敌人大兵入境时意气风发的精神状态:

> 你们害怕去吧,异族的军队!

俄罗斯的儿女已开赴前线；

无论老少,奋起迎击强敌,

他们心中燃起复仇的火焰。

很明显,杰尔查文对普希金是真心叹服。在他垂暮之年,竟然听到新的歌手来歌唱他的青春和力量。那早已遗忘了的创作的欢乐在老人疲倦的心灵里又苏醒了,用激动的声音来回答这响亮的童音。这少年竟然把他老朽的名字写进庄严的抑扬格颂诗里了。

"赞喜不已的杰尔查文从沙发椅上站起来,向少年诗人俯下白发苍苍的头,想去拥抱他,可是普希金早已不见了。"

当天,拉祖莫夫斯基大臣举行正式宴会,招待贵宾。谢尔盖·普希金作为成绩优异的学生的家长也在被邀请之列。在这里他同杰尔查文进行了交谈。从他们在彼得堡第二次见面算起,已经过去二十年了。当时鲍格丹诺维奇和科斯特罗夫还都健在,而瓦西里·普希金刚刚在《圣彼得堡莫考莱》上发表他的处女作。这些仿佛是昨天的事。然而生活一闪即逝了,出现了一位新诗人——少年亚历山大·普希金。在大臣的宴会上,贵宾们纷纷夸奖他的不平凡的才华,并预言他将来一定成名。

然而在官场里,诗歌则被看作语文中的末技。国家需要的是散文,散文是最重要、最有用的文字。国民教育大臣决意说出这个想法。"不过,我倒是希望把您的孩子培养成散文家。"拉祖莫夫斯基用开导的口吻说。

谢尔盖·普希金永远忘不了杰尔查文针对这种官僚的见地所做出的激动插话。

"让他当个诗人吧!"杰尔查文满怀着期望,热切地说。

《瀑布》作者的文学生涯便以这呼声而结束了,同时为后代开辟出新的创作道路。当行将就木的杰尔查文听说不让普希金做诗人时,他的愤怒真正是大义凛然的了。

第八章　皇村学校时期的笔记

1

　　普希金从在皇村学校读书的初期起,即用响亮的俄语诗句记录自己的印象和想法,而他笔下的诗越来越简洁、工整、有力。他皇村学校时期的抒情诗——早期习作,就是这样产生的。当时他的才能正在成长中,仿佛刚刚舒展开翅膀,已飞上广阔的天空。这就是普希金的早期创作——少年时代的诗歌,其特点是充满着不可言传的新鲜感情、吸引人的思想和真挚激动的语言。这时一切还在酝酿中,在探索中,在形成中,然而正是这种刚刚诞生、正在形成的诗歌揭示出它的源泉,并勾勒出未来成熟的技巧的途径。

　　普希金少年时期的诗稿还保存着,尽管纸已发黄。有单页诗稿,有手抄诗集,有学校里出的书写工整的"杂志"和"报纸",有自己的手稿或朋友们抄的副本——所有这一切可以使我们了解到他早期的创作构思。"皇村学校抒情诗人"的这些同人诗选、纪念册和笔记,广阔地展示出少年诗人从他的幼稚的《托利亚德》到成熟的《自由颂》的不平凡的成长图景。数年之间,他以巨人的步伐走完了诗歌发展的所有准备阶段,并得到了普遍承认。早在一八一四年,B. B. 伊兹马伊洛夫办的《欧洲画报》便刊登了普希金的五首诗,使用了不同的笔名。一八一五年,俄国刊物上第一次出现了亚历山大·普希金的名字。发表在《俄罗斯博物馆》上的《皇村回忆》用的真名,编者加了不寻常的按语,说这位"年轻诗人的天才无法估量"。一年之后,国语爱好者协会把这位有前途的作者的两首诗选入《俄语范文选集》。十七岁的普希金已经被列为俄国经典作家。从一八一六年起,他便编选自己的诗集,准备付梓。其中有下述名篇:《致李锡尼》、《皇村回忆》和《歌手》。

我们打开这些古老的笔记,努力探寻诗人早期发展的尚不为人所知的复杂过程。

普希金皇村学校时期的诗稿比起他的儿时习作,在题材、思想、形象、体裁、诗节的结构和诗律上都要丰富多彩。从讽刺诗、诙谐诗到哀诗、爱国颂诗,他尝试了抒情诗的所有基本形式。其中包括下述独特形式:法国古代民歌体讽刺诗、贺诗、哲学颂诗、斯坦司体、即兴诗、描写景物、我的墓志铭、自画像、我的遗嘱、病院壁上题诗、凉亭题诗(作者本人对他早期作品的丰富多彩的体裁就是这样分类的)。少年普希金无论对于轻松、活泼、时而带戏谑情味的诗律(《丽达在笑》),还是对于充满愤怒、响亮有力的诗句(《致李锡尼》),都能驾驭自如。这里既有节奏急促的短诗,又有平缓拖长的"亚历山大体"。

所有这些形式完全适合于普希金抒情诗的多种多样的题材。友善的嘲笑和凄婉的情诗,几乎是跟公民的呼声和战斗的赞歌同时写的。关于"甜蜜的爱情"和"琥珀酒杯"的欢乐歌曲,一下子变成关于莫斯科大火和滑铁卢之战一类伟大政治事件的忧心忡忡的沉思。愤怒的"罗马"讽刺诗发出对沙皇专制主义的反抗。透过古代希腊神话显露出当代的政治题材,正是它使少年诗人的诗句更加刚劲有力,并经受了第一次战斗锻炼。

对各种不同诗歌体裁的尝试,丝毫没有掩盖初学者的主要追求——追求生活的真实,追求准确反映世界,追求清晰准确的写生。诗人用各种创作手法进行尝试的早期习作,到一八一四年已经让位于从真实人物与事件得来并力求描绘得具体和逼真的直接印象。普希金学生时代的诗作,都是对当时某些事件的反映,是对他周围某些人物的速写。一八一四年,他写了一首诗,题为《饮酒的大学生》。皇村学校的同学屏息倾听他朗诵,因为不少诗节就是写他的好友的,写得惟妙惟肖,富有幽默感。这是一幅普希金好友的优美群像,为首的就是他的老师和"酒筵的主席"加利奇。这些诗节尽管充满着无忧无虑的快活情调,然而已经成为他后来的《皇村学校周年纪念》的先声,只是后来的作品更为深刻,对少年时代的同学们一生的劳作与斗争写得往往十分凄惨。

这时普希金也写轻松的书信诗。这种体裁很接近于诙谐的闲谈,口吻随便,题材广泛,充满着直接真挚的告白。属于这类的有一八一四年的《致姐姐》和一八一五年的《小城》。这两首诗都是书信体,只是后者长一些。而更为有意思的是,诗中列举了普希金所喜爱的作家名字。其中有古典的和当代的大作家,也有十八世纪法国的一些"小"诗人。诗中用假名字特别提到俄国诗人巴尔科夫和德·彼·哥恰可夫公爵(他们的诗作以手抄稿流传),后者是伏尔泰的信徒和政治讽刺诗人。普希金的著名对话诗,就是在哥恰可夫的"圣诞节诗"的启发下写的。

通过这些早期的速写和献诗、致友人诗和描写景物的片段,我们已经看出,作者对现实的观察十分敏锐,而对事物的描写又十分逼真。通过作者关于皇村学校小城的最早的草图(内有那里的剽悍的骠骑兵和奥恰科夫的残废军人、天鹅湖和园林风景)已经可以感觉出,这将是一位描写俄罗斯大自然和俄罗斯人的独一无二的写生大家,他将写出每种不同气候的自然景色和各种不同类型的人物。

这位初学写作的诗人的创作注意力,一下子就把握住了客观世界。不过另一点也很重要:早在学生时代,普希金的诗歌风格的基本特征便已开始形成,这就是既忠实于客观世界,同时对客观世界的反映又具有一种令人倾倒的魅力。普希金的现实主义的实质,在于生活的真实同对世界的经过提炼和纯化的感受相结合。在伟大的艺术家看来,生活是无限美好的,于是他以无限赞美的心情,尽量真实地传达生活的本来面目及其一切魅力。普希金的作品(据列·尼·托尔斯泰①说,后来的契诃夫②的作品也是一样)"一切都是美的"。日常生活最平凡的景物,到普希金笔下也会变成优雅的画面,给人以技巧精湛的完整印象,令人陶醉:

> 一张摇晃的床,
>
> 一把破旧的木椅,
>
> 一只装满清水的瓶,
>
> 一只小巧的芦笛——
>
> 这就是我一觉醒来,
>
> 在眼前看到的东西。
>
> 幻想啊,只有你
>
> 给了我莫大的奖励……

而这位富于想象力的缪斯不但把诗人带到"奇妙的灵感之泉",而且在这个带有美妙的"芦笛"的平凡画面上也投射了光辉。难道《叶夫根尼·奥涅金》不自始至终都是运用这种现实主义的抒情诗写成的吗?

普希金在皇村学校时期,便开始为新的诗歌语言而斗争。这种语言应该是朴素的、响亮的、简洁的、富于表现力的、"准确的"和"和谐的"。这位少年诗人从一开始便对诗学和风格的基本问题抱有坚定不移的见解(其中有一部分是从儿时他周围的一些大诗人那里学来的)。他主张诗歌语言要明白、自然、易懂:

> 我希望从大人到小孩,
>
> 人人都能读懂我的诗歌。

这正是少年普希金的真正的诗歌宣言。茹科夫斯基出版诗歌只为"少数人",而普希金跟他不同,是为了所有的人,因而他使用的是"真实的、自由的、朴素的语言"。他最珍视那些"用真实的语言表述"的人。他喜欢快而紧凑的诗律(常常是两音步的),正如他自己在一八

---

① 列·尼·托尔斯泰(1828—1910),俄国伟大作家,著有《安娜·卡列尼娜》、《战争与和平》等。——译者注

② 安·巴·契诃夫(1860—1904),俄国杰出的短篇小说家和剧作家。——译者注

一三年说的那样,是"简单的格律"。他在自己创作道路的起点即找到了"自己的格律",生动的口语格律——四音步的抑扬格。他讨厌颂诗作者的"堆砌华丽的辞藻"和《杰列马希达》①式的"臃肿的诗篇"。他不怕民间土语,并且大胆地运用到自己"自由的"或"口语的"诗歌里。他的诗句不仅清晰、响亮,而且富有音乐美:"懒洋洋的回声在空谷里回应着凄凉的笛声……""你可在荒凉幽暗的森林里遇到过爱情的歌者,自己的哀愁的歌者吗?……""直到如今你受到缪斯的钟爱,你燃烧着皮埃丽达的热情……"所有这些新的句式和音程,证明未来伟大的俄语改革者已经在不知不觉地着手实现自己的伟大使命。

2

诗人的创作敏感使他离开酒筵诗歌,而面对周围生活的悲惨景象。他在学生时代便写出了著名的浪漫曲《在秋雨凄凄的黄昏》。诗中充满了对生孩子的少女和弃婴的深刻同情。这首诗已经表露出少年普希金对当时的社会悲剧真诚的忧虑。"可怕的不公平的法律,使我们注定要受罪"这句诗证明,作者已经了解古代法律关于"非婚生子"的严酷规定。古俄国的法典为了反对不合法的同居和保持家庭的基础,认为非婚生子女的父母有罪,从而剥夺了他们的后代在法律上的权利。这类法律成了许多人生悲剧的祸根——溺婴和自杀(别林斯基在少年时代写的戏剧《德米特里·卡里宁》就是这类题材)。普希金早在一八一四年就公开为这些罪不应得而蒙受耻辱的女人及其无辜而受难的子女鸣不平。在他笔下的受骗少女的怨诉中,揭示了重大社会题材,对封建社会野蛮法律提出了坚决抗议。这首诗虽然直到一八二七年才发表,却成为民间木版画最喜闻乐见的题材,并且成为民歌,是不足为奇的。普希金在学生时代写的诗歌中,只有这一首成为到处流传的民歌。

---

① 《杰列马希达》,俄国诗人特列季亚科夫斯基的作品,以语言晦涩著称。——译者注

普希金在少年时代便经常考虑诗歌的任务和艺术规律。早在一八一四年的致友人诗中，便已经出现关于创作和艺术家命运的主题。这一主题永远成为他沉思和灵感的源泉，因而在后来的诗歌中写得则更为深刻。少年普希金对各种艺术都感兴趣，在他的英雄诗篇中，纪念碑的建造艺术和古典雕塑都有所反映。同样，在他关于丽达、维纳斯和巴克科斯的诗作中，叶卡捷琳娜皇宫的绘画及其神话题材也得到了反映。在他的早期诗歌中，牧童的芦笛和站在钢琴旁的少女的歌声是互相呼应的。普希金作为莫斯科戏剧爱好者的后代，还常在诗中就舞台艺术的实质和演技问题发表意见。

在皇村，当时曾有一个由农奴演戏的戏院。瓦尔福洛麦·托尔斯泰伯爵在自己的家庭舞台上演出的主要是室内歌剧。普希金在他早期写的两首诗中，就反映了他对于帕伊齐埃洛①的《塞维利亚的理发师》和阿勃列西莫夫②的俄国歌剧《磨坊老板》的印象。他之所以要写这两首诗，是由于皇村文艺庇护者的一位女演员的表演引起的。

起初，年轻诗人对这位农奴出身的女主角的演技和容貌都赞不绝口，但过了不久，对她的表情冷淡十分失望，于是从《致娜塔丽亚》转而对她的表演做了冷静的批评。

《致年轻女演员》一诗，实际上是他的第一篇剧评。他以最优秀的悲剧演员——著名的克丽朗③（十八世纪俄国的戏剧爱好者认为她是"无懈可击"的）为标准，详细分析了农奴女演员的表演：嗓音、面部表情、手势、唱法、声调、舞台表演艺术手法。他的分析虽然粗略，却十分中肯，证明普希金对舞台艺术规律多么熟悉，可以说面面俱到。这些知识他都是从古老莫斯科的家庭演出中得来的。

同年（一八一五年），诗人又写了一首政治讽刺诗，题为《致李锡尼》。这是他在皇村学校时期最为成熟的作品：

> 暴君的宠儿统治着无能的议院，

---

① 帕伊齐埃洛（帕艾齐埃洛）（1740—1816），意大利作曲家。——译者注
② 阿勃列西莫夫（1742—1783），俄国剧作家。——译者注
③ 克丽朗（1723—1803），启蒙运动时期法国古典剧院的演员。——译者注

给罗马加上枷锁,使祖国蒙受耻辱……

在普希金的诗歌中第一次出现"不幸的人民",并且从此永远成为他的主题。

诗中尖锐地提出了政治腐败的问题,对此作者以公民身份提出严重抗议:"我是天生的罗马人,自由在我的胸中沸腾。"求解放的思想在这里塑造成光辉的形象。诗句刚劲有力,也加重了强烈的公民感。罗马人愤怒而雄辩的语气,不是靠机械复制古典诗律,而是靠言语的内部语调再现出来的。正是这种内部语调使得十八世纪的"亚历山大体诗人"能写出与古典拉丁语同样响亮有力的诗句。

少年诗人的迅速成长,也引起他的文学导师们的注意。于是,在诗歌关系史上发生了一件异乎寻常的事情:由于普希金无权随意外出,当时的一些大作家便亲自到学生宿舍来拜访他,向他表示敬意和鼓励。在最先访问普希金的诗人当中,就有他少年时最喜爱的诗人巴丘什科夫。

普希金还在低年级时,就曾经向《我的家乡》的作者写了第一首赠诗,吁请他重新从事创作。当时巴丘什科夫正在出征打仗,把诗歌创作完全荒废了。

如今这位曾是诗人的军人完成了一八一三至一八一四年的出国远征,来劝说普希金写史诗,写英雄题材,写战争。普希金在给巴丘什科夫的第二首诗(《在黑里康的洞穴里》)中,表示不想写高雅的体裁。他倒更喜欢追随自己的导师,沿着有趣的讽刺文学的道路前进,继承《忘河边上的幻影》的传统。不久,普希金仍然用这种诙谐长诗的笔法写了《冯维辛的幽灵》,仿佛是给巴丘什科夫的第三首诗,实际上这首诗是用讽刺的模拟手法写的当代诗歌述评。

少年诗人先是为当代诗人勾画出一幅幅讽刺画,然后用对自己心爱诗人的赞扬笔墨收尾;他用热情洋溢和色彩绚烂的诗句,描绘出这位"年轻的家乡歌者,头上戴着玫瑰花冠",悠然自得地躺在大自然的怀抱里。这幅抒情画像完全是按照巴丘什科夫本人的风格写的。

《冯维辛的幽灵》是皇村学校时期的优秀作品。普希金对冯维辛发生强烈兴趣,是很值得注意的,因为冯维辛是十八世纪俄国最伟大的人道主义者之一。他尖锐地嘲笑了农奴制的风尚,并同叶卡捷琳娜的专制制度进行了勇敢的斗争。对于这些,普希金向来予以高度评价。众所周知,过了不久,十二月党人的政论文章也公认冯维辛是自己的先驱。普希金无疑同情冯维辛的暴露作品的反教会倾向,以及他为建立以严格法制为基础的文明政治制度所进行的斗争。年轻诗人对著名喜剧《纨绔子弟》的尖锐的讽刺"脸谱",以及作者对贵族帝国的奴隶制的坚决反对立场都评价很高。普希金对这些有力的抨击赞叹不已,并且说:"冯维辛的笔真可怕!"正是由于这个缘故,属于晚辈的诗人要把最高审判权交到这位勇于揭露、勇于抨击、勇于批评的作家手里,让他来评论当代文学。让这位曾经无情鞭挞过愚昧无知的"俄国著名的乐天派"来对这些沙利科夫们、赫沃斯托夫们和希林斯基–希赫马托夫们①宣判吧。《冯维辛的幽灵》最为清楚地证明这位"聪慧的少年"继承了十八世纪俄国启蒙思想的主流。

另一位新诗的巨匠——茹科夫斯基也来拜访过普希金。《斯维特兰娜》的作者于一八一五年九月十九日写信告诉维亚泽姆斯基说:"我又认识了一个人,真乃快事。这就是神童普希金。我到过他在皇村的住处。这真是一个活泼可爱的孩子。他见到我十分高兴,把我的手紧紧地贴在他的心上。这是我国文学的希望……我们大家都应该齐心协力帮助这位未来的巨人成长。他一定会超过我们所有的人。"过了一年之后,普希金回忆起这次亲切的会见,并且说明这次诗人之间的会见对他有多么大的意义:

> 我怎能忘记:当我默默站在你的面前,
>
> 我的心灵好像有一股电流,
>
> 向你那高尚的心灵飞去,跟它秘密地结合在一起,
>
> 我的心仿佛在燃烧,充满狂喜……

一八一六年六月,有一位年迈的官员和著名诗人尤里·涅列金斯

---

① 沙利科夫、赫沃斯托夫、希林斯基–希赫马托夫,都是属于"俄罗斯语文爱好者座谈会"的诗人。——译者注

基－麦列茨基来到皇村学校。他曾经写过著名的歌曲《当我来到小河边》。这次他得到宫廷的旨意，要为纪念安娜·巴甫洛芙娜公主同威廉·奥兰斯基亲王结婚写一首贺诗。但是，这位年迈的诗人精力不济，曾求助于卡拉姆辛。卡拉姆辛则打发他到皇村学校来找瓦西里·普希金的侄儿。

少年诗人真心喜爱涅列金斯基的诗歌。涅列金斯基是一致公认的巴丘什科夫的先驱，甚至被认作"阿尔扎马斯"的名誉会员。普希金在一八一五年写的一首致友人诗中，曾说到爱情诗的秘密领域：

> 在那里肖利埃、麦列茨基和帕尔尼自在逍遥……

现在这位擅长写美妙诗歌的抒情诗人，竟然向年轻的天才鞠躬了。这样的请求能够谢绝吗？

涅列金斯基把题材告诉了他，并且说明了这种题材可能的安排法。十七岁的诗人接受了这个题目，立刻用雄壮有力、生动活泼的笔调写了一首历史题材的斯坦司体，其中用粗略的笔法概述了拿破仑垮台的重大事件——莫斯科大火、维也纳会议、"百日事件"、滑铁卢。有些诗节是按照十八世纪描写战争题材的歌功颂德的公式化手法写的，但是形象优美，诗句刚劲有力：

> 他好像凶神在战斗的烟尘里驰骋，
>
> 到处撒下赫赫的威名。

普希金在诗中极其成功地运用了着力描写历史场面或人物肖像的手法，只在结尾时才含蓄地带上两笔必不可少的赞誉之词。后来每逢他不得不写些官场应酬时，都采用这种方法。

3

在普希金学生时代的传记里，除教师和同学的形象之外，还常常出现少女的面容。普希金并不像他同时代人所描写的那样好追求女色。但是由于他作为诗人，性格好冲动，无疑容易动情。他总是把自己的罗曼史同生动的美感联系在一起。他在少年时代钟情的对象确实能够启发他的灵感,使他写了早期的情诗。

他一度爱上了一个同学的妹妹叶卡捷琳娜·巴甫洛芙娜·巴库尼娜,使他写出了优美的抒情作品,可以说是爱情的组诗。作者用了崭新的诗歌形式——哀诗,表现了从未体验过的感情的深沉调子。有意思的是,在普希金一八一五年的日记里,对巴库尼娜的赞美同茹科夫斯基的诗句交错出现。少年作者从茹科夫斯基的抒情诗里摘出诗句仔细抄在日记上,作为他的爱情自白的题词:

> 他歌唱爱情,但是歌声凄楚。

> 啊! 他尝到的只是爱的痛苦!

"她是多么可爱啊! 黑色连衣裙穿在可爱的巴库尼娜身上是多么合适啊!"

不过,普希金的早期哀诗却把"可爱的巴库尼娜"打扮得美丽无比。这些短诗的主题或是爱情,或是希望和绝望。其中有的是直接献给这位少女的,有的则是受到她的形象的某些启发,比如"我的日子过得多么慢啊!",或以悠扬悦耳出名的"你可曾听见树林后面的夜半歌声"。后面这首诗曾几经俄国音乐家谱成歌曲。

普希金少年时写的某些献诗哀怨深沉,但多数是属于乐观的告白。科尚斯基教授的副手 П. Е. 格奥尔基耶夫斯基在讲课时曾指出哀诗的两个特点:哀愁和欢乐,不过它们共同的特点是情诗所特有的"委婉和缠绵"。属于这一类的有爱情的欢乐赞歌《致画家》,还有对春天充满向往的《秋天的早晨》、饱含幸福回忆的《月亮》、幻想自由的《我以为我的爱情已全然熄灭》,另外还有一些充满希望和幸福的"怨诉"。普希金的哀诗后来具有"极其凄哀"的情调,但在无忧无虑的学生时代唱出的往往是年轻人的情歌,如在皇村花园的露天底下:

> 在那稠密林荫路的阴影里,

> 我一边倾听着天鹅的啼唤,

> 一边望着清澄的湖水……

尽管这本笔记上的诗歌多种多样,但有一个共同特点,这就是年轻诗人对思想、灵感和智慧的崇拜。在早期诗歌中,他便喜欢把人类的思维写进诗歌。早在一八一五年,他在写给好友普辛的献诗中,就有了"智慧的明灯"的提法。普希金按照十八世纪进步作家的精神,写作关于"人类的理智"和"自然法则"的故事。他在学生时代一首最优秀的诗歌中,塑造了智者达麦特的形象。达麦特仇恨奴隶制,崇拜自由。凄楚的哀诗虽然饱含着哀伤和忧虑,仍然不能使《致李锡尼》的作者不去崇拜知识、诗歌和哲学。而崇拜知识、诗歌和哲学,也正是罗蒙诺索夫、冯维辛、拉吉舍夫、杰尔查文的特点。俄国启蒙运动的传统好像有一种内在的光辉照亮了这些学生笔记的潦草字迹。如今这些笔记已成为俄罗斯文化的一种珍品,这是理智在普希金成熟时期的创作中取得伟大胜利的前奏。

4

在普希金的才华逐渐成熟的时期,他对当代诗歌真正有价值的作品和对学校里只为装饰门面的教学持截然相反的态度。如果说他向来对"功课"、"拉丁文"、"大部头书籍"和"书呆子"及"冷漠的智者"掩饰不住自己的讥讽,那么茹科夫斯基和巴丘什科夫的抒情诗便成为他最爱读的作品。他所接受的真正文化,不是来自学校教授官腔十足的学问,而是寓于俄国杰出诗人的自由创作之中。

有一次普希金把他的《致加利奇》(《你在哪里,我的懒汉?》)一诗读给科尚斯基听,教授对这首诗进行了相当严厉的批评。他指出语言不够洗练,韵脚不宜用动词押,还有许多地方打破了严格的形式。普希金决定予以反驳,于是在《给我的阿里斯达克》一诗中写了反批评。

他认为科尚斯基的分析是不公正的。年轻诗人竭力捍卫写作轻松即兴作品的权利,并引用古代的乐天派诗人为证,说自己是从他们那里学到"宽韵"的,说他赞美那"逍遥自在的缪斯",而不必去追求"辛勤的诗歌"的赏赐。实际上,普希金主张轻松诗歌要具有活泼的口语和故意显得随便的特点,尤其是体裁要像朋友之间的赠诗和诙谐长诗。后来,当他的才华达到顶峰的时候,他仍然珍视"轻松的诗节"的优美,并坚持认为"动词押韵"可行。

这场争论涉及一个重大而复杂的问题,而这个问题正是普希金在成熟之后写出的伟大作品的主题之一。这就是艺术的灵感和劳动之间、语言的自然和创作加工之间、艺术家的无所顾虑和忧虑之间的对立。一八一五年他曾谴责过"沙莱里①的做法",然而从这首诗所做的反驳中,明显表现出一个狂诗人、一个"游手好闲的人"的清晰形象。应当指出,普希金在自己的创作实践中并没进行这类区分,他在青年时代就把这两种创作方式结合在一起了。他曾不止一次地发表过原则性意见:在语言的复杂艺术中,必须进行艰苦劳动。

正是由于这个缘故,不能认为科尚斯基的批评毫无根据和怀有偏见。他指出押韵应求险求难,诗句的结构应简洁洗练,多余的诗行一律删去,诗的形式必须严格遵守。这些意见出自有经验的语文教师之口,对初学写诗的人很有益处。不久普希金就完全体察到,从事诗歌创作要付出巨大劳动,对诗歌创作的复杂规律也有了全面理解。至于某些体裁所以显得"随便",在他说来并不是由于写起来轻松,而是由于这类体裁本身的特征。充分表现这些特征也要下功夫,丝毫不比古典主义的严谨工整来得容易。

《致阿里斯达克》一诗,并不说明在皇村学校的整个六年过程中普希金对科尚斯基的态度。这只是争论当中的一时冲动,并不证明年轻诗人对皇村学校的古希腊语文学家的课程毫无兴趣。应当指出,普希金并未把自己的老师叫作佐伊尔②,以示蔑视,而是叫作阿里斯达克③。而阿里斯达克是荷马史诗的著名注释家,他的名字在语文科学的传说中,一直保持着高明和认真的诗歌鉴赏家的权威。普希金只有学科尚斯基和布德里的"文学课"成绩最好,得的分数也最高。后来他曾怀着对语文老师的极大敬意回忆道,戴里维格"曾经在科尚斯基教

---

① 沙莱里(1750—1825),意大利作曲家和音乐教师。他的成名靠的是刻苦努力,而不是才华。传说他出于嫉妒而害死了莫扎特。——译者注

② 佐伊尔(约公元前400—公元前330),古希腊修辞学家,著有《荷马诗指正》一书,专从文字上进行挑剔。后人公认他的批评不公正。——译者注

③ 阿里斯达克(约公元前217—公元前145),亚历山大城的语文学家。——译者注

授的指导下,在班上学会了贺拉斯①的诗歌"。

科尚斯基在皇村学校是出色的美学专家。他是十九世纪初出版的《美术杂志》的主要撰稿人。杂志的出版者是莫斯科的 И. Ф. 布列教授——亚·谢·格里鲍耶多夫的著名老师。科尚斯基在年轻时写的文章中,对创作理论和文艺批评问题曾做过广泛的探讨。比如,他评论过雕塑家马尔托斯塑造的波扎尔斯基和米宁的纪念碑,也论述过"真正艺术家"的使命。科尚斯基曾创造"使各种美术互相接近"的方法和发现"绘画语言、文学语言和音乐语言"的共同规律,这都证明他学识渊博。这一切都表明,科尚斯基在皇村学校是一位重要的艺术专家,具有广博的文学美术经验和真正的演员素养。他对普希金的影响,虽然现在所发现的是个别事实,可仍然令人感到是很大的和很有神益的。

普希金早期创作的优秀诗歌之一《巴克科斯的胜利》(写于一八一七年,刚从皇村学校毕业之后),是受了科尚斯基古希腊文学讲课的启迪。正是在这首诗中,他第一次高唱"巴克科斯的叠句"——光辉的理智和乐观的智慧的源泉。但是,这首诗也受到俄国当代诗歌的某些名篇的影响。巴丘什科夫最喜欢的诗人亚历山大·别尼特茨基(早逝,"拉吉舍夫派诗人"),在其《巴克科斯颂歌》里就赞美过酒神是光明的使者,是对邪恶做斗争的勇士:"巴克科斯用他的魔杖可以降服猛虎和雄狮",他给人生带来和平和快乐,"光荣啊,光荣啊,塞墨勒②的儿子!……"

这种响亮的、传统的赞歌,在普希金笔下变成了一幅辉煌的图画,色彩绚烂,栩栩如生,酒神女祭司奔忙的神态写得活灵活现。这是年幼的人类对"巴克科斯、缪斯和美"的热情赞歌。结尾的诗句已经成为著名的《巴克科斯之歌》的前奏了。

普希金的这首早期作品激发了年轻的达尔戈梅斯基的灵感,使他创作了抒情歌剧《巴克科斯的胜利》,这便不足为奇了。

---

① 贺拉斯(公元前65—公元前8),罗马诗人。——译者注
② 塞墨勒,希腊神话中酒神巴克科斯的母亲。——译者注

普希金的《大地和大海》的片段,写于一八二一年。这首诗是根据科尚斯基的《希腊诗歌精华》中的一首田园诗改写的。普希金在科尚斯基的课堂上第一次听到古希腊的"格律",后来便运用于自己的创作中。在这首诗里他明确提出了诗学的一些问题,直到后来他对这些问题仍然不止一次地探讨过。如果说年轻诗人在皇村学校的花园里"没有读过西塞罗①的作品",但他在科尚斯基教授的课堂上毕竟听到过古典文学的基础知识,正是这些知识哺育了他的早期创作。

在布德里的课堂上,普希金兴致勃勃地反复钻研法国古典作家的作品。布德里是个矮小结实的小老头儿,保留着十八世纪的传统,带着扑上粉的假发,而他那身寒碜的衣服倒使人想起雅各宾派。他外貌上的这种不协调,在某种程度上也符合他的内在性格。据普希金说,布德里在宫廷里是个善于钻营的人物,但这并不妨碍他在课堂上大讲"民主思想"。他的父亲是意大利人,名叫让·马拉,是个医学和哲学博士。母亲是瑞士人。父亲定居在维也纳,所以他小时曾在维也纳生活和学习。他家庭的文化传统对大儿子的活动很有影响。大儿子便是有名的让·保罗·马拉——法国革命的重要活动家之一。他写了许多关于医学、物理、刑法和国家法的科学著作,也颇有声誉。大卫·马拉没有哥哥那种才能,来到叶卡捷琳娜的俄国,取名达维德·伊凡诺维奇·戴·布德里,成了一位优秀的教师。皇村学校的第一批毕业生莫德斯特·科尔弗,对学校的所有教授都百般挖苦,只是对布德里赞扬备至,说他是学校中唯一能够帮助学生全面发展的好教师。

他认为生动的口语是掌握一门外语的基础,可在教学中又努力向学生揭示"言语的结构"和"词汇的表现力"。可以设想,正是布德里使普希金从孟福尔和卢梭那里学到的知识大大深化了,也可能正是他第一个引起了普希金对于法国古典散文结构问题的兴趣。

布德里大概立刻敏锐地、准确地看出普希金的才能,而把普希金看作优秀学生。普希金在皇村学校学习的第一年,大多数教师给他的

① 西塞罗(公元前106—公元前43),古罗马政治家、哲学家和雄辩家。——译者注

评语都是"学习不努力",而要求严格的布德里却断言："在法语课上是学得最好的中间的一个;非常勤奋;理解力和观察力极强。"这样的评语不仅是对学生的赞许,而且是对教师本身的高度赞扬。

在皇村学校的环境里,这个教授是唯一同法国革命有实际联系的人。他并不回避同学生们谈论自己的有名的哥哥,而且还提到罗伯斯庇尔和那个时代其他人的名字。

"他十分珍视对哥哥的记忆。"普希金后来记述道。普希金在其诗中不止一次地提到马拉的死(《匕首》《安德烈·谢尼埃①》),这也是很说明问题的。不论怎么说,这个老师同一七九三年的一位英雄人物有着亲密关系,他的整个思想具有民主倾向,因而他能够使学生了解伟大的时代精神,并直接向他们介绍法国革命的杰出活动家。

库尼增教授也向学生们灌输了对自由的热爱和"启蒙时代"的传统。他在自己讲授的课程中,一贯宣传卢梭的自然法学说,把它同反动的国家论对立起来。他坚决驳斥了关于取决于"上帝的意志"的法律神秘论。他把"普遍自由的法律"看作自己学说的基础,而把人类的理智看作它的表现。他从这里得出反对农奴制国家基础的理论:"谁也不应该具有占有另一个人的权利。"热爱自由的青年学生听了这样的道理,都非常激动。正是由于这一点,普希金后来曾为库尼增写下著名的赞美诗节,说他在皇村学校第一批优秀学生身上"煽起了火焰"。

这位进步学者在课程中,广泛地阐述了学生最感兴趣的许多问题。他宣布人人有"向他人自由讲述自己思想的权利"。库尼增在关于政权的学说中,规定了严格服从法律和正义的原则:"统治者应该遵守他们公布的法律。"这个原则后来成为普希金的政治观点发展的指导原则。

然而,如果可以认为库尼增对普希金的政治观点的形成无疑起了广泛而有益的影响的话,那么却不要以为少年诗人对法学和治国很感

---

① 安德烈·谢尼埃(1762—1794),法国诗人,曾参加法国资产阶级革命,后被处死。——译者注

兴趣。我们需要探讨普希金早期文化修养的真实情况,因为正是它决定了普希金诗歌才能的发展。因此,在肯定普希金在学生时期对语文、诗学、艺术非常感兴趣的同时,也应指出他对法律、财政以及与之有关的学校逻辑学则毫无兴致。普希金自己就曾公开宣布他对"三段论法""法律和税收"十分反感,百科知识、政治经济学、统计学他得的分数最低,对库尼增的课程"最不用功"。一八一六年三月,普希金写信给维亚泽姆斯基说:"……还有整整一年的时间要学这些优点、缺点、法律、捐税、崇高的、美好的!……"他这里显然指的是政治课和修身课。

应该承认,这种现象部分是由教学体系本身造成的。当时的教学大纲订得不够细致,结果库尼增一个人就包了整个法律系,甚至还代教哲学系课程。"修身课教授"要讲逻辑学、心理学、伦理学、自然法、人身保护法、民法、公法、刑法、罗马法、政治经济学和财政。因此,由于学科多、负担重,库尼增对自己的工作很快就失去了兴趣,并从广泛培养学生的思想转向简单要求背诵他的笔记。

普希金聪明伶俐,对生活的各种现象有透彻的理解,对于这种机械掌握知识的方法一向坚决反对。他从小就仇恨通过背诵生词表来学习外语的方法,而喜欢通过会话、闲谈、听人们的谈话或仆人的闲聊来丰富自己的语言。在学习当中,他最珍视的是理解、活的思想、直接的创造性的感受。皇村学校教学中盛行的形式主义,很不符合他的思维方式。皇村学校教学法上的明显弱点,反映在教授的讲课甚至引不起像普希金这样学生的兴趣。至今仍然保存下来的教师评语,都指明他才能出众,但也总是说他懒惰,不注意听课,成绩很差。普希金的这位教师不明白,他们的职责在于引导天才的少年人从事他最感兴趣的学业,教给未来的作家牢固的知识和方法,因为这位天才的少年人的志向显现得那么早,那么不容置疑。皇村学校的教师没能引起这个最聪明、接受能力最强的学生对任何一门课程的强烈兴趣(学生本人的求知欲不算在内),甚至没能根据他的特殊才华认真支持他的创作要求。

普希金开始写诗时，便对俄国的过去发生兴趣，想写几篇关于伊戈尔、奥列格、弗拉基米尔的史诗，但在皇村学校却没遇到一个像样的教师能正确指导他对历史的强烈兴趣。凯达诺夫副教授在课堂上讲的全是官方规定的课程，与他出色的学生正在形成的观念大相径庭。少年普希金为排开这种学者的影响，只好把自己的内心世界关得严严的，并同教授的反动宣传进行不调和的斗争。普希金作为未来伟大的历史学家，在皇村学校是没有找到良师的。

在这样的教育环境中，能够学得很好的人寥寥无几，恐怕只有瓦里霍夫斯基一个人攻克了这些五花八门又讲得干干巴巴的课程中的一切难题。他那种"斯巴达精神令我们大家折服……"

普希金自问没有那种不顾一切困难的坚定精神，他宁可把所有的时间和精力都用在诗歌上，这样就必然要去积累一般知识。像在童年时代一样，他靠自己成长，自己教育自己，时常和诗友比赛。从老师那里学到的，也只能是与他喜欢的诗歌和语言艺术有联系的一点点东西了。在这方面，对他最有帮助的是科尚斯基。科尚斯基不但是文学专家、诗歌翻译家，而且是皇村学校教授中最好的教师。他把课堂搞得非常生动活泼，并善于引导学生从事创造性活动。

但是，这位艺术硕士尽管经验丰富，也跟不上皇村学校这只小鹰的飞快发展。普希金的成长超出了他的优秀教师们往日的经验，并迅速超过了学校大纲所规定的范围。他之所以成为最伟大作家，并不是由于皇村学校的教师教育有方，而恰恰是因为他没有遵守他们那种不成熟的教育体系。这个"带着火的征象和秘密光辉的少年人"（他的朋友维亚泽姆斯基这样形容他）的志向和幻想在逐渐成长，无时无刻不在超越这个教育体系。

第九章　在高年级

1

一八一六年三月一日,新校长恩格里哈尔德召集学生座谈。这是一个有修养的教育家和有经验的管理者,很快就跟许多学生建立了家长式的友善关系。同时,他对教育又抱有浓重的宗教道德观念。他作为久居宫廷的内臣,擅长"忙忙碌碌,以博得良好印象"。他的这些派头反而使性格直爽、不爱逢迎巴结的学生与他疏远。普希金、瓦里霍夫斯基和久赫里别克尔成为新校长的反对派。

新校长也要把他父亲般的庇护赐予普希金,却遭到断然拒绝。于是在高年级,在新校长与学生之间展开了一场不同寻常的较量。但是,普希金在这场较量中却取得了胜利。那么,这位实力远远超过他的对手到底是何许人物呢?

四等文官格奥尔格·冯·恩格里哈尔德(在俄国社交界一般称作叶果尔·安东诺维奇),出身于日耳曼民族,其祖先属于条顿骑士团。这个骑士团于一四一〇年格伦瓦尔德一战被打得溃不成军。

恩格里哈尔德少年时代在教会寄宿学校受过教育,从叶卡捷琳娜最后几个情夫掌政时期开始官运亨通。不久,就成为保罗一世的宠臣,后来又博得亚历山大的欢心,终于在大权在握的阿拉克切耶夫提携下,当上了皇村学校校长。一七九八年,为镇压革命设立了马耳他骑士修道院,恩格里哈尔德曾任该院秘书。因此,到皇村学校之后,在执行国家规定的教育大纲的同时,他还要实行教会教育。

约瑟夫·戴·麦斯特尔的耶稣会原则曾为马林诺夫斯基治理下的皇村学校教育体系和校内生活增添光彩,如今在恩格里哈尔德的古代德国式感化教育的对比之下,不免相形见绌了。后者是德国的"博爱教育派"的信徒,在与学生打交道时,采取一种甜言蜜语的潇洒风度,而在自己的思想纲领上,对"神圣"的权威抱着无限虔诚的态度。恩格里哈尔德的教育理想是培养学生做事认真、处世中庸等品质,具有上流社会的斯文风度,以造就有用的官吏。当初,拉祖莫夫斯基曾打算把皇村学校办成耶稣会学校,但没有成功,如今在恩格里哈尔德的治理下,却要效法信奉上帝、品行端正的德国学校,变成所谓的"博爱学校"。

普希金原是受过自由思想熏陶的人,这两种教育体系与他那种叛逆精神同样是格格不入的。恩格里哈尔德的路德派新教的一本正经,跟麦斯特尔的气势汹汹的天主教教义同样令他讨厌。他坚决不肯向新校长打开他的内心世界,也拒绝接受他那种要求忠君和顺从的道德。

恩格里哈尔德未能认识这个天才少年人的复杂性格,所以给普希金的品行打了最坏的分数。他在给皇村学校学生写评语时,也严厉指责普希金有一颗"空虚而冷酷的心",受到色情文学作品的毒害,不过最主要的还是责备他不信奉宗教。看来,引起这种破裂的原因在于少年人的头脑像脱缰野马一样,极力要挣脱过去一切不可动摇的权威,而皇家学校校长的主要责任恰恰是维护这些权威。

据 B. П. 加耶夫斯基(他收集的皇村学校的资料比较新)证实,诗人同恩格里哈尔德的这场纠纷,也是由于普希金的一段恋爱故事造成的。校长家里住着一个年轻的法国女郎,叫玛丽亚·斯密特。普希金一见钟情,给她写了一首诗——《给一个年轻的媚妇》。这是普希金在皇村学校中写得最优美的情诗之一。这首诗洋溢着热烈而大胆的感情,仿佛证明少年人赢得了幸福,实际不过是想象中的幸福。这个年轻女郎新寡不久,而且要做母亲了,又是校长的清教徒家庭的成员。普希金在诗中所以要描写他的爱情,看样子是由于这类诗的结构规律要求的。他要对这位既有新欢又不能忘情于亡夫的年轻寡妇加以责备。普希金可能在皇村剧院里听到过莫扎特的《唐璜》，而莫扎特的这首乐曲恰好写的是这个题材。诗中暗喻和明喻都十分富有表现力，如"刹那间的爱的昏厥"，有运用词的重叠和辅音的模拟构成的优美音程。这首诗跟献给巴库尼娜的哀诗比较起来，语调更坚强，更高亢。这是普希金在抒情诗中第一次提出和解决爱和死的悲剧题材，而且写法也不是按照传统教义的顺从精神，而是欢乐和坚决地宣布生和爱的权利。

玛丽亚·斯密特开头向恩格里哈尔德告状，说这首诗有损于她的声誉，后来想出一个更巧妙的办法：由于她文笔不错，便同少年人赛起诗来。她写了一首诗（《当诗人神魂颠倒的时候》）来回答普希金写的法文诗。她倒十分珍视这个不礼貌的崇拜者的才华，但也只是为了用赞许的诗句来掩饰自己不可改变的决定。应该说，她的诗写得很俏皮，讽刺话也写得很微妙。

然而，校长无疑通过普希金这首给年轻寡妇的献诗，认定自己对他的观察完全正确，证明他喜好色情诗，特别是他具有无神论思想。他根本不相信阴世，不相信灵魂不灭！普希金的这首诗异常大胆，形象富有魅力，节奏急促。诗人在诗中说，死者是一去不复返了：

> 他们享受不到春天的玫瑰，
>
> 凉爽的早晨、喧闹的酒宴，
>
> 坦率友谊的热泪
>
> 和情人羞羞答答的呼唤……
>
> ……不，嫉妒的丈夫即使再气愤，
>
> 也不会从永恒的黑暗来到人间……
>
> 幸福的情人不会听到死去的骑士可怕的脚步声！

恩格里哈尔德对普希金不信奉宗教十分愤怒，因而对普希金的诗歌才华及其精神品质都不屑一顾："……他的最高和最终目的，不外乎以作诗炫耀自己。"这位新校长最后说道："不过，他写诗也未必有牢固的基础，因为他不肯认真写任何东西。"

这是普希金同时代人当中唯一怀疑他创作天赋的人。

2

当时俄国的大作家对这位十六岁的诗人的评价则完全不同。三月末,卡拉姆辛、茹科夫斯基、亚历山大·屠格涅夫、维亚泽姆斯基和伯父瓦西里·普希金在从彼得堡去莫斯科的途中,顺便到皇村学校访问了年轻诗人。这时他们都是"阿尔扎马斯"文学团体的重要活动家。这个文学团体成立的目的,就是为了向反动文学的堡垒——"座谈会"和俄罗斯科学院发起攻击。

新旧文体之争,已经远远超出语文学争论的范围。关于正确构词的想法,已经被政治上的考虑所压倒。顽固不化的希什科夫觉得到处都有"洪水猛兽般的法国革命的语言和精神的痕迹",不断攻击卡拉姆辛滥用法语词汇,要求用教会斯拉夫书籍来丰富俄罗斯语言。

卡拉姆辛和茹科夫斯基新的尝试,也遭到沙霍夫斯科伊写的剧评的激烈攻击。一八一五年秋,曾演出讽刺茹科夫斯基的剧本《椴树蜜水》。在这之后,卡拉姆辛的拥护者为了共同斗争而联合起来,组成"阿尔扎马斯"。新的团体的开会程序,对科学院、共济会分会和"座谈会"一类的文学团体的开会方式来说,也是一个有力的讽刺。"阿尔扎马斯"可笑的开会方式甚至近乎恶作剧,也引起不少责难。对于这些责难,维亚泽姆斯基给予了有力的驳斥:"在古意大利有很多这类的科学院,其名称和仪式都很逗笑,却对语言和文学很有裨益。"

这些事件在皇村学校里引起了反响,也引起了普希金的密切注意。他自从在文学上迈出了第一步,就一心要站在诗歌的先锋队行列里。他从小就感到自己应该给那些敢于向文学界的停滞现象和反动势力宣战的天才诗人当随从。正是由于这个缘故,他怀着特殊的兴趣注视卡拉姆辛小组力量的联合——他们放弃了文体革新者分散的游击式袭击,开始有秩序地行动,共同组成战斗的方阵。

在这三位诗人离开皇村学校几天之后,普希金写信给"可爱的阿尔扎马斯会员"维亚泽姆斯基,抱怨皇村学校像监狱一样使他无法去"埋葬成为僵尸的科学院和俄罗斯语文危害者座谈会①"。

"阿尔扎马斯会员"珍视年轻诗人这种毫不妥协的精神。同年(一八一六年)普希金即入会,用的是很俏皮的绰号"蛐蛐",表示他虽待在皇村学校的四堵墙里面,却已经用他的声音活跃了当时的诗坛。

不久之后,普希金有机会接近"阿尔扎马斯"未宣布的领袖卡拉姆辛。一八一六年,历史学家到皇村来消夏。在这之前不久,普希金曾接到伯父瓦西里·普希金的来信,告诉他要"热爱"卡拉姆辛并要"听从"他。

少年诗人成了历史学家的常客。"在皇村每天课后,他都要从学校跑到卡拉姆辛家,在那里度过晚上,讲故事,说笑话,纵声大笑,不过他特别喜欢听卡拉姆辛讲话,只要卡拉姆辛严厉地瞥上一眼,或者卡拉姆辛夫人一开口,他就不作声了……"

卡拉姆辛的夫人(当时只有三十六岁)给予普希金的印象十分强烈。据 M. П. 包哥廷证实,一见倾心的少年人以孩子般的天真向她表达了自己的感情。"信是写给卡拉姆辛夫人的,她把信给丈夫看了。两人哈哈大笑,然后把普希金叫到跟前,对他进行了严肃的教训……普希金低着头,一动不动地站在他们面前,突然热泪滚滚……"

这时,卡拉姆辛正举行公开讲座,讲他那部还没有出版的历史。来听讲座的学者常常在一起讨论。对年轻诗人来说,这些讨论会是特别珍贵的。老一辈诗人茹科夫斯基和巴丘什科夫对弗拉基米尔大公时代的兴趣,对他们的学生的创作构思也有影响。不过,普希金并不想用庄严的史诗形式来抒写俄国古代题材,而是想用他所喜爱的诙谐长诗体裁来写。早在一八一四年他就有写这种长诗的意图。用有趣的故事和神奇的传说手法描绘古代勇士的奇遇,仿佛给他开辟了一条新的途径,他可以仿照他所喜爱的诙谐民间诗人来绘声绘色地进行叙述。

---

① 原名是"俄罗斯语文爱好者座谈会",这里普希金故意将其"爱好者"改为"危害者"。——译者注

在一系列未完成的尝试——《托里亚德》《修士》《鲍瓦》之后，普希金又抓住这个难于把捉而又令他入迷的体裁。为了使叙述生动有趣，他从卡拉姆辛的讲座中吸取了古代的英雄事迹和日常生活的生动情节。少年诗人同历史学家的君主主义倾向是格格不入的，但是对他讲的基辅勇士的功绩的传说却听得入迷，并把古代斯拉夫的名称和瓦兰人罕见的叫法都记在心里。所有这一切都反映在普希金在皇村学校最后一年所写的长诗里了。

3

一八一六年夏，普希金在卡拉姆辛家里遇到骠骑兵少尉恰达耶夫。恰达耶夫长脸，白净、淡蓝色的眼睛清澈透明，目光专注严肃，前额很高，上面覆着像绸子一样柔软的头发，嘴很小，几乎像少女的嘴一样，耳朵也小——这一切给人以清秀的女人容貌的印象。恰达耶夫是谢尔巴托夫公爵的外孙。谢尔巴托夫在叶卡捷琳娜时代是著名的历史学家和贵族政论家，手稿和书籍的重要收藏家，还写过《多次叛乱编年史》和《俄国僭王纪事》。卡拉姆辛在写自己的历史著作时，广泛引用了谢尔巴托夫的《俄罗斯历史》的材料，因而每逢著名前辈的外孙来做客，他总是殷勤接待。

恰达耶夫尽管年轻——他当时才二十二岁，却已经参加过当代的一些重大事件——鲍罗金诺战役、库里姆战役、莱比锡战役和巴黎战役。战斗生活并没有使他的紧张思考中断。他尽管身穿骠骑兵军装，却仍然是个思想家和辩证法专家。无论是他那戴着勋章的仪表堂堂的侧影，还是有关历史哲学的完整的格言，都同样令普希金折服。尽管他目光冷漠，举止严肃、矜持，可他对这位少年诗人却怀有一种由衷的好感。

在皇村的禁卫骠骑兵兵营里，普希金还结识了另外几位军官。他很喜欢本尼格生的新任副官彼得·巴甫洛维奇·卡维林表里如一的性格。卡维林无论是作战、喝酒或滋事，都是胆量最大的人。卡维林读过莫斯科大学和格廷根大学,也十分喜爱诗歌。在他刚刚跟普希金相识的时候,听到普希金的诗歌,是又钦佩又高兴。

普希金在他献给卡维林的诗中,对这位骠骑兵朋友的性格做了出色的描绘。他在诗中还希望自己的好友要藐视"贱民"(指庸俗的人)的意见:

> 他们不懂得:同基费拉①、同柱廊,
>
> 同一本书、同一瓶酒都可以友好相处,
>
> 用拼命胡闹的薄薄面纱,
>
> 可以把聪明睿智遮住。

恰达耶夫向普希金介绍了他同团的年轻军官尼古拉·拉耶夫斯基,即一八一二年有名的拉耶夫斯基将军的儿子。父亲把他带到战场上,在俄国和欧洲都作过战,一直打到巴黎。战斗生活使他过早地得到了锻炼。他跟恰达耶夫女人般的面貌不一样,脸色黝黑,身量粗墩墩的,甚至胖得发笨。他那粗壮的身材和动人的脸庞显得与众不同,而他知识的广博和口才的伶俐更是引人注目。

普希金在皇村学校临毕业之前,很想成为恰达耶夫、卡维林和拉耶夫斯基他们团的成员。他决心参加皇村的骠骑兵。

他这几位新朋友对奴隶制和暴君的专横,都怀着不共戴天的仇恨。他们深信,在农奴制的君主国家要进行改革,必须靠这支已经把祖国从异族侵略的灾难下解放出来的军队。

在普希金早期的许多政治诗里,他都把恰达耶夫比作布鲁图斯②。根据这些诗可以得出结论,俄国军官中这种不满情绪和反抗精神早就引起普希金的向往。一八一二年战争的胜利,更加鼓舞少年人关于俄国的奴隶制和暴政即将垮台的幻想,使少年诗人又转向他梦寐以求的人民自由的题材。他知道,巴丘什科夫于一八一四年曾给亚历山大一世写了一首诗,指出在这场光荣的战争之后,皇帝有义务使俄国人民

---

① 希腊神话中爱和美的女神阿芙洛迪特的别称。——译者注

② 布鲁图斯(公元前五世纪前后),传说他曾率众赶走暴君,成为罗马共和国第一个执政官。——译者注

摆脱受奴役的地位。不久之后，年轻一代的第一位诗人，为了全体人民的自由，写出专制制度一定要灭亡的叛逆之歌。

具有这种情绪的不止普希金一个人，他的好友普辛幻想在部队里开展革命工作。还在皇村学校学习的时候，早期的秘密小组便吸收普辛参加了革命工作。在学校的最后一年，他参加了穆拉维约夫兄弟、布尔佐夫、卡洛申等人的"小组"。小组经常讨论社会问题，讨论现存制度的罪恶和许多人暗地盼望着的变革。

伊凡·格里果里耶维奇·布尔佐夫是皇村学校学生自由思想的主要鼓舞者之一。他是一个出色的军人，由于聪明、勇敢和知识丰富，很快就成为当时成立的秘密结社最积极的成员之一。属于他这个"思维小组"的有"斯巴达人"瓦里霍夫斯基和热情的幻想家久赫里别克尔。普希金在政治发展上通过这些朋友也受到求解放的最新思想的影响。他在皇村学校里，即已开始受到十二月党人思想的影响。

一八一六年七月八日，杰尔查文去世。弥留之际他曾对谢·季·阿克萨科夫说："世界上就要出现第二个杰尔查文，这人就是普希金。他还在皇村学校读书，可是已经胜过所有的作家。"

过了几天，卡拉姆辛在宫廷里参加宴会，感到十分惊奇："著名的诗人死去了，可是根本没有人提起……"

但是，这个消息在皇村学校的校园里，却引起了深刻的反响：

"杰尔查文死去了！熄灭了的火把还冒着轻烟，啊，普希金！"戴里维格在悼诗里写道。在诗的结尾，他为将要接过死去诗人的响亮竖琴的诗人发出担心的祈祷：

——我为朋友恳求你，嘉米娜①！

请你怜爱年轻诗人，保护天真的心，

点亮他崇高的智慧，使他下笔有神！……

这祈祷表现出新一代诗人对他们寄予最大希望的普希金的崇拜和爱戴。

---

① 嘉米娜，古罗马的诗神。——译者注

校方直到最后一刻也不放过年轻的歌手。在毕业考试时,他显然是按照教师的布置,写了一首题为《无所信仰》的诗。学校领导指定写关于无神论者的痛苦的主题,他在这首诗中写得坚定而豪放。普希金毫不否认他的怀疑,也没有申明他信奉宗教。相反,他宣称他的智慧和心灵都认为没有神灵。阴世对他来说是无任何反响的——"他无论在哪儿都看不见神秘的上帝"。全诗表现出激烈的批判思想,实质上这首诗是理智的胜利。他用理智推翻了世界最高主宰者的虚构,尽管做到这一点不是轻而易举的事。

诗人在语言和文学研究上,也同政府的政策发生了明显的冲突。普希金的诗并没有按照规定用教会斯拉夫语来加深文体的古奥(而这恰恰是学校会议对考生提出的要求)。这首诗是用活泼、纯朴的口语写的,就其语言的纯洁和优美来说,达到皇村学校时期抒情诗的顶峰:

在埋着温柔的黛丽亚可爱的骨灰的冷冷清清坟头,

你可曾看见他吗?

诗中的议论带着哀诗的情调。

六月九日中午,亚历山大一世第二次来到皇村学校。新任大臣戈利增向沙皇一一介绍了毕业生。像一八一一年十月十九日一样,在大厅里又响起了亚历山大·普希金的名字。但是,这个名字现在已经赢得受到杰尔查文、卡拉姆辛和茹科夫斯基推崇的第一流诗人的声誉。

4

普希金在皇村学校的六年,按照教学大纲的要求,学到的东西很少。一八一五年,茹科夫斯基表示替年少的普希金担心:"这个害人的皇村学校,真叫我为他担忧,那里教学太糟了!"后来,另一位伟大诗人和教育家密茨凯维支①也曾对皇村学校做过敏锐而准确的评论:"这所学校以外国的方法作为指导,青年人学不到任何有益于人民诗人的

① 密茨凯维支(1798—1855),波兰诗人。——译者注

东西，相反，一切只能起相反的作用，使他连剩下的本国的传说故事也都忘干净了，对本国的风俗和概念都觉得陌生。不过，皇村学校的青年人找到了摆脱外来影响的解毒剂，这就是阅读茹科夫斯基的诗歌。"

毋庸置疑，这个看法是十分中肯的。

皇村学校广泛吸收了耶稣会学校、英国圣经宣传、德国的虔诚、法国上流社会的风度乃至奥地利侦察的传统，因而带有外国的来源和自己的反动培养目标的不可抹掉的烙印。最高当局和极尽逢迎之能事的校方，毫不犹豫地从当时西方的"两种文化"中选定了上层贵族政治上反动、思想上反对革命的传统。这个方向实际上是由大权在握的阿拉克切耶夫通过采用使皇村学校军事化的一系列措施而贯彻下来的。阿拉克切耶夫疯狂反对"伏尔泰思想"的任何表现。他是由最高当局派到学校里来的，他千方百计要使这所人文科学的专科学校变成一座军官学校或士官生学校。

俄国自由的教育思想，则完全是沿着另一条途径向前发展的。这种思想违背学校创办人的意志，渗透到皇村学校里来了。它以为数不多的几个教授为代表，并对一些最优秀、最有才能的学生产生了影响。这就是刚刚出现的十二月党人的教育思想。校长和学校的主要教师极力反对这种教育思想，然而它却在一些最有才华的学生的心灵和头脑里取得了胜利。这样的学生为数不多，所有其他的学生则心甘情愿沿着官方规定的途径走下去，如哥恰可夫、科尔弗、罗蒙诺索夫、斯泰文为了当上大臣、省长、大使、司长等高官而拼命读书，不久他们果然都如愿以偿。

然而，皇村学校的第一批学生之所以永远赢得传奇式的声誉和令人艳羡，并不是由于这些安分守己的大多数，而恰恰是由于受到沙皇俄国排斥的人物——普希金、普辛、戴里维格、久赫里别克尔、瓦里霍夫斯基。他们为了从事创作和斗争，放弃了一切官衔和荣耀。赫尔岑关于亚历山大时代的俄国社会的评价，可以一字不易地用于皇村学校："教育、智慧、对自由的渴望——如今这一切都在另一个地带，另一个阶层，即不属于宫廷的阶层；那里有的是青春、勇敢、广阔的天地、诗歌、普希金、一八一二年的伤疤、绿色的桂冠和白色的十字架……"

普希金本人一向也抱着这种看法。对他来说,皇村学校不过是几个好友相对于库尼增和加利奇的记忆而已,其余的都被抛弃和遗忘了。"欧化的"贵族专科学校对待"庄稼人的"歌曲藐视已极,截然切断了诗人同民间史诗形象的活生生的联系。而这些形象曾经辉煌地照亮过他童年的世界。

所有这一切民族的、人民的、英雄的形象只有通过"外面"的高年级朋友——第一批十二月党人,尤其是通过俄国文学(正如密茨凯维支准确地指出的那样)才能传到皇村学校里来。诗歌的确挽救了他,使他可以摆脱官方教育的不良影响。普希金在学生时代发展的主要动力,是同俄国大作家和青年朋友们的交往。在这些青年人当中,已经产生了各种不同流派的抒情诗。

然而,皇村学校的某些课程对他来说也并不是一点痕迹没留。凡是学校大纲规定的内容符合当代语文系要求的,普希金都学得津津有味,很勤奋。他对于古典文学名著、作文或作诗、语文学理论、文学翻译理论、美学都很感兴趣,专心致志地学习。无怪乎在所有的教师当中,只有语文教师科尚斯基和布德里在他的毕业证书上打了最高分数(如果不算击剑教师瓦里维里的话)。

但是,就是皇村学校最好的教师也满足不了他那猛烈增长的兴趣和要求。教学上的不足,普希金自有办法加以补充,这就是靠读书和从与有才能、有知识的人的交谈中来获得直接的印象。

普希金除课堂上听课之外,还大量读书。教授的讲课由当代的伟大作家和俄国或法国的名诗人的作品来加以补充。如科尚斯基的课程,通过普希金同茹科夫斯基和巴丘什科夫的交往得到了生动具体的解释;布德里的讲座,通过阅读拉封丹和伏尔泰的诗歌而更加深化;凯达诺夫的课程由卡拉姆辛来补充;而库尼增的课程则由恰达耶夫来充实。

这一切都大大扩展了学校大纲的范围,促进了普希金诗歌创作的发展。他在学校学习了六年,当他离开学校时,已经是十九岁的青年人了。他的分数虽然不高,但他却已经开始写作《鲁斯兰和柳德米拉》。尽管在诗人的毕业证书上写明他的地理和统计学成绩平常,但是他已经开始唱他那支永远为人传诵的歌:

早已消逝的岁月的故事,
遥远的古代的传说……

第二部

第一章 在阿拉克切耶夫的彼得堡

1

普希金踏入社会,正赶上"黑暗年代"。这正是反动势力实行残酷迫害、国际宪兵神圣同盟的神秘主义猖獗和阿拉克切耶夫进行恐怖专政的时代。

然而,政府的白色恐怖越厉害,反抗的潮流也越强大。在暴政的桎梏下,社会力量日益空前壮大。为了摧毁独裁专制和农奴制度,各种秘密政治团体把俄国进步活动家联合到一起了。

普希金毫不犹豫地站在争取自由的阵营一边,成为一个政治诗人。

这时按照官方规定,凡是持有皇村学校毕业文凭的人,都可以做十等文官。毕业五天之后,普希金被分配到外交部。

这时,俄国的外事机构情况有些反常:部里没有大臣。沙皇本人掌握外交大权,当时沙皇自封为欧洲政治家的首领。普希金在著名讽刺诗中嘲笑过"剽悍大尉"的这一举动:"如今他成了外交部的八等文官。"

主管外交部的是两个执行戴王冠的外交家的命令和意志的人——反动的涅谢耳罗德和立宪主义者卡波季斯特里亚。亚历山大一世利用自己两位御前大臣的纲领和信念不同而玩弄其权术,坚决推行一八一五年欧洲君主为镇压各地革命而建立的宗教同盟的原则。各国之间规定一项政策:不管哪个国家发生人民解放运动,都可以进行武装干涉。"一切都屈服了——在强大压力之下所有的头都低垂下来。"——过了不久,普希金这样来说明神圣同盟的作用。

彼得堡政府的教权主义方针在对内政策上也有所反映。猖獗的神秘主义成为政权的标志和作风。大学的学术、报刊和中小学校,无不遭受官方神学者的凌虐。文学在疯狂的书刊检查的压制下,奄奄一息。人民在军屯制度和各式各样"皮鞭庇护人"的保护下,辗转呻吟。

这就是诗人走出校门,踏入的真正"可怕的世界"。普希金在亚历山大一世的彼得堡度过的三年,也正是他公开表示反对统治国家的反动势力时期。这时,他已经成为一名出色的政论诗人和厉害的讽刺家。他在皇村学校早已开始的同马林诺夫斯基、皮列茨基、恩格里哈尔德的"虔诚的"训导所进行的斗争,如今又继续下去,只是对手已换成另一些国家大员,规模也有所不同,武器也更为锋利了。诙谐的歌曲换成了钢一般的诗句,对学校的不满变成反政府的宣传。战斗准备已经结束,年轻的斗士登上了舞台。

2

普希金反对彼得堡当局的战斗并不是一下子爆发的。诗人在这场战斗中代表了首都进步社会团体的意见,而他同这些团体是逐渐接近的。从皇村学校毕业后,在未开始政治斗争之前,他把全部精力都投到歌颂鲁斯兰的功勋的创作构思中去了,为此,他决定离开彼得堡的林荫路,到普斯科夫祖传的丛林里去。

湖水平静,深邃,一动不动。千年古松,浓荫如盖,俯在崎岖蜿蜒的林间小路上面。缓缓的索罗契河几乎水平如镜,真正是"神清梦稳的水乡"……河对岸是一带山峦和割完小麦的田地,一直延伸到地平线上苍翠的树林跟前。

米哈伊洛夫斯科耶村隐藏在普斯科夫省奥波切茨县的森林里,它原是叶卡捷琳娜于一七四六年赏赐给沙皇有名的"黑奴"的。当汉尼拔的儿子奥西普·阿勃拉莫维奇死去以后,这个村子于一八〇六年转到奥西普的女儿——纳杰日达·奥西波芙娜·普希金娜手里。普希金第一次看到汉尼拔家族的这座祖传领地，是在一八一七年七月。

米哈伊洛夫斯科耶旁边，有个村庄叫三山村。村名来源于三座小山，这三座山给周围一带增添了不少风光。三山村的女主人普拉斯科维雅·亚历山大罗芙娜·奥西波娃，几乎从来不出远门。她是十八世纪普斯科夫大地主温多姆斯基的女儿，人很聪明，也很有威风。她亲自管理自家的庄园，书也读得很多。

普希金常常到三山村去做客。奥西波娃家有一间祖传古老的藏书室，普希金在那里找到了勒萨日、莫里哀、卢梭、理查逊①的作品和莎士比亚最早的俄译本。

女庄园主拿出她的纪念册给客人看。这本纪念册黑山羊皮封面，金扣子，连里面的纸页也是金色的，上面已经题了一些箴言和诗句。这是她的表兄弟谢苗诺夫团的军官谢尔盖·伊凡诺维奇·穆拉维约夫-阿波斯托尔在一年前送给她的。按照当时的迷信说法，谁第一个在纪念册上题词，谁便要遭到横死。由于这个缘故，她便自己在第一页上写了两句法文："我根本不怕死，我第一个给自己题词。"在这两句题词下面，便是谢尔盖·穆拉维约夫-阿波斯托尔写的（也用法文）："我也不怕死，但也不愿意死……一旦死神来临，她会发现我早有准备……"下面注明日期是一八一六年五月十六日。

普希金很喜欢奥西波娃家的房舍和花园：

我登上三山村的山坡，

来到椴树的华盖底下……

普斯科夫一带的大自然以及那里古老的石碑，都令他感到亲切。他从创作角度来感受这寂静的树林和悠悠流水独特的、略带哀诗式的美："群山，草地，菜园里绿荫如盖的槭树，荒野里小河的河岸……"一八一九年他曾草草地记述了这无比亲切的乡土风景。

诗人乡村生活的另一件乐事，便是在这幽静的环境里聚精会神地

① 理查逊(1689—1761)，英国作家。——译者注

从事创作。在乡间,普希金埋头写作《鲁斯兰和柳德米拉》的第一部。这首长诗他在学校时便已动笔了。

然而,乡村毕竟没能令他陶醉多久。"我爱热闹,爱人多的地方。"——普希金谈到他第一次去米哈伊洛夫斯科耶的情景时这样写道。那一次他虽然有三个月的假期,却只待了一个月多一点。一八一七年八月末,他又回到彼得堡。

普希金从乡村回来不久,就正式参加了"无名之辈的阿尔扎马斯协会"。尽管"阿尔扎马斯"开会仪式有些滑稽,它的成立却是当时俄国文学界最重要、最有意义的事件。"阿尔扎马斯"的著名代表人物,是普希金所承认的伟大作家卡拉姆辛、茹科夫斯基和巴丘什科夫。成员有尼古拉·屠格涅夫和维亚泽姆斯基一类有文化修养的人士。他们两人对普希金的成长具有毋庸置疑的影响。

年轻诗人在加入"阿尔扎马斯"时,虽然避免了瓦西里·普希金从前入会时那种烦琐的程序(如头上用许多皮大衣蒙着来听欢迎词,用枪射击模拟不良趣味的草人等等),但毕竟还要履行规定的仪式。他头上戴一顶红色软帽,也就是法国革命时流行的弗利季亚帽,口里念着庄严的誓词。誓词借托显而易懂的假名来揭露希什科夫、沙霍夫斯科伊和赫沃斯托夫,并公开宣称与科学院和"座谈会"誓不两立。普希金没有像一般人那样发表入会演讲,而是念了一首致会友的诗:

> 我如愿以偿,我终于看到各位同志,
>
> 啊,勇敢的缪斯的朋友们,啊,美妙的阿尔扎马斯!

这首诗很近似致友人诗。诗中回忆了一些重要的事件和协会的活动家——茹科夫斯基、勃鲁多夫,大概还有讽刺诗人维亚泽姆斯基:

> 带着无忧小帽,
>
> 手里拿着拨浪鼓、桂冠和树条……

不过,就在普希金参加"阿尔扎马斯"的当时,文学论战的"无忧小帽"、拨浪鼓和树条已经不再是会员情绪的象征了。早在一八一六年年中,就有人议论应该把"诙谐的文学协会"引导到严肃工作的轨道上。"阿尔扎马斯"会长瓦西里·普希金向同志们说过,协会的直接目的在于丰富语言。乌瓦罗夫和勃鲁多夫呼吁使"祖国文学真正复兴",而"阿尔扎马斯"的年轻会员尼古拉·屠格涅夫和米哈伊尔·奥尔洛夫,则想把快乐的团体变成讨论社会问题的真正机构,想把这些无忧无虑的讽刺家引上"真正的自由思想"和"热爱俄罗斯国家"的道路,建议把文学报告与政治报告结合起来。在一八一七年九月二十七日的会议上,据尼古拉·屠格涅夫证实,会员们"离开了文学,开始议论内政:大家都同意必须消灭奴隶制……"

这一倾向对于普希金的发展也有明显的影响,甚至他给彼得堡社交界的头面人物 E. C. 奥加辽娃和 A. H. 戈利增娜(他和这两个人是在卡拉姆辛的沙龙里认识的)的诗,也带有公民诗的味道。普希金针对上流社会的讽刺诗,在当时官方的神秘主义和阿拉克切耶夫统治的背景上,具有尖锐的政治特征。他在《致奥加辽娃,时值都主教将自己园中果实馈赠于她》一诗的三个诗节里,以极其轻快的笔触表现出不久之前写的《修士》的基调——对隐士的嘲笑,而在这首诗里则是对教会的最高代表的嘲笑,并把他比作"果园之神",即普里阿波。可是人人都知道,普里阿波又是淫乐之神。

普希金早期给戈利增娜的诗,也含有尖锐的政治内容。据卡拉姆辛证实,诗人被这个"彻夜寻欢作乐的公爵夫人"迷住了。这位夫人对当前的国家大事的确能发表一些中肯的见解。普希金在给她的第一首诗(《一个毫无经验而喜爱异乡的人》)的结尾,表达了社会内容,而其中的观点显然是受了屠格涅夫兄弟进步团体的启发。普希金给 A. И. 戈利增娜的第二首诗(《纯朴的自然之子》)的结构也是这样安排的。在写这首献诗的同时,作者向公爵夫人赠送了他早期最有力的一首政治诗,而这首政治诗也是在屠格涅夫小组里诞生的。

这时,普希金结识了许多人,经常同他们来往,有的甚至成为他未来的好友,比如格里鲍耶多夫就是这样。他跟普希金在外交部是同事,他"性情忧郁""愤世嫉俗",按普希金后来的说法,他的"一切都是不寻常的,具有魅力的"。又比如格涅季奇,他在一八〇五年写过政治抨击诗《秘鲁人致西班牙人》。诗中借抨击西班牙殖民主义者在南美的暴虐,尖刻地揭露了本国的农奴制度。普希金还结识了普列奥布拉任斯基团的卡杰宁①上尉。卡杰宁是第一流的诗歌和戏剧鉴赏家,他最擅于写生动的对话,其议论的大胆与激烈也引人注目。他不崇拜权威,并敢于同盛行的潮流宣战。他是进步的社会思想的代表,甚至是秘密团体的成员,因而他的政治信念对青年听众很有影响(为此不久就被流放到乡村)。

普希金不止一次地赞赏过卡杰宁作为翻译家、文艺理论家、剧作家,尤其是俄罗斯通俗叙事诗作者的功劳。但是这位拟古派诗人作品的某些特点,却遭到普希金的嘲笑:原来只有在天才的谢苗诺娃的嘴里,"卡杰宁的斯拉夫诗歌才招人喜欢,他的诗充满着力量和火焰,只是不讲究韵味和和谐!"

一八一八年秋,经卡杰宁的介绍,普希金认识了沙霍夫斯科伊。《椴树蜜水》的作者对《鲁斯兰和柳德米拉》的前几章很感兴趣,而普希金对时髦剧作家举办的快活的晚会也很着迷。在那里,每当剧散之后,便聚集起许多青年演员、作家和批评家。过了七年之后,普希金在给卡杰宁的信里还不无感激地回忆起自己一生中一次"最愉快的晚会":"你可曾记得?……在沙霍夫斯科伊的顶楼上?"普希金对这个不知疲倦的剧作家的创作评价也很高。沙霍夫斯科伊创造了一种特殊的剧种,这种剧多彩多姿,活泼有趣,往往穿插着舞蹈、独唱和合唱。普希金对这位"卡拉姆辛的迫害者"的往日成见已经冰释,如今对他那热闹而辛辣的喜剧甚感兴趣。

"阿尔扎马斯"所有会员的监护人亚历山大·屠格涅夫六年前曾帮助把"小歌手"送进皇村学校,如今又把他介绍给自己的弟弟尼古拉。尼古拉·屠格涅夫是年轻一代中一个最有教养的人,是杰出的政治思想家和热情的爱国者。他跟恰达耶夫以及稍后的拉耶夫斯基兄弟一样,成为年轻的普希金的"大学"。

尼古拉·屠格涅夫信仰经济自由主义,他制定了一个俄国激进的

---

① 卡杰宁(1792—1853),俄国诗人、剧作家和批评家。——译者注

改革纲领。当时俄国的农奴制是与自由劳动原则尖锐对立的。他长期旅居国外,于一八一六年秋回到祖国,俄国的专制制度给他以沉痛的印象,而这种印象他一直保留多年。国家政治管理的种种现象都是"悲惨和可怕的",而被奴役的人民的一切表现都"似乎是伟大和光荣的"。

同尼古拉·屠格涅夫的交往,对普希金产生了强烈影响,在他的发展中留下了深刻痕迹。无疑,他从自己年长的好友那里接受了许多观点。普希金住在彼得堡头三年当中写出的政治讽刺诗和反对沙皇制度、反对农奴制的公民诗,在很大程度上都是从和这位重要的国务活动家的谈话中受到启发的结果。

普希金还向屠格涅夫学了最新的经济理论,后来他在刻画当代英雄奥涅金的性格时,曾提到过这些理论。马克思和恩格斯在指出普希金对政治经济学有兴趣时,就曾援引《叶夫根尼·奥涅金》里关于亚当·斯密的诗节。①

尼古拉·屠格涅夫坚决反对农奴制,所以由衷地崇拜拉吉舍夫。他在早期的日记里,根据《从彼得堡到莫斯科旅行记》读后的直接印象,愤怒地写下"从彼得堡到堪察加"俄国地主的罪行和农民不绝于耳的呻吟。

在屠格涅夫兄弟的小组里,还曾朗诵过俄国革命的颂歌——拉吉舍夫的《自由颂》。这首诗有一部分收入拉吉舍夫有名的著作里,而全诗则在俄国持反对立场的青年当中以手抄形式流传。这些愤怒的诗行表明,十八世纪的革命诗人达到了谴责社会不平的新高度,比涅克拉索夫早一百年创作了俄国第一首"呻吟"歌:

> 啊,自由呀,自由,无价之宝,
>
> 请允许奴隶把你歌唱!

正如普希金自己二十年后在其著名的草稿里指出的那样,他是"步拉吉舍夫的后尘"写出自己的第一首自由颂歌的,即仿照拉吉舍夫

---

① 《马克思和恩格斯论艺术》,M. 利弗希茨编,莫斯科—列宁格勒,第 325、668—669 页。——作者注

激烈的反专制颂诗。

普希金的这首诗是面对着"暴君荒废的纪念碑"写的。从屠格涅夫家的窗口可以看到米哈伊尔城堡,这是巴任诺夫修建的一座独特的建筑,从一八〇一年起便无人居住,几乎荒废了:"被世人遗忘了的宫殿……"荒废的城堡的形象,在普希金的脑海里引起了对三月十一日事件的联想:

> 不忠诚的哨兵默不作声……
>
> 悄悄地放下了吊桥……

通过几行诗即把保罗一世的结局——"卡里古拉①的最后时刻"勾画出来了。

据尼古拉·屠格涅夫后来证实,《自由颂》有一半是普希金在他的房间里写的,余下的是他回家之后连夜写完的,第二天把全篇带来交给了年长的朋友。

这首自由的颂诗给普希金的诗歌增添了新的主题。他从浪漫的抒情诗、爱情的哀诗和饮酒歌转向写雄壮、勇敢的叛逆诗。《自由颂》不仅是他的政治宣言,而且也是他的创作宣言。

普希金好像为了回答年长朋友们的呼吁,想要打碎"缠绵的竖琴",想要转向关于当代国家大事的重大题材:"向世界歌颂自由,抨击宝座上的恶德……"

普希金的这首著名颂诗尽管不无矛盾之处,但它那种渴望同"不公正的政权"进行斗争的激情毕竟是可贵的("世界的暴君们! 发抖吧! ……""起来吧,匍匐在地上的奴隶们! ……")。诗人一想到处处是皮鞭、枷锁和"不自由的软弱的眼泪",便无限痛苦。他根据十八世纪社会学说的精神,认为这种普遍奴隶制的出路在于"自由"(即每个人的自由)同"严明的法律"(即国家宪章)的结合。

这里无疑反映了恰达耶夫的"学说"。年轻的思想家认为,国家最高权威应当属于立法机关,立法机关应居于一切执行机关之上。法律

---

① 卡里古拉(12—41),罗马皇帝,因暴虐被弑。——译者注

应该由人民的代表为保障社会利益和个人自由而制定出明确的条文。这些条文对君主来说是神圣的和必须遵守的。君主行事必须同国家协商,君主要受法律的约束。在普希金的《自由颂》里,可以清楚地分辨出这种政治学说的反响:"统治者们!你们的王冠和宝座是法律给予的,不是天赐的……"

普希金指的当然不是沙皇的立法,而根据恰达耶夫的观念,则是民主宪法。民主宪法可以以人民代表制度为基础来限制独裁专制。正是由于这个缘故,过了不久,普希金在给这位哲学家朋友的著名献诗中,又提起"神圣的自由"和"专制的废墟"。法律在普希金的诗中,就跟十二月党人的章程一样,是新的国家制度的基础。法律反映了新兴资产阶级同专制制度做斗争的革命口号——公民平等自由、三权分立和人民做主的思想。

普希金为了表现这些革命口号,采用了拉吉舍夫的创作方法。拉吉舍夫作为第一个"自由的预言家",早在一七八一年就用简短、整齐、紧凑、像方阵一样的诗句,对沙皇、统治者和人民的压迫者发起冲锋,公开宣布正义、法律和自由的口号。由于引证无畏战士布鲁图斯、威廉·退尔①、克伦威尔②的历史形象和被推翻的统治者——"在断头台上的皇帝"查理·斯图亚特的前车之鉴,使得号召人民起来反对暴君的呼吁变得更加有力。普希金继承了这个传统,只是他的结论不大坚决。他写的是路易十六和保罗一世的覆灭:"戴王冠的坏蛋灭亡了。"——这是年轻的普希金模仿拉吉舍夫的典型诗句,无怪乎他直到临死之前一直认为,古代革命颂诗有"许多有力的诗句"。

普希金的颂诗也是这样写的。他为表达激励拉吉舍夫的革命思想,使用了有力的挑战性词汇(凶手、杀人犯、暴君、土耳其士兵),并常常用顿挫有致的节奏,甚至伴以刺耳的呼喊。然而,有些诗节使用的是新式诗行——悠扬、活泼、悦耳的旋律:"摘下我的桂冠,打碎缠绵的竖琴吧……""当深夜的星光照在昏黑的涅瓦河上的时候……"这已

---

① 威廉·退尔,瑞士历史传说人物,反抗奥地利侵略的民族英雄。——译者注
② 克伦威尔(1599—1658),英国资产阶级革命的独立派领袖。——译者注

经是普希金的抑扬格的音乐，它不但具有演说的慷慨激昂，而且具有歌曲的优美动听。

拉吉舍夫的革命热情远远超过普希金的政治反对立场，因为普希金还明显受到屠格涅夫的自由主义的限制。古代诗人笔下"戴王冠的魔王"，到了普希金笔下变成"难免有过失的受难者"；吓得沙皇们要死的人民的自然法（在一七八一年的颂诗里），在普希金那里则是"罪恶的斧钺"和"背信弃义的断头台"的形象（在一八一七年的诗里）。贵族革命者当时还远没达到十八世纪有预见的天才政治家那样大胆和刚毅果敢的地步。

但是，普希金的语言具有一种动人的力量和强大的魅力，使得他的解放号召得以广泛流传。这一点正是拉吉舍夫的颂诗所缺少的。普希金的公民诗摆脱了女皇时代的古语句式和庄严格律，因而节奏急促，情调昂扬。关于国家政体的演说式的宣言，到这里变成面向未来的战斗口号。政治论述变成了自由的颂歌。诗人的语言极其浅白，人人可懂，从学者语言变成了大众语言、全民语言，从而使俄国诗歌第一次起到革命斗争武器的作用。

第二章 "年轻的雅各宾派"

1

一八一八年二月。普希金在回忆文章里记下这一值得纪念的日子。"卡拉姆辛的俄国历史前八卷问世。我如饥似渴地仔细读了一遍……仿佛古代俄罗斯被卡拉姆辛发现了，就像美洲被哥伦布所发现一样。"

《俄罗斯国史》的出版，的确是文化界的一件大事。这是在多少世纪紧张斗争的条件下俄国在政治上成长和巩固的第一个完整图景。这位历史艺术家栩栩如生地描绘出这一部壮烈的悲剧，有些地方是真动了感情的。卡拉姆辛既擅于描绘人物肖像，又擅于描写战斗场面，他的艺术性散文引起俄国各界读者的兴趣。一本用俄语写的书第一次成为整个社会广泛讨论的对象，把读者截然分成两类；既有热情的崇拜者，也有反对者。叙述的流畅和语言的富于表现力，引起作家和诗人们的赞叹。"阿尔扎马斯"会员把卡拉姆辛看成自己的指路人和领袖，赞喜之声更为响亮。巴丘什科夫回忆起年少的修昔底德①在奥林匹亚德竞技会上听年迈的希罗多德②诵读的情景：

> 他是多么贪婪地倾听
>
> 父一辈的光辉业绩，
>
> 他那通红的面颊上

---

① 修昔底德(公元前460—公元前395)，古希腊历史学家。——译者注
② 希罗多德(公元前484—公元前425)，古希腊历史学家。——译者注

两行热泪滚滚如雨！……

然而,这部新历史著作的政治倾向和对"专制政体"的赞扬,遭到年轻读者的严厉批评。对尼古拉·屠格涅夫或尼基塔·穆拉维约夫来说,叙述的优美丝毫也掩盖不了卡拉姆辛的史书在献词里所表现出的落后的政治倾向:"人民的历史是属于沙皇的。"尼基塔·穆拉维约夫(他后来是"北方社"纲领的起草人)在一份手抄的专论里反驳说:不,"历史是属于人民的"。历史学家对最高当局顶礼膜拜,进步政治家们便用社会舆论的力量与之对抗;历史学家鼓吹和平安定的原则,进步政治家们便决定开始斗争。

激情使历史学家获得成功:"塔西陀①激于义愤而笔走龙蛇。"

青年一代对卡拉姆辛用艺术手法美化专制制度和企图为农奴制的现实辩护的做法一致发出抗议。普希金一方面承认卡拉姆辛的文笔流畅,另一方面也不赞成他的封建历史观。这一点反映在他有名的讽刺诗里:

> 他的《历史》优雅而朴素,
>
> 还有不偏不倚的论述:
>
> 专制制度必不可少,
>
> 皮鞭也挺舒服。

在卡拉姆辛这部历史引起的激烈的思想斗争中,普希金以进步政治纲领的严格要求战胜了自己对历史学家文笔优美的赞许。在这场尖锐的思想争论中,他作为政治诗人站在秘密团体活动家一边,而这些活动家正在为官方历史学家所歌颂的残酷政治制度挖掘坟墓。普希金希望成为,实际上也正在成为趋于成熟的十二月党人思想的目标和任务的表达者。

不久,又有一个重大事件令彼得堡的各个政治团体大为激动。一八一八年三月十五日(二十七日),亚历山大一世在华沙枢密院大厅,在波兰王国议会(这届议会是根据一八一六年宪章召集的)第一次会

---

① 塔西陀(55—120),古罗马历史学家。——译者注

议开幕时致开幕词,并许下诺言:封建俄国也将实行"以法律为准的"管理体制。

沙皇的声明引起强烈反响。照卡拉姆辛的说法,青年人的心大为激动:"连睡觉也梦见宪法……"然而,普希金在这件事情上却表现出敏锐的怀疑。他写了一首尖锐的抨击诗,嘲笑沙皇的诺言是明显的虚伪。这首政治讽刺诗的形式,他选择的是所谓模拟圣诞节歌。十七世纪法国民间诗人喜欢模仿圣诞节歌来写讽刺当局的诗歌。普希金严格遵照这种诗的复杂形式,做到了结构严谨,语言准确。诗人在一八一八年的讽刺诗中写道:"万岁! 有一个到处奔走的暴君跑到俄国来……"圣母玛丽亚哄小孩儿听完"皇父讲的童话"就乖乖睡觉。

普希金把自己的政治诗拿到"年轻的雅各宾派"最进步和最积极的青年当中朗读。通过尼古拉·屠格涅夫和恰达耶夫的介绍,他又认识了"聪明热情的"尼基塔·穆拉维约夫(普希金从前在"阿尔扎马斯"里见过他)、伊利亚·多尔戈鲁科夫(这个人由于政治知识渊博而深受朋友们尊重)和哲学论文《什么是生活?》的作者雅库什金。

诗人在这群人当中,又遇见了一位新的一代最有趣的代表人物卢宁。普希金认为卢宁是"真正杰出的人",而且这种看法一直没变。一八一六年,这个俄国军官在巴黎遇见了法国革命前最大的社会思想家圣西门。圣西门对这个俄国青年评价很高,并想通过后者"在没有受怀疑主义毒害的人民当中"传播自己的思想。卢宁在一八一六年就谈到"我国正在升起的巨星少年人普希金",他将使俄语在世界一切语言之中占据首位。

不久,普希金又结识了谢尔盖·穆拉维约夫-阿波斯托尔——著名作家和外交家的儿子。这正是普·亚·奥西波娃的表兄弟,就是他曾在她的纪念册上以不平凡的词句声称自己对死亡是做好了准备的。这位谢苗诺夫团的军官在少年时代曾经幻想献身于科学研究,但是生活迫使他从军,而正直的良心又让他参加了秘密的政治团体。他好像生来就是当导师和领袖的角色,他"浑身充满胆识和魅力"。——普希金后来曾这样评论他说。

诗人在社交场合见到了 M. Π. 别斯图热夫。后者当时只有十六岁，但是不久之后，就跟谢尔盖·穆拉维约夫-阿波斯托尔成了好友和忠实的同志，成了共同斗争、共同牺牲的伙伴。

一八一九年一月，普希金在屠格涅夫家见到许多人。其中有皇村学校的同学普辛、马斯洛夫和库尼增教授。也有"阿尔扎马斯"的朋友：维亚泽姆斯基、茹科夫斯基、尼基塔·穆拉维约夫。这是"新闻界"的第一次集会。尼古拉·穆拉维约夫的新作《试论赋税》刚刚出版。这是经济学家对"粗野的权贵专横恣肆"和奴役人民的抗议。阿拉克切耶夫对这类书籍竟然会出版表示大为诧异。作者把得到的稿费全部赠给由于交不上税而坐牢的农民。

"只要把大家联合成一个整体，就可以使每个人的努力变得更有力量，更有作用。"尼古拉·屠格涅夫对与会的人说。要想把热爱祖国、希望为祖国造福的人联合起来，最好的办法就是办杂志。可以使用爱国的名称，如《十九世纪的俄罗斯人》，也可以使用带学术味的叫法，如《政治学和俄罗斯语文文献》。出版一份刊物，在社会传播正确的国家观念，"一切文章均应以自由思想为目的"。屠格涅夫就是这样解释年轻一代的爱国主义的，并建议用"世界上只有一个俄罗斯"一类自豪而美妙的字眼作为新刊物的口号。

他们还把马斯洛夫关于统计学问题的文章提到会上讨论。文章宣读过之后，在喝茶的时候，普希金同皇村学校的好友普辛聊起天来。

"你怎么从来没有对我说过，你跟尼古拉·伊凡诺维奇认识。这大概是你们团体的聚会吧？……"

普辛向诗人说明，这些猜测没有根据。普辛从皇村学校一毕业就参加了秘密团体，开始他也曾想把自己的秘密告诉普希金。"他对共同事业的想法总是跟我一致，按他自己的方法来宣传我们的思想——既用口头，也用书面，既用诗歌，也用散文。"但是不久，普辛显然赞同了其他一些政治活动家的意见，认为普希金作为诗人最好还是用他的反政府诗歌来为共同事业服务。

普希金常常从政治问题的领域跳到艺术境界——从屠格涅夫那

里跑到奥列宁那里。奥列宁是一个杰出的考古学家和出色的素描画家,擅于用乌贼墨作画,也擅于雕刻。他收集了极其丰富的古代俄国的艺术珍品,并认为"向老百姓和手艺人"请教是"了解许多难解的文物和关于古代作者的模糊之处"的最好办法。

奥列宁身为公共图书馆馆长和美术学院院长,经常在谢苗诺夫团方坦卡驻地旁边的一座大楼里聚集许多作家、学者和演员。他们就在古代文物的复制品和伊特拉斯坎人的古瓶中间举行集会:克雷洛夫朗读他的寓言,格涅季奇唱他的六音步诗,巴丘什科夫、卡拉姆辛和茹科夫斯基或者朗诵,或者进行争论。

一八一九年初,普希金在奥列宁家的一次晚会上认识了女主人的侄女安娜·凯恩。凯恩是从遥远的乌克兰来到彼得堡的,她丈夫是个将军师长。

诗人为了使这位新结识的女人开心,说了些警俏的话语和殷勤的表白,可是看来他这些滔滔不绝的话语只能使刚从外省来的年轻女人不知所措。她对这个鲁莽的年轻人只能勉强作答,甚至极力躲避他。当时在卢布内,还不知道普希金的名字。但是当她要走的时候,在河沿街坐上马车,回头窥望,发现普希金正坐在奥列宁家正门前的台阶上,久久地目送她离去。

这一年冬天,他俩再也没有见面。在年轻诗人热闹而繁忙的彼得堡生活中,安娜·凯恩真像"昙花一现的幻影"一闪即逝了。

2

普希金在艺术家兼考古学家奥列宁的家里,感受到他最亲切的艺术世界。这个艺术世界在阿拉克切耶夫的专制制度下,仍然按照自己的创造规律生存下去。即使在这个黑暗时代,诗歌、音乐和戏剧仍然不断发掘出俄国人民的辉煌才能。这种才能无论是福音会的书刊检查官,还是保护音乐的达官贵人或宫廷检查官都扼杀不了。

这一点在俄国舞台上表现得最充分。这一时期,俄国舞台人才济济。他们都出身于无权的农民阶层或受压迫的广大纳税阶层,然而,这些没有自由的演员却能够达到悲剧和喜剧艺术的高峰。开始演出年轻的格里鲍耶多夫的戏剧的时期,在俄国戏剧史上留下了令人难忘的印象。普希金对这些表演赋诗加以赞美。别林斯基是属于另一个时代的人,他在戏剧上最赞赏浪漫主义演员莫恰洛夫和现实主义演员谢普金,不过他对于亚科夫列夫、谢苗诺娃和科洛索娃母女的杰出艺术评价还是很高的:"普希金赶上了彼得堡的俄国戏剧界光辉的古典主义灿烂的末期……"

诗人本人对当时首都舞台的评价也很高。"奇妙的地方"——这是他对自己青年时代的剧院形象的叫法。剧院是他高尚灵感的源泉和伟大构思的摇篮。他是"天才的热情崇拜者",对俄国优秀演员表示了应有的热烈倾心。这是普希金对戏剧最初的热爱,是他少年时代的激情,而这种激情后来从未有过,不过,却永远留下了鲜明的印象和创作上的深刻痕迹。

对少年诗人来说,剧院并不单纯是娱乐场所。在皇村学校和流放前这段时间,他在彼得堡的剧场里,经受了严格的艺术训练。优秀演员演出悲剧的舞台,在很大程度上影响了他的美学观,并反映在他创造的形象上面。"奇妙的缪斯""光辉的谢苗诺娃"的严肃庄重的艺术(尽管谢苗诺娃出身农奴,世界名角乔治①却对她的天才深为叹服),"粗野而热烈的亚科夫列夫"的最后几次演出(他演出的《德米特里·顿斯科伊》、《奥赛罗》和《哈姆雷特》令观众震惊),"美丽而神奇的女演员"科洛索娃的精湛动人的演技(普希金曾生动地描绘过她扮演安提戈涅的首次演出),索斯尼茨基年轻时代的俄国喜剧的繁荣兴盛,最后还有被诗人写进《叶夫根尼·奥涅金》里的哑剧演员、舞蹈家狄德洛的卓越才能和天才的伊斯托敏娜及其"群女神"的形象——他得到多么丰富、深刻而令人激动的印象!这真是"俄罗斯光荣"的灿烂光辉,正如普希金后来听说谢苗诺娃即将离开舞台时,心情激动地说出的

---

① 乔治(1787—1867),法国著名女演员。——译者注

话语：

> 难道谢苗诺娃——美丽的缪斯的
>
> 奇妙声音就此消失不见？
>
> 难道她从此永远离开了我们，
>
> 将她同福玻斯①的情缕一刀斩断？
>
> 俄罗斯的光荣从此熄灭了？
>
> 我不信！她一定还会登台表演，
>
> 还会有无数的观众对她倾心——
>
> 她那雍容华贵的桂冠
>
> 在我们面前永远不会凋谢。
>
> 年轻的卡杰宁爱慕名声，
>
> 崇拜傲慢的阿奥尼德②，
>
> 为了使她能再次同观众相见，
>
> 为了使埃斯库罗斯③的伟大天才复活，
>
> 他将把演员的王冠给她送还。

于是诗人使十九世纪初的伟大演员扬名后世。《叶夫根尼·奥涅金》第一章也提到谢苗诺娃的名字。这一章是对俄罗斯戏剧的真正颂歌。普希金关于俄国民族舞蹈富于感情的见解，将永远不会失去其价值：

> 我可还能看到俄国舞神
>
> 精心表演的舞蹈？……

伟大诗人最喜欢的是本国的戏剧艺术，而不是文明西方的著名剧作。普希金认为俄国芭蕾舞"比法国新文学"更富有诗意。他把谢苗诺娃看得比"死板的"巴黎名角高超得多，伊斯托敏娜完全能驾驭狄德洛的神话结构，并赋予这些神话以生命、精神和感情。

---

① 福玻斯，即爱神阿波罗。——译者注
② 阿奥尼德，即诗神缪斯。——译者注
③ 埃斯库罗斯（公元前525—公元前456），古希腊悲剧作家，名著有《被缚的普罗米修斯》。——译者注

正像逐渐衰老的杰尔查文曾歌颂舞蹈表演如入仙境一样，《鲁斯兰和柳德米拉》的作者受到这些跳跃、变化、场面和战斗的鼓舞，在自己的神话诗中也反映了优秀表演的令人眼花缭乱的幻想形象。

普希金醉心于舞台的主要证据，便是他留下的文章《我对俄国戏剧的意见》。这篇文章无论就其叙述生动或观察准确来说，都堪称剧评的典范。这位诗歌语言大师和朗诵专家的意见，他关于声音、语调、口齿、"高尚的感情变化"、舞台形象的深刻解释的成熟见解——这一切表明普希金这篇简短的评论是俄国剧评的古典原型和他后期诗体剧创作的实际基础。

这篇于一八一九年写作的试论戏剧理论的短文，标志着诗人传记中"剧院里的生活"的快乐和短暂的阶段。这正是他进入充满伟大的思想、大胆的笑声、高尚的激情和铿锵的诗句的令人振奋的环境的时候。他热烈地爱上了这个奥泽罗夫①和冯维辛、埃斯库罗斯和莎士比亚的世界，并使之永远扬名于后世。在阿拉克切耶夫彼得堡冰冷的黑暗中，这个戏剧世界曾发出奇异的光彩，并点燃过千万颗心。

3

在戏剧界，普希金结识了尼基塔·弗谢沃洛日斯基。这个年轻人把对艺术的兴趣同无忧无虑的生活结合起来。诗人常常到叶卡捷琳堡大街上的弗谢沃洛日斯基家的高大楼房去。那里聚集着文学界人士和戏剧界人士，大家一般都是围坐在一盏绿色吊灯下面的圆桌旁。"绿灯社"以及该社的座右铭"光明和希望"皆由此而来。会员的指坏上都刻有这个团体的标志——灯芯。该社的章程允许所有会员自由发言，同时要求保守会议的秘密。这样一来，他们便可以在读剧评和俄国史论文的同时，朗读共和派的诗歌和政治著作。这个小组同时是幸福会的分会，幸福会又叫"绿书会"（由于协会章程用绿色封皮而得

---

① 奥泽罗夫（1769—1816），俄国悲剧作家。——译者注

名)。但是,"绿灯社"的大部分会员却不知道这一点。这个和睦的小团体,把热爱自由的愿望同热爱诗歌结合起来。像谢尔盖·特鲁别茨科伊、费多尔·格林卡、亚科夫·托尔斯泰一类政治家,便在这里同诗人格涅季奇和戴里维格会面。不久,普希金也为这个团体写了不少祝愿诗。

诗里透过享乐主义哲学表露出"热爱自由的希望"。诗人向他的朋友们提起他们平时围着圆桌的谈话,在这些谈话中,无论是天上还是地上的皇帝常常受到责难。

"请把你的情况——关于军屯的情况告诉我,"普希金在一八一九年十月二十七日给曼苏罗夫的信中写道,"我需要知道这一切情况,因为我爱你,并且仇恨专制制度"。

"绿灯社"的成员 А.Д.乌雷贝舍夫是一位音乐批评家,后来曾写过关于莫扎特的杰出的专题论文。他在小组会上读了自己理想的乌托邦《梦》。这里写的是三百年后的俄罗斯,到那时公立学校、科学院和图书馆将代替无数的兵营,而在修道院的废墟上将建立起凯旋门。

除开做报告和开展讨论的学术会议之外,弗谢沃洛日斯基的朋友们每逢星期六聚集在这盏绿灯下,举行快活的酒会。但是,普希金在他的诗歌和书信中,对"会议"和"酒宴"则不加区别,一直把"绿灯"当作"爱情和自由缪斯的所在"来歌颂,在那里"我们由于警语、嬉笑和美酒而争论不休……"。他并不把"创作活动和政治斗争看作清苦和牺牲,而看作一种快乐和享受:

　　你们好,勇敢的骑士们——

　　爱情、自由和美酒的侣伴!

　　希望之灯已经为我们——

　　年轻的同盟者点燃……

普希金还参加了幸福会的另一个分会——"俄罗斯语文爱好者自由协会"。这个协会一般被认作"学术共和国"。戴里维格、久赫里别克尔、格涅季奇、巴拉登斯基①都在这里朗诵过自己的诗作。主持会议的是《一个俄罗斯军官的书信》的作者、早期十二月党人费多尔·格林卡。普希金曾在这个团体的刊物《教育与慈善竞赛者》上发表过一八一八年写的诗——《我未曾用谦逊而高尚的竖琴》。这首诗有几节宣言式的诗句和著名的结论：

> 我的不受贿赂的声音
>
> 是俄罗斯人民的回声……

这便决定了普希金在"代表会议"时期的俄国社会中的地位。在《致哥恰可夫》一诗中，他已经是用十二月党人的语言对飞黄腾达的皇村学校同学讲话，把有独立思想的青年的集会以及他们大胆而尖锐的言论同上层社会的官方会议对立起来。这是一个已经把自己的命运同被奴役的人民的解放事业联系在一起的，属于进步贵族知识分子的诗人，在对封建上层贵族代表人物讲话。这是反对神圣同盟堡垒的自由思想的人们，以挖苦、讽刺、抨击和钢刀一样锋利的诗句在向阿谀奉承和"宫廷的装腔作势"的世界传播自己的见解。俄罗斯民族未来的伟大诗人就是以负有"唤醒赫尔岑"的历史使命的冷嘲热讽的青年一代的名义，于一八一九年对俄罗斯帝国的未来大臣讲话。

十二月党人思想不只是普希金的政治纲领，而且和普希金的一生融为一体。这是他的荣誉和青春，他的初恋和誓死不变的忠贞。《自由颂》的作者贪婪地注视着身边这些代表时代思想和整个世纪的解放希望的博学多才的人们。作为诗人，他不仅开始在自己的创作中反映伟大解放思想，而且表现同代人最优秀的代表人物。不过直到这时他所写出的，只是即景生情或逢场作戏的急就诗句，但是他的献诗和题词已经描绘出同时代的优秀人物的侧影。

于是在年轻的普希金的抒情献诗中，诞生出一系列优美的历史人物肖像。他用自己习惯的写法——"飞笔疾书"或一挥而就，为正在觉醒的俄国社会的真实人物描绘出令人难忘的草图和素描。

---

① 巴拉登斯基(1800—1844)，俄国诗人。——译者注

所以,普希金在其早期创作中即已成为未来的十二月党人的肖像画家了。尽管他当时并没有完整的计划和长远打算,却已经开始描绘亚历山大时代进步青年的群像。在跟共和派朋友的创作交往中,诞生出他的自由颂歌。

在同恰达耶夫的一次谈话之后,普希金写下了《爱情,希望和平静的光荣》一诗。他在这首诗里同在《自由颂》里一样,抛弃了"少年的欢乐",表示准备把自己青春的全部热情和力量献给同"命运注定的统治"所进行的斗争。"神圣的自由"和"祖国"——这是最崇高、最珍贵的东西。它们要求忘我精神,它们将保证他的祖国升起"迷人的幸福曙光",而那些在"专制的废墟上"写上自己英名的战士,将得到永不泯灭的光荣。

年轻的普希金热爱自由的诗歌,表现了革命高潮时期的高昂情绪。不久后,帕·伊·佩斯杰尔曾热烈地谈道,秘密团体的成员一想到经过改革的未来幸福的俄罗斯,便禁不住满心的欣喜和高兴。他说的也正是这种高昂情绪。

4

一八一九年夏,普希金在米哈伊洛夫斯科耶村重新感受到了在彼得堡屠格涅夫小组内谈话的意义。不久前《试论赋税》的出版,成为社会上的一件大事。按尼古拉·屠格涅夫本人的说法,他把财政论文题目写成当前最重要的政治问题了。赋税的全部沉重负担都落在国家最低阶层身上,提出捐税问题本身就已经是对俄国农奴制的反抗。这篇杰出的著作为俄国政治经济学打下了基础,围绕这篇文章展开了关于寻找解放农奴的途径的热烈讨论。

普希金极其仔细地倾听这些意见。一八一八年的《祖国之子》刊登了他的母校 A. П. 库尼增教授关于农民问题的文章。沙皇不断接到关于必须改善农奴无法忍受的地位的奏请和"条陈",其中谈道,这种农奴制是"文明"的君主国的耻辱和国民经济发展的障碍。

　　但是,沙皇把这些材料全部扣压了。为了应付社会运动,他于一八一八年授命阿拉克切耶夫这位久经考验的"自由爱好者"起草农奴制草案。阿拉克切耶夫建议采取由国库出钱逐渐赎买农奴的办法。这样一来,农奴根本得不到任何自由,而实际上是继续用军屯办法解决农民问题。亚历山大对内政策这一该诅咒的措施,使普希金以及所有俄国进步人士极为愤慨。建立固定的军人等级,可以源源不断地补充和加强庞大的俄国军队,而这一方案的主要目的在于建立一支完全与农民隔绝的军队,因为只有这样才能保证镇压人民起义的成功。俄国农村面临着为镇压革命而实行荒唐可怕的军事化的威胁。培养新式"种田士兵"的专门学校,其实正是农奴制最粗野、最残酷的表现形式。它暴露出专制制度的全部恐怖,从而引起普希金时代进步人士的强烈反抗。

　　普希金的新朋友尼古拉·屠格涅夫广泛进行解放农奴的宣传活动。

　　屠格涅夫在他的谈话和文章中,大胆提出农奴制不合理的观点。俄国的任何法律从未确立农奴制。农民被固定在土地上,可是他们并没有变成地主的私有财产。十七世纪之前,农民在尤里节还有权自己选择主人。然而沙皇的世袭大地主利用手中的权力,把自由农民变成了奴隶。从此,老爷可以把自己的"奴才"当作赌注进行赌博,送去应募当兵,送去服苦役,甚至鞭打致死。人民的自由被贵族攫取和剥夺了。而俄国社会对这一切情况并不了解,因为"历史并不是农民写的,而是地主写的"。

　　这些话正说到诗人的心坎上了。不久之后,普希金发表了一篇关于农奴状况的札记。这篇文章传遍俄国,并且作为人民自由的庄严声明永远保持其崇高的意义。

　　在这之前不久,一八一八年夏,尼古拉·屠格涅夫到莫斯科城郊的庄园小住。他非常喜欢那里的"山峦、树木、绿色草场""美丽的丛林"。但是,"乐趣被这种罪恶的奴隶制破坏了,而且我也看不到奴隶制会很快消灭"。——他在日记里这样写道。"粗野的权贵的横行霸道"，就是他的经济研究的主题。

普希金记住了比自己年长的好友的这些议论。他第一次来米哈伊洛夫斯科耶时，只忙于写《鲁斯兰和柳德米拉》，如今同农奴制现实的直接接触，在他心上引起了创作欲望。美好的大自然同"罪恶的奴隶制"的对照，成为他愤怒的呼吁的主题。

这时，普希金着手写他的《乡村》。

在米哈伊洛夫斯科耶一带，流传着不少关于十八世纪农奴主老爷的脾气的传说，不过这种脾气并没有立刻绝迹，直到亚历山大一世的"温和统治"时期依然存在。一七七四年，在附近的亚古维斯基伯爵世袭领地上，农奴起义被火枪和皮鞭镇压了下去。附近的阿尔童村有个地主姓里沃夫，县城官吏对他都不敢不巴结逢迎，服服帖帖；他以残酷对待农民而闻名。诺沃尔热夫的地主费洛索夫挑选许多农奴少女充填后房，每逢出门都让她们陪伴。普希金就认识一个任意胡为的地主，他用博爱的词句掩盖自己厚颜无耻的残酷行为。

"这个地主属于小路易十一的家族，"《戈柳欣村史》的作者后来回忆说。这个暴君在一次大火中被他家的农民给打死了。

所有这一切都为诗人进行愤怒的揭露提供了广泛材料。

普希金的《乡村》一诗，清楚地分成彼此鲜明对照的两部分：一方面是平静的乡村风景，可以使人想到"在广阔而恬静的田野里"的幸福和劳动；一方面是"受尽折磨的奴隶"的可怕景象，他们在"铁石心肠的主人"的摆布下无谓地死去。伟大的祖国和无权的人民！这两方面仿佛在庄严的结尾中交融在一起，而诗人对获得解放的国土的瞬间和遥远的预见，给诗的结尾增添了光明。

尼古拉·屠格涅夫认为："俄国农民的解放，只有依靠君主的权力才能实现。"他的这种思想影响，在《乡村》著名的结尾中颇为明显（"按照沙皇旨意取消农奴制"）。诗中其他一些词句，跟《自由颂》一样，只是反映了按合法途径进行社会改革的一般学说（"以自由的心灵崇拜法律"）。但是，这类词句所表现的"立宪思想"，由于揭露的笔锋犀利尖锐而得到补偿（"看不见眼泪，听不见呻吟""听从长鞭的指挥，俯在别人的木犁上"等等)。结尾的高潮,也格外加强了整个诗篇愤怒谴责的力量。这种"大义凛然的雄辩"风格是由前面的感叹语调("世代的先知,我在这里向你们发问!")打下基础的。这种风格可使诗歌语言接近于真正的演说,从而使诗句获得演说的力量。愤怒和抗议的结合,使这首诗成为我国公民抒情诗的优秀范例之一。

普希金在《乡村》一诗中,以异乎寻常的力量表现出俄国进步人士为蒙受奴隶制侮辱的祖国所忍受的痛苦。诗中深刻地表现出"年轻的俄国"一致准备为农奴解放做出最大的牺牲。这种牺牲精神使结尾的合法思想失去意义。这是由俄国首屈一指的诗人的有力诗句表现出来的民族声音。就这个意义来说,《乡村》已经表明,普希金是民族的伟大代言人,是准备同人民的压迫者进行决战的整个社会的深刻的人道思想的表达者。这是十二月党人思想的第一份宣言书,就其影响所及和反响之强烈,要比秘密团体的一切章程和纲领有力得多。在像《绿书》或《罗斯法典》一类有名的历史文献当中,普希金的《乡村》直到今天仍然回响着英雄时代的声音,使我们深刻感受到他那公民愤怒的全部真挚感情。

5

普希金在从事文学活动初期,便成为俄国社会最喜爱的诗人。"从达官贵人的辉煌沙龙到军官们不拘礼节的酒宴,到处都爱如珍宝似的接待普希金。"据彼·亚·普列特涅夫证实说:"他主要是成为首都那些自以为聪明、有教养的青年人崇拜的偶像。"他在最有文化的秘密政治团体的成员中,也受到友好接待,因为这些人对他的政治抨击的尖锐和诗歌揭露的热情都十分钦佩。进步知识分子把他看作自己抗议的表达者。维亚泽姆斯基提到有人给阿拉克切耶夫献谄媚诗时说:"普希金每次听到这种混事,都应该作出一首讽刺诗。"

这种短小锐利的体裁,不久的确成了他最锋利的武器。他后期对"激烈地讽刺缪斯"的呼吁,也适用于他的创作初期。他在彼得堡时便已表明,他可以用"辛辣的讽刺"一针见血地击中敌人的要害。他在这时便已形成必须"用耻辱的惩罚来折磨"政敌的战斗口号。他在从事文学斗争的初期,便给那些骑在俄国人民受苦受难的双肩上的整个反动集团打上了永远洗刷不掉的烙印。

在亚历山大王朝行将完蛋的可耻时期,最显要的大臣之一是沙皇的好友、劣迹昭著的伪君子戈利增公爵。他又是欧洲反动势力的领袖人物约瑟夫·戴·麦斯特尔的朋友和追随者。他在普希金的讽刺诗里被写成"教育的摧残者"。不久之后,诗人又把他称作"克柳德涅尔女士的信徒",同时也斥责了男爵夫人克柳德涅尔。这个女人正是亚历山大一世的神秘政策的煽动者,是政治事变的鼓吹者和预言家,宣扬似乎只有宗教能够防止政治事变发生。普希金用尖锐的讽刺笔墨来描绘戈利增掌管俄国教育和科学的这些黑暗年代:

> 神圣的蠢物
>
> 把土耳其法官当成楷模,
>
> 为讨好上帝和安慰自己,
>
> 千方百计扼杀教育。

普希金对于俄国的思想、祖国的刊物和国家教育的命运十分珍视,看到民族文化在这个口蜜腹剑的人手里所受到的摧残不禁愤怒异常。

一个巧于钻营的官吏马格尼茨基,不久就成了戈利增最亲密的助手。他声称要把神圣同盟的原则实施于教育事业之中,于一八一九年宣布要同知识、研究和理智做斗争:"教育的毒害"威胁着神坛和王位,不信神的教授正是撒旦的奴仆。由此而来的便是解散大学,实行史无前例的书刊检查的恐怖手段。

新"教育"政策的第一批牺牲品之一,便是普希金敬爱的库尼增教授。他于一八二一年由于《自然法》一书被赶出彼得堡大学。据说这本书对萨丁岛、西班牙和那坡利革命颇有影响。马格尼茨基发难的这场运动,由他的同道者鲁尼奇继续下去。鲁尼奇把"善良的加利奇"送交法庭,也只是为了他的《哲学体系史》。这本书被说成是属于雅各宾派的,不相信上帝的。普希金在其晚期诗歌中,对亚历山大一世末期不幸的俄国教育的两位"改革者"的性格做了惊人的刻画。

普希金还用他的讽刺诗揭露了东正教保皇反动势力的最重要的台柱之一——修士大司祭福季。他是拉斯普京的先辈,在宫廷中扮演的角色,也跟拉斯普京在罗曼诺夫王朝末期的宫廷中的角色相同。这个时髦的神父是一切重大政治阴谋的参与者,并在首都上层贵族夫人中具有绝对的影响。普希金用辛辣的讽刺诗来抨击这个上层社会的牧师:"半是狂热信徒,半是滑鬼;他的法宝是诅咒、利剑和十字架,还有鞭子……"福季的著名保护人奥尔洛娃伯爵夫人——"虔诚的女人",也受到诗人无情讽刺诗的痛斥。

对戈利增在圣经会的第一个助手、顽固保皇派斯图尔德扎,诗人也没有放过。斯图尔德扎又是反革命宣传的主要传播者。这个"讲经"和"保皇"的活动家、"带王冠丘八的奴仆",按照普希金著名讽刺诗的说法,应该由保护人民权利的人亲手把他处死。

这就是俄国文学的新途径,是从来没有试验过的新式"射击方法"。普希金的政治诗动摇了农奴君主制的基础,并为政治反对派集合了新的力量。无怪乎这些"游戏的诅咒",不久就引起"圣上"的震怒和最高处罚的威胁。普希金用前所未有的手法给敌人以迅速、准确而令人震惊的打击。在这一点上,他恰好继承了他所热爱的拉吉舍夫的传统,并为后来马雅可夫斯基用诗歌无情打击一切革命敌人的战斗开了先河。

第三章　第一次审讯

1

一八二一年初,诗人第一次感觉到,被他的讽刺诗击中的敌人已开始还击。在彼得堡的社交界广泛传播一种谣言,说写反政府讽刺诗的大胆作者已在秘密办公厅受过鞭刑。普希金在一八二五年回忆说:"我发现自己受到社会舆论的污辱。我陷入绝望。"据他自己证实说,他犹豫不决,不知是自杀好,还是杀掉沙皇好。他聪明的朋友恰达耶夫劝他对于庸人的议论不要介意,这种议论只应加以藐视。

普希金决定迫使当局对自己采取公开的斗争方式,要求当局公开他们暗中的怀疑。"我希望到西伯利亚去或者坐牢,以便恢复自己的名誉。"他的大胆举动令彼得堡社会十分震惊。普希金写了一首针对大权在握的阿拉克切耶夫的讽刺诗,诗中同时抨击了亚历山大一世("全俄国的压迫者……可他却是沙皇的朋友与兄弟")。他在社交界散播自己在一八一七年写的《自由颂》。这首诗直到这时候(一八二〇年春)才引起政府的密切注意。沙皇政府在普鲁士的外交代表考兹布被图宾根大学的学生卡尔·桑德所暗杀,普希金在社交界公开表示对桑德的同情。

一八二〇年二月二十五日,全体彼得堡官方人士举行集会,"庄严悼念"别里斯基公爵。在空灵柩上用拉丁文写明,这个公爵"被法国歹徒所杀害"。

普希金觉得自己是站在另一阵营里:他不是和波旁王朝的拥护者

站在一起,而是和巴黎一个孤独的手艺人皮埃尔·卢维里站在一起。卢维里是用共和国宪法学识字的,并终生信守"人与公民"的权利。当印有"可怕的凶手"的石印像从巴黎传到彼得堡时,普希金弄到了一张。他在图像旁边空白的地方,用奔放的笔体写上:"给沙皇的教训!"当天晚上在剧场大厅里,他又把违禁的图像给坐在左近的人传看,据站在政府一边的同代人证实,"引起人们不满的评论"。

别里斯基公爵被刺,成为其他国家革命运动的信号。一八二〇年三月八日(新历),西班牙爆发革命,引起普希金深切同情。他政治思想上的导师与朋友恰达耶夫和尼古拉·屠格涅夫,也毫不掩饰对这次"人民胜利"的喜悦。普希金后来不止一次地回忆起西班牙革命领袖的名字——基洛加和黎耶哥。过了十年之后,他以简短而高亢的诗句"比利牛斯山山摇地动……"提到这个时刻。

普希金一生中忧患的开始,同他创作生活中的重大事件发生在同一个时候:一八二〇年三月二十六日,《鲁斯兰和柳德米拉》最后一章(第六章)完成了。

这在俄国诗坛真是件大喜事,不过当时只在文学界朋友的狭小圈子里进行了庆祝。在这里一致公认,学生已经胜过了老师,老师在年轻的对手面前用鹅毛笔表示自己的敬意:茹科夫斯基在普希金完成第一首长诗的那天,赠给他一张肖像,并在肖像上写了尽人皆知的题词。

不久,这篇叙事诗被公认为俄国文学辉煌的成功作品之一,并且跟任何突出的事件一样,引起了不同意见的激烈争论。不过,批评界的这场风暴直到一八二〇年秋长诗公开出版之后才爆发。

这本小书为什么会有这么特别重要的意义呢?

"阿尔扎马斯"的小蛐蛐一踏入文学界,就成功地解决了俄国诗人很久以来便努力解决的重大课题:写出活泼通俗的民族史诗。为此,必须把本国历史题材写成引人入胜的长篇小说和用民间故事形式来描写历史事件。然而,无论是赫拉斯科夫①和卡拉姆辛,还是巴丘什科

---

① 赫拉斯科夫(1733—1807),俄国作家。——译者注

夫和茹科夫斯基,都未能找到一种合适的创作方法,把这些迥然不同的成分融合到一起,赋予新的诗体。

年轻诗人敢于承担如此困难的课题的勇气以及他在解决这一棘手问题时所表现的机智巧妙,都是值得称赞的。普希金为解决这一课题找到了两个有效的办法:他用诙谐手法处理古代传说及其稀奇古怪的恐怖情节,而对于英雄传说故事(包括虚构和奇遇)则严格遵照历史。普希金运用讽刺和历史主义手法,成功地解决了创作叙事长诗的任务。他写诗的天才使其他各方面也都臻于完美。

一八一七年,茹科夫斯基的长诗《十二个睡美人》续篇出版了。这个续篇是以第二首短篇叙事诗的形式写成的,题为《瓦吉姆》。其中写的是诺夫戈罗德勇士的故事:他爱上了基辅的公主,却要同中了魔法的睡美人之中的一个少女结婚,以便解救她所有的姐妹。这篇故事的宗教性质又引起了普希金写模拟讽刺诗的兴趣。这时(一八一八年),他认为有必要揭穿幻想长诗的迷信色彩。

普希金与浪漫叙事诗作者"祷告"的灵感截然相反,利用古代"亵渎"长诗的传统,把贞洁少女变成淫荡的女人,把"神殿"变成享乐的迷宫。年轻诗人用这种大胆的对照揭穿了茹科夫斯基的神秘思想,并把自己对人生幸福与生活乐趣的理解同茹科夫斯基禁欲主义的理想相对比。在长诗第四章里,不仅是两种模拟讽刺手法的对立,而且是两种世界观、两种道德、两种风格的对立。

在普希金创作这首长诗期间,他的历史视野大大扩展了。诗人在未来的十二月党人的自由团体里,听到关于国家头等大事的讨论和从封建农奴制压迫下解放祖国人民的激进方案。在这里,经常谈论古罗斯的自由共和国、俄国古代的政治和艺术价值以及把英雄人民从奴隶状况下解放出来的必要性。正是他们从波拿巴政权下拯救了欧洲。

这些历史传说使普希金关于游侠勇士的长诗得以用英雄事迹来收尾。卡拉姆辛论述的俄国人民推翻"可汗的枷锁"而创建伟大的民族国家所表现出的伟大精神的思想,对普希金的俄国史观也很有影响。

《鲁斯兰和柳德米拉》的第六章,初步概括地表明了诗人对祖国命运的解释:对他来说,真正的英雄首先必须是属于人民的,必须同自己的国家休戚与共。——这是普希金终生的信念。如果说他的历史哲学不是在一八二〇年就完全形成了的话,那么在《鲁斯兰和柳德米拉》的最后一章,出现在我们面前的已经是歌颂本国历史的雄壮高潮的歌手。在古代传说的顶峰,屹立着实现人民历史使命的英雄代表人物。普希金保持了妖魔骑士长篇小说的传统,在长诗结尾用新的手法把古斯拉夫童话的幻想成分同古俄罗斯史中的戏剧性事实结合起来。长诗第六章最接近于历史叙述方法:基辅被贝琴涅戈人围困的场面是有科学根据的艺术再现。这是对卡拉姆辛的历史著作的第一次创作加工。诗中描写战斗的场景栩栩如生,每个细节都像浮雕一般清晰。这种写法已经预示着一八二八年写的著名的战斗场面:"东方又燃起早霞……"

普希金特别珍视《鲁斯兰和柳德米拉》的最后一章。

长诗的语调到这里发生了明显变化。幻想被历史代替了。切尔诺莫尔的花园不见了,在面前出现的是敌人就要攻打的京城的真实图景:

> ……基辅人
>
> 纷纷聚集到城头上,
>
> 透过晨雾隐约看见:
>
> 河对岸搭起白色帐篷,
>
> 盾牌的闪光照红了天;
>
> 骑兵在田野里风驰电掣,
>
> 远处扬起滚滚黑烟,
>
> 行军大车源源不绝,
>
> 山上到处是篝火连绵。
>
> 糟糕:贝琴涅戈人发生叛乱!

这是对十九世纪战争的准确描写,包括其武器、战术甚至交通工具,无一不真实可信。这是历史现实主义的开端。基辅被围的场景描写,成了后来普希金常用来写决战之前两军对垒的阵式的方法,如《波尔塔瓦》《敢死队》《阿尔兹鲁姆旅行记》莫不如此。

《鲁斯兰和柳德米拉》的最末一章,在普希金的创作发展中具有重大意义。在这一章里,他第一次把人民写成历史的动力。他写出了人民的忧虑和希望、斗争和胜利。从此,长诗开始抒写全民的斗争和光荣的伟大主题。主人公在离奇的旅行最后阶段成为祖国的解放者。他在战斗中身负重伤,可是手里仍然握着那柄使大公国免于奴役的胜利之剑。妖魔童话增添了历史内容。"遥远的古代的传说"同当前的现实相呼应:透过撵走贝琴涅戈人的鲜明图景反映出一八一二年俄国打退异族侵略的主题。长诗中间穿插许多早在皇村学校时期歌颂卫国战争伟大事件的诗句。鲁斯兰变成了人民的历史使命的执行者,妖魔长诗在高尚的爱国主义的和声中结束。

于是,快活的古典主义的轻松体裁,经过扩展,增添了歌颂解放功绩的内容,到叙述的最后阶段已经接近于历史现实主义。

普希金在写作《鲁斯兰和柳德米拉》的三年过程中,创作上的成长实在令人惊奇。一个有才华的学生变成全国首屈一指的作家。在他的笔下,幽默诗变成了英雄史诗;模拟叙事诗变成了历史战争场面的描写;勇士和魔法师的奇遇变成了俄国武士为保卫祖国土地的荣誉和不受侵犯而做出的英雄豪迈的高尚行为。普希金在这篇长诗构思的过程中,从诙谐诗人成长为歌颂民族的伟大和全民的光荣的歌手。如果说这首长诗的树根还与《修士》和《冯维辛的幽灵》交织在一起的话,那么它的枝叶已经与《波尔塔瓦》和《青铜骑士》一脉相连了。

这就是伟大诗人的成长过程。他以前所未见的技巧使传说的复杂成分服从于自己的创作意图,并使各个部分达到完全统一和天衣无缝的地步。这种艺术上的尽善尽美和浑然一体,在俄国诗坛上是前所未有的。普希金在这篇长诗中,把握并表现了俄国诗歌的一种新型重要风格,这种风格是在一八一二年伟大卫国战争到一八二五年十二月十四日起义期间形成的。在这几年之间,十八世纪的诙谐古典主义开始变成爱国的和革命的古典主义。不久,这种新古典主义便占据了年轻俄国进步诗人的整个方阵。

2

一八二〇年四月二日，内务部大臣科楚别收到政论作家 B. H. 卡拉津对普希金的政治告密信。这件事不久就报告了沙皇。

彼得堡总督米洛拉多维奇得到命令，要搜查普希金的住处并将他逮捕。但是这个将军曾是苏沃洛夫的战友，并受到茹科夫斯基的赞颂，他决定谨慎行事。他生活阔绰，喜欢剧院和女舞蹈演员，曾在彼得堡剧场的大厅和后台见到过普希金。他决意暂时不逮捕他，要先秘密搞到必要的材料。

四月中旬，有一个化装的密探来到谢尔盖·普希金家里，找到照看普希金的仆人尼基塔·科兹洛夫，求他给搞到一份少爷的大作以便"拜读"，为此愿意付五百卢布的代价。科兹洛夫没有答应。普希金当天晚上得知有位崇拜自己诗歌的"神秘"来客，便决定采取预防措施：销毁所有的讽刺诗诗稿。第二天早晨，他接到首都警察局长的传票，叫他马上去见总督。

幸亏普希金同米洛拉多维奇的特任官费多尔·格林卡上校关系很好。格林卡为科斯丘什克①写传，同佩斯杰尔、特鲁别茨科伊和穆拉维约夫兄弟都过从甚密。在这类场合，他的确可以出些好主意。

"您直接去见米洛拉多维奇，不要难为情，一点儿不要害怕。他不会滥用您对他的信任。"这个幸福会的秘密成员说。

诗人到总督办公厅去了。

米洛拉多维奇在他那陈设土耳其式沙发、塑像、绘画和大镜子的办公室里，接待了普希金。他非常喜爱奢侈品、华丽的陈设和东方的地毯。他是个南方人，有点儿怕冷，所以像女人似的用花披肩裹着身子。

---

① 科斯丘什克(1746—1817)，波兰民族解放运动领袖。——译者注

这个娇气十足的首都军事长官向普希金宣布,他接到命令"抓"诗人,还要搞到一切材料。"但是我认为,最好还是把您请到我这里来。"普希金对这种信任的表示,决定报之以开诚布公:诗稿他已经烧毁,但他愿意为米洛拉多维奇写出必要的材料。"这才是骑士作风!"总督惊奇地叫道。

　　不一会儿,普希金就在总督办公厅的公文纸上写满了《自由颂》和各种讽刺诗,他把所有的反政府诗都写下来了。只有一首讽刺诗没有写,那首诗如果被沙皇看见,就永远不会宽恕他。

　　第二天,米洛拉多维奇就把这本抨击诗集呈交亚历山大,恳求他不必看这些诗,并赦免普希金,因为普希金在审讯时表现勇敢而坦率。他说:"普希金高尚的言谈举止,实令我佩服。"

　　然而,皇帝的意见跟他完全不同。普希金的案子并不像格林卡后来说的那样,马上就决定了,而是拖延了将近三周。四月十九日,卡拉姆辛告知德米特里耶夫,警察局得知"普希金歌颂自由的诗"和讽刺当局的诗,朋友们"都为这场官司担忧"。

　　一八二〇年四月事件立刻表明,社会上对诗人的同情是多么根深蒂固,尤其是普希金的上司卡波季斯特里亚在这个问题上态度非常积极。茹科夫斯基鉴于卡波季斯特里亚富有公民正义感而把他称为"我们的阿里斯蒂德"①。他同卡拉姆辛和茹科夫斯基商谈,并把他们的意见作为自己写结论的基础。

　　与此同时,诗人的朋友们也进行活动。格林卡说,格涅季奇"哭红了眼睛"去找有势力的奥列宁。恰达耶夫也求他的长官、近卫军司令瓦西里契科夫帮忙,同时还极力对卡拉姆辛施加影响。政府对这样强大的社会舆论不得不加以考虑,开始曾准备把普希金流放到西伯利亚或索洛夫基,作为对污辱最高当局的惩处,随后改成把他调到南方省份。米洛拉多维奇的老同事和卡波季斯特里亚的好友英佐夫将军是位德高望重的人,他管理诺沃罗西亚的移民事务。普希金即被派到他

---

　　① 阿里斯蒂德(公元前540—公元前467),雅典的政治家和军事家,以反暴君而闻名。——译者注

的手下。

诗人第一阶段的"仕途"结束了。五月四日,他来到英吉利河岸街,从外交部财务主任处领到一千卢布纸币,作为到叶卡捷琳诺斯拉夫的路费。在办公楼里,外交部的长官涅谢耳罗德亲自接见了普希金。他对部里的"译员"说,根据皇上的旨意,派他把一份非常重要的文件送交俄国南方移民委员会监督官英佐夫中将,今后他就作为额外人员留在英佐夫手下,直到另有调遣为止。普希金得到的指令是毫不迟延地执行皇帝的意志。这样一来,政治流放便用职务调动掩饰起来。按官方说法,普希金是以信使身份被派到南方的。

五月六日,戴里维格和亚科夫列夫把普希金送到皇村。这一次他们一路上心事重重,默默不语。过了许多年之后,普希金在哀诗里回忆的大概就是戴里维格在告别时那种难舍难离的感情:

> 在他的好友即将流放之前,
>
> 他满怀友情默默地拥抱了友人……

四轮马车沿着白俄罗斯大路向南驶去。在他的亲人、朋友和熟人——十几年终日围绕在他左右的各式各样的人物当中,只有他的仆人、农奴尼基塔·科兹洛夫跟他一起到放逐地去。"彼得堡对于诗人来说过于沉闷了。"——这个年轻的流放者在临行的前几天这样写道。他满怀怅惘地离开首都一群志同道合的朋友,正如他后来在给十二月党人诗人费多尔·格林卡的诗中写的那样:

> 我没有眼泪,却满怀惆怅
>
> 离别了酒宴的花环和雅典的辉煌,
>
> 但你的声音对我是莫大欢乐,
>
> 伟大高尚的公民!

第四章　南方的海岸

1

五月中,普希金到达叶卡捷琳诺斯拉夫(即现在的第聂伯罗彼特罗夫斯克)。这是一座刚刚修建的城市。他住进唯一的一家旅馆,刚一安顿完便急忙到外国移民办事处向自己的新上司递交涅谢耳罗德交给他的紧急公文。

接待他的是一个上了年纪的军官,脑袋又圆又大,两只大眼睛露出沉入幻想的神情。这就是苏沃洛夫和库图佐夫的战友英佐夫中将,他曾参加过许多历史性战役。他在私生活上一向俭朴刻苦和坚韧不拔。

普希金送来的公文极其重要,其中建议诺沃罗西亚地区移民监督官接受比萨拉比亚全权总督的职务。

公文的附件尤其令人奇怪,涅谢耳罗德在附件中对送交急件的信使做了细致的心理分析。这就是卡波季斯特里亚起草的信,由外交委员会长官签署并得到沙皇批准。然而信里充满对普希金的关怀和同情,这对当时彼得堡当局来说是极其少见的。

外交部的介绍指出,普希金的童年没有欢乐,使他产生"一种渴求独立的热望"。信的起草者既不隐讳自己对"少年人异乎寻常的天才"和他"热烈的想象力"的看法,也不隐讳自己对年轻诗人的真正"名声"的了解。

尤其是对普希金的革命诗的评语特别有意思。

"某些诗歌作品,尤其是关于自由的颂诗,引起政府对普希金的注意。他的诗尽管构思与风格都极其优美,却也表现出源于当代一些学说的危险原则,或者说得更准确些,这些原则源于无政府主义学说。人们轻率地把这种学说说成人权、自由和民族独立的体系。"正是由于这个缘故,政府接受了诗人的朋友们——卡拉姆辛和茹科夫斯基的意见,认为"让普希金离开彼得堡一个时期,给他以学习的条件,加上周围再有良好榜样的影响,便可以使他成为国家出色的奴仆,或者至少可以使他成为一流作家"。年轻人未来的命运将取决于英佐夫的"忠告"成功与否。

这封不平常的信引起南方移民监督官的某种沉思。这个勇敢的军人当年曾经参加过翻越阿尔卑斯山传奇式的行军,他对十八世纪的文艺思想并不陌生,而年轻时自己也写过诗。英佐夫是赫拉斯科夫的外甥,莫斯科共济会会员,跟拉吉舍夫派诗人普宁交往甚密。他看了关于这个人权体系的新信徒的官方介绍之后,倒有自己的看法。五月二十一日,他写信告诉卡波季斯特里亚,认为普希金的"过失"不在于"心灵堕落",而只不过是"头脑狂热"而已。

英佐夫是一个富有同情心的人。他同新来的年轻人谈过几次话,明白这个年轻人在经过这番遭遇之后,最需要的并不是"忠告",而是完全的自由和休息。他没有把繁重的公文事务加在他身上,而是给他假,让他安排好住处。普希金离开了旅馆,在第聂伯河沿岸的斜坡上一排排的小茅舍之中找了一处住下来。这座城市平静而闭塞,但是河上开航之后,便有成百的木排和平底船顺流而下。普希金非常愿意到河边去。

他喜欢洗澡、划船,喜欢河里的沙洲。他在漫游中发现了最值得注意的情节,后来把它写进他在南方创作的诗歌中去了。监狱里的犯人沿街乞讨,他们靠讨饭过活。其中有两个带足枷的犯人乘机逃跑了。他们泅过第聂伯河,钻进大森林里。普希金把诺沃罗西亚监狱新闻的这个情节记在心里,一年之后把它写进描写俄国流民的长诗里。

普希金由于过早下河洗澡,患了疟疾。早在离开彼得堡之前,朋友们就为他安排了跟拉耶夫斯基一家到高加索和克里米亚旅行的计划。大约五月二十五日,拉耶夫斯基将军(他当时正指挥第一集团军第四军)从基辅到高加索矿泉去,路过叶卡捷琳诺斯拉夫。当时,到疗养地去都是成帮结伙。拉耶夫斯基将军带着他的小儿子骠骑兵大尉尼古拉·拉耶夫斯基(他跟我们所熟悉的恰达耶夫和普希金都相识)、女儿玛丽亚和索菲亚、英国女家庭教师、鞑靼女仆和军医卢迪科夫斯基。

拉耶夫斯基将军到达叶卡捷琳诺斯拉夫之后,同儿子一起在一间简陋的小茅舍里找到了普希金。诗人正在发疟疾。卢迪科夫斯基医生给病人开了奎宁,第二天早晨普希金便到省长府邸里去见拉耶夫斯基一家。他非常希望跟他们一起去高加索。"从童年起旅行就是我最喜爱的幻想。"诗人后来写道。这一幻想现在就要实现了。英佐夫并不反对,并且估计卡波季斯特里亚伯爵一定会赞成他的宽大。

五月末,普希金跟自己的朋友拉耶夫斯基大尉同坐一辆马车,离开了叶卡捷琳诺斯拉夫。

2

三辆马车沿着马里乌波尔大路向南驶去。他们走了七十俄里,在德国移民区涅延堡一带,在基契卡斯(现在的第聂伯水电站)附近乘船过第聂伯河,到达左岸。"第聂伯河到这里才刚刚过了石槛,"拉耶夫斯基将军告诉他的孩子们说,"河中间有石岛,上面长着高挺的大树,风景非常优美"。

很快他们就通过了亚历山德罗夫斯克(现在的扎波罗热)。走出这座城,是一片平坦无水的草原,上面长着一层新鲜的羽茅。于是他们到达了马里乌波尔。

在这里,普希金第一次看到南海。大家下了车,走到塔甘罗格湾的岸边欣赏激浪。普希金目视玛丽亚·拉耶夫斯卡娅在跟潮水嬉戏。这是他南方旅行所获得的创作印象之一,后来就写进《叶夫根尼·奥涅金》的著名诗节里了：

> 我还记得海边的情景：
>
> 雷雨欲来，海浪激荡，
>
> 我多么美慕那些波涛
>
> 含情地拜倒在她足旁！……

他们过了塔甘罗格和罗斯托夫，在顿河哥萨克的村庄阿克赛住了一夜，第二天在新契尔克斯克村长杰尼索夫家吃的饭，第三天早晨出发，奔向旧契尔克斯克。

拉耶夫斯基一家通行的地区，当时农奴起义正如火如荼地进行。整村整村的农奴同切尔内舍夫将军的官军进行斗争，令人想起古时这一带有名的农民起义。顿河的城镇和乡村到处流传着关于哥萨克同沙皇政府斗争的传说。这些斗争常常蔓延成真正的农民战争，从而使拉辛、普加乔夫、鲍洛特尼科夫和布拉文的名字威震四方。我们知道，其中有些人的名字也使普希金非常感兴趣，而这种兴趣最早大概就是在一八二〇年夏天开始产生的。当时他在顿河哥萨克的中心地带听到许多关于下游流民的传说和歌曲。

震动沙皇阿列克塞"太平"罗斯基础的最著名的哥萨克起义的许多重要事件，就发生在这里——契尔克斯克古城和契尔克斯克区。顿河是拉辛活动的主要地区之一。这一带世世代代流传着关于这位保护被压迫平民的大无畏英雄的歌曲。这些歌曲诉说，拉辛转世成为普加乔夫，把地主的土地分给了农奴，他一定还会来解救受压迫的奴隶，因为"斯坚卡，这是世人的苦难……"

有些顿河传说早就引起尼古拉·拉耶夫斯基的兴趣。他是一个聪明、有才华、受过良好教育、属于十二月党人的年轻军官，还是罗蒙诺索夫的外曾孙。他很早就想搜集散失在农民群众中间关于拉辛的故事，准备一旦有机会就写成拉辛起义史。作为诗歌的热烈爱好者，他立刻感到这里有民间口头创作的丰富宝藏，几乎是他最先向普希金指出这个事实。

顿河歌曲使《自由颂》的作者大为惊异。一个政治流放者可以感觉出这种史诗洪流的强大革命性,而伟大诗人正幻想用诗歌语言塑造人民英雄的形象,仿佛在这里找到了这一形象最伟大的历史原型。拉辛是"俄国历史上唯一的最适合写史诗的人物。"——过了四年之后普希金这样写道。但是在一八二〇年,在诗人的脑海里已经泛起了描写斯杰潘·拉辛和普加乔夫的构思的"第一次来潮",这次来潮在他的创作中逐渐发展和扩大,直到他去世为止。

在阿克赛度过的日子,普希金是永志不忘的。在这里诞生了他最优秀的创作计划之一——关于斯杰潘·拉辛的长诗的构思。后来,他曾不止一次地回到这个形象上来。

3

这时,拉耶夫斯基将军的马车沿着自己的路线继续往南走。

他们沿着顿河军队驻扎的地区,走到斯塔夫罗波尔。眼前出现了双峰的厄尔布鲁士峰的雪顶。传说普罗米修斯就被锁在这座山峰的巉岩上。在离格奥尔吉耶夫斯克不远的地方,猛烈的雷雨和暴雨阻住了行人。过了两天之后,他们终于到达目的地——温泉(后来改为波亚季戈尔斯克)。

按照二十年代的地理学家的说法,这里周围是一片"神话的地方"。从很早的时候起,处在南方两海之间的广阔山区,便是诗人所向往的地方。历史学家认为,高加索这个名字是埃斯库罗斯最先说出的。

这里富于诗意的传说,仿佛在为旅途中诗人的直接印象伴奏,四周的冰峰真令他陶醉了:这些"冰峰在早霞明媚的时候,从远处看去就像奇特的彩云,五光十色,一动不动……"在诗人笔记最初的草稿中,已经记上了"被浮云的花环缭绕着"的马舒克峰和厄尔布鲁士峰,"契尔克斯人马群的野营地""治病的泉水"。旅人一到这里之后,便马上跑到泉水跟前。

在戈里亚切沃德斯克,这群旅行家同拉耶夫斯基将军的长子——

亚历山大·拉耶夫斯基会面了。亚历山大长得又高又瘦,是个退役的年轻上校,相貌很像伏尔泰。他参加过讨伐拿破仑的远征,在法国时给沃隆佐夫当过副官,还曾在高加索总督叶尔莫洛夫手下供职。

他立刻给了普希金非常强烈的印象。亚历山大·拉耶夫斯基是有名的怀疑主义者、"虚无主义者"。他不承认诗歌、艺术、感情的价值。他跟拉耶夫斯基家族的所有人一样,受过良好的教育,又博览群书,但不免好故弄玄虚,而他那种难以捉摸的"否定一切的精神"也有些故作姿态。后来的事实证明,这个"失望的"人是能够产生最强烈的感情的,他的聪明、才干和生活经验,都使他的人格和谈吐具有特殊的魅力。

普希金很喜欢听老拉耶夫斯基讲故事。这个老将军从奥恰科夫到巴黎走过漫长的战争道路,甚至曾博得拿破仑的好评。同身经百战的将军谈话,引起了诗人对不久以前的历史的强烈兴趣,也使他更加向往戎马生活和立功疆场。

尤其是在高加索的紧张旅途中,这些故事更能引起特殊的兴趣。普希金无疑会从拉耶夫斯基父子口中听到高加索战争史中的著名人物和重大事件——齐齐阿诺夫公爵、科特利亚列夫斯基将军,尤其是叶尔莫洛夫本人。在这里他听到了连年战争中的一个悲剧情节,并激发起他的新高加索长诗的构思:

> 俄国军人死在
>
> 复仇的格鲁吉亚女人的怀抱里……

诗中指的是被废黜的乔治十三的家族于一八○三年被赶出领地的故事。当时,格鲁吉亚末代女王玛丽亚把安排遣送她出梯弗里斯的拉扎列夫将军刺死了。女王周围有许多手持匕首的宫女和妇人保护,打退了俄国的护兵。

这就是年轻诗人从希尔万老兵那里听到的"严峻的高加索的传说"。过了几个月之后,当普希金写完关于高加索的长诗的时候,他向读者讲述新的雄壮的诗歌的构思,并歌颂高加索前线的指挥官,而所用的观点无非是从跟他一起在顿河和库班之间旅行的将军一家那里听来的。

七月三日,这一行人来到"别什陶铁矿泉",也就是现在的热列兹诺沃德斯克。在这里用十辆卡尔梅克马车组成一座营地,由三十名士兵和三十名哥萨克护卫。矿泉修在小茅舍里,用破瓶底从泉里往上舀水。诗人把别什陶叫作自己的第二个帕尔纳斯。

4

将近月末,拉耶夫斯基一家到达基斯洛沃德斯克。在这里,一八二〇年七月二十六日,普希金创作第一篇浪漫主义长诗《鲁斯兰和柳德米拉》的尾声。

这个尾声在风格上同他将要完成的全诗大不相同。这与其说是妖魔叙事诗的结尾,不如说是现代诗体故事集的序曲。这是一个失望了的"时代之子"的自白,他在充满政敌、诽谤者和负心女郎的繁华首都的人群中,经历了个人和社会的悲剧,如今"在荒野和阴郁的大自然里"平息自己的痛楚和愤怒:

> 现在呈现在我眼前的是
>
> 高加索高傲的群峰。

大祸临头、政治迫害、内心的孤寂和高傲的自由的主题,同刚刚完成的骑士叙事诗及其童话式的惊险遭遇和"庄严"的结局形成多么鲜明的对照!《鲁斯兰和柳德米拉》的尾声,其实正是新诗歌风格的宣言。这种新风格打开了通向孕育着宏伟内容和政治风暴的现实生活的直接途径。

一八二〇年,随着《鲁斯兰和柳德米拉》的完成,普希金的早期创作结束了。皇村学校和"阿尔扎马斯"已经完全成为过去,开始了一个新创作时期。这个时期充满了浪漫主义的蓬勃激情——不可遏止的、悲痛的和叛逆的激情。

八月初,这群旅行家踏上归程,从高加索去克里米亚。这次走的是新路线:从皮亚季戈尔斯克沿库班河右岸(左岸还属于契尔克斯人),经过黑海哥萨克的土地,奔塔曼半岛。他们经过库班许多要塞和设兵防守的村庄。普希金到处欣赏勇敢骑手们的生活习俗:"永远骑在马上,永远准备格斗,永远要小心戒备。"——他在给弟弟的信中这样写道。但是他不敢把自己对于哥萨克"流民"的想法都写到信中去,而当时在边境的村庄还保留着这种流民的特征。

他熟悉了顿河和库班哥萨克的生活,这在普希金的创作中留下了深刻痕迹。他天生"热爱自由",在这里找到了把豪放、自由的性格加以诗化所需要的丰富材料——前线的士兵和勇敢的征服者。这里适合写叙事长诗的事件和形象真是丰富极了!这里是不满分子的集中地,是逃亡农奴和苦役犯的避难所。这个自由军人的团体敢于掀起反对"合法"的沙皇制度的剧烈的政治运动。如果说诗人在一八二〇年准备写的《关于黑海和顿河哥萨克的意见》没有流传下来,那么我们根据普希金后期的笔记可以判断其中的部分内容。在这篇文章里,这位历史学家和诗人向顿河和雅依克河哥萨克表示敬意,对这些古代俄罗斯人的大胆、勇敢和慷慨表示赞许,因为他们敢于在辽阔的草原和大河两岸自作主张地建立独特的生活习惯。

八月中,诗人第一次看到了黑海,他一下子就被大海迷住了。他一生中不知把大海歌颂了多少次。旅行家们乘船离开"亚洲式的"塔曼,向刻赤进发。普希金的第一次海上旅行开始了。

5

高加索的温泉和哥萨克的住地,如今换成了处处流传着古希腊神话的多利达。普希金从诗歌创作角度十分珍视黑海充满传说的历史。他无论在给弟弟的书信中或后来的诗歌中,在描写这次旅行时,都经常引用古代的名字和传说,回忆历史事件或使神话形象复活。他后来谈到克里米亚时说,"这对于想象是个多么神圣的地方!"从塔曼半岛可以看到多利亚①沿岸。他把塔曼叫作特姆塔拉坎公国，因为俄国的大公弗拉基米尔、姆斯季斯拉夫和雅罗斯拉夫一世都把古代的塔马塔拉西亚叫作特姆塔拉坎，并把它建成封疆的公国（普希金后来回忆起"姆斯季斯拉夫古时的格斗"，并写出了歌颂这位英雄的长诗的提纲）。刻赤引起了他关于潘梯卡拨亚废墟的想象以及对希腊的征服者和小亚细亚罗马移民区的毁灭者密特里达提的回忆。诗人顺便还拜谒了博斯波尔王国古都的墓地，寻找历史上的大墓穴遗迹：

> 于是航海家看到：密特里达提的
>
> 坟墓上洒满了落日的余晖。

在费奥多西亚（普希金按照热那亚的叫法，把它叫作"卡法"），他同研究高加索和多利亚的专家、原来在外交部亚洲司供职的谢苗·勃罗涅夫斯基谈过话。勃罗涅夫斯基是十九世纪初俄国的优秀方志学家。

这次谈话对普希金仿佛是了解黑海沿岸古代历史和遗迹的丰富领域的入门。

八月十七日，这帮旅行家乘刻赤舰队特为拉耶夫斯基将军准备的两桅军舰离开费奥多西亚港。船在白天行驶，可是给普希金留下印象最深的，还是海上的夜色。他每次给别人写信都满怀激情地提起它。他在海上彻夜不眠，处在一种灵感来潮的状态。这是南国没有月光的美妙之夜。星光历乱，绵亘的群山在黑暗里轮廓模糊。护卫舰乘着岸边的轻风前进，船帆没有遮蔽沿岸的风光。诗人一边在甲板上踱步，一边作诗：夜间的海上旅行，对彼得堡的狂欢和热恋的回忆，对浪漫主义长诗的新风格的陶醉——这一切都反映在复叠形式的抒情诗片段里了：

> 喧响吧，喧响吧，驯顺的船帆，
>
> 掀起狂澜吧，阴沉的海洋……

最初，这首诗曾用恰尔德·哈罗德离开英国时的告别语作为题

---

① 多利亚是克里米亚地区的旧称，多利达只指克里米亚半岛。——译者注

词。在二十年代出版的抒情诗集中,这首诗甚至附有作者注明"仿拜伦"的字样。但应当记住,当时模仿一词常常表示利用诗的某种格式进行独立创作,实际上并不是照搬,只是严格遵守一定的艺术体裁。普希金的这首诗也属于这类情况。

普希金在黑海哀诗里,直接抒发自己的思考、告白和希望,用接近生动口语的自由体直抒胸臆。他同拜伦①的诗在感情上也大不相同:拜伦写的是内心绝望的空虚和在荒漠似的世界上的可怕孤独。普希金诉说的是心灵的复活,是"陶醉"于回忆,是"爱情创伤"的无法医治。这些都证明普希金的心灵并没有死寂,而是更能激发新的感受。诗中只是保留了大海告别歌的体裁。这种体裁能使诗的主题更富于诗意,而诗的主题就是离开虚掷了青春的祖国海岸,驶向可以忘却一切和赢得平静的陌生国度。这种诗的题材在普希金的早期作品里也曾出现过,然而现在的风格则迥然不同了。个人命运的悲剧、流放的痛苦、从高加索和拉耶夫斯基一家以及从现代的叛逆长诗所获得的印象,使他加入了接近于当时革命思潮的特殊的浪漫主义流派。像大海一样波澜起伏的哀诗《白日熄灭了》,正是普希金这种浪漫主义的表现。他的这种浪漫主义很快就带上了"政治色彩",并渐渐转化为具有深刻心理分析的现实主义。不过,这首诗好像在他的少年时代和青年时代之间,在彼得堡和克里米亚之间,在《鲁斯兰和柳德米拉》和南方长诗之间,画出一条明显的界线。

诗人写这首哀诗的时候,是在离岸边不太远的海上,大约在苏达克和阿卢什塔之间。当船绕过切班－巴斯蒂角时,船长走到这位不眠的乘客身边说:"这就是恰蒂尔达格!"在黑暗中,岸上庞大的帕拉特山轮廓模糊。俄国人所以给这座山起这个名字,因为它的形状像支起的帐篷。

普希金打起盹来。他突然被一阵拉锚的声音惊醒,船在波浪上飘摇。远处,环绕着古尔祖夫的群山泛起紫红色,呈半圆形舒展开来。

---

① 拜伦(1788—1824),英国浪漫主义诗人,代表作有《恰尔德·哈罗德游记》《唐璜》等。——译者注

在群山的衬托之下，一排排葱郁的杨树挺拔笔直，阿尤－达格山从海中渐渐出现。"周围是蔚蓝纯净的天空，明亮的大海，粼粼的水光，炎热的空气……"

拉耶夫斯卡娅夫人带两个女儿在岸上迎接这群旅行家。大女儿叶卡捷琳娜是个美人，性格刚毅，给普希金留下了深刻印象（五年后，他在塑造玛琳娜·姆尼舍克的形象时想起了她）。二女儿叶莲娜长着一对淡蓝色眸子，正患痨病，年方十七，尽管重病缠身，仍然保持着一种柔弱和低热的美，不过已露出不久于人世的迹象。两个女儿跟拉耶夫斯基全家一样，文化修养很高。

一八二〇年夏，普希金是在家庭的环境中，是在爱好艺术、倾心于浪漫主义的少女中间度过的。"他的两个女儿都美极了，"他在给弟弟的信中谈到拉耶夫斯基将军一家时写道，"大女儿是个不平凡的女子"。然而，这种对"青春和美丽"的崇拜，并没有变成深沉而强烈的真正爱情。据玛丽亚·拉耶夫斯卡娅后来证实，诗人"爱的只是缪斯"。这从《一片浮云渐渐散去》一诗中也完全可以得到印证。这首诗里没有爱的告白，有的只是"内心的思虑"——这种表达法包含着深刻的内容，对哀诗作者的感受来说是极其有代表性的。

普希金在古尔祖夫对大自然有了新的感受。南方植物在他脑海里唤起一系列前所未有的想象和偶尔得来的创作联想。高傲而匀称的克里米亚柏树引起他的赞赏和柔情。他对黎塞留公爵宅前一棵方尖碑形的幼树"充满一种近乎友谊的感情"。拉耶夫斯基一家当时正住在黎塞留公爵家。

古尔祖夫充满着历史的回忆。这座村庄属于古代南克里米亚防卫体系之内，村旁的熊山，也叫阿尤－卡斯杰尔，意思是大堡垒。山坡上保留着热内亚在六世纪用怪石修的炮台的残迹。山上有路通往邻村帕尔杰尼特（这个名称来源于附近的雅典女神狄爱娜庙），路上铺满断瓦和器皿的碎片，这里到处都令人不知不觉地感受到一种古代气息。

不久，普希金就仿照古希腊诗的风格写了几篇新作。他在古尔祖夫不厌其烦地反复诵读安德烈·谢尼埃的作品,这是不足为怪的,因为谢尼埃作为抒情诗人,在创作中最完美、最有力地再现了希腊诗歌的题材。普希金接触谢尼埃的作品跟接触拜伦的作品一样,是从彼得堡就开始了的。他最早模仿谢尼埃的诗作大约在一八一九年末或一八二〇年初,如"我相信我被爱着……""多丽达的金色鬈发真令人喜爱……"普希金是在这位法国诗人刚一"被发现"时就读到了他的诗,也就是说当谢尼埃的手稿在他死后于一八一九年第一次汇编成集单独出版的时候。"他是真正的希腊人,是古典作家中的古典作家。"——不久,《缪斯》的作者在给维亚泽姆斯基的信中这样写道,"他的诗带有费欧克利达①和希腊诗的味道……"正是由于这个缘故,克里米亚的环境对阅读这位诗人的作品最为适宜。

在古尔祖夫,普希金在旅途笔记里记下了关于新长诗的最早的笔记和简要提纲。诗中充满了当地生活和民族风俗的特色(山村、别什陶、契尔克斯人、饮酒、唱歌、游戏、马群、袭击等)。长诗的情节只做了简略的标记:"俘虏——少女——爱情——逃跑",这是取自关于俄国军官在外库班平原上的战斗功绩的故事。

6

九月初,普希金跟随拉耶夫斯基将军及其次子尼古拉骑马去辛菲罗波尔。普希金过了两三年之后,在《巴赫奇萨莱喷泉》的尾声里描写克里米亚骑手的路程时,曾回忆过这段骑在马上沿着海边小径走的不寻常的旅行。他们的路线是沿南岸经过尼基特斯基花园雅尔塔小村、阿卢鲁卡-伊萨尔和锡麦伊兹,来到一条崎岖狭窄的小径。这条小径从海边通往台地。这是"沿基基涅伊兹巉岩的可怕的穿山路",通向更可怕的"鬼梯"——撒旦-麦尔德温。鬼梯这地方按古代旅行家的说法,每一步死神都在"等待他的供品"。他们骑马沿着陡峭的台阶登上

---

① 费欧克利达(约公元前300—公元前260),古希腊田园诗人。——译者注

山顶,穿过拜达尔山谷,来到格奥尔吉耶夫修道院。

　　修士的禅房修在半空中直立的悬崖上。"格奥尔吉耶夫修道院及其向海的陡峭石级,给我留下了强烈的印象!"普希金后来回忆说。

　　他从这里又去费奥连特海角,观看狄爱娜古庙的遗迹。普希金关于多利达的伊菲革涅亚的优美诗篇,是后来才写成的(这是专家们最新的研究成果所证实的),然而当普希金在富于传说的海角的悬崖上,站在古庙"神奇的废墟"旁边时,必然对古希腊充满悲剧或富有人情味的神话有所感受了(一八二四年他自己也曾谈到这一点)。

　　他们从这里沿着崎岖的山路,来到巴赫奇萨莱。普希金又开始发烧,但他想起了在彼得堡听说的一个克里米亚"哀伤的传说":最后一代可汗战功辉煌,外交也取得成功,他爱上了一个俘虏到后宫的波兰公主。当这个不可接近的公主被她的对手用匕首杀死的时候,可汗为了纪念她,修了一眼永不枯竭的喷泉——泪泉,用以表示自己得不到慰藉的悲哀……

　　普希金找到了可汗已经荒废的宫殿、坍塌的后宫、损坏的喷泉。也许这时它更符合自己的名称——这时水珠真是一滴一滴地往外流,顺着大理石柱子淌下来:

　　　　爱情的喷泉,悲哀的喷泉……

　　但是,宫殿周围的花园里到处是绿荫、芳草和鲜花。在桃金娘浓密的花丛中间,在绿荫如盖的白槭下面,在像金字塔一样高大的杨树旁边,就跟可汗在世时一样,总有大朵的秋玫瑰开放,仿佛要用它的风姿来补足"多利达古堡"的东方植物图案。普希金从矮小带刺的灌木上折下一枝,上面有两朵鲜红的大花(据他自己在巴赫奇萨莱宫喷泉的献诗里写的)。他把"两朵玫瑰"放到湿漉漉的大理石上,石上用阿拉伯字母刻着"在天堂有一眼叫作谢尔谢毕尔的清泉"。

　　关于爱情和死亡的鞑靼叙事诗占据了诗人的心:不论是宫殿荒凉,还是泉水干涸,甚至普希金本人有病,都没能妨碍他构思一首最诱人的长诗……

　　后来创造性的追想,好像施展魔术似的使可汗荒废的宫殿焕然一新,用戏剧情节使像梦境一般沉寂的克里米亚变得富有生机。

　　普希金后来说,他在古尔祖夫的时候,"就像那坡利的流浪汉一样,对世事冷漠而又无所忧虑"。但是按照他的著名哀诗的说法,这不过是一种"陷入沉思的懒散"。不久后写出的多利达诗证明,他内心里仍然专注而紧张地工作着。普希金在彼得堡时,曾用美妙的诗句表达对新生的渴望,然而这种心灵的新生,只是在第一次南方之行时才得以现实。经过几个月无益的摸索和劳累之后,他觉得"安详的诗神永远离他而去",如今得到了救命的解脱——"眼睛又出现了泪水,心灵又能沸腾或停息",歌唱喧响的船帆和"疯狂的爱情"的哀诗又轻松愉快地源源而来。好像是一幅"天才的绘画",不合适的颜色好像陈旧的鳞皮剥落下来,使他的精神世界的新的力量源泉得以迸发,为他的创作视野开拓出前所未有的天地。

第五章　在南方密谋的总部

1

普希金经过辛菲罗波尔、彼列科普和敖德萨,奔赴新的上任地点基希涅夫,因为英佐夫早已到那里就任比萨拉比亚全权总督了。

九月二十一日,普希金到达这个新地区的行政中心,在这个新省份一家"俄国移民"开设的旅店里住下。

英佐夫将军住在旧城城郊的总督府。普希金为去见他,不得不穿过许多狭窄的街道。道路歪歪斜斜,有的地方被贝克河浑浊的水流冲断了。他经过一排排低矮的小石屋,一些又窄又脏的院子,几家用沉重的石柱支起拱顶的昏暗的店铺和东方的咖啡馆(里面的阿尔纳乌特人①和希腊人,抽着水烟袋或旱烟管,俯在盛着浓咖啡的茶杯上),踏着土耳其马路凹凸不平的鹅卵石,来到一片空地。从这里四下望去,只见蓝色的山峦环绕着这座城市。

总督府的二层白楼坐落在高冈上,在小花园的树木掩映之中巍然耸立。宽阔的庭院里,饲养着各种禽类,有孔雀、白鹤、火鸡,还有不同品种的鸡和鸭。它们在栽种着欧洲夹竹桃的木桶中间悠然自得地走来走去。台阶跟前,有一只被锁住爪子的比萨拉比亚鹰在看门。每天一清早,英佐夫亲自给这群羽族喂食。一群群斑鸠在阳台附近盘旋,拣麦粒和稻米吃。"这是我的卫兵,它们最喜欢吃的,也是萨拉秦黍

---

① 阿尔纳乌特人,土耳其人对阿尔巴尼亚人的称呼。——译者注

米。"英佐夫微笑地说。

老人平易近人,待人亲切,再次令普希金深为钦佩。英佐夫和上一次一样,又给予诗人完全的自由,让他去观察当地的风土人情。

这座城市民族杂居的情况是引人注目的。因此,普希金关于"服装和肤色、民族、语言、地位等"极度混杂的诗歌正是写于此地,便毫不足怪了。在原有的罗马尼亚人、土耳其人、希腊人、犹太人、亚美尼亚人、摩尔达维亚人、多瑙河以南的斯拉夫人、吉卜赛人、乌克兰人和德国人中间,如今又增添了新来的俄国人——有军人、官吏、为数不多携家眷的移民,另外还有大批逃兵、分裂派教徒、参加过布拉文暴动的顿河哥萨克。非斯卡帽、缠头、长衫和黝黑的脸孔,使这座城市具有一种鲜艳的特色,所以常使外来人把这里当真看作比萨拉比亚的"亚细亚",其实这是一种有些夸大了的印象。

普希金曾把克里米亚叫作"豪华的东方",因此,在他游历了克里米亚之后,觉得这里如此贫穷落后、房舍密集,如此忙忙碌碌,以及外省人竞相效法巴黎和维也纳的时髦风气,与其说像亚细亚,倒不如说更像毗邻的巴尔干国家。这座城市具有土耳其欧洲部分的一系列特征:既没有鲜明的统一的民族性格,也没有历史文物或其他民族文化遗迹。

然而,这种五彩缤纷的风俗习惯本身,这种仿佛国际骆驼队的货栈一样纷繁杂陈本身,以及还没有被全国统一的管理规则所取缔的地方体制特点——这一切都使城市具有不寻常的特色,从而激发了诗人的艺术兴趣。就普希金的创作而言,比萨拉比亚跟高加索和多利达一样,是他创作上多产的地方:正是在这里诞生了他的南方长诗中最重要的一部。

在基希涅夫,跟普希金最接近的人是米哈伊尔·奥尔洛夫。此人是"阿尔扎马斯"成员,绰号叫"莱茵"。他在这里指挥一个师,并且已经是秘密团体的正式成员。

奥尔洛夫"性格活泼热情",是个出色的演说家。他被看作"优秀人物"和"青年领袖"。这是一位多方面的政治活动家,曾于一八一四年参加《巴黎条约》的签订,曾向沙皇呈递取消农奴制的请愿书,曾公开表示反对亚历山大一世把立陶宛从俄国分割出去的意图。早在一八一四年,他就参加过叫作"俄国骑士团"的秘密团体。这个团体的宗旨在于发动政变,在俄国建立新的国家机构(取消农奴制,实行出版自由,在伏尔加与顿河之间修筑运河,同中国和日本发展贸易关系等)。从一八二〇年归他指挥的第十六步兵师,不久就成为南方十二月党人的主要中心之一。

奥尔洛夫反对体罚,关心士兵疾苦,这在备受折磨而又默默忍受的军队当中是很不寻常的现象。他向团队下达的命令,反映了幸福会的人道主义纲领,对下级指挥官是一次重新教育,也是在实际上同阿拉克切耶夫制度进行斗争。

对于被流放的"蛐蛐",奥尔洛夫像对待同志和朋友一样对待他。普希金到达后第三天(九月二十三日),便成为这位师长"公开宴席"的座上客,当地具有反政府倾向的著名年轻军官都参加了宴会。

在来客中有一个身材匀称、英姿勃勃的军人,没穿军装,却穿一件蓝色匈牙利式短外衣,右衣袖是空的,上面缝着一块黑布,袖头别在胸前。他便是德雷斯登老兵、摩尔达维亚公的儿子亚历山大·伊普西兰狄。这位一只胳膊的公爵政治热情极高,他在与普希金第一次见面时,正同他的弟兄们一起进行希腊起义的准备工作。

在奥尔洛夫家,有关政治、哲学和文学的激烈争论无尽无休,形成一种特殊的气氛——这是基希涅夫最大的文化中心,有许多人甚至认为,这里就是"雅各宾派的俱乐部"。普希金早期的激进思想,在这些有教养、有才干的进步青年当中,无疑受到了锻炼。这些青年人在谈过程话中,敢于大胆尖锐地批评当前的整个国家体制。

普希金在奥尔洛夫的宴会上结识了伊凡·彼得罗维奇·利普兰季中校。这位中校在普希金传记的比萨拉比亚一章里占有显著地位。

利普兰季是基希涅夫师一个非同寻常的人物。他是一个赌徒兼学者,又是秘密团体基希涅夫基层组织的成员和出色的语言学家,从见面的第一天起就引起了普希金的兴趣。诗人跟他交了朋友,并不止一次地得到他的支持和同情（至于利普兰季属于秘密警察机关，普希金当然猜想不到）。

这个参谋官专门研究土耳其的欧洲部分，因为按照沙皇政府的计划，土耳其的欧洲部分迟早要并入俄国版图。他的藏书主要是近东的历史和地理书籍。普希金在他的藏书中发现不少罕见的、珍贵的版本，书中往往带有绘图、地图和版画。普希金从利普兰季那里借到的第一本书，是奥维德①的作品。这本书成了普希金在"荒凉的摩尔达维亚"的心爱伴侣。

利普兰季既是饱读经传的学者兼藏书家，又是一个有名的决斗专家，几乎每一次决斗都落不下他。普希金后来在小说《射击》中所描绘的决斗情节正是他讲的，而且小说主人公西耳维奥，也带有这个基希涅夫决斗家的某些特征。

普希金在利普兰季的住处，认识了一些塞尔维亚军事长官，他们给上校送来研究土耳其情况所必需的情报。诗人从他们那里听说，塞尔维亚解放运动的著名领袖黑格奥尔吉（或叫卡拉格奥尔吉）的女儿，就住在离基希涅夫不远的霍亭。格奥尔吉所以得到这么一个阴森的绰号，是因为他父亲不愿意加入人民起义者的行列而被他打死了。普希金在基希涅夫创作的头几首诗中，便有一首是献给"卡拉格奥尔吉的女儿"的。诗中对这位在巴尔干斯拉夫人反抗土耳其统治者的民族斗争中光荣牺牲的"自由战士"，做了粗犷的描写。

普希金以莫大兴趣收集民间传说和民歌。在新城（或叫上城），有一家"绿色饭店"，他乐于跟朋友一起到那里去吃晚饭。饭店里有个女侍，叫玛留拉。他把这个响亮的名字记在心里，并写进比萨拉比亚的长诗中去：

> 我久久地叨念着玛留拉
>
> 这个可爱的姑娘的芳名……

这个年轻的摩尔达维亚姑娘想必是常常唱歌，为顾客消愁解闷。

---

① 奥维德（公元前43—公元17），古罗马作家，名著有《变形记》等。——译者注

其中有一首歌的曲调引起了普希金的注意。一同吃饭的朋友们把这首残酷的抒情歌的情节讲给诗人听。这首歌中叙述的故事十分悲惨，而且情节发展迅速。姑娘唱的是一个小伙子爱上了一个黑发的希腊女郎，可是这个女郎对他变了心。

"于是我从刀鞘里拔出了战刀，推倒了这个负心女子，并怒气冲冲地用脚踩她。我至今还记得她那热烈的恳求，看见她那张开的嘴唇要跟我亲吻……我把他们的尸体抛进多瑙河的波涛里，用黑披肩擦干净我的战刀……"

没过几天，整个基希涅夫都传诵着普希金在玛留拉的摩尔达维亚歌曲的启示下写的诗歌。十一月八日，奥尔洛夫将军沿着多瑙河和普鲁特河检查边防线回来，正接见手下的军官，普希金走进来，师长拥抱了他，接着便开始朗诵：

当我年轻和轻信甜言蜜语的时候……

普希金笑了起来，脸也红了，

"怎么，您已经知道了？"

"你这首叙事诗太好了，"奥尔洛夫接着说，"每两行诗都有完整的意思，真是不可模仿。"

不久，整个俄国都唱起这首叙事诗来了。当时就有三个作曲家——维尔斯托夫斯基、维耶耳果尔斯基、格尼什塔为这首诗谱了曲，于是这支歌曲被收入民歌宝库中。一八二三年，由维尔斯托夫斯基谱写的浪漫曲，又编成歌剧在莫斯科演出，到了一八三一年，以这支基希涅夫歌曲为基础，编成芭蕾舞哑剧在首都上演，还带有各种民间舞蹈——土耳其舞、塞尔维亚舞、摩尔达维亚舞、瓦拉几亚舞、吉卜赛舞。

2

十一月，普希金到基辅省奇基林县，到拉耶夫斯基将军的同母异父兄弟达维多夫的领地卡缅卡去参加他们的母亲的命名日。前来参加这个家庭节日的，还有米哈伊尔·奥尔洛夫、弗拉基米尔·拉耶夫斯基、奥霍特尼科夫、拉耶夫斯基将军和他的儿子亚历山大,还有恰达耶夫在彼得堡的朋友雅库什金。

按照普希金的说法,在卡缅卡以"上层贵族的宴会"和蛊惑性的争论为标志而分成两个世界。前一个世界以贪嘴好吃的亚历山大·达维多夫为代表。亚·达维多夫是一个脑满肠肥、上了年纪的退休将军,后来普希金曾给他起过两个绰号:一个叫"福尔斯泰夫第二"①,一个叫"肥胖的阿里斯提卜"②。他是一个任意胡作非为的地主,诗人对他一点儿也不尊重。他的妻子是法国人,名叫阿格拉亚·达维多娃,普希金曾写诗讽刺她,不过诗的锋芒仍是对她那一钱不值的丈夫去的。达维多夫有个小女儿,只有十二岁,普希金为她写下一首非常轻快的小诗(《玩吧,阿黛尔》),后来由格林卡谱上乐曲。

另一个世界则与前一个针锋相对,其代表人物是亚·达维多夫的弟弟、年轻的瓦西里·达维多夫和他的好友。瓦·达维多夫为了从事秘密政治活动而刚刚退役。他是佩斯杰尔的追随者,是一位有口才的演说家。他作为南方会成员领导着一个最重要的基层组织,这个基层组织的总部,就设在他的领地卡缅卡。这是所谓的"图尔琴杜马"三个参议会之一,也是南方军队中的革命运动中心之一。

一八二〇年十一月末,以庆祝家庭节日为名,在卡缅卡举行了秘密团体会议。瓦西里·达维多夫以及和他政治观点一致的同志,并不隐讳他们反政府的情绪。在火光熊熊的壁炉前面,当着全体客人,他们举杯为那坡利烧炭党的健康和共和国自由的胜利而干杯。上流社会的宴会,往往在活泼的政治辩论中结束。

这些"蛊惑性的争论"都按照议会的开会方式进行,有主席,有铃铛,有发言记录。南美殖民地、西班牙和意大利南部的革命事件,德国和法国刺杀反动头子的事件,为他们的辩论提供了有关当前政治新闻的丰富资料。

有一次,用半开玩笑的方式讨论起俄国是否宜于组织秘密团体的

---

① 福尔斯泰夫是莎士比亚的《亨利第四》中的人物。——译者注
② 阿里斯提卜是希腊享乐主义哲学家。——译者注

问题(在外人在场的情况下,不可能认真讨论这个问题)。这场辩论很快就变成了玩笑,这件事令普希金非常痛心。当时在场参加辩论的雅库什金,永远忘不掉普希金深沉的痛苦表情和他向到会的人讲话时那种优美、真挚的感情。普希金非常激动地谈到刚刚在他面前闪光的崇高目标,可是一下子令人痛心地熄灭了。诗人觉得他从来没有这么不幸过,因为他刚刚看到眼前出现了为解放人民开展伟大政治斗争的希望,却突然不见了。

不过,在他面前展现的是另一条为共同事业而斗争的道路,这就是文学。许多朋友都向他指出这一点,而他一生的使命也正是这样规定的。普希金的政治诗,成为十二月党人运动最伟大的文献和最有力的宣言。诗人在南方时,就开始直接而经常地记录关于当代杰出人物的印象。正是这样一些人,英勇地开创了改造被奴役的祖国的伟大工作。

普希金感到他周围都是些将起历史作用的活动家。这些人的名字将来一定传遍全国,他们的一生和人格都将受到后代的景仰。正如他在一八二〇年十二月四日给格涅季奇的信中所写的那样,他作为一个作家,是否有义务把这些"在俄国妇孺皆知、令旁观者感兴趣的特殊人物"不易把捉的特征记录下来呢?

这封信虽然只提了几句,却可以感觉到普希金已有为十二月党人写当代纪事的打算,而他对这件事一直萦系于怀。他把这些超越时代、对时代提出大胆批评的人,跟以阿拉克切耶夫和亚历山大一世为代表的政府里道德败坏的人加以对照。诗人对官方彼得堡的讽刺和抨击,仿佛成为他关于当代解放的大事件的私人日记的补充。关于希腊起义的记述,很快就转为对当时俄国政治活动家的描写,变成作者同奥尔洛夫、佩斯杰尔、拉耶夫斯基和谢尔盖·沃尔康斯基的会面和谈话的生动记载。普希金的南方日记,或者叫他的"自传"(正如他后来对这些记录常常叫的那样),是他当时打算写的一系列作品的新的中间环节。这些作品包括他在彼得堡为"年轻的雅各宾派"写的献诗、后来的描写契尔尼戈夫团准尉的小说草稿、《叶夫根尼·奥涅金》的第十章和《俄国的佩拉姆》。时代的大事记变成了文学作品,而人物形象全是根据基希涅夫笔记的记载写成的。

3

一八二一年春,当诗人回到比萨拉比亚时,英佐夫决定着手对他进行重新教育。他采取的办法是,首先让普希金住在自己家里,跟自己一起吃饭。这样一来,可以使年轻人摆脱生活负担,并可以像家里人一样经常相处。

他仔细斟酌,这个新部下做何种工作最为合适。普希金在皇村学校学的是法律,在外交委员会担任的是翻译;他法语纯熟,而作为文学家,他应该喜欢编辑工作。于是英佐夫交给他一项任务:把摩尔达维亚法律的法文本译成俄文。

英佐夫的另一项决定则不大成功:他决意把无神论者普希金引到信奉基督的正路上来。这位总督由于自己的地位关系,同基希涅夫东正教上层人士有来往,决计对门生施加道德影响。

在旧城城郊(后来因英佐夫而得名,叫作英佐夫城郊),有一座一八〇五年修造的报喜节教堂,虔诚的总督就以它代替了家庭礼拜堂。

按照东正教画圣像的规矩,教堂里有一幅壁画,上面画着圣经上尽人皆知的神话:白衣天使加甫利降临人间,向一个羞答答跪着的少女传达上帝的启示。每逢做祈祷,普希金都要同总督一起在壁画前面站立很久,画上的每个细节都看得清清楚楚,并对圣经传说的内容做仔细推敲。

关于处女玛丽亚“无罪怀胎”的传说,很久以前便受到有批判力的思想的嘲笑,并成为自由思想的讽刺对象。普希金写诗的构思也是朝这个方向展开的。

在复活节前的星期五,神学院院长伊里涅前来拜访英佐夫,并决定同普希金谈一次话,以便引导他改恶向善。这个院长亲自闯进普希金的房间,看见这位受神保佑的罪人正在读英佐夫送给他的圣经。诗人正推敲经书的文字,以便用著名的模拟体写一首讽刺诗。

"您这是做什么呢?"

"我在读一个大人物的传记……"

普希金在一八二三年的书信中曾谈到"耶稣基督是温和的民主派",他在同伊里涅谈话时,大概也表述了这样的思想。这位院长素以脾气暴躁而闻名,一时火起,便威胁说要把普希金这种无礼的对答写成"报告"送到彼得堡,以便严厉惩罚不信上帝的人。他气冲冲地走了,普希金继续写他的诗,写多情的上帝以及他不可克制的情欲:

> 上帝,你也尝到了爱情的滋味,
>
> 你也跟我们一样,欲火如焚……

但是,政治也不断闯入诗人的创作构思中来。一八二一年春,普希金写信告诉他的朋友说,"一只胳膊的公爵",即亚历山大·伊普西兰狄,"在多瑙河畔举行起义了","希腊站起来了,宣布自由了……人们欣喜若狂:希腊人的一切思想都是为了一个目标——争取古老祖国的独立……"

面对基希涅夫那些持怀疑态度的政治家,普希金表明他对于希腊的彻底胜利的坚定信念。他相信土耳其人将不得不把"埃拉多斯的繁荣国土"归还给荷马①和泰米斯托克利②的合法继承者。希腊复兴的话题,使普希金感到欢欣和鼓舞。他相信俄国一定会出兵支援起义者,他渴望以志愿兵身份参加作战部队,厕身武装起义者行列之中。在一八二一年写的《战争》一诗中,他把解放斗争说成是创作形象的源泉,"高傲的战歌"强大的鼓舞力量。

四月初,马里乌波尔团的年轻中校佩斯杰尔来到基希涅夫,收集关于希腊起义的原因和进程的情报。佩斯杰尔素以聪明过人著称,传说将来可能成为强大国家的大臣或公使,显然就是由于这个缘故,第

---

① 荷马(公元前九世纪至公元前八世纪),相传为古希腊盲诗人,《伊利亚特》的作者。——译者注

② 泰米斯托克利(公元前524—公元前459),古希腊城邦民主派领袖,抗击外侮的民族英雄。——译者注

二集团军司令部派他来执行这一重要任务。普希金可能是在奥尔洛夫那里或在英佐夫家里同这位谈吐不凡的军官认识的,后来又见过几次面。由于时间太短,他们没有亲密的接触,但彼此表现出明显的兴趣。

普希金可能对佩斯杰尔的非凡智慧和有关历史与国家问题的渊博知识十分钦佩。他于四月九日在日记里怀着明显的赞佩心情写道,这是"一个地地道道的聪明人",是"我所认识的人当中别具一格而聪明过人的人物之一"。

他们的谈话既讨论政治和哲学,也涉及伦理。佩斯杰尔在谈话中说,他在感觉上是个唯物主义者,但在理智上就不能接受这种观点了。普希金听到这句话感到十分诧异,便写进日记里了。

佩斯杰尔认为,希腊的解放运动是当时整个欧洲革命力量的一种表现,而欧洲这场革命的性质,接近于意大利烧炭党的纲领。比萨拉比亚的流放者把这观点铭记在心里(他在一八三三年曾提起此事),可见,他们于一八二一年在基希涅夫谈话的内容之一,便是正在酝酿中的世界革命。

南方的漫游使普希金取得了新的创作经验。从他被流放而离开彼得堡算起,在一年的时间里,他走遍了乌克兰、顿河沿岸、库班、高加索、克里米亚、诺沃罗西亚和比萨拉比亚。他欣赏了厄尔布鲁士峰,在黑海进行过海上旅行。他的第一部抒情长诗已经完成。他正在酝酿新诗的构思:他在第聂伯河上看到两个带枷的强盗逃跑;在巴赫奇萨莱听到泪泉有节奏的滴嗒声。

4

《乡村》的作者在彼得堡的小组里,曾跟著名的政治理论家和经济理论家有过接触,如今到了基希涅夫,军中的好友帮助他重新学习。利普兰季直接指出,弗拉基米尔·拉耶夫斯基曾大力帮助普希金研究历史和地理;诗人同奥尔洛夫、维尔特曼、奥霍特尼科夫的谈话,"促使普希金对于各种重要科学的思考能力进一步发展"。

年轻作家在政治上也得到了发展。拉耶夫斯基少校是幸福会成员,他十分器重普希金写诗的才华,千方百计使诗人得到锻炼和武装,以便适应斗争的需要。

拉耶夫斯基是一个"具有俄国式机智和洞察一切的头脑"的人,一个健谈家,同时是一个真正的文学家。他在创作上苦心孤诣,孜孜不倦,对当代诗歌的潮流和形式进行过认真思索。他作为优秀的政治家,留下许多政治抨击文章的手稿,如《论士兵》《论农民的奴隶地位》。文章展示出在亚历山大一世的"温和统治时期"俄国平民百姓备受折磨的悲惨景象。拉耶夫斯基留下的诗歌证明,他对于当时俄国抒情诗风格的变化有深湛认真的研究——他从青年时代的"享乐主义"题材转到十二月党人革命诗歌的战斗主题。

弗拉基米尔·拉耶夫斯基热心于秘密团体的文化任务,坚持"公民"的道德,坚持使大众受教育,使俄国达到伟大和共同幸福的境地。他热情地捍卫革命爱国主义,这种爱国主义同官场的漂亮话截然相反。拉耶夫斯基丝毫不隐讳对德国人的仇恨,决心保卫一切富有民族特色的、祖国所特有的事物。普希金在许多场合都遵从他的指教,并在这位"第一个十二月党人"的影响下,从事有关俄国古代历史题材的创作。

拉耶夫斯基有一篇很有趣的批评对话,题目叫《基希涅夫的傍晚》,一直保留至今。他在文章中分析了普希金的《拿破仑在厄尔巴岛》一诗,要求诗人在写诗时对历史、地理和语言做到准确无误。

这种对历史和文学展开讨论的环境,对普希金的创作发生了明显影响,使之更为活跃。在夏季,每天早晨他都带上铅笔和笔记本,跑到城郊的灌木丛中去。他喜欢一边走一边作诗。他的一位基希涅夫的朋友说:"他每次归来,都有一页写满诗句的诗稿,不过他从这些零散的珍珠里,只撷取最大的几颗,顶多不超过十颗。他就用这大颗的珍珠当作华丽的丝线,串起长诗的故事情节……"

5

一八二一年七月十八日，拿破仑去世的消息传到基希涅夫。普希金在他的本子上写下了这个日子。长时期以来不止一次吸引着他的题材，又占据了诗人的心，并且增添了新的内容。

一八二一年秋，普希金写下南方时期最优秀的诗作之一，这首诗无论就其形象的悲剧感染力或对世界历史概括的深度来说，都是惊人的。《拿破仑》的大胆的结构，仿佛是一篇大大压缩了的长诗。诗中展示了新欧洲全部狂风暴雨的历史，包括法国封建制度的倒台和波拿巴的征服政策使各民族遭到奴役。这篇史诗的高峰，是把世界从不堪忍受的暴虐之下解救出来的俄国。

普希金的真正爱国主义，表现在他既不赞美拿破仑，也不贬低他，既不为他制造"神话"，也不对他进行抨击，而是通过这个时代极其复杂的政治矛盾来表现时代的著名代表人物的形象。波拿巴由于对人类的深刻蔑视（"你竟然蔑视人类，而不顾他们的崇高希望"），未能预见到"伟大心灵的烈火"，即未能预见到俄国自我牺牲的爱国主义伟大精神。他未能预料到"血战到底"的可怕誓言。拿破仑对亚历山大一世及其左右的大臣十分了解，但是，他根本不了解俄国人民，没想到俄国人民为了捍卫自己的土地，会突然变得像磐石一样坚强。他的远征遇到了人民战争。在手稿中有一个诗句，写得非常精辟：

　　守在莫斯科城里的并不是沙皇，而是俄罗斯！

这个诗句包含着俄国历史的全部哲理。拿破仑的错误注定了他的覆灭。野蛮的征服者同俄国人民的坚强意志发生了冲突，使他贪得无厌的愿望宣告破灭，从而使俄国成为解放被征服的欧洲的英雄：

　　他给俄国人民指出了崇高的命运——

　　　这件事倒真值得称赞！……

描写"严峻时代"的诗作，充满着深沉的人道精神。诗的主题是俄国和自由，它们就像亲密的战友一样密不可分。这是对刚刚过去的历史悲剧的净化和升华。

诗人这一伟大的思想和深刻的主题,赋予诗中的形象和诗句的结构以特殊力量。对残酷、血腥的时代的描绘,惊人的简练有力,富有一种严峻的美。尽管诗中包括三十年间的重大事件,却写得刚劲有力,一泻千里,节奏明快、高亢,可以使人想象到迎风飘扬的旗帜和万马奔腾的骑兵队。全篇从头到尾贯穿着一个统一、雄壮而热烈的语调,从而使诗人对于世界命运的思考显得振作昂扬,充满乐观精神。关于失却的自由和濒临绝境的欧洲的诗句,充满着悲伤和同情,而描写俄国的诗句,则充满对英雄祖国的热爱和对解放欧洲的俄国人民的光明前途的坚定信念。

年轻的普希金在概括时代如火如荼的事件时所显示的灵感和高超表现力,证明他是擅长做历史综合和总结的真正大师。这种最为难得的技巧,他在后来用简短的诗行概述新政治事件时不止一次地运用过。但是,普希金在一八二一年便表现出他是一位在思想深刻和形象鲜明方面都望尘莫及的历史艺术家,他善于把当前的政治事件纳入当代人类深刻的戏剧冲突中去。

他曾把这首诗读给忠实的朋友、阿尔扎马斯的"莱茵"米哈伊尔·奥尔洛夫及其年轻的妻子听。奥尔洛夫的妻子便是拉耶夫斯基将军的长女叶卡捷琳娜·尼古拉耶芙娜,在古尔祖夫会过面的"不平凡的女人"。诗人同他俩讨论过他最为关切的问题和题目。在一八二一年秋,他最关心的就是圣彼埃尔神父提出的"永久的和平"(叶卡捷琳娜·奥尔洛娃于一八二一年十一月二十三日曾就普希金写道:"他相信各国政府会逐步完善,从而渐渐实现永久和普遍的和平。到那时,除性格暴躁和喜怒无常的人有可能流血之外,其他人是不会再流血了……")。

圣彼埃尔神父属于十八世纪法国被称作"革命的神父"一类的作家。他作为政治家和慈善家,于一七一二年出席过乌德勒支代表大会。在这次代表大会上,他受到各国无休止的会议的启示,起草了一份《永久的和平方案》,指出为解决各国之间的冲突,必须设立最高国际法庭。他的这一思想，在一八二一年迷住了普希金。普希金在读过圣彼埃尔神父的《永久的和平方案》之后写道："人们既然认识到奴隶制、君主制等制度的实质，那么将来总会了解战争的荒谬和残酷。可能用不到一百年，就不会再设常备军了……"

普希金革命思想的发展，也反映在著名诗篇《匕首》（一八二一年）里。诗人透过广阔的历史背景，高度赞美了同"侮辱和凌虐"的斗争。普希金在这里用温和的语调解释法国的革命事件，他对马拉的人格和活动的评价都是不正确的，但是，诗的全篇和结尾对"年轻的正义化身"卡尔·桑德的歌颂，却成为革命的号召。这首诗不久就成为俄国青年政治先锋队最喜爱的作品。

普希金对历史的兴趣，从他到比萨拉比亚各地参观古迹的游历中得到滋养。命运使诗人来到这个富有历史传说的国度。在这一带，在普鲁特河、德涅斯特河和多瑙河之间，古时曾居住过斯基福人和达西人；热那亚和希腊的殖民地曾盛极一时；罗马军队曾长期驻扎；直到现在还保留着五座土耳其要塞，其中的阿克尔曼要塞是罗马人修的。古堡的城墙、钟楼和枪眼，都能令人想起不久之前发生的事件，令人回想起十八世纪的形象。一八二一年十二月，利普兰季因公到各地视察，普希金给他做伴。诗人对宾捷雷发生了兴趣，因为这里是查理十二和马泽帕·考沙内到过的地方，这里是布贾克可汗的故都。诗人还对多瑙河河口感兴趣，因为这里最接近奥维德流放的地方。他对以激战闻名的伊兹马伊尔城也颇感兴趣。不久，普希金在给巴拉登斯基的信中写道："这片荒凉的地方对诗人的心灵是太神圣了。这块土地受到了杰尔查文的歌颂，充满着俄罗斯的光荣。"卡古尔战场、特罗扬诺夫土城、列奥沃、戈捷什季和法尔奇——所有这些地方都引起了他的兴趣，使他联想到那些统帅和诗人——苏沃洛夫、鲁缅采夫、杰尔查夫、坎杰米尔，尤其是奥维德。

据传说，这位罗马诗人流放的地方是阿克尔曼。后来的历史地理考察，推翻了这一传说，连普希金本人也不赞成这种传说。但是，即使是相传跟伟人名字联系起来的地方，也令诗人深感激动。普希金离开阿克尔曼之后,在路上用纸片记下诗句,并因为没有携带《庞廷哀诗》而不免怅惘。

　　普希金致这位古代被流放诗人的诗篇,就是这样动笔的。他自己认为这首诗的水平,是早期长诗无法比拟的。这首诗特别深刻地表现了普希金最喜爱的主题——"诗人的幽禁",而普希金出于亲身经历也对这个主题倍感亲切。他正是根据奥维德充满悲愤的诗句和自己从与这位诗人流放地毗邻的茫茫草原获得的直接印象,产生出关于诗人的命运、诗人的悲哀和诗人的使命的绝望忧思:

　　　　在这里,你使我的幻想翩然复活,

　　　　奥维德,我默诵着你的诗句,

　　　　并把你那些凄凉的描绘加以印证……

　　普希金对罗马诗人恳求奥古斯都皇帝赦免,虽然不加责难,但在哀诗的结尾坚定不移地申明诗人的最高使命和最高义务:

　　　　但是,我从来没有由于罪恶的叛变,

　　　　损害自己高傲的良心和坚贞的坚琴。

6

　　一八二二年二月五日,萨巴涅耶夫军长亲自从蒂拉斯波耳赶来见英佐夫。普希金听到了他们谈话的部分内容:老将军坚决要求逮捕弗拉基米尔·拉耶夫斯基,以便揭露一场军事政治阴谋。当天傍晚,普希金敲好友的房门,向他透露可能有危险的消息。第二天早晨,拉耶夫斯基果然被捕。他被指控为幸福会成员和在士兵及基希涅夫兰卡斯特士官学校学员中进行革命宣传。他被押到军部所在地蒂拉斯波耳,并被关进要塞。

　　在普希金于基希涅夫结识的朋友当中,一位最要好的朋友被夺走了。弗拉基米尔·拉耶夫斯基不断在普希金身上培养秘密会员的革命爱国主义,与官方对沙皇们的赞美相反,他向《自由颂》的作者指出真正的历史是人民创造的。拉耶夫斯基有一个"无声的人民"的提法,他说人民的沉默无言和忍受桎梏就是受压迫的祖国最大的不幸。这种思想，普希金牢记在心，过了三年之后，成为他的历史悲剧的主题。

对拉耶夫斯基命运的关心，可能使普希金想起了这位被幽禁的朋友关于利用祖国古代题材进行创作的教导。诗人想起卡拉姆辛引用编年史家关于奥列格之死的故事，追忆自己参观基辅遗物时的印象，着手写一首优美的短篇叙事诗。普希金利用古代传说来表达自己写诗的基本原则：

> 魔法师不害怕强大的君主，
>
> 也不需要大公的赏赐……

这种诗人独立、诗人语言"真实"和"自由"的原则，在政治流放的环境中更显得高傲和勇敢。

这个原则的确符合普希金的生活实践，他继续到处公开发表反政府的观点。按照他在基希涅夫的一位熟人的说法，"他不论在总督家里，还是在大街和广场上，随时准备向任何人证明，凡是不希望俄国改换政府的人，都是坏蛋"。普希金在英佐夫的"公开宴会"上也常谈论政治，使庇护他的总督感到为难。他常在许多军官面前讲反政府的话。这位政治讽刺家不管在什么场合，不管在座的人官衔多大和地位多高，对各种最尖锐的问题都直截了当地发表意见。有一个人听到他的讲话，便把这些非同小可的"席上闲谈"记录下来。一八二二年四月三十日，普希金与炮兵上校埃斯蒙特"在席间就奴隶制问题发生争论"。诗人声称，他认为凡是占有农奴的人都是可耻的："我们的小地主的横行霸道简直是人类和法律的耻辱。"

普希金常常想写关于西方民族主义革命的题材，如那坡利和西班牙国王同人民之间的斗争："不难判断哪一方会赢得胜利！"七月二十日，当总督不在场的时候，他激烈抨击了各个阶层，只有农民他认为值得尊敬。

在基希涅夫，普希金表明了对真正爱国主义同革命斗争统一的深刻信念，在他的比萨拉比亚笔记中有一段简洁有力的名言就表达了这个思想。他把革命者对人民的献身精神比作诗人对祖国语言的热爱：

"只有像 M. 和 Π.①这样的革命者,才能像作家热爱祖国语言一样去热爱俄罗斯。在这个俄罗斯,在这个俄罗斯语言里,是什么都能创造出来的。"在这简短的名言中,用得到解放的祖国形象把俄国的先锋战士、思想家及诗人佩斯杰尔和雷列耶夫②、恰达耶夫和普希金都联系到一起了。

这时,政治题材又引起《自由颂》作者的兴趣。一八二二年夏,利普兰季从蒂拉斯波耳回来,他在那里,当拉耶夫斯基在要塞围墙跟前放风的时候,同拉耶夫斯基见了面,并给普希金带来囚徒的问候和他的《致基希涅夫的朋友们》一诗。拉耶夫斯基在诗的结尾对普希金发出呼吁:"高加索的歌手啊,冷漠的囚徒送给你这样一副桂冠:把爱情留给别的歌手吧。当血雨腥风的时候,怎么能歌唱爱情?……"

拉耶夫斯基关于"言论和思想"会把人送上断头台的诗句,令被流放的诗人大为诧异。他赞叹道:"这话说得多么好!多么有力!这种见解我还从来没有听到过。它早就在我的脑海里盘旋,不过,这可不像我的思想方法,这正是蒂拉斯波耳要塞的方式,可是说得多么好……"

诗人对这种严峻的语言赞颂不已,就像他早年一样,着手写起这种叛逆体裁:"打碎缠绵的竖琴,抨击宝座上的恶德……"他就用这种战斗的语调,以热情的革命雄辩开始给被幽禁的、过着清苦生活的好友弗拉基米尔·拉耶夫斯基写答诗:

你从幽暗的监狱深处

向我发出呼唤,决不会白费……

在这首诗接下去未加修饰的诗节里,普希金更加有力地宣布自己作为革命诗人的使命:"用严峻的竖琴"叫暴君惊恐发抖。

在这首诗的草稿里,年轻诗人对他的政治抒情诗做了极其中肯的

---

① 这两个字头究竟指何人,其说不一。《普希金全集》科学院 1949 年版的编者认为是"米拉波和彼得";1937 年版的编者认为是"M. 奥尔洛夫和佩斯杰尔"。——作者注

米拉波(1749—1791),法国大革命初期颇有影响的领导人之一,后背叛革命。——译者注

② 雷列耶夫(1795—1826),俄国十二月党人中的著名诗人。——译者注

自我评价,仿佛用鲜明的笔触勾画出被流放到南方的经历。

拉耶夫斯基在他的致友人诗里,还提到普斯科夫和诺夫戈罗德的共和政体的传说,号召他的朋友们去歌颂"那神圣的时代,那时我们市民会议的声音将响彻云霄,使沙皇们从远处听了都两肩发抖……"

在俄国古代史里,瓦吉姆·诺夫戈罗德斯基被看作敢于同奴役者斗争、保卫人民权利的鲜明形象。他的形象已经进入诗歌,如克尼亚日宁的悲剧、茹科夫斯基的早期历史故事和稍晚的雷列耶夫的诗作。一八二二年,普希金动笔写表现共和政体的戏剧,题目就叫作《瓦吉姆》。这个剧本已经清楚地表现了当代的政治题材。透过古时诺夫戈罗德的生活场面,对亚历山大暴虐进行揭露,对青年一代提出期望:

> 瓦吉姆,大有希望,人民已急不可待,
>
> 他们在古代曾是高傲的自由之子,
>
> 如今忍受耻辱的桎梏,已怨声沸腾……

下面的诗句明显反映出当时"十二月党人的"心理:"每次相逢,我都看到对政府的仇恨……""年轻的公民们怒火燃烧,愤愤不平……"

这个剧本尽管具有现实的政治意义,却已是"我们剧坛上的陈旧形式"了(据普希金后来的说法)。不久,他放弃了曾经准备写的古典体裁及这种体裁一贯使用的亚历山大体,转向最符合时代需要的浪漫主义长诗形式,并改用明快的四步抑扬格:

> 另一种幻想和憧憬
>
> 激动着斯拉夫人的心:
>
> 他面前是斯拉夫卫队,
>
> 他已辨认出他们手中的盾……

但是,这个故事也没写完。

7

英佐夫办公室的朋友,把普希金带进摩尔达维亚大贵族的社交界。基希涅夫最有钱的上层贵族头领,是当地包税人叶果尔·瓦尔福洛麦,他的财富使他在地方上占据显著的政治地位。他年轻时,曾给雅西公爵做过跟班一类的差事,每逢公爵出门,他便站在车后的脚镫上。他发财以后,成为比萨拉比亚最高统治集团成员,企图用酒宴在社会上赢得声名。

普希金不无好奇地观察这边塞贵族的半土耳其、半西方的生活方式。

瓦尔福洛麦一家生活阔绰,门庭若市,前厅里簇拥着阿尔纳乌特人奴仆。诗人的一位朋友描写基希涅夫贵族招待客人的方式时写道:"您被让到沙发上坐下,一个阿尔纳乌特人身穿淡紫色天鹅绒衣服,披着镀金的银铠甲,头上缠着华丽的土耳其围巾,腰上系的也是土耳其围巾,挎着大弯刀,一只手里拿着金线绣的纱巾,当他把烟袋抽着的时候,就用纱巾擦干净贵重的烟嘴,然后把烟管递给您,并在地板上放一个铜盘接烟灰。与此同时,有一个打着赤脚、衣衫不整的吉卜赛女孩子,头发乱蓬蓬的,用托盘送上糖果和一杯水……或者一杯土耳其咖啡。土耳其咖啡磨成粉末,煮得也很老,不经过沉淀就一股脑儿喝下去。"一旦有年轻的客人来,主人漂亮的女儿普尔赫里查便会出来见客。这位小姐对所有的崇拜者都机械地重复着两句毫无意义的法国话。

她长得五官端正,引起了普希金的注意,也可能激起了他几行赞美的诗句。据别人回忆,诗人把她叫作"基希涅夫女郎中的一颗大珍珠"。摩尔达维亚和希腊的女性,并没有赢得普希金的好感,他信手写了些诗,嘲笑她们呆板、放荡、吵嘴、吝啬而又狂热。他同一个摩尔达维亚太太发生过一场冲突,闹得满城风雨。

有一个著名的大贵族,身兼最高会议成员,名叫西奥多·巴尔什。他的夫人有一次做出不恰当的暗示,指责普希金在一八二二年二月同斯塔尔索夫上校决斗时,有违反规则的行为。至于这位上校要同普希金决斗,不过是因为在舞会上发生了一次小误会。普希金走到决斗场划定的界线上站好,神态自若,面无惧色。这个挑拨是非的比萨拉比亚女人说的刻薄话,使普希金不得不找她的丈夫进行解释。结果出乎意料,普希金大发脾气,出口伤人(据利普兰季证实,普希金在基希涅夫有时"容易发火,暴跳如雷")。

英佐夫尽管宽宏大度,也不得不把自己的门生软禁两周,以便稍稍平息一下当地人士的纷纷议论。软禁并不十分严格:门前站着一个威风凛凛的哨兵,但是被软禁的人可以随意到花园散步,除摩尔达维亚人之外,也可以随便接待客人。英佐夫还派人把法文杂志给这位隐士送来,有时还亲自来看他,跟他谈论欧洲的革命运动。

诗人住的房间,在英佐夫府邸的一楼,室内昏暗,为了安全起见,窗户上钉着铁栏,这就更加深了牢房幽禁的感觉。一只比萨拉比亚鹰,爪子拴着铁链,给总督看家;这只鹰更引起了忧郁的联想:两个自由的生命都失去了自由飞翔的可能。"我坐在阴森的牢房里,面对着铁栏……"一八二二年的《囚徒》一诗,就是这样开头的。诗中谈到"忧郁的伙伴"——一只失去自由、受人饲养的年轻的雄鹰,在召唤囚徒去自由飞翔:

> 我们是自由的鸟,是时候了,伙伴,是时候了!……

在一八二三年一个春天的日子里,普希金按照民间风俗放了一只鸟(大概就是从英佐夫宽大的野禽栏里放走的),写下著名的八行诗。诗中充满了对自由的热烈向往和对能够给予"哪怕一个生物"以自由的无限欢欣……

在英佐夫对普希金采取的"教育"方法中,"善良的神秘主义者"竟然试图借助于共济会的方式,这大概算是最为别致的了。一八二一年五月,普辛旅长在基希涅夫创办共济分会,这是一个"以政府了解的规章为基础、以奥维德为象征的分会",普希金加入了这个分会。他之所以这样做,是由于亚历山大时代的进步贵族广泛参加"自由石匠"运动①,他的长辈也都参加过。共济会的仪式尽管十分烦琐和古旧,却也具有某些反封建专制政体的特征。正在发展的十二月党人运动中,有

---

① "自由石匠"运动,就是指共济会,由法语"自由石匠"而得名。——译者注

许多激进的活动家参加了共济会。这些反政府倾向,对普希金有特殊的吸引力。普希金在后来(一八二六年)回忆自己的经历中最危险的处境时,曾对茹科夫斯基写道:"我曾经是共济会基希涅夫分会的成员,正是由于这个分会的缘故,俄国共济会所有的分会均被取缔了。"

普希金对基希涅夫成分复杂的社交界和天天接触的官吏与军官感到厌倦,他宁可同被当地包税人和"基希涅夫女士们"所排斥的朋友在一起。

一八二一年,大批希腊难民逃到比萨拉比亚中部,其中有母女二人,姓波利赫罗尼,由于害怕遭到屠杀,逃离君士坦丁堡。女儿长得并不算特别漂亮,但是她的名字颇不寻常,取的是曾经诱惑奥德修斯的女神的名字,叫卡吕普索。她跟古代的女神一样,歌声富于肉感而且迷人:她在吉他的伴奏下,用东方曲调演唱土耳其的色情歌曲。但是,这位希腊女郎最令人感兴趣的是不论她走到哪里,都传扬着她是拜伦的恋人的风雅名声。对普希金来说,无论如何这是最有吸引力的。"同拜伦接过吻的希腊女郎",一定能根据亲身经历讲述伟大诗人的生活和激情。她引起了普希金的莫大兴趣。

拜伦于一八一〇年曾经到过君士坦丁堡,所以卡吕普索有可能见到《海盗》的作者。她长着浓密的长发,两只大眼睛炯炯有神,眉毛描得重重的,这些都使她的面庞富有东方特色,足以诱惑对女性有些厌倦的不列颠诗人。普希金觉得,她在某种程度上就是拜伦长诗的女主人公。在基希涅夫那些平淡的女郎中间,她突然获得真正的诗意,成为能够激发灵感、赢得抒情赞歌的女人。普希金在《给一位希腊女郎》一诗中,以细腻的笔触把献给女人的情诗和描绘"痛苦而可爱"的诗人肖像融为一体了。普希金一想到这位伟大的诗人,仿佛心中的妒忌火焰就自消自灭了。这与其说是诗人献给波利赫罗尼的爱的告白,不如说是普希金对于创作《恰尔德·哈罗德》的"富有灵感的受难者"的无限崇拜。

历史题材继续激动着普希金的心。一八二二年,他写下了关于十八世纪俄国史的札记,对彼得的评价(说他"不怕人民自由,因为他相信自己的强大")和对叶卡捷琳娜的评价(说她是"穿着裙子、戴着王冠的伪君子"),都十分中肯。对俄国面临的任务,也说得十分清楚:"我们的政治自由同解放农奴是密不可分的。"诗人以其对俄国作家的政治斗争一贯热情的关注,为这个臭名远扬的女王在祖国文学界取得的"胜利"编了一份出色的战报:诺维科夫被幽禁,拉吉舍夫被流放,克尼亚日宁遭到迫害。

普希金创作上的成长,在《致恰达耶夫》的优秀诗篇中也表现得很清楚。诗中把忙忙碌碌的彼得堡的酒宴同诗人在遥远的南国闭门创作,作了鲜明对照。他内心里的深刻变化,通过他摆脱上流社会的诱惑和重操旧业、重新获得旺盛的灵感而揭示出来:

> 静谧的女神,缪斯又出现在我眼前……

全诗渗透着一种特殊的斯多噶精神,对命运的不公毫不介意和孜孜不倦、刻苦耐劳的精神。他用缓慢的节奏、沉思的语调,刻画出聪明过人的好友的精彩肖像。这位好友曾教导他在遭到不幸时要坚强不屈,对流言蜚语要毫不介意,对自己的使命要无限忠诚。诗的结尾昂扬有力:祝愿好友埋头读书,参与"有预见的争论"和满怀"热爱自由的希望"。普希金在诗里反映出他同恰达耶夫谈论道德和政治时的语气,赋予叙事哀诗以哲学的味道(后来恰达耶夫就以擅长这种体裁而闻名)。

普希金住在基希涅夫的最后一年,这座城已经不是南方密谋的中心了。一八二三年四月十八日,米·费·奥尔洛夫由于放任军队里的革命宣传而被撤销第十六步兵师师长的职务,"奥维德"分会被封闭。弗拉基米尔·拉耶夫斯基在蒂拉斯波耳要塞已经被关押了半年。奥尔洛夫的另一名副官奥霍特尼科夫于一八二二年十一月也被免职。第二集团军司令部采取解散幸福会在基希涅夫的基层组织的行动,已大功告成。

一八二三年,普希金写了《波涛啊,是谁使你平静了》的片段(初稿),写得极其有力。这首诗仿佛象征着社会上和军队里在大决战前夕的较量。片段的结尾发出热情的号召:

　　吹吧,风啊,快把海水搅起来,

　　把一切为害的障碍毁掉!

　　自由的象征——雷雨啊,你在哪里?

　　还不快在被禁锢的海水上面咆哮!

　这种对重大诗歌体裁的复杂加工过程和在诗歌音响领域里的微妙发现,并没有使普希金脱离他平时的创作方法,即到民歌作者和民歌歌手那里去,从在各民族中流传的故事情节和街头舞蹈的伴奏中,寻找新的和声和形象。

　普希金后来回忆"在摩尔达维亚荒凉的草原上"度过的岁月时,满腔热忱地说:他的缪斯

　　忘却了神的言语,

　　却学会了贫乏而奇怪的语言

　　和她心爱的草原的歌声……

　他在比萨拉比亚的年代,的确学到了新的语汇、不为人知的民间故事和传说。摩尔达维亚语言有许多词根与拉丁语和法语相同,所以普希金学起来并不费力。诗人还从吉卜赛人未经过加工的语言中,发现许多对诗歌有用的成分。他在南方写的最后一首长诗的主人公,便喜爱游牧民族:

　　陶醉于永恒的懒惰

　　和他们贫乏、响亮的语言……

　在比萨拉比亚,"草原上的歌声"和民族杂居地区的传说,引起了普希金很大的兴趣。他在伊兹马伊尔,根据当地居民的口述,记录了夹杂大量伊利里亚词汇的斯拉夫歌曲;在基希涅夫,他搜集了关于希腊起义事件的历史歌曲的歌词。这些事件包括托多尔·弗拉基米列斯基被害和保加利亚民族运动领袖比姆巴希－萨瓦被刺。英佐夫办公室的一个小官吏列克斯向他讲述了比萨拉比亚著名大盗基尔贾利的奇异经历,于是诗人用诗歌形式记载了"官吏和诗人"的对话:

　　"到哪里去?""到监狱去。

　　今天我们要释放基尔贾利,

并把他撵出摩尔达维亚……"

后来他把这个形象写成独特的人物肖像。当时诗人只是根据希腊秘密团体成员讲述的十七至十八世纪摩尔达维亚传说即写出了中篇小说《杜卡》和《达弗纳和达比扎》,可惜这两篇小说未能流传下来。这两篇小说的主题,是专制制度和人民之间的斗争:暴君杜卡篡夺了摩尔达维亚公达比扎的宝座,遭到人民的诅咒而终于灭亡。

这些传说和民歌,使普希金离开大贵族和最高会议成员的世界,埋头到当地的政治历史中去;不过,这些大贵族也曾激发诗人写讽刺诗的灵感。他正是在这里写了大量讽刺诗,嘲笑各式各样的"塔达拉什卡们"、"摩尔根尼们"、"白发苍苍的饕餮们"和"基希涅夫的让利斯们"。

不过,在摩尔达维亚还有另外一个世界,这就是要塞、吉卜赛人、普通的酒馆、歌手和诗人、广场和市场。常常拜访彼得堡秘密团体的诗人,在这里得以跟人民群众,跟被排斥在文明之外的人们,跟"贱民们"接近。另外,值得注意的是普希金对当地作家的关心,对摩尔达维亚文学的浓厚兴趣。他同诗人斯塔马季和小说家科斯塔基·涅格鲁齐都很熟。他对拉耶夫斯基的诗歌和伊普西兰狄的宣言的喜爱,也无不留下痕迹。"该诅咒的基希涅夫城"也有它的进步文化、自由、斗争、人民的痛苦和希望的源泉。它们成了被流放诗人的真正世界,大大扩展了他的创作范围,并以独特的方式反映在他的《吉卜赛人》、致友人诗和短歌中。

诗人在比萨拉比亚的逗留即将结束,他积极探索新主人公和与之相适应的新史诗形式时期也接近完成。整个基希涅夫时期,年轻的普希金努力通过不同手法对基本体裁进行尝试。他在一八二一年给戴里维格写信时说:"我的脑海里还有很多长诗徘徊不去。"他在南方写出头几首高加索和克里米亚的抒情叙事诗。他的《加甫利亚德》是一篇写得出色的模拟圣经的讽刺诗。《瓦吉姆》是一首长篇史诗。这首史诗已经提出自由的主题,它接近于以歌颂拉辛为主题的革命史诗,而留传下来的《强盗弟兄》则不过是描写拉辛的革命史诗的序诗片段而已。最后,他于一八二三年又着手写新"浪漫史诗"或叫"妖魔史诗"《弗拉基米尔》的提纲。这首史诗把古代神话同历史融为一体,不受洗礼的异教神怂恿东方骑士团进攻基辅;姆斯基斯拉夫公爵爱上了亚马孙公主阿尔米达;魔法师和术士大显身手;叶鲁斯兰的宝剑闪闪发光……《祖国之子》杂志于一八二三年预告说,普希金正在写古代传说故事。

当诗人正准备再次转向童话的幻想和神奇古代传说的紧要关头,在他面前突然展现出通向生活和现实的道路:他准备如实描写年轻俄国代表人物的新体裁开始形成了。这是由真诚的告白和心理描写构成的长篇故事。从此,这篇故事就伴随诗人走遍他生活道路中的全部行程,直到三十年代的转折为止。直到那时,他才不无惆怅地跟"自己的奥涅金"分手。然而到那时,诗人心爱的作品已成为俄国文学最伟大的作品之一。

第六章　自由港

1

从列诺旅馆楼角的阳台，可以看到海湾和停泊场的辽阔风景。下面是一座座用多孔介壳灰岩的整齐方砖修成的白房子，房顶上面是一片无边无际的蔚蓝的南海。

普希金住在一家"俱乐部"旅馆里，这样便于利用当地的医疗条件。他在给弟弟的信中写道："我的身体早就需要海水浴，我好不容易说服了英佐夫，才放我到敖德萨来。"

普希金于五月末请准了假，便立刻离开了基希涅夫。从比萨拉比亚中部往西南走，一路上景色凄凉，荒无人迹——蒂拉斯波耳驿路从一片无水的草原中间通过。

然而，这座黑海城市风景宜人，市面热闹，使普希金又满心欢喜了。据二十年代居住在敖德萨的人观察，这座城市很像在荒野中展开的一条五彩缤纷的土耳其围巾。这里跟基希涅夫不同，有书店、法文报纸和歌剧院。天蓝色的哈治贝深水港帆影翩翩，彩旗招展。每天都有大批商船来到这里，有的来自安纳托利亚的城市和希腊群岛，有的来自利凡特和亚得里亚海，有的来自马赛、热那亚、墨西拿和英美各大港口。这些船只把殖民地商品送到普拉东诺夫防波堤上，同时也带来了最新的政治消息。普希金从来也没有像在敖德萨海岸漫步时这样渴望逃往海外，他希望摆脱沙皇政府的迫害的计划从来也没有像在这里这样有可能实现。

普希金的这次旅行与公事也不无关系。从敖德萨刚一建成就管理这座城市的外国人，如今要由俄国行政长官来接替。这位长官担负着在新地区建立俄国管理体制的任务。

这个任务相当复杂。自由港已经形成了它自己的社会生活方式，其海关特点把敖德萨跟帝国的其他部分分开，使它摆脱掉阿拉克切耶夫专制政体的典型特征。"俄国唯一可以自由呼吸的角落。"外地来客都喜欢这座城市，所以才这么说。"阳光和外国的黄金源源不断地向这里涌来，而警察和其他限制则很少。"外地来的人有一半是从内地省份逃出的流民，他们在这里可以找到可靠的工作和"不用身份证的可爱的自由"。

这里也有秘密团体，是由具有反政府情绪的青年人组织的。"独立者协会"的成员都把普希金的《自由颂》和其他革命诗篇抄在自己的本子上。这些诗篇在当地黎塞留中学的学生中间也秘密流传。有一次普希金询问敖德萨的一个学生："您读过普希金的作品吗?"学生回答："学校禁止我们读他的作品。"

这座新城市跟摩尔达维亚一样，最吸引普希金的地方不是总督办公室官吏的聚会或富豪的批发商人的客厅，而是敖德萨的劳动阶层、文化界和十二月党人。诗人在南方的游历之所以在他的传记中留下明显的痕迹，正是因为他在这里找到了真正的社会新文化的源泉，找到了大无畏的进步人士。他们哺育着他的思想和创作。

一八二三年七月二十一日，另一世界的代表人物也来到这座居民复杂的城市（城中资产阶级占优势，风俗习惯相当自由）。这人就是新任全权总督沃隆佐夫。他的官衔是侍从将军，爵位是伯爵，出身于十八世纪仕宦贵族中赫赫有名的沃隆佐夫家族。

他早就享有著名将领和行政要员的名声。米哈伊尔·沃隆佐夫的父亲叫谢苗·沃隆佐夫，是位外交官，曾任俄国驻伦敦大使，以具有独立见解而著称。他曾激烈反对把波兰划分出去，并公然藐视女王的情夫祖鲍夫。儿子米哈伊尔·沃隆佐夫于一八二三年当上诺沃罗西亚总督，也主张同样的自由主义作风，但以不妨碍他的官运亨通为限。

普希金在彼得堡的朋友们，同沃隆佐夫曾就如何安排基希涅夫流放者未来的命运进行过商谈。新任南俄长官同意让诗人到自己部下供职，"以便拯救他的德行，使他的才华有足够的空闲和精力得以施展"。

于是，便把普希金从基希涅夫调到敖德萨。摩尔达维亚法典的编纂者被安排到诺沃罗西亚总督府外事处工作。

同普希金一起办公的是青年诗人图曼斯基。他出生在乌克兰，曾在彼得堡读过书，并在彼得堡开始自己的文学生涯，同克雷洛夫、格里鲍耶多夫、雷列耶夫、别斯图热夫、戴里维格都有过接触。他还是"俄罗斯语文爱好者自由协会"的成员，赞同阿尔扎马斯派对诗歌的观点和十二月党人对俄国政体的看法。他曾在巴黎修完学业，又在那里同久赫里别克尔交上了朋友。图曼斯基作为诗人对普希金是五体投地的。早在一八二三年五月十日，他就罗得坚科有名的讽刺诗（《嘴里唱着桑德的颂歌，手里抱着卢维里的肖像》）写道："对已经失去沙皇宠幸的人加以攻击，既不体面，也并不道德，何况他的才华和不幸深得祖国的同情。我指的是讽刺诗中对亚历山大·普希金含沙射影的攻击并不妥当。"《巴赫奇萨莱喷泉》的作者不久就把自己的新作介绍给敖德萨诗人，这显然不足为怪。

2

普希金是在最优美的音乐伴奏之下完成他的克里米亚长诗的。意大利歌唱家从一八○五年起便在敖德萨演出滑稽歌剧。普希金来到这里时，恰好赶上比萨剧院老板布奥纳沃利奥的班子演出。他听到女歌唱家里科尔迪、维塔莉和卡塔拉妮的丰富多彩的演唱。在这里演出了梅尔卡丹泰的《埃丽莎和克劳狄奥》、奇马罗查的《秘密婚礼》、科奇的《克洛蒂尔达》、帕埃尔的《阿格内萨》，但是演得最多的还是年轻的罗西尼的作品。他的才华当时已使整个欧洲倾倒；他的歌剧经常演出的有：《阿尔及尔的意大利女郎》《塞维利亚的理发师》《切内伦托拉》《喜鹊女贼》《马蒂尔达·德·萨布朗》《塞米拉米达》。这是一种新风格的音乐,活泼急促,才气横溢,热烈欢快,缠绵多情。这种风格,普希金在其《奥涅金的旅行》中运用得淋漓尽致。

据诗人说,这种新艺术使他的心灵得到新生。他在一八二三年八月二十五日给弟弟的信中说:"除剧院之外,我哪里也不去。"

敖德萨剧院的建筑也是优雅堂皇。这个建筑是黎塞留当政时按照托马·德·托蒙的设计建成的。剧院的正面对着大海,下部是科林斯式古典派的柱廊,上部呈三角形。观众穿过柱廊,走进一间不大的休息室,再从休息室步入相当宽敞的大厅。楼上有三层包厢,下面有厢座、池座和软席。剧场可容纳八百观众。大厅里灯火辉煌。

据普希金说,意大利歌剧使他想起了"往日的岁月",即在彼得堡观剧的情景。如果说在基希涅夫克卢皮扬斯基剧场里,他常常想起谢苗诺娃和科洛索娃,如今在这古典式多层包厢的辉煌大厅里,既有交响乐队,又有一流的演奏家,那么他该想起的演员就更多了。

普希金由于看歌剧入了迷,便同市剧场经理、"商务顾问"伊凡·斯杰潘诺维奇·里兹尼奇结识了。这个人原是达尔马提亚人,如今进入年轻的敖德萨社交界,并被认为是最有文化的人物之一。他拥有出色的藏书室,一八二六年他曾资助塞尔维亚诗人米卢蒂诺维奇出版诗集及其著名的《塞尔维亚女郎》。

里兹尼奇在地中海、黑海和亚速海的各大港口都有大宗生意:他出口小麦,换进殖民地商品、土耳其地毯和维也纳钢琴。关于他的贸易兴隆情况,从敖德萨港通告便可见一斑,如:"奥地利'罗谢蒂男爵号'两桅帆船到达,船长是菲利普·洛兰佐·埃尔奇奇,运来橙子、柠檬、巴旦杏和烟草;货交给乔瓦尼·里兹尼奇:从墨西拿七十天,从海峡五天。"

不久,里兹尼奇就把普希金介绍给他的年轻妻子——一个体弱多病的美人。她名叫阿玛莉亚,佛罗伦萨人,到俄国刚刚几个月,还不懂俄国话。关于她的容貌,从图曼斯基的诗句中可以想象出来:

两只活泼的眸子天生不知有泪痕,

只燃烧着热情，闪烁着南国的蓝天……

普希金受到她的激发，写下许多不朽的情诗。在他的浪漫史上，这也是一次最强烈的爱情，使他取得了"可怕的经验"。在刚一见面的时候，他得到的印象几乎和三年前在古尔祖夫跟叶莲娜·拉耶夫斯卡娅见面时差不多——对于不久于人世的年轻女郎那种病态而娇柔的美，无限赞赏。不过，这次人死得非常快，而普希金的赞赏之情一下子就变成了炽热的爱情，使他经历了一番"苦痛的折磨"。由这种感情所引出来的著名抒情怨诉诗《你会原谅我的妒忌的梦想吗?》证明，普希金第一次感受到爱情不是欢乐和享受，而是痛苦和烦恼。的确，这种极度热烈的感情很快也就消失了：普希金的爱情跟他的恋人的生命熄灭得同样快。一八二四年春，阿玛莉亚·里兹尼奇回到意大利，不久就去世了。

这是年轻的普希金唯一一次带有悲剧色彩的恋爱。这次爱情使他久久地怀念着一个"令人痛苦的幽灵"，使他写下不少悼诗。从这些悼诗中显现出一个"异国女郎"的痛苦形象，并在俄国天才的哀诗中流芳于世。

3

对于使普希金"改恶从善"的任务，沃隆佐夫的理解跟英佐夫有些不同。他理解成是用他的崇高地位庇护这个被流放的诗人。一心追求独立的普希金，当然接受不了这种态度。他一八二四年六月七日于敖德萨写的一封信说："那种古代的庇护关系早已不时兴了。我们谁也不想找一位文明的权贵来宽宏大度地庇护我们……我们现在的文学是高尚而独立的，也只能是这样。"

但是上司的这种用心并没有立刻表现出来，开头还有工作上的一些安排做掩饰。在外事处做事要有多方面的知识，如外交、古文字学、政治历史等。普希金有机会利用上司收藏的丰富科学文献。

沃隆佐夫的藏书，是经过几位国家要员费了大约一百年的时间收集起来的,都是最为珍贵的版本、版画和手稿,其内容涉及科学和艺术的各个领域。因为这里是公务人员和外交人员办公用的藏书,所以政治书籍最为丰富,其中也有关于西方和俄国革命运动的资料及著作。这里所收藏的十八世纪法国革命的传单和呼吁书,直到今天仍然是绝无仅有的,而关于俄国的"叛乱"和暴动,这里有当时外国人写的罕见的见证材料。从狄摩西尼的演讲到邦雅芒·孔斯坦的抨击文章的政治书籍,从塔西陀到卡拉姆辛的世界历史,世界著名诗人的优秀版本,关于建筑的专题论著和根据罗西尼歌剧改编的钢琴曲,收藏的版画和大量手稿——所有这一切,普希金都可以使用,而普希金得到这么丰富的文化珍品,自然要埋头研读。沃隆佐夫的藏书在诗人的敖德萨生活中有着重要的意义,无疑扩大了他的知识范围,哺育了他的创作构思。

普希金一向喜欢探索祖国动乱时期和转折时期的题材和形象,因此这些藏书中有关俄国"混乱时代"、农民起义和朝廷危机的浩瀚的外国文献引起了他特殊的兴趣。在英国和法国公开发表的关于俄国王权时期的僭王和宫廷政变的资料当中,最能引起普希金注意的有如下几种:《关于莫斯科公国斯坚科·拉辛起义的报告》(萨伏依,一七六二年)、拉科姆巴的《俄国革命史》(阿姆斯特丹,一七六〇年)、德·拉·罗塞尔的《沙皇季米特里,莫斯科公国史》(海牙,一七一六年)、马尔歇勒特船长的《一五九〇至一六〇六年四帝执政时期沙皇俄国和莫斯科大公国的状况》(巴黎,一六六九年)。不久,普希金就把马尔歇勒特写进历史悲剧,成为剧中人之一。这里还保存了罕见的用拉丁文写的文章《莫斯科的悲剧,或论季米特里之死》以及极为少见的资料——当时曾目击拉辛起义的一个英国人写的笔记,这个人一六七一年恰好在俄国。普希金曾用这本书作为材料写出斯杰潘·拉辛之歌。

所有这一切同普希金的兴趣、构思、言论和写作计划都有一定联系,而在某些场合下甚至可能有直接联系。普希金于一八二四年曾经在国家要员的丰富藏书室里研究过资料,不管怎么说这是一个十分重要的情况,因为他在那里可以看到古代手写的文件和鲍里斯·戈东诺夫与伪季米特里时期的珍贵版本。

普希金除了读书之外,还经常跟富有才华和博览群书的人士进行热烈的讨论。这些讨论给予他的裨益绝不亚于那些堂皇的著作,比如,普希金在书信中就把莎士比亚和歌德同一个英国人相提并论,这个英国人就是沃隆佐夫的医生威廉·古特琴逊博士。他是一个耳聋的哲学家和聪明的无神论者。维格尔于一八二三年夏到过白教堂,曾这样描写这个英国人:"引起大家特别注目的是这里傲慢地坐着一位英国医生,身材颀长消瘦,沉默寡言,头已秃顶。沃隆佐夫让他给自己妻子和幼女当保健医。只在他面前摆着一瓶红葡萄酒。"

他不仅是一位医生,而且是一位学者和作家。普希金证实说:"他写了一千页材料,证明根本不存在能够主宰世界的有理智的生物,顺带还批驳了灵魂不灭说的薄弱根据。"一八二四年冬,普希金跟他学过"纯无神论课程"。古特琴逊是一位非同寻常的欧洲学者——他是英国林纳协会(这是为纪念瑞典伟大自然科学家林纳而成立的协会)的成员,参加过伦敦和巴黎的著名医师协会,还写了一篇题为《论溺婴》的长篇法医论文。这篇论文是献给有名的政论作家和政治家马金托什的。马金托什由于写《赞颂法国革命》一书而于一七九三年由国民议会授予法国国籍。

普希金在敖德萨遇到了这位撰写驳斥存在上帝和灵魂不灭思想的长篇文章的唯物主义哲学家,怀着他年轻时那种努力充实自己知识的心情"求教"于这位"聪明的无神论者"。普希金的自由思想原来是以法国启蒙思想的传统为基础的,必然带有它的"自然神论"的折中主义成分,如今听了英国思想家的自由讲座而得到新的深化。这位英国人想必向普希金论述了英国伟大思想家们的批判学说,普希金从这些生动的哲学对话中获得"纯无神论"的思想,这就是绝对地、无保留地不信任何宗教,不做任何妥协的辩解和避免冲突的让步。

普希金在敖德萨逗留的一年当中,发生了一系列使西方革命斗争形势发生剧烈变化的重大政治事件。一八二三年春,在亚历山大一世的压力下,法国军队占领了叛乱的马德里。十一月七日,黎耶哥被处死,复辟了的斐迪南第七采取行政恐怖手段。奥地利干涉意大利内部事务,迅速导致那坡利和辟蒙特革命政体的倒台。俄国的阿拉克切耶夫制度导致大学的关闭和报刊的查封。

年轻一代陷入深深的失望中,革命到处遭到失败。"刚刚诞生的自由突然哑口无言,失去力量。"普希金这时很可以复诵他在一八二一年描写波拿巴军事独裁专制镇压各族人民自由的诗句了。

诗人就是怀着这种心情,"遥望西欧,环顾周围",看到西班牙武装起义惨遭失败,阿拉克切耶夫的专制却日益加强,从而悲观地评价当时遭到神圣同盟残酷镇压的解放运动。普希金丝毫没有改变自己的革命信仰,丝毫也不怀疑民主的最终胜利,而是以清醒的头脑、敏锐的眼光,在《孤独的自由播种者》一诗中说明了目前斗争处于低潮阶段,斗争出现暂时的寂静及随之而来的士气低落和斗志消沉。这时,在他的创作中出现了规模宏伟和极其悲壮的主题,并在后来得到更深入的发展——这就是"寡众悬殊的斗争"的主题(按照诗人自己后来的说法)。

但是,理智的声音丝毫没有削弱他内心里对新兴的、向上的、大胆奔向未来的欧洲的信赖心情,这种心情在他少年时代的政治诗里表现得十分清楚。他在一八二四年给一位朋友写信说:"不论你听到什么话,你也不要相信我的心会对觉醒的人民的高尚作为怀有恶意。"

他的《皇宫前的卫士一动不动,打着瞌睡》的片段,就是在这种心情下写的。这首诗把亚历山大和拿破仑做了对比,这种对比不仅仅是当时国际政治两种基本势力、两个主要人物的对比,而且是两种类型的专权的对比。拥有无限权力的北方主宰者,面对着的是西方主宰者:

> 这个骑士,各国帝王对他都俯首听命,
>
> 叛逆的自由的继承者和刽子手,这个冷酷的吸血鬼,
>
> 这个帝王,如今像梦,像黎明的暗影一样化为乌有。

普希金的提法,从历史上看是无错误的:波拿巴正是法国革命的"继承者",同时也正是革命的刽子手,——这位共和军的统帅从革命

时代的解放战争走向帝国时期的征服战争：当他跟亚历山大发生冲突时，进攻的法军已经丧失了历史正义的优越性。这种优越性已经转到自卫的俄军方面，俄军不仅从异族的暴政下解放了自己的国土，而且解放了欧洲各族人民。普希金在一八三〇年的政治诗中指出的正是这一点（我们"用鲜血换得了欧洲的自由、荣誉和和平"）。

4

在敖德萨社交界，普希金特别注意总督的夫人伊丽莎白·克萨维里耶芙娜·沃隆佐娃。看样子，这位总督夫人对被流放的著名诗人也颇感兴趣。她是一个性格乐观、有才华又有教养的女人，爱好艺术——音乐、绘画、戏剧和诗歌。有一件事令普希金感到十分钦佩，就是有一次她望着大海，吟诵茹科夫斯基叙事诗的诗句：

> 你从岸上凄然地瞭望，
>
> 瞭望那空阔的天边：
>
> 有没有白色的帆影，
>
> 有没有来往的舰船？

据传说，普希金有一组名篇是和沃隆佐娃的形象分不开的，如《烧掉了的信》《护身符》《天使》《一切都为了对你的怀恋》《你可爱的情影最后一次》《阴霾的白天逝去了》《对声誉的渴望》《普罗泽尔皮娜》。《致大海》中有两行诗也跟她有关：

> 强烈的爱情使我神魂颠倒，
>
> 我徘徊在岸上，不能离去……

沃隆佐娃原是西南富豪克萨维里·勃拉尼茨基的女儿，在家中常常热情接待许多住在敖德萨的波兰人。波托茨基家族、尔热乌斯基家族、波尼亚托夫斯基家族、索班斯基家族、甘斯基家族等，都把敖德萨当作自己的城市。

这时，在普希金的诗歌中开始出现新的主题，这个主题后来日益深化，并甚至具有战斗的意义，这就是俄国同波兰的关系。他同奥利扎尔早在一八二一年便在基辅和基希涅夫见过面。那之后,这位波兰的爱国者有过一段不幸的恋爱故事:他疯狂地爱上了玛丽亚·拉耶夫斯卡娅,然而这位少女的父亲认为他们之间的信仰和民族不同,是他们婚姻不可克服的障碍。

普希金曾为了这不幸的爱情,写诗给奥利扎尔:

> 歌手啊! 我们两个民族
>
> 自古以来就世代为仇。

普希金在诗中谈到这两个斯拉夫民族在历史上的不睦,顺便提到克里姆林宫和"科斯丘什克的旗帜"的失败,但他认为在艺术中存在着可以和解的基础("但是,美妙的诗歌的声音会使敌对的心灵彼此相通……")。

奥利扎尔为了回答普希金在他们的友好交谈中所表示的见解,也写了一篇优美的诗歌献给"强大北国的诗人"。他赞赏普希金"像阳光一样灿烂的"才华和长诗《强盗弟兄》的深刻,并告诉普希金说,"天才的火花会使各民族获得新生,会改变几世纪的历史"。

在敖德萨的波兰社交界,占据首位的美人是卡罗琳娜·索班斯卡娅(普希金于一八三○年曾为她写了一首斯坦司体《我的名字对你有什么用?》)。她实际上是诺沃罗西亚军屯长官维塔将军的非正式夫人。这个维塔是秘密警察的坐探,以出卖十二月党人而出名。而索班斯卡娅正是他干这种肮脏勾当最可靠、最机灵的帮手。

这一切当然都严守机密,所以任何人也猜想不到这个年轻的波兰女人的幕后活动。在索班斯卡娅的家里,普希金又结识了她的妹妹埃维莉娜·甘斯卡娅。她的这位妹妹后来因同巴尔扎克结婚而闻名。根据普希金的书信来判断,他的好友和"恶魔"亚历山大·拉耶夫斯基当时也是这位埃维莉娜·甘斯卡娅的崇拜者。敖德萨的波兰社交界向年轻作家提供了他晚期创作中描写"混沌时代"的人物的素材(波兰贵族索班斯基、姆尼舍克家族)。

一八二四年一月,诗人从客居敖德萨的利普兰季那里听说,宾捷雷的一个农民尼科拉·伊斯克拉还记得查理十二的故事。普希金决定请这位一百三十五岁的老人帮助寻找马泽帕坟墓的遗迹。

从一八一六年的《比萨拉比亚地方志》可以知道，"离宾捷雷三俄里远，在瓦尔尼查村附近，在德涅斯特河岸上，如今还可以看到查理十二建造的营垒或古城的遗迹。这些遗迹就是一些并排的深坑，笔直延伸开去。还可以看到枪眼、环城的土墙、宫殿的颓垣和火药库的残迹"。

当地的历史学家把宾捷雷比作圣爱伦岛。圣爱伦岛是拿破仑覆灭的象征："宾捷雷的城墙令旅行家想起另一个征服者生平中的一段浪漫故事。这个征服者貌似强大，不可抗拒，却也为自己过分的虚荣心而受到惩罚。"

具有历史意义的古迹向来吸引普希金的创作注意力，并激发他写出爱国主义的诗篇。

不久，他在利普兰季的陪同下，到达德涅斯特。利普兰季随身带着几本关于瑞典国王在宾捷雷驻留的古书——诺尔登贝格附有地图的大开本著述和德·拉·莫特莱配有版画的旅行记。

利普兰季在他的回忆录里写道："我们出发到瓦尔尼查村的遗址去，随身带着诺尔登贝格文集的第二卷和莫特莱的著作，书上有几幅查理十二的全身画像，一张画着营垒、战壕的平面图和瓦尔尼查工事建筑的正面图……野地里一些高低不平的地方，正是古时堡垒的遗迹。"

普希金在他的第一首北方长诗里，记述了关于这次在南方寻找当地古迹的旅行回忆：

> 在宾捷雷荒凉的工事四周，
> 如今有一长排磨坊的风车，
> 好像和平的围墙将它围住，
> 在那些武士的坟墓旁边，
> 成群的水牛在任意漫步，——
> 只有古城的断壁残垣
> 和长满苔藓的、深深陷入地下的三磴石级，

是瑞典王的遗迹……

这部长诗的结尾反映出普希金对于古代土耳其要塞的印象。

然而，一八二四年诗人已经产生了新的创作欲望。在他的想象中，浮现出另外一些形象。据利普兰季证实，普希金"希望从伊斯克拉那里打听到有关马泽帕的故事，而伊斯克拉不但不能告诉诗人所要寻找的古墓或遗址，而且宣称他根本没有听说过这个名字。普希金不肯罢手，还向这个老人解释，马泽帕是哥萨克将军，他信东正教，不像瑞典人信奉异教，——不论怎么说都徒劳无益"。

一位忧郁的异乡人来到此地，

徒然寻找盖特曼的坟墓：

马泽帕早已被人们忘记……

普希金在长诗的结尾满怀怅惘说明，他一八二四年的考古调查毫无成果。但是，这一次学术考察也不是毫无裨益，正像克里米亚是《叶夫根尼·奥涅金》的摇篮一样，宾捷雷是《波尔塔瓦》的摇篮。

5

这时，沃隆佐夫已经最后形成了对普希金的意见，开头那些做保护人的打算已经踪影皆无。据十二月党人谢·格·沃尔康斯基说，贪权仗势的沃隆佐夫"在诺沃罗西亚摆出东印度总督的架势"："普希金的不受管束，他是不能容忍的。"这位豪富权贵和身居高位的长官很快就感觉出，新来到自己办公室的这个办事员是属于敌对阵营的人物。他觉得普希金是一个专为平民写诗的粗俗的平民知识分子和危险的政治活动家，尤其是在诺沃罗西亚已经炽热的环境里，危险性就更大。"我不喜欢他的派头，也不那么崇拜他的才能。"沃隆佐夫于一八二四年三月六日给第二集团军参谋长 П. Д. 基谢廖夫的信中写道。"他只不过是一个不大受人尊敬的榜样（拜伦勋爵）的糟糕的模仿者。"又过了两周之后，他把自己对普希金的看法写信告诉给涅谢耳罗德伯爵。沃隆佐夫同不列颠上层贵族有亲戚关系，而拜伦的诗歌和人格在不列颠上层贵族中引起强烈不满。拜伦曾在国会为起义的纺织工人辩护，又曾写抨击文章嘲笑组织神圣同盟的帝王，从而被看作大逆不道的乱臣，而拜伦的"糟糕的模仿者"当然不能得到国家要员的保护。

沃隆佐夫非常崇拜马基雅弗利，在他的藏书中有后者的大量著作。他在同对手进行斗争时是不择手段的。沃隆佐夫既然决定把普希金赶出敖德萨，便于一八二四年三月向涅谢耳罗德正式发文，要求把这个官吏调往其他省份，因为当时在南方传播的"狂妄而危险的思想"对他会起坏作用。五月二日，他再次请求涅谢耳罗德让"普希金离开他这里"，因为"值得俄国政府加以怀疑的"希腊起义者大批流入南方各省。

沃隆佐夫的这种态度，普希金不可能丝毫不知道，于是开始了一场真正的政治决战。诗人明白，人们在背地里整他，便只好用自己唯一的武器——他的笔来回答。

早在一八二三年十月，当亚历山大一世在图尔琴检阅士兵时，曾把刚刚得到的黎耶哥被捕的紧急报告通知给他的随员。在一片沉默中，突然响起沃隆佐夫的声音："皇上，这可是个大喜讯呀！"这句讨好沙皇的话，大大动摇了诺沃罗西亚总督的社会声望。而在不久之前，这位总督还经常卖弄自由主义。如今普希金想起了这件事，把它写成了一首短小的政治抨击诗（《有一次有人奏知沙皇》）。诗的结尾——"谄媚者啊，谄媚者！你们尽可以卑鄙无耻，是否也保留一点高尚的姿态"，使这首诗具有特别强烈的讽刺力量。普希金一八二四年写的另一首诗，大概也与这事有关：

> 歌手大卫尽管身材矮小，
>
> 却打倒了高大的哥利亚，
>
> 哥利亚也是一位将军，
>
> 我敢发誓，绝不亚于伯爵。

普希金后来并不隐藏自己的政治讽刺诗，因此，他的这首新作很快就被沃隆佐夫知道，是毫不足怪的（其他的讽刺诗，如《半似英国贵族，半似商人》大概也是这样）。这位诺沃罗西亚总督又施展惯技，用隐蔽自己的意图和行为的复杂手法加以报复：他不等彼得堡下达命令，便利用职权试图把大胆的讽刺作家撵出敖德萨。

一八二四年五月二十二日，普希金接到由沃隆佐夫签署的公文，要他到县城去"调查赫尔松省发现的蝗虫多寡以及灭虫的效果如何"。

诗人认为这个命令是污辱性的挑战，他完全了解沃隆佐夫之所以要这样做的隐藏原因。普希金一向认为自己是个挂名的官吏，因此他需要进行不间断的、顽强的创作。他后来写道："写诗是寥寥可数的天生诗人的特殊爱好，这种爱好吞噬和消耗他们一生的全部精力、全部印象……"

诗人试图正式推辞这次差事。他给沃隆佐夫办公室主任 А.И.卡兹纳切耶夫写了信。这个主任也尽力给他帮忙。普希金亲自向沃隆佐夫申诉理由，结果诗人明白只好服从命令。第二天他就离开敖德萨，到赫尔松省去了。

但是，诗人内心的反抗仍然很强烈，这件差事他实际上并没有认真去做。普希金像闪电似的在赫尔松、伊丽莎白城附近转了一圈，一共用了四五天时间到一些县衙门去收集情况和亲自考察受灾地区。他大概并没有去亚历山大利亚，于五月二十八日便返回敖德萨。

关于《蝗虫飞来了》一诗曾流传过一种奇谈，说是诗人曾把它直接交给沃隆佐夫，我们这里不想重述。实际上普希金交上去的是一份更为重要的文件——他写给皇上的辞呈。

六月一日，普希金在浏览敖德萨法文小报（这种小报平时登满了商业行情）时，突然看到伟大诗人逝世的消息，他大为震惊。在政治栏头条位置上，刊登五月十四日从伦敦发来的消息：

"拜伦勋爵的逝世，使英国失去了一位最优秀的作家。他卧病十日，由于炎症不治而于四月十八日在梅索朗吉昂死去。"

接下去是希腊临时政府的讣告全文。讣告说这位"知名人士"在希腊人民争取自由的斗争中，与他们同生死，共患难；政府决定举国致哀，并向他的灵柩表示人民深沉的哀悼。

普希金把拜伦逝世的日子记在自己笔记本的封皮上面。朋友们都期待他会对这一震动整个欧洲的事件做出反响,维亚泽姆斯基几次催促他"为拜伦写悼诗"。

维亚泽姆斯基的妻子还直接向普希金提出这样的请求。她是带孩子到敖德萨度游泳季节的。由于同这位聪明而热忱的女人的友谊,诗人在南方逗留的末期那种孤独心情被驱散了,并从她那里得到温暖。她的性格活泼开朗,谈吐也很风趣。他把"自己的心事和激情"都坦率地告诉她,同她一起在海边上漫步,把尚未出版的《叶夫根尼·奥涅金》读给她听,陪她一道去看剧。

他们从维亚泽姆斯卡娅住的兰热隆别墅到意大利歌剧院去,是按照威尼斯方式——从海上走,从兰热隆岸边乘小船划到内港的码头。从这里便可以看到山冈上的剧院的柱廊。

维亚泽姆斯卡娅在敖德萨同沃尔康斯卡娅公爵夫人及其女儿阿琳娜都很要好。这位阿琳娜小姐对普希金十分崇拜。她的哥哥谢尔盖·格里果里耶维奇·沃尔康斯基是一位年轻将军,也常来探望母亲。这位沃尔康斯基同普希金有许多共同的朋友和熟人——拉耶夫斯基一家、奥尔洛夫一家、达维多夫一家和佩斯杰尔。这位年轻将军对玛丽亚·拉耶夫斯卡娅还一向倾心。

沃尔康斯基游历过整个欧洲,谈起话来既一本正经,又娓娓动听。他以大胆直言而闻名。一八一二年,亚历山大一世向他问起贵族对待卫国战争的态度如何,他毫不犹豫地回答说:"陛下,我为自己是贵族而感到耻辱——他们大话说得最多,什么事也不做!"而对军队的士气和人民的精神,这位年轻军官则赞扬不已。这一切都使普希金对这位进步军人怀有真诚的敬佩(当时沃尔康斯基就是南社的重要活动家之一)。在下边还传播着另一种消息,说沃尔康斯基当时负有吸收普希金参与政治密谋的使命。

6

诗人在这些焦虑不安的日子里,常到不寻常的陌生环境里去散心——到码头上,船上,跟水手们在一起。

维亚泽姆斯卡娅说:"有时候不知他到哪儿去了。我问:'您到哪儿去了?''在船上。一连喝了三天三夜。'"

诗人的目的不在于酗酒,而是同这些勇敢的航海家接近,从他们身上可以感到远洋的气息。

当时,航海还充满着危险和冒险。大城市的港口都有大量勇敢的海员。二十年代敖德萨的报纸,经常登载船舶失事或海盗袭击商船的消息。普希金同"退休的海盗"摩尔人阿里交朋友,是尽人皆知的。阿里是沿海城市的典型居民,穿着绣金的短外衣,"腰中带着武器",神态活现地、大摇大摆地走在洒满阳光的街道上。

跟在克里米亚一样,兰热隆巉崖边的南海也令普希金赞赏不已。不久,诗人就向敖德萨岸边的黑海写出他的著名献诗:"我多么爱听你的回响,你那发自深渊的深沉的声音。"他在任何时候都喜爱大海,不论是阳光明媚还是星光历乱,不论是风平浪静还是狂风暴雨。

维亚泽姆斯卡娅一八二四年七月十一日写信给丈夫说:"昨天我跟普希金一起,冒着滂沱大雨在海岸上待了大约一个小时,观看一艘大船同风暴搏斗。主桅刮断了,船员坐上两只舢板,大船颠簸得非常厉害,我禁不住惊叫起来……"普希金记住了黑海上的这些惨剧。大海浩渺雄壮,波浪滔天,"不可制服":

> 你一旦波涛汹涌,便无法扼制,
>
> 成群的船只会顷刻沉没……

七月二十九日,敖德萨市行政长官古里耶夫急忙传见普希金。诗人同他无论在公务上或在沃隆佐夫的客厅里,都混得很熟。这一次,他对待诗人却极其冷淡,一本正经地打起官腔。他首先向普希金读了一段从诗人的信中抽出来的"亵渎上帝"的话,诗人在信里说他是纯无神论者。接着是涅谢耳罗德的通知:"由于这个原因,皇上为了使他能认识到自己罪过深重,命我将他从外交部花名册中除名,并说明开除的原因是由于他行为不端。"命令规定要迅速把普希金押送到他父母的庄园,并交给地方当局监管。

普希金传记中最重要的时期之一——在南俄的流浪结束了。他在敖德萨的一年,感受十分丰富。这一年在诗人的一生中,构成了一个完整的阶段。他在这里形成了对人生和人的明确而清醒的看法,再也没有浪漫的幻想和少年的天真了。他从幻想家变成了思想家,他的讽刺也由快活和尖利变成愤怒和痛苦了。有一段抒情诗的告白是很能说明问题的:

> 我用清醒的目光观察世界,
>
> 不禁暗自感到诧异;
>
> 从前我怎么会觉得世界
>
> 是那么堂皇,那么美丽?

这是进行紧张探索和做出坚定结论的一年。"普希金在敖德萨写下很多诗,但他读的书更多。"他弟弟证实说。普希金在敖德萨的书信中所提到的作者,为他对新的创作构思进行加工做好了准备。这些构思有:第一部悲剧、浮士德的几场、《先知》。在敖德萨这一年的亲自感受,使他写出《烧掉了的信》《阴霾的白天逝去了》《在蔚蓝的天空底下》《为了遥远的祖国的海岸》。

诗人的语汇也由于吸收了敖德萨市井、码头、咖啡馆和歌剧院的独特语言而大为丰富了。在米哈伊洛夫斯科耶时期的诗歌中,有大量形象和表现方法都令人想起自由港及其生活习惯和语言:"西班牙的三桅帆船"或"大宗巧克力"——所有这些都带有黑海船业广告和敖德萨自由港价目表的术语味道。

在七月,从敖德萨出发乘马车走远路,一定要赶在清晨,趁天气凉爽走,所以往往天刚亮就动身。头一天夜里应该和这座城市告别。当时敖德萨社交界已经不在市里了:有的在克里米亚,有的在海边上的别墅。城市空了。如果说一八二〇年还有戴里维格送他南行的话,那么这次新流放却没有一个朋友给他送行。

但是,曾给他带来无限快乐的心爱的剧院还在。七月三十日正上演罗西尼的滑稽歌剧《土耳其人在意大利》。那些有名的短抒情调和博得喝彩的二重唱,曾以其"金色的泡沫"给诗人带来喜悦,如今向他表示了告别的敬意。

　　还有一个朋友需要告别一下：诗人最后一次从陡峭的海岸跑到大海跟前。在内港码头上，正在装载准备开往意大利的三艘两桅帆船——"鹈鹕号""伊尔－皮亚琴德号""亚德里安诺号"。另外还有一艘"圣尼古拉号"，正在装乔万尼·里兹尼奇的小麦，准备运往君士坦丁堡。再过两三天，这些帆船就要到达博斯普鲁斯海峡……汪洋大海从右边的卡拉京海滩伸展开去，好像宽阔平静的带子，跟往常的七月末一样，闪烁着"高傲的美色"。在岸边，轻轻的浪花声最后一次响起，就像一个活人在跟诗人谈话一样，在向他发出呼唤，要同他一起漂向远方。跟大海，跟这位忠诚而雄浑的朋友联系在一起的，是普希金对曾经歌颂过大海和"自由为之歌哭"的愤怒诗人的印象。当地的报纸刚刚登载了发自伦敦的消息：拜伦的葬礼招徕无数的人群。他们来到乔治大街，集聚在这位在解放战争中英勇牺牲的诗人敞开的灵柩旁边。

　　　　在自由即将来临之前，

　　　　他高傲地迎接了死亡。

　　这是不久之后普希金为拜伦写的极其简洁的悼诗。这是压服不了的反抗和为自由而斗争的伟大遗言，经过长期流放的诗人如今感受得更加痛切，因为他就要改换流放的地点，满怀忧伤、敬意和期望告别自己的朋友——南海：

　　　　再见吧，自由的力量！

　　同世界上这种无限自由截然对立的，是对个人命运的残酷迫害。一八二四年七月三十一日，十等文官普希金从敖德萨出发，沿着古里耶夫将军规定的行程北上（并且沿途不许在任何地方停留），而到达普斯科夫之后，马上向省长冯·阿德尔卡斯男爵报到。

第七章　浪漫主义组诗

1

拉耶夫斯基家两个大女儿非常喜欢新诗人拜伦。在俄国,当时还很少有人知道他。但是,维亚泽姆斯基早在一八一九年从华沙写信给彼得堡的朋友们时,便谈到了他:"这真是一个迸发诗的源泉的巉岩。"

一八二〇年冬,普希金埋头于《鲁斯兰和柳德米拉》,只是隐约地听到有这么一位英国诗人。但是到了八月,他结识了许多新朋友,读到了《强盗》《莱拉》《异教徒》《恰尔德·哈罗德》。于是,在他面前展现出新的途径。他一生都将怀着强烈的激动心情,回忆世界诗坛由于"响起了新的美妙竖琴的声音——拜伦的竖琴的声音"而发生的转折。

拜伦的著名东方诗篇,是诉说极力摆脱束缚人的黑暗时代的锁链的当代人的悲哀和愤怒的诗体故事。这些诗篇的突出特色,在于抒写崇高的理想,描写勇敢者的悲惨命运和在异国情调的风景衬托下的思想苦闷。这种风景仿佛宣告大自然以其真实和瑰丽战胜了人类法律的可怕世界。

在这种腐败文明的种种现象面前,青年人恰尔德·哈罗德对人生感到深沉的失望,对生活乐趣已经餍足,对人冷漠,对世人的思想鄙视,对世人的追求持反对态度。这是时代的新英雄。他既孤独又不肯屈服。他为了文明和革命的崇高理想,打破了当代社会的一切规范。

这种表现反抗的创作的强大潮流,也冲击了普希金。他开始写新的题材,运用新的诗学,刻画新的人物,并从革命浪漫主义的战斗立场出发,对当代的一切政治事件予以重新评价。

普希金从前也注意观察年轻一代代表人物的面貌,并已从中找出准备写的典型的轮廓。在彼得堡时,他已经从恰达耶夫、格里鲍耶多夫、尼古拉·拉耶夫斯基、卡维林、普辛、卢宁和屠格涅夫身上,看到可以写入史诗的俄国优秀人物。到了高加索,亚历山大·拉耶夫斯基一直是普希金注意的对象。这个人有一套怀疑主义哲学,在诗人的眼里,他越来越像时代的典型人物。

然而,英雄史诗的陈旧形式不能满足时代提出的迫切要求。只是到了现在,到了克里米亚,才在普希金面前展现出抒情史诗和诗体小说的新体裁。这种体裁仿佛恰恰是为表现处于毫无出路的历史悲剧之中的当代人物而创造出来的。

《恰尔德·哈罗德游记》使古典主义史诗的优秀典范——《勇猛的罗兰》、《耶路撒冷的得救》和《奥尔良少女》都相形失色。无名人物的平凡传记同古代的英雄奇迹形成鲜明对照:

> 从前,不列颠有一个青年人,
>
> 他对于道德颇有些不敬……

然而,"高山是他的朋友,高傲的海洋是他的祖国……"他拜访了受奴役的民族的国土,号召他们拿起武器,举行起义。他热爱自由,为自由而高唱自由的颂歌。

从此,新史诗的风格和体裁逐渐形成。十九世纪初的独立不羁的青年人,不仅不列颠有,俄国也有。年轻一代的诗人的使命正是面向他们。

一八二○年七月,普希金在基斯洛沃德斯克写《鲁斯兰和柳德米拉》的尾声,可是八月到了古尔祖夫,便开始计划写《高加索的俘虏》——这正是《叶夫根尼·奥涅金》的先声。

在旅途笔记上,简单扼要地记载下写作提纲:"山村,别什陶,契尔克斯人,饮酒,唱歌,游戏,马群,袭击……"长诗的情节只做了简单的标记:"俘虏——少女——爱情——逃跑",取自叶尔莫洛夫军队在外库班平原上的战斗功绩的故事。

在高加索战争的英雄传说中，关于被俘军官的动人故事非常多。被俘的俄国军官从被幽禁的山村逃出来的题材，发展成为诱人的构思。

普希金于一八二〇年秋在基希涅夫动手写这篇新长诗，到一八二一年二月便在卡缅卡完成了（只是没有尾声——这是反映他与拉耶夫斯基将军在高加索的长谈的战歌）。这是当代青年人的素写肖像，标志着思想发展和风俗史上的新阶段。

然而，这种悲观主义者追求自由的浪漫主义情调，在这里增添了政治色彩（按照维亚泽姆斯基的著名说法）。秘密团体的某些成员也正是这样理解这位个性自由的鼓吹者的，把他认作自己同反动国家进行斗争时的同志和战友。这样就塑造出一个不知疲倦的探索者的概括典型。这个探索者具有新的世界观，体现着同代人中优秀人物的愿望和思想。

普希金塑造体现重大题材的现实的性格，为俄国未来的长篇小说开辟出广阔道路。这部《高加索的俘虏》不仅其诗歌语言，而且整个风格都标志着俄国诗歌发展前进了一大步。普希金自己也认为《鲁斯兰和柳德米拉》有些"冷冰冰"，然而他非常喜欢《高加索的俘虏》："其中有我倾注了感情的诗句！"在这之前，普希金写的是平铺直叙的长诗，像光怪陆离的拼花图案一样只适于观赏，而深奥莫测。如今转向真正的哀诗体长诗、歌咏体长诗、自由体长诗，用音乐的旋律表现内心的痛苦和悲哀的思想。柳德米拉只能使读者消愁解闷，得到一点娱乐，而契尔克斯女郎的爱情，据普希金自己说，是"动人心弦的"。

这是艺术上的重大发现。在我国就这样诞生和出现了第一篇浪漫主义长诗。遥远的古代的传说，让位给诗歌自由的新体裁。作者通过这种体裁对当代人物做了细致的心理描写。

2

普希金对于被当代社会所唾弃的人们的深刻同情，成为他一八二一年未完成的基希涅夫长诗《强盗弟兄》的主题。

普希金在流放中亲眼看到两个囚犯逃跑——这是当时监狱新闻中不平常的事件，于是着手写这种引起他思想共鸣的题材。这篇长诗几乎是和《囚徒》《小鸟》同时写的。从狱卒的手底下逃跑，以江河和森林代替铁栏和枷锁，一望无边的原野和"无法无天"的生活——这种对自由不可抑制的渴望，构成这篇故事的主题。诗人用清晰的笔锋勾画出监狱生活的恐怖：不仅狱卒的呵斥和铁链的哗啦声令囚徒害怕，就连"偶尔飞来的小鸟发出轻微的响声"也使他们心惊。

长诗未完成部分的提纲保存下来了，其情节取材于伏尔加河沿岸流民的传说："在阿斯特拉罕抢劫了一艘商船""首领带着一个姑娘……伏尔加河上的歌声"。这显然是普希金从顿河的村庄听到民歌和故事而产生的印象的痕迹。在顿河一带广泛流传着关于斯杰潘·拉辛和波斯公主的故事，当时就引起了尼古拉·拉耶夫斯基和普希金的密切注意。

《强盗弟兄》是诗人要写的十七世纪农民起义著名领袖的长诗的构思的一部分。保存下来的这个片段，描写的虽然是普通的强盗，但这只不过是一部长篇史诗的序曲，而这部史诗的主题写的是关于拉辛一类哥萨克进行袭击的故事和伏尔加流民领袖在船上的爱情悲剧。这从提纲中可以明显看出：提纲里标出的已不是拦劫单个行人的绿林大盗，而是军人气概的哥萨克——叶萨乌尔和阿塔曼。这已经是哥萨克军队的官级和代表人物了。

长诗的标题也符合哥萨克村落的生活习俗，以及他们那种豪放不羁、无视法律的性格。哥萨克劫掠"衣服"和"财物"、黄金和女人，在当地居民的印象里，跟逃犯、徒刑犯和苦役犯的集中地经常发生的劫掠烧杀是联系在一起的。由此而产生出流行的绰号："做贼的哥萨克""贼人强盗"，而拉辛的同伙则通过民间歌手的嘴来进行反驳：

我们既不是贼，也不是强盗，

我们是斯杰潘·拉辛的伙计……

看来，对普希金这首长诗的标题，不应该根据刑法或一般人对"抢劫"一词的理解加以解释。按照那种解释,这完全是可耻的和恐怖的勾当;其实这个标题在某种程度上表现的是勇敢、豪放、大胆的挑战,甚至是社会的反抗(跟《杜勃洛夫斯基》的作者晚期的一些构思是一脉相承的)。

普希金为了创作这种犯禁的题材,求教于民间口头创作。他以历史传说和民间歌谣为基础,显然准备用浪漫主义长诗的新体裁,比较自由地叙述古代流民的事迹。他把起义贫民的领袖写成一个无名的人物,把时间也改了,但却保留他性格的基本特征。如果说他的身份模糊了,但却保存了俄罗斯生活有趣的现象和无名的人民英雄的坚强性格。普希金在提纲中做的标记尽管十分简单,但是,对他的原型谁都不会产生任何怀疑。

长诗主体部分的序曲("在伏尔加河上,在茫茫的夜色里,有一张白帆隐约可见……"),正是描写斯杰潘·拉辛的组诗最常见的开头。普希金在一八二六年写的通俗叙事诗中也是这样开头的("沿着宽阔的伏尔加河,开来一只尖头的木船……")。关于姘妇的悲惨故事,使人想起关于严峻首领的放荡生活的传说。作者的记录:"首领,他带着一个姑娘,他的冷漠,等等;伏尔加河上的歌声。"这里显然指的就是斯杰潘·拉辛向伟大的伏尔加河表示感谢之情,并把波斯女人投进河里的故事。普希金后来把这个情节单独写成歌,并津津有味地高声朗诵一位外国旅行家写的关于这个事件的故事。在"他无恶不作"的记载里,反映出关于哥萨克领袖易于动怒和处罚严厉的可怕传说;最后,关于"叶萨乌尔出卖了他",同历史记载完全符合:在顿河,有一个哥萨克头目向莫斯科政府的代表出卖了斯杰潘。

诗人于一八二三年春在基希涅夫把这篇长诗烧掉了,这毫不足怪。根据提纲判断,以后的部分将描写历史上记载哥萨克打仗的故事,从而完美地表现出哥萨克著名首领们的坚强性格。

《强盗弟兄》是诗人构想的史诗唯一保存下来的序曲部分。序曲本身又是一首独白式长诗。诗中表现了诗人唯一的愿望。诗的语言活泼而大胆,极其近似诗人所描绘的被唾弃的人们的语言。"就语言而论,我没有写过任何更好的东西。"作者这样声称。除此,他只对自己心爱的《致奥维德》一诗十分推崇。

然而,就题材来说,这篇长诗也标志着诗人创作成长中的一个重要阶段,因为他把新的题材引进了俄国文学。普希金在《死屋手记》①的四十年前,就描写了俄国的监狱情景,既广泛记述了引人注目的生活细节,又深刻揭示了怙恶不悛的"罪犯"的阴郁性格中的人性。长诗既包含着对专横暴虐、凌辱压迫的仇恨,又表露出对在政府虐政下成为牺牲品的人们的深刻同情。

《强盗弟兄》在十二月党人中间得到崇高评价,是毫不足怪的。雷列耶夫和别斯图热夫对这部作品都表现出极大的兴趣。他们一再主张这部作品应该在他们的刊物上发表。不久之后,这篇囚徒的自白果然在《北极星》上刊登了,离十二月十四日只有半年的光景,并带有《片段》的副标题,仿佛指明写作提纲中的范围要更为广阔,最初的构思也更为深刻。

准备起义的十二月党人正是这样理解普希金的这首新作的。十二月党人什泰因格尔在给尼古拉一世的信中声明,《强盗弟兄》"散发着自由的气息",并把普希金的这首长诗与雷列耶夫的《纳利瓦伊科的自白》和《沃伊纳罗夫斯基》放在同等地位。按照他的说法,这三部作品对一八二五年起义者的政治教育具有决定的意义。

3

一八一九年,普希金在彼得堡结识了波托茨基家的两位年轻姐妹索菲亚和奥尔加。她们是一个著名的希腊女人的女儿,这个女人名叫索菲亚·康斯坦丁诺芙娜·格利亚沃奈。她于十八世纪七十年代被波兰驻奥斯曼帝国公使从君士坦丁堡的一家酒馆带到华沙,并成为著名军官约瑟夫·维特的妻子。不久之后,又成为波将金每次出游或出

---

① 《死屋手记》系陀思妥耶夫斯基的作品。——译者注

征必不可少的伴侣。一七八三年攻打克里米亚时，她也被带在身边。过了一些时候，这位多利亚公爵从他征服的半岛上划出一些领地给她，这些领地后来便一直归她的子女所有。波将金死后，她又嫁给称王的盖特曼斯坦尼斯拉夫·波托茨基。她这次结婚生的子女，其中包括索菲亚和奥尔加，都是在波托茨基家族西南地区城市领地乌曼或图尔琴，以及属于这个著名波兰贵族祖传领地的克里米亚别墅长大的。波托茨基姐妹在克里米亚的古都巴赫奇萨莱听到过一个关于她们家族成员的悲惨传说，这个成员就是玛丽亚·波托茨卡娅公主。她被最后一代可汗基列所俘虏，可汗痴情地爱上了波兰公主。为了纪念她，他用大理石建造了一座独特的陵墓，墓上修有喷泉。这个传说在可汗的王宫里，曾长期流传。普希金在认识了波托茨基家的两姐妹之后，在描写多利达的长诗中曾经提到她们：

> 两位年轻的少女曾经听说，
>
> 一个古老的传说在那里流传，
>
> 于是给这阴森的建筑物，
>
> 起了个名字，叫作泪泉。

关于这位波兰公主被掠入后宫并被妒忌她的王妃刺死的传说，是两姐妹之中的姐姐索菲亚·斯坦尼斯拉沃芙娜对普希金讲述的。关于这一点，普希金在长诗《巴赫奇萨莱喷泉》的附注里曾谈道："我来到巴赫奇萨莱时，身体不适。从前我就曾听说过，痴情的可汗为纪念她而修造一座奇怪的陵墓。K.富有诗意地对我描绘了这座陵墓，并把它叫作泪泉。"

这个难于猜测的字头 K.，正是表示索菲亚·斯坦尼斯拉沃芙娜·波托茨卡娅的丈夫的姓氏。她于一八二一年嫁给 П. Д. 基谢廖夫将军。所以，普希金上面的记述应该读作："基谢廖娃富有诗意地对我描绘了这座陵墓……"

普希金在这段记述的草稿中，特别提到索菲亚"富有诗意的想象力"。这种想象力显然使她的讲述具有特殊的魅力。他在信中提到《巴赫奇萨莱喷泉》时，曾经直接说出她的名字。比如，他在一八二三年十一月四日给维亚泽姆斯基的信（这里按草稿引用）中写道："请你给巴赫奇萨莱写一个短短的序或跋，如果不是为我，那么就是为了索菲亚·基谢廖娃，你也应该写。"维亚泽姆斯基曾爱过索菲亚·斯坦尼斯拉沃芙娜，所以普希金请求他为这部长诗写一篇文章，以纪念赋予诗人以灵感的那位少女。从彼·安·维亚泽姆斯基一八二〇年二月六日写给亚·伊·屠格涅夫的信中可以看出，普希金在一八一九至一八二〇年之间，显然同索菲亚·波托茨娅曾在彼得堡见过面。他在一八一九年末写的《柏拉图式爱情》一诗，就是献给她的。诗中倾诉了他对于这位拒绝了爱神和月老的冷若冰霜的少女的热烈感情。

上述情况不仅对了解普希金写诗的原委有很大意义，而且对搞清楚他的传记也有很大意义。他一八二三年八月二十五日给弟弟写了一封信，在提到赋予他写《巴赫奇萨莱喷泉》灵感的少女时承认，他对这个少女曾经"长时间愚蠢地爱过"（也就是说，得不到反响，没有任何希望）。由此可见，普希金在一八一八至一八二〇年在彼得堡爱恋的对象，应该是索菲亚·波托斯卡娅，也就是后来的基谢廖娃。这就是他那次有名的"秘而不宣的爱情"。对于这次爱情的对象，其说不一。有的说是戈利增娜，有的说是娜塔丽亚·科楚别，有的说是拉耶夫斯基家姐妹中的一个。

索菲亚·波托茨卡娅在克里米亚听说并讲给爱上了自己的诗人的这个传说，成为《巴赫奇萨莱喷泉》的基础，这正是普希金用诗歌描写他的强烈爱情的故事。这首诗的基调符合他的"北方爱情"的历史。这里写的是可汗对于美丽的玛丽亚的一片痴情和波托茨卡娅对普希金的发疯爱情的无动于衷。

普希金在《叶夫根尼·奥涅金》的草稿中，曾对"巴赫奇萨莱喷泉"发出询问，这一段诗更证明了古老的爱情悲剧同作者的亲身经历的相似之处：

　　　我默默地伫立在你的面前
　　　回忆着那位波托茨卡娅，
　　　你这绵绵不绝的滴水声

不是使我产生同样的想法吗?

在定稿中改成:"我想象着扎列玛……"对于长诗的女主人公,普希金是在想象,而对于真实人物——波托茨卡娅,诗人是在回忆。诗人的回忆可能跟传说中的玛丽亚根本无关,是为活着的真实人物索菲亚而发的。正是这位索菲亚向普希金讲述过泪泉的传说,后来诗人便站在这个纪念单恋的痴情的喷泉前面,回忆他热恋过的少女。

开头,普希金把这篇长诗叫作《后宫》,但是却为萨迪①的一段忧伤的题词所动:"有许多人和我一样,游览过这座喷泉,但是其中有的早已不在人世,有的流落远方。"喷泉的字眼排除了《后宫》的标题。普希金决定在这部东方故事的封面上保留波斯诗人的美妙格言,于是把它叫作《巴赫奇萨莱喷泉》。

在这部完美的抒情歌里,深刻地反映了古老的后宫悲剧的激烈事件。别林斯基同作者的意见相反,他正确指出,克里米亚长诗同高加索长诗比较起来,向前跨进了一大步:"诗句更优美,诗意更华丽,更芬芳",主题更深刻,更雄浑。崇高的爱情使残酷的征服者得到新生的巨大题材,使这篇诗体故事达到具有概括意义的高度。一个东方的野蛮暴君,对于一切享受都已厌倦,对邻国经常征伐蹂躏,残酷无情,却突然拜倒在这"无力自卫的美女"的魅力面前:

> 基列怜惜这位不幸的少女……

别林斯基深刻地分析了《巴赫奇萨莱喷泉》的主题思想,阐明这篇抒情长诗恰好是诗人后期侧重心理描写的长篇故事的先声。高尚的道德观念在这里通过两种世界观的斗争而表现出来,并向人们展示出深刻的历史哲学前景——东西方在精神上的优劣胜负。按照别林斯基的说法,玛丽亚代表着浪漫主义的高度文化,从而征服了亚洲的野蛮。经过这种分析,对天才批评家想要写一大部书评论这篇"世界伟大巨著"的愿望便易于理解了。

与深刻的构思相适应,长诗的表现形式也极其丰富。读者在长诗

---

① 萨迪(1184—1291),波斯诗人。——译者注

中可以发现俄语的巨大成就（据安年科夫评价），并且会对文学上从来没有过的音响和谐大为诧异。犹如普希金在早期诗歌中描写皇村花园和纪念碑，在《自由颂》里描写富有浪漫色彩的巴任诺夫宫一样，他在《巴赫奇萨莱喷泉》里描写了克里米亚可汗的花园式的宫殿：

> 那空旷的花园和宫房
>
> 直到如今还显得一片安乐；
>
> 红红的玫瑰，激滟的水光，
>
> 葡萄藤爬得密密麻麻，
>
> 宫墙高耸，金碧辉煌。

普希金的描写手法，为俄国诗歌语言开拓出新的境界。比喻手段更加丰富（"好像棕榈遭到雷击，垂下年轻的头……"；"好像母亲在哀悼战死的儿子那样哭泣……"）。修饰语也具有高度的表现力（"声响美妙的喷泉""剥蚀的岁月""绿莹莹的湿气""狡猾热那亚的诡计"）。诗句由于采取抒情叙事的新节奏而显得宽阔、温柔和平缓：

> 我离别了北国，终于
>
> 长时间忘却了酒宴，
>
> 拜访了巴赫奇萨莱——
>
> 被世人遗忘的宫殿……

然而，即使在这里，也跟描写被俘的军官和被钉上镣铐的强盗的早期南方长诗一样，流露出隐遁、监狱和幽禁的情调。根据女主人公处在绝境的命运，这段故事可以看成哀诗，叫作《巴赫奇萨莱的女俘》。可汗后宫的高耸宫墙，很像监狱的围墙，被流放诗人一下子印入脑海，并在克里米亚长诗的花纹美丽的地毯上投下深刻的阴影。

4

基希涅夫的贵族对于文学艺术漠不关心，他们只能欣赏从自己的奴隶中挑选出来做歌手的吉卜赛人的合唱。在瓦尔福洛麦家里也有这样的乐队,唱歌时由提琴、柯布札①和芦箫来伴奏。普希金把这种芦箫叫作排箫。哥恰可夫也说:"这种芦箫的构造,的确跟我们在绘画和塑像上经常看到的那种排箫一模一样。"

有些摩尔达维亚曲调或沉郁,或热情,颇令人神往。瓦尔福洛麦家的一个吉卜赛女郎,疯狂地摇动着胸前的钱串,在芦箫和柯布札如泣如诉的伴奏下,唱着摩尔达维亚歌曲。有人把它译成俄语,大意是:"你烧我吧,你烙我吧,你把我放在火堆上吧!"这个年轻女人唱出她的恫吓,同时唱出对绝望、悲剧式的爱情的颂歌。

歌词跟那疯狂的曲调一样,吸引住了诗人。有的音乐家把摩尔达维亚草原上信口唱出的民间曲调用乐谱记录下来,诗人则记录了这支歌的译文。

一八二三年春,普希金把这支一直萦绕在脑际的贫穷游牧部落的曲调从"可诅咒的基希涅夫"带到敖德萨。过了一年之后,瓦尔福洛麦家的吉卜赛女郎的歌曲便被普希金写成一首悲剧长诗。

《吉卜赛人》②的提纲写于一八二四年一月,写得极其简短:"阿列科和玛丽安娜。吐露真情,凶杀,驱逐。"从这预示着重大戏剧性事件的寥寥数语,诞生出普希金的一部重要作品。

这篇长诗是以作者的亲身经历为根据写的。在旧城的城郊,在马林纳后面,在雷什卡诺夫卡附近,在普伦库洛夫磨坊跟前,常常有吉卜赛人的部落停留。这些草原上的游牧民族沿途向城市居民乞讨一点可怜的施舍,用驯熊、唱歌、跳舞、算命等简单的把戏逗他们开心。普希金被这种原始创作的魅力深深吸引住了。

早在一八一九年,他就曾经描绘过莫斯科的吉卜赛人的合唱:

> 那里还有来自埃及的女郎,
>
> 在你面前飞舞,婆娑婉转;
>
> 我听到了她们银铃似的歌声、
>
> 温柔的呻吟、嗳泣和呼喊;

---

① 柯布札,是一种拨弦乐器。——译者注
② 亦译《茨冈》。——译者注

> 她们那狂乱的跳跃、扭动，
>
> 和疯狂的眼睛喷射的火焰……

到了比萨拉比亚，他看到了这个处在原始状态的独特的游牧民族。他在这里还了解到这个民族的历史。在古代，吉卜赛人曾是罗马帝国的臣民，随着帝国的崩溃而流落到西欧的各个国家，到处遭到迫害。他们终于来到摩尔达维亚和瓦拉几亚，落入奴隶地位。

这里的吉卜赛人按照生活和所干活计的不同分成三类：家奴——在贵族家当仆人，或以卖艺为生，如演奏乐器、跳舞；要熊人——用铁链子牵着一只熊，演各种把戏和算命，或打铁和给马治病；勺子匠——住在森林里的地窖子，做种种木制器皿。普希金对家奴和要熊人都有所了解，对他们的艺术十分欣赏，同他们的生活也有过接触。

他曾被一个脸孔黝黑的吉卜赛女郎迷住，追随她到草原里，跟着吉卜赛人一起游荡了好几天。

> 我跟随这懒洋洋的人群，
>
> 常常在荒野里到处游荡，
>
> 我尝过他们简单的食物，
>
> 酣睡在他们的篝火旁。

普希金的这几行诗带有自传色彩。据他弟弟证实："他跟随吉卜赛人的部落游荡了好几天。"诗人深入到生活里，吸取描写这些到处游荡的卖艺人的贫苦生活的素材，由此而产生出关于大城市的文弱青年阿列科杀死南方草原的自由少女——吉卜赛女郎泽姆菲拉的故事。

在普希金的长诗中，这部作品最能表现他热爱自由的思想了。诗中特别有力地表现出他对当时国家的奴役制度的抗议。这种国家建立在"金钱"和"锁链"密切结合的基础上。要摆脱"沉闷城市的牢笼"的唯一出路，据诗人的见解是逃到作为这种"文明"制度牺牲品的下层人民那里去。在现在仍然保存的《吉卜赛人》序言的草稿中，普希金谈到"受唾弃的贱民"，他们最珍视的莫过于"由于贫穷而得到保障的野蛮的自由"。

正是对独立的强烈向往（哪怕放弃生活中的一切优越条件也在所

不惜),使得诗人对于草原的游牧民族发生了好感。这种炽热的感情,他在阿列科的独白(根据全集收录的手稿)中表现得极其有力。通过这段独白,把欧洲文明虚伪的繁文缛节同原始自由生活的纯真和明智做了鲜明对照。阿列科一方面否定首都的豪华生活,一方面热烈欢迎自己的宁馨儿,因为他一降生就"获得了自由的无价之宝"。他高兴的是,上流社会的偏见和法律的迫害对"野蛮的摇篮"是无能为力的:

> 你可以自由成长,不受管束,
>
> 不必居住在樊笼一般的楼阁,
>
> 也不要用天真纯朴的过失
>
> 去换取文明世界的淫乐。

"吉卜赛人贫穷的儿孙"将居住在无边无际的草原里,而与现代城市的虚伪和犯罪隔绝。普希金通过这首浪漫主义长诗,倾诉了自己对建立在贫与富、屈辱与压迫的骇人矛盾上的堕落社会的愤怒和严厉的谴责。普希金在少年时代对于奴隶占有制和残暴行为的大胆反抗,如今在《吉卜赛人》中得到了新的、深刻的和感人肺腑的表现。

《吉卜赛人》的男主人公的形象十分复杂。普希金一方面对他的叛逆表示同情,同时又批判他是个时髦的厌世主义者。诗人通过被杀死的泽姆菲拉的父亲的纯朴话语,撕下了那种否认道德、故作姿态的人物的假面具,而这种人物在奔放浪漫主义诗歌中曾被加上虚伪的伟大光轮。普通百姓的智慧的声音是完全正确的,比起现代"恶魔式"主人公的理智失常要优越许多倍。这种主人公一方面谴责社会,一方面又不可救药地受到社会腐败的毒害。

普希金是否通过阿列科的形象批判了拜伦的厌世主义者呢?无疑是这样。不过,这是拜伦早期作品的主人公,是那种高傲而贪婪的个人主义者。连《异教徒》的作者本人,在后期的现实主义长诗《别波》和《唐璜》里已对之有所批判了。普希金在写《吉卜赛人》时所崇拜的,正是这些后期作品。这并不是说普希金胜过"不列颠的缪斯",而只是对这位缪斯的新讽刺题材进行了创造加工。这种讽刺作品,按照普希金在《叶夫根尼·奥涅金》第一章序言的草稿中的说法,乃是

"阴郁的拜伦的游戏之作"。不过,如果说在《叶夫根尼·奥涅金》的第一章里表现为无忧无虑的讽刺,那么在《吉卜赛人》里则是另一种情调——悲剧情调。

我们的诗人对拜伦有深刻而细腻的了解,仔细观察了拜伦从奔放浪漫主义转向讽刺现实主义的整个道路。他对于"塑造异教徒和恰尔德·哈罗德的激昂的恶魔"表示赞赏,又对他后期的长诗非常崇拜。这些长诗"完全是另一个诗人写的,这另一个诗人所具有的,只是人的卓越才能"。恶魔主义者变成了人道主义者,普希金正是从这一立场出发批判阿列科的。

描写吉卜赛人的长诗,标志着普希金创作中深刻而大胆的转变。诗人从失望的主人公的抒情自白,转向揭露由于内心徒劳无益的反抗而注定毁灭的顽强个性。在这个意义上说,《吉卜赛人》与其说接近于浪漫主义长诗,不如说更接近于小悲剧。在阿列科的遭遇中,已经写出大胆的追求同无情的命运之间的激烈冲突。因此,这里的主人公同无所作为的高加索俘虏大不相同,他已经预示普希金后期作品的主人公的特征,如沙莱里、吝啬骑士、骑士石客、唐·卡洛斯和瓦尔辛加姆。他们的共同特征是:作威作福、嫉妒、反抗、挑战、复仇和犯罪。"一切都要服从我,我却什么也不必服从。"阿列科可以随着爱财如命的男爵这样重复说,实行他的无限的统治权,不过要以不可避免的道德堕落作为代价(按照悲剧情节的基本规律)。无怪乎普希金承认,《吉卜赛人》的创作把他直接引向《鲍里斯·戈东诺夫》。这样说并不在于长诗中有对白和独白的萌芽,而在于主人公同城市和吉卜赛部落的冲突已经揭示出两种力量不可调和的斗争,而这种斗争关系到"人类的命运、人民的命运"。

普希金在这篇借用吉卜赛女奴唱的歌曲写成的草原长诗中,表明了脱离人民的真理的现代意识的典型危机。我们看到,普希金珍视这些比萨拉比亚贱民对音乐的爱好,珍视她们的舞蹈艺术和"她们喧闹欢乐的歌声"。他在瓦尔福洛麦家听到的合唱团演奏的舞蹈"合唱",成了《吉卜赛人》的结构核心。

普希金在给维亚泽姆斯基的信中谈到他的浪漫曲《我的老丈夫、厉害的丈夫》初稿时说:"这是极其近似的译文。现将原来的野蛮曲调寄给你。请你送给维耶耳果尔斯基看看,这似乎是一个大有成功希望的旋律。"

吉卜赛女郎的歌曲,在两个首都的确都得到应有的评价。为它配的曲子不久就在《莫斯科电报》上发表,由作曲家维尔斯托夫斯基改编。作曲家尽量保留了这支摩尔达维亚热情歌曲的拍节、腔调和音乐特色。

正是由于这种缘故,这篇描写当代知识分子内心冲突的长诗扎根在民间口头创作的基础之上,并带有吉卜赛歌曲开朗自由的声调。通过"奇妙的歌唱才能",通过遭受国君迫害的诗人们的声音,揭示出沿着人生的荒凉山隘到处游荡的意义,而这些诗人即使在流放中,也仍然要唤起奴隶和贫穷的游牧民族,使他们振作起精神。诗中穿插的关于奥维德的故事,渗透了作者本人的深刻感受,为这个政治悲剧的主题增添了勇敢和创造的光明因素:

> 受迫害的诗人的美德、
>
> 天才和心灵的正直……

不久之后,诗人即在其伟大长篇小说里写下这些热情洋溢的诗句。

第八章　北方的偏僻乡村

1

一辆敖德萨造的带篷的弹簧马车,经过诺沃罗西亚和乌克兰坎坷不平的官道的颠簸,终于在一八二四年八月九日摇摇晃晃、吱吱呀呀地进了祖约沃村,也就是米哈伊洛夫斯科耶,在地主庄园的千年古椴下面停下来。祖传的树林一片昏暗,散发出潮气。在红松林旁边,有个荒凉的小庄园,"栅门已破旧,院墙也倒塌了"。这座古旧的小房很矮,门前的台阶已歪斜了,原是汉尼拔家族隐退时的世代养老之地,如今把诗人收留在它那破旧的屋檐下。"我的归来十分凄凉。"——诗人后来这样回忆自己一生中这个痛苦的转折。这时,"眼泪、苦恼、变心和诽谤"都一股脑儿落到他头上:

> ……我还年轻,
>
> 但是,坎坷的命运、千种的激情
>
> 一齐向我压来,使我感到疲倦。
>
> 我天真无邪的青春也消磨殆尽,
>
> 无非由于遭到无益的考验。
>
> 在我心中汹涌着强烈的感情,
>
> 和仇恨,和苍白无力的复仇幻梦。

米哈伊洛夫斯科耶对诗人来说的确是加倍的惩罚,流放变成了幽禁。五彩缤纷的基希涅夫和熙熙攘攘的敖德萨,变成了偏僻的乡村,普希金马上就感受到这一点。他的好友维亚泽姆斯基在信中谈到此事,也十分痛苦,并把对诗人的这次流放叫作"惨无人道的杀害"。

普希金到家两三天之后,便被正式传到普斯科夫,于八月十三日向省长冯·阿德尔卡斯做出书面保证:老老实实住在父亲的庄园里,不随便离开,不散布"任何危害社会安定的不体面的文章和言论"。普希金的这位新上司,还同省首席贵族一起制定了严密监视被流放的作家的措施,并得到地区行政长官帕乌卢奇侯爵的批准。普希金按照法律程序被定为国家要犯,由地区最高当局直接管辖。——他就是这样回到了父亲的世袭领地。

经过四年的离别,跟父母的关系很难处。他刚到家,全家都当亲人接待他。可是,他一说明自己的新政治身份,便引起父亲的无限忧虑。父亲年纪已经五十开外,易于动怒。他希望得到安静和摆脱一切事务,只求能有空读读书、会会友和作作诗。儿子被突然革职,按照"皇上"的旨意流放到乡村,在他看来是有损于家门名声的灾祸。普希金为了躲避家人的责难、埋怨和怀疑,恨不得离家远走高飞才好。父亲家里的环境,比南俄的官署还要沉闷。

他常常骑上马,穿过庄园的林荫小径,走到米哈伊洛夫斯科耶蓊蓊郁郁的松林,沿着宽阔的马林涅茨湖湖岸,登上陡峭的山冈。冈上有三棵松树,仿佛在守卫祖传领地的地界,从冈上可以看到无边的风景。五年前,他曾怀着对乡土的热爱把它写进《乡村》一诗里。

但是,经过南海的游历之后,林区的秋色只令他感到阴沉:"周围的一切只能在我心头引起无限苦闷……"

地界上的松树旁,有一条平坦的大道,直通沃罗尼奇城。这是古时归普斯科夫管辖的城市,从前修有坚固的工事。伊凡雷帝曾到这里巡幸,但城中的建筑物大都早已坍塌,只有周围属于十五世纪的土墙还残存着。如今这里已变成乡间墓地,四周可以看到一些高大的土丘,据传说是古代勇士的公墓,当年他们曾在这里进行激战。在沃罗尼奇的团山对面,有三座小山俯瞰着蜿蜒、潺湲的索罗契河。这条河是维利卡亚河的一条支流。邻村就由这三座小山而得名,叫三山村。

普希金在《叶夫根尼·奥涅金》的最后一章里,曾经回忆过这里的风景：

> 索罗契平缓的河岸，
>
> 层林如带的山冈，
>
> 丛林深处的幽径，
>
> 和我们饮酒的那间小房——
>
> 缪斯的降临使它四壁生辉，
>
> 年轻的亚泽科夫曾将它歌唱……

普希金第一次回到祖居的乡村时，曾跟三山村的女主人有过交往。这一次回来，就更喜欢到她家做客了。这是一位聪明、有教养、读书很多的女人。不过，她家里也不是一切都富有田园诗的情趣。她是个能干、喜欢发号施令的女主人，甚至可以说是脾气暴躁的厉害女人，因此，子女都不大喜欢她，对她没有感情。至于她的奴仆，日子就更不好过。三山村这种农奴制风俗，当然不会使《乡村》的作者感到愉快。

此外，诗人经过南国情海的浮沉之后，冷眼看去，觉得三山村的小姐们不免显得土气和可笑。但是过了一段时间，他渐渐学会正确评价三山村的少女们以及普斯科夫的自然景色，不禁对她们和这里的景物产生出一丝柔情。

开头，三山村有个叫阿列克塞·武尔弗的青年，比女士们更引起普希金的注意。他是杰尔普特①大学的学生。这所大学当时是重要的科学中心。普希金从他那里了解到快活的德国大学生别具一格的生活方式，在一八二七年写的《致戴里维格》一诗中，曾加以鲜明的描绘（"短斗篷、制帽、轻剑"、弯烟头、啤酒、夏绿蒂②……）。阿列克塞·武尔弗从先辈那里继承了对文学的爱好，书读得很多，后来在日记体裁方面表现出不容置疑的才华。他的日记为我们保存下来许多关于普希金的珍贵资料。

这就是在奥波切茨县的密林和古迹中间的文化源泉。普希金到这里不久，就渴望从事创作。他打开了敖德萨笔记，在十月初便完成

---

① 杰尔普特，爱沙尼亚的塔尔图市的旧称。——译者注

② 夏绿蒂，歌德的《少年维特之烦恼》中的女主人公。——译者注

了《叶夫根尼·奥涅金》的第三章和长诗《吉卜赛人》。他在一八二四年五月从敖德萨写给卡兹纳切夫的信中,清楚阐述了他对于文学家的劳动和收入的想法。如今在《书商和诗人的谈话》中,他再次加以阐明,深刻有力地说明一个笔耕的劳动者对灵感和报酬是怎么看的。普希金在权贵、官僚和农奴主的社会里,居然申明自己要靠创作的劳动建立自己的生活的权利。

当普希金在创作回忆中重新回味南方的印象之际,地区当局严密制定了对他的监视办法。对这位无神论者进行宗教监视的责任,交给了圣山修道院院长伊凡神父。省当局企图借治安警察的帮助,加强全面监视。他们还想找到"一个可靠的贵族监视普希金的一切行动",却怎么也找不到。阿德尔卡斯不得不找"犯人"的父亲。谢尔盖·普希金受到有关"他儿子所犯罪行"的正式审问,都以"不知情"为自己辩解,但是他深深感到精神上受到的压抑和对前途的悲观失望。他恭听总督大人帕乌卢奇侯爵宣读决定:"如果五等文官普希金具结将密切监视儿子的一切言行,那么后者便可留给父亲监视,不必另找贵族加以专门监视。"老人之所以接受这个任务,据他自己说,是为儿子好,不料引起儿子最强烈的愤怒。

他们父子的关系立刻达到最紧张的程度,一场风波终于在十月中旬爆发了。愤愤不平的诗人在盛怒之下("我的头脑发热"),用激烈的言辞向父母表示自己的不满。谢尔盖·普希金大为震惊,决定控告儿子要打老子,于是儿子给普斯科夫省长写呈文,要求把他从父亲家中转到某个要塞里去。这是父子冲突的顶点。在亲友的劝解之下,家庭纠纷的紧张气氛稍有缓和。过了两周之后,父子都克制住自己的不快,冷冷地分手了。

诗人虽经过这许多挫折,却表现出惊人的坚定,丝毫也不改变自己的观点和志向。一八二四年十月,他开始写最优秀的悲剧长诗之一《埃及之夜》。

当年秋天,普希金收到谢尔盖·沃尔康斯基的消息,说他已经同玛丽亚·尼吉拉耶芙娜·拉耶夫斯卡娅订婚:"我不必向您说,我是多么幸福,因为我未来的妻子你是了解的。"

这类消息更使"缪斯的宠儿"感到个人命运的不幸,在他内心里只剩下虚掷"可怜的青春"的隐约痛苦之感。不久,他就在这种心境中写出令人心碎的《冬天的黄昏》一诗,天才地表现出肆虐的暴雪的凄哀音乐和年轻诗人对昏昏欲睡的老奶娘的怨诉。

但是,这时在普希金的创作中,正酝酿新的题材。一八二四年十一月二十九日,他开始在笔记中写下关于他正在构思的剧本的笔记和提纲:"圣德米特里遇害""戈东诺夫在修道院""僭王在决战之前""广场上的纷纷议论"。

他用了一年时间写这部关于俄罗斯人民的历史悲剧。在剧中,人民的"意见"要比沙皇的政权和大贵族的阴谋更有力量。

与此同时,在这"漫天大雪和寒风刺骨的茅舍",一次友好的会面和真挚的谈心给予他意想不到的快乐。

2

一八二五年一月十一日早八点,普希金被一阵铃铛声惊醒。他只穿着衬衣就跑到台阶上。皇村学校的同学让诺·普辛从雪橇上跳下来,一下子把他抱住,拽进屋里。老奶娘赶上前来拥抱这位客人;能背诵普希金的许多诗的普辛的仆人阿列克塞也过来吻吻诗人。这是米哈伊洛夫斯科耶少有的欢乐日子之一,被普希金写入诗篇,从而传扬于世。他们一边喝咖啡,吸烟头,一边滔滔不绝地谈论起来。他们谈到阔别五年的遭遇,谈到沃隆佐夫的忌妒和亚历山大一世的疑心,谈到普希金担任的法律工作,讲了"许多笑话和趣文,开心地大笑一阵……"

不一会儿,话题转到政治上,特别是谈到秘密团体问题。这一次普辛没有隐瞒他参加政治组织的事:"不光我一个人加入这种为祖国服务的新事业。"

"这事不是跟拉耶夫斯基少校有关系。他被送进蒂拉斯波耳要塞已经快五年了,可是什么也审问不出来!"普希金叫了起来。

然而,这位北社成员即使对最要好的朋友也不能详谈这个问题。普希金又一次感到自己政治处境的弱点。

"我不想强迫你说,亲爱的普辛。你不能信任我,也许你是对的。因为我干了不少蠢事,大概我配不上你的信任。"

普辛默默地、久久地吻着普希金。

这一天的另一件大事,就是读官方查禁的剧本《聪明误》,这是普辛为流放诗人带来的手抄本。普希金在敖德萨时,便听人传说,格里鲍耶多夫"写了一个剧本,写的是恰达耶夫",对此很感兴趣。他们为俄国,为皇村学校,为朋友,为它(自由)祝酒,吃罢饭之后,普希金立刻开始高声朗读《聪明误》。这个剧本博得了普希金的好评,同时也受到普希金的一系列批评。普希金认为恰茨基并不聪明,索菲亚的性格也不完整,但对另一些人物和社会风习的鲜明描写则赞赏不已:"法穆索夫和斯卡洛茹勃写得太好了……"舞会上的谈话,搬弄是非,列毕季洛夫的议论,扎戈列茨基——"这是真正喜剧的天才特征"。"至于诗格我不想妄加评论:有一半会成为谚语。"过了不久之后,普希金在《叶夫根尼·奥涅金》第七章的草稿里写道:

> 格里鲍耶多夫的讽刺多么辛辣,
>
> 他把子孙写得活灵活现,
>
> 犹如冯维辛对祖宗嘴脸的勾画……

诗人正读得起劲,被一位不速之客的突然到来打断了。有人乘雪橇来到台阶跟前了。普希金往窗外一看,把查禁的手抄本收好,连忙打开《圣徒言行录》。走进屋来的是一个身材短小的修士,帽子底下露出几绺红头发。

"圣山修道院主持伊凡,"走进来的人向普辛自我介绍说。

接着是一番祝福仪式。这个修士既然承担着监视米哈伊洛夫斯科耶流放者的警察职责,便毫不隐讳地说明,有人告诉他,受监视的诗人家中来了客人,是他的好友普辛。

神父伊凡接下去说:"一听到您的姓名,我还以为是我的老相识帕维尔·谢尔盖耶维奇·普辛将军大人哪！他是维里基卢基人,我跟他已经多年不见了。"

这个老家伙显然在耍花招。

仆人送上掺朗姆酒的红茶。这个修道院的隐士竟然非常喜欢喝烈性酒。他立刻显得快活起来,俏皮话也多了。在西北一带的土语里,这类俏皮话多极了,比如"我们的福马一口一杯;一大口,一晃头,一滴也不留"。当普辛后来读到《鲍里斯·戈东诺夫》的时候,瓦尔拉姆修士的油嘴滑舌必定会使他想起伊凡修士的语言。

修道院院长喝足了朗姆酒,搞清楚普辛是政府官员,便告退了。《聪明误》从《圣徒言行录》下面给抽出来,又继续读下去。但是又过了一会儿,格里鲍耶多夫的剧本读完了,换成普希金的黑羊皮笔记本,上面写着刚脱稿的《吉卜赛人》(在首都的朋友已经读到这首长诗的一些片段)。普辛还给好友带来雷列耶夫的一封短笺(雷列耶夫当时正在出版《北极星》):"雷列耶夫拥抱普希金,并祝贺他的《吉卜赛人》成功。这篇长诗证明,我们认为你有才华的见解完全正确。你以巨人的步伐向前进,并使真正的俄罗斯心灵无限欣喜。"信的结尾呼吁诗人从普斯科夫汲取灵感:"在那里,俄罗斯自由的最后一点火花被熄灭了。"普辛立刻在作者口授之下,记录诗人为《北极星》写的新长诗的开头。

晚餐吃得很晚,尽管两人喝了许多香槟酒,却都心情黯然:"仿佛预感到这是我们最后一次相聚,在为永别而饮酒。"夜里三点,普辛上了雪橇。当马儿拉着他穿过雪堆,向暗夜和密林里跑去的时候,他还听到了背后的喊声:"再见了,朋友!"普希金端着蜡烛,依然站在台阶上。

不久,普希金为普辛写了一首充满着感激和友爱之情的献诗。诗中渗透着惋惜逝去的青春的痛苦心情和由于皇村学校同学的友好家庭的离散而引起的忧伤怀念:

请告诉我,我们的年华——

充满希望和自由的岁月在哪里?

请告诉我，我们的朋友们可好？

那些椴树的华盖在哪里？

青春在哪里？你我在哪里？

命运，命运用铁掌拆散了

我们恬静的皇村学校。

啊，亲爱的朋友，你真幸运，

你正站在自己选定的岗位上……

　　同普辛的谈心，大大振奋了"热爱自由的希望"，后来对米哈伊洛夫斯科耶囚徒的诗歌创作发生了影响，他转向法国资产阶级大革命的题材。在十八世纪末的事件中，最引起他注意的，是一位诗人的形象。这是他最喜爱的抒情诗人之一，他对这位诗人的作品曾下过不少功夫，并写进他的哀诗《安德烈·谢尼埃》。在这首诗里，普希金通过关于艺术家使命的沉思基调表现出革命的主题，其中也联系到个人的遭遇：他遭到流放，遭到幽禁，同周围环境发生不断的斗争。普希金的目的不在于描写一七九四年大冲突中时代的各种政治力量如何（那样写，便会把谢尼埃写成反抗革命进步潮流），而是根据自己对法国革命总的看法，分析"田园诗和牧歌"作者的形象，着重写他在不幸遇害的刹那间的勇敢性格。

　　《安德烈·谢尼埃》哀诗，一开头便回忆到"拜伦的骨灰瓶""欧洲竖琴的合奏"曾为拜伦奏过哀歌。普希金在一八二四年的《致大海》一诗的著名诗句中，也曾为拜伦的逝世表示悼念。"自由为之歌哭"的诗人的形象，仍然保持着自己的魅力。

　　一八二五年春，普希金举行了一次独特的诗人追悼会。他在四月七日给维亚泽姆斯基的信中写道："今天是拜伦的忌辰，我同神父约定，从傍晚开始为他做安魂祈祷。我的神父对我的虔诚大为惊异，并把为圣徒大贵族格奥尔吉安魂而取出的圣饼给了我。现在把它给你寄去。"在沃罗尼奇的墓地上，拉里旺神父念着世界著名诗人的名字，而奥波切茨县的农妇们在这春天的清晨竟然追忆起《唐璜》和《该隐》的作者。

圣山修道院神父的惊异是可以理解的。他经常拜访"米哈伊洛夫斯科耶的老爷",但是他们在"神学"问题上从来得不到一致见解。看来,普希金对这个典型的来自民间的神父也很感兴趣。这个神父性格活泼,爱说笑话,又爱喝烧酒。据了解他的人说,他是"一个很普通的人,但是头脑机灵,对农民的生活和民间的谚语及俚语非常熟悉"。据搜集普斯科夫古迹的人说:"他甚至在教堂里做祈祷的时候,常常也不免说几句笑话,正是拉伯雷写的修士故事中的活形象。无怪乎人家送给他个绰号,叫'调皮鬼'。"

同年四月,戴里维格也来这里住了几天。普希金同普辛谈的,主要是关于政治、秘密团体、沃隆佐夫、格里鲍耶多夫,而同戴里维格谈的,大都是关于诗歌。这时普希金正准备出版他的第一本抒情诗集,戴里维格是再好也不过的顾问了。

两个诗友把古诗和新诗都翻阅一番,共同讨论,对杰尔查文的看法还发生了争议,最后读起他的诗。关于雷列耶夫的诗(普希金刚收到他的《沃伊纳罗夫斯基》和《沉思》)谈论得很多。新近出版的《北极星》上,刊登了雷列耶夫的《纳利瓦伊科》片段,令戴里维格赞赏不已。这首诗普希金也非常喜欢。他又把自己的新作读给好友听,其中有《叶夫根尼·奥涅金》的前几章和《鲍里斯·戈东诺夫》的某些场。

在米哈伊洛夫斯科耶有一张旧台球案子,是用卡列利亚桦木做的,他俩在文学漫谈的间隙,又从事运动。傍晚,两人是在三山村度过的,于是那些纪念册又都出世了。纪念册用山羊皮做封皮,裁口喷金。戴里维格在上面写下《祝酒歌》,为奥西波娃收集的亲笔题词增添了新内容;他还在安娜·武尔弗珍藏的笔记本上写了几首抒情斯坦司体。戴里维格和他的诗歌颇受三山村女隐士们的赏识。

普希金在米哈伊洛夫斯科耶被幽禁的头几个月,就是这样度过的。他被抛到"被世人遗忘的荒野",不知疲倦地从事写作:《叶夫根尼·奥涅金》《吉卜赛人》《鲍里斯·戈东诺夫》。他用创作毅力来平息自己的愤怒和消除绝望的心情。过了十年之后,他回忆道:"诗歌挽救了我,我又获得新生……"

3

奶娘向诗人讲过七个西蒙的故事。

"在汪洋大海里,有一座翠绿的宝岛,岛上长着一棵绿油油的柞树。绿油油的柞树上拴着一条金链子,金链子上拴着一只黑猫。黑猫往右一走,就唱起快乐的歌,往左一走,就讲起古时候的故事。"

普希金听到这些口头"史诗",非常高兴,并记在心里,后来用抑扬格诗体转述出来,就成为有名的俄国童话集《海湾上有一棵绿油油的柞树》,一八二八年作为序诗收进《鲁斯兰和柳德米拉》。

当时研究民间文学的专家,都公认普希金的奶娘讲故事的技巧很高,情节充实而严谨,富于细腻的描绘,语言优美,对传说题材进行了创造性加工,具有现实主义的鲜明细节。诗人利用这些丰富的素材,形成自己讲述的艺术手法。

除开传说和民歌之外,奶娘为了给诗人消愁解闷,还讲些"从前的老爷"的故事(据亚泽科夫的说法)。在米哈伊洛夫斯科耶,普希金开始收集关于外曾祖汉尼拔的材料,准备把这个不平凡的形象写进历史小说。奶娘讲的故事,对于写沙皇的黑奴的传记极为珍贵。一八二五年,普希金曾写阿勃拉吉姆打算结婚的故事的草稿,就是在这个基础上产生的:

> 黑乌鸦想要找一个白天鹅,
>
> 沙皇的黑奴想要娶老婆。
>
> 他在高贵夫人群中乱窜,
>
> 他向高贵小姐频频顾盼……

普希金在热闹的圣山集市上,学到了人民的语言和农民诗歌的曲调。

米哈伊洛夫斯科耶的隐士喜欢参加这些在夏初举行的集市和民间节日。他走进修道院东方式的拱门,门上有古斯拉夫语的题词;来到宽阔的庭院,院里的店铺排成两排。这里还临时搭起了戏台。戏台后面,是修道院的空地,那里停着无数的车辆。四周,色彩鲜艳的旋转木马转个不停,秋千此起彼落,拳斗进行得十分激烈。

修道院院里,当地农民摆满了各式各样的货物。有五颜六色木制和陶土器皿、绣花的毛巾、马形和鸟形的玩具、印花布、粗麻布、丝绸、松焦油、名牌镰刀——这些东西摆在宽阔的院子里,非常好看。农村的青年人穿上节日服装来参加集市;邻近村庄的许多姑娘打扮得花枝招展,还用银币做装饰品,等到散集回去,便成了待嫁的新娘。不过,她们的亲事需要得到老爷的同意。普希金后来写道:"(民间)婚事不能自主,是长期以来形成的恶习。家庭生活的不幸,是俄国人民风俗中的突出特点。以俄国民歌为例,它们最常见的内容,不是美丽的少女被迫出嫁的哭诉,就是年轻的丈夫不喜欢他的妻子而发出的责难。我们婚礼的歌曲,就像送葬的哀号一样悲凄。"

在受奴役的乡村,婚姻风俗就是如此,强迫婚姻的唯一目的,在于增加"农奴"的数目,从而造成农民家庭经常发生的悲剧。正是从这里产生出"俄国哭诉"诗体,其中充满辛酸苦痛,令普希金感到惊异:

> 我们缪斯的音乐
>
> 和少女的歌声都充满了悲哀。
>
> 但是她们哭诉的曲调动人心弦……

在集市的另一头,有人拖着腔诵读悲哀的宗教诗:关于拉扎尔,关于"可怕的审判",关于天使米哈伊尔,关于圣徒阿列克塞。修道院西大门通往托鲍列涅茨村,大门口聚集着朝圣的人、乞丐、盲人和流浪歌手。拜神的人走到这些衣衫褴褛、挂着拐杖的老人和驼子跟前。农夫和农妇有时含着热泪倾听这些悲凉的歌曲,歌中倾诉出人民痛苦和清醒的人生观。

普希金喜欢坐到这群歌手旁边,仔细谛听他们的词意和曲调,记住他们形象的传说。普希金在滔滔的顿河上曾经为之入迷的关于勇敢起义者的民间传说,如今在平静的索罗契河上又送到他耳边。他在米哈伊洛夫斯科耶一带记录了诺夫戈罗德省和普斯科夫省广泛流传的关于斯杰潘·拉辛的儿子的歌曲。

　　哥萨克流民的这些传说,在古老市议会诞生地依然流传下来,勾引起普希金酝酿已久的构思。他回忆起一八二〇年从顿河和库班村庄取得的印象。这些印象有一部分在《强盗弟兄》的提纲中已反映出来,如今他再次动笔写关于斯杰潘·拉辛的长诗(据尼·米·亚泽科夫讲述,他于一八二六年曾来米哈伊洛夫斯科耶访问普希金)。诗人在一八二四年给弟弟列夫·普希金的信中,的确曾请求他寻找"历史上有关斯杰潘·拉辛的枯燥记述,这是俄国历史上唯一富有诗意的人物"。

　　我们看到,斯杰潘·拉辛的形象已开始定型,成为雄伟的史诗人物。普希金感觉到,这位人民领袖的个性奇妙地结合了勇敢的性格、鲜明的形象和悲剧的结局。根据这些特点,可以谱成不朽的英雄之歌,使之具有为崇高的社会正义而斗争的思想内容。关于拉辛的自由哥萨克传说,在俄国壮士歌的发展中构成一个新阶段,几乎是第一次在民歌创作中塑造出新的英雄——为了饱经苦难的农民的俄国而同大贵族和沙皇的莫斯科进行英勇斗争的战士。普希金一向珍视祖国历史上"伟大的幽灵",显然把这位受俄国官方污辱的"恶人"也看作这一强大营垒中的人物,并把他认作俄国历史上最有诗意的人物。

　　长篇史诗的主人公显然已经找到。但是,关于拉辛的宏伟构思,却只留下三个短篇叙事诗。诗中用民歌创作手法刻画了拉辛的个性和命运、开朗的性格和他的慷慨大方、他的智慧和对豪放勇敢生活的热爱。

　　圣山集市还使诗人熟悉了民间各种各样的典型人物:外省的商人,修道院所在村庄和附近城镇的市民,无家可归、流落街头的乞丐,处于无权地位的农奴——这些人物使他对这一带各个阶层有了广泛了解。诗人游历过克里米亚、高加索、比萨拉比亚和基辅地区,那里的自然风景和人物风俗都充满了诗意的传说和歌曲。如今来到圣山集市,在他面前展现出人民生活的广阔画面,为他写历史悲剧的广场场面增添了粗犷的线条和生动的色调。

4

三山村的女主人奥西波娃有两个女儿，一个叫安娜，一个叫叶芙普拉克西亚；还有个前夫的女儿叫亚历山德拉·奥西波娃，是一个有才华的钢琴手；另外还有个侄女，叫涅蒂·武尔弗。这四位少女，再加上她们的女友，就构成了失宠诗人的社交场所。她们为他演奏根据罗西尼的歌剧改编的钢琴曲，为他唱流行的浪漫曲，朗诵诗歌，煮甜酒，说笑争论。她们纷纷爱上了他，彼此之间不免有些忌妒。这个由"乡村小姐"组成的小圈子，为普希金流放北方的艰难岁月带来了欢乐、青春和生活的纯真的诗意。他在米哈伊洛夫斯科耶写的诗歌中，以快活、振作的情调描写了他的年轻女友们在一起游戏以及她们一闪即逝的烦恼：

还有你们偷偷地独自垂泪，

或两人躲在角落里窃窃私语，

还有奥波奇卡的漫游，

或黄昏时分回响的钢琴曲……

安娜·尼古拉耶芙娜·武尔弗曾向普希金谈起她的表姐安娜·彼得罗芙娜·凯恩。一八一九年，普希金在奥列宁家曾同凯恩见过面。有一次，当三山村的小姐们给凯恩写信的时候，普希金在信中空白的地方写下一句诗："我们曾经一度见过那一闪即逝的形象，今后永远也见不到了。"

但是在一八二五年六月的一天，普希金来到三山村，正赶上主人在吃午饭，奥西波娃向他介绍一位新来的客人——她的侄女。这人就是安娜·凯恩。诗人向她深深地鞠了一躬，两人都为这意外的相逢感到尴尬，长时间谁也说不出一句话。

只是普希金有些活泼了。后来再次会面，他便显得十分健谈，极力逗大家开心。他讲过小鬼坐马车到瓦西里耶夫斯基岛上去旅行的故事，还朗读了他的《吉卜赛人》。

这首长诗深深打动了凯恩的心。这时,她已经感受到跟她所不爱的"老丈夫"结婚的痛苦,因此,诗中主张女人有自由恋爱的权利的思想,不能不扰乱她的心:

谁能对少女的心说:

你只能爱一个,不许改变?

凯恩也非常想为普希金解除苦闷。她用"威尼斯船夫宣叙调"为他唱了科兹洛夫的诗《春夜》。诗人怀着无限欣喜聆听这首歌唱银光闪闪的布伦泰河的即兴浪漫曲和塔索①的八行诗。

凯恩在这里住了几天就要离去。她在动身之前,走访了米哈伊洛夫斯科耶。当时是三山村所有的女士同诗人一起在月夜里乘马车去的。普希金没有把客人领进他那"寒碜的住所",宁可在汉尼拔花园的千年古椴底下招待她们。这一天是一八二五年七月十八日,星期六,在俄国诗歌史上是很有意义的一天。奥西波娃夫人向诗人提议,带领她家的客人观赏一下花园。普希金马上领着安娜·凯恩沿着浓荫匝地的小路走去,一边追忆他们在奥列宁家第一次见面的情景。

不久,马车轮子又在林间小路上发出辚辚声。普希金一个人留下来,为这次不寻常的来访而心潮激荡。在七月的月夜里,在寂静无声的"失宠的小房",在没人知道的情况下写就一首世界诗歌中最伟大的爱情颂歌:

我记得那美妙的一瞬……

寥寥几节诗,展现出一个蓬勃生命的悲剧和坎坷命运的悲剧。我们读了这首诗可以知道,在亚历山大一世统治下的彼得堡,普希金在奔波于繁华剧场和热闹舞会之中度过无忧的岁月,其实是一种"绝望的忧愁"。流放南方和米哈伊洛夫斯科耶幽禁的岁月(按初稿为"在草原里,在幽禁的黑暗里"),更拖延和加深了这些早年的"苦痛"。但是,年轻女人的美丽形象驱散了这些阴郁的念头,使他在创作上获得了新生:

① 塔索(1544—1595),意大利诗人。——译者注

我的心房又欢快地跳动，

心中的一切又重新苏醒——

我又获得了信仰和灵感，

还有生命、热泪和爱情。

第二天早晨,七月十九日(星期日),普希金来到三山村,把刚刚发表的《叶夫根尼·奥涅金》第一章交给准备上路的凯恩,里面夹着这首不朽的献诗的诗稿。格林卡把普希金歌颂伟大爱情的不朽歌词谱成有名的浪漫曲。作曲家谢罗夫听到这支浪漫曲时说道:"这是一篇完整的爱情史诗。"

米哈伊洛夫斯科耶的隐士又以充沛的精力投入创作,继续写他当时的主要作品《鲍里斯·戈东诺夫》。九月,剧本接近完成。秋天是普希金最喜爱的季节。秋天使他头脑清醒,能激发他的创作欲望。在秋天,他能一心一意地埋头工作。闪闪发光的丛林上面,是清澈的天空;米哈伊洛夫斯科耶的花园里,是鲜艳的花簇,甚至在诗人简陋的书房里,也摆着晚翠菊和大丽花的新鲜花束。奥西波娃对普希金关怀备至,想尽方法点缀他的流放生活,常常送点儿什么,为他这"可怜的小房"添加点儿光彩。普希金于一八二五年八月八日给她写信说:"多亏您,我的窗台上才常常摆着鲜花。"对朋友的关怀应该有所报答。一八二五年十月十六日,普希金为普·亚·奥西波娃写了几行献诗:

晚花要比豪华的春花

更为可爱,更为鲜艳。

它们更能在我们心头

勾起凄凉的幻想联翩。

同样道理,离别时候

有时胜过甜蜜的会面。

普希金对奥西波娃怀着一种严肃的、尊敬的感情,他为她写的献诗有:《仿古兰经》《再见吧,忠实的柞树林》《也许,不会很久》。

三山村的奥西波娃家,由于普希金而发生了家庭纠纷。一八二六年春,奥西波娃甚至把她的大女儿送到偏远的村庄,因为她爱上了普希金,爱得发疯,但是这位少女注定得不到普希金的爱情。这种单恋的痴情的证据,就是安娜·武尔弗从特维尔城马林尼基往米哈伊洛夫斯科耶写来一封多情的书信,信中既表白了爱情,又发出责难:"您在折磨和伤害一颗心,至于这颗心的价值,您却一无所知……"不过伟大的艺术家毕竟珍惜这场内心的悲剧:当代人认为,安娜·武尔弗正是达吉雅娜的原型。

三山村的"罗曼史"尽管并不平静,结果倒很圆满。普希金常常用诗歌反映这些恋爱故事,其中有不少美妙的诗篇,如脍炙人口的《告白》("我爱你,尽管我生自己的气……")、《快到伊若雷驿站的时候》及其他一些快活的小诗。

他生活在三山村的少女中间,生活在玩笑、陶醉、友好的钟情、"爱的游戏"里。不过,在米哈伊洛夫斯科耶时期,普希金的真正妻子却是管事农奴的女儿奥尔加·卡拉什尼科娃,她甚至为普希金生了孩子。

有关她的情况,我们了解得很少,但有一点是肯定的——普希金打心里喜欢她。普希金在给维亚泽姆斯基写信时,怀着真挚的喜悦心情写道:"她真可爱,不是这样吗?"他还用巴拉登斯基女主人公的名字称呼她,称她作艾妲:

> 纯朴父亲的纯朴女儿,
>
> 容貌美丽,心灵也美,
>
> 年轻的艾妲出类拔萃。

巴拉登斯基还曾指出她的品格:"心地纯洁而多情……"关于这一点,只有流传下来的奥尔加·卡拉什尼科娃的一封信算是唯一证据。

普希金后来曾经说,合法的妻子好比带耳的大皮帽子,把"整个脑袋都得装进去"。他在米哈伊洛夫斯科耶的女友则不是那样,她住在隔壁的使女室,俯身在绣架上,老老实实地绣花;而这时,他则在书房里写他的《叶夫根尼·奥涅金》绚烂多彩的诗节和《关于莫斯科国大灾难的讽刺剧》的编年史篇章。普希金这时心情安宁,一心从事写作。所以他在一八二五年夏给好友拉耶夫斯基写信时能够说:"我感到我的精力充沛,构思成熟,我能写作了。"

第九章 《关于莫斯科国大灾难的讽刺剧》

1

普希金在克里米亚接触到拜伦的作品和在敖德萨接触到莎士比亚的作品，是他在南方时期的重大事件，为他的创作打开了新的境界。

诗人的发展并不一帆风顺，中间经历过险阻和飞跃。早在基希涅夫，普希金便模仿伏尔泰和阿尔菲哀里①的古典主义风格，创作历史悲剧《瓦吉姆》。剧中充满演说家的激情和公民的启蒙理想：

你看到了诺夫戈罗德，你听到了人民的呼声。

请告诉我，罗格戴，斯拉夫的自由可还存在？

在沃隆佐夫的藏书室里，普希金读到莎士比亚的许多作品。不久之后，诗人在给历史学家包哥廷的信中宣称："我读了莎士比亚的作品之后，感到头晕目眩，好像我站在深渊的边缘。"

在一八二四年，给他印象最深的是那些描写僭王篡权题材的悲剧。如果最高统治者用犯罪方法取得政权，那么他能够为人民造福吗？克劳迪斯杀死哥哥哈姆雷特，不过成为一个"窃取王冠的丑角"。理查三世决定用"血淋淋的斧子"取得王位，却由于残酷无情和对所向无敌的对手亨利·都铎的疯狂仇恨而自取灭亡。大胆的麦克佩斯的下场也是如此。民族悲剧的真正素材是不是存在于历史人物的错综复杂的关系之中呢？看来正是如此，只是人物形象和冲突焦点还都没

---

① 阿尔菲哀里（1749—1803），意大利诗人，曾写古典主义悲剧。——译者注

有找到。

莎士比亚的戏剧，除揭示历史过程和人物良心的规律的广阔题材之外，结构自由的特点也很突出。这种特点是"大众""市民"的民间剧场所特有的，从根本上改变了典雅的"宫廷戏剧"的表演方式。宫廷戏剧只能供皇室、上层贵族和伊丽莎白的达官贵人消遣。莎士比亚的著名"环球"剧团的表演体系，是建立在伦敦市民的趣味的基础上的，同宫廷演出的死板规则及其对高深古典戏剧的偏爱形成鲜明对照。这种表演体系的特点是：剧场摆脱了古典戏剧的死板规则，表演奔放，引人入胜；语言也摆脱了学院的束缚，采用自由的、有声有色的民间语言；性格的塑造大胆有力，剧中人物也富于变化，纷繁多姿，包罗各个阶层，有市民、宫廷侍臣、武士、丑角、手艺人和演员；布景也不断变换，忽而从宫殿转移到酒店，忽而从禅房转移到花园，忽而从伦敦狭窄的小巷转移到具有历史意义的战场。在这人物众多和剧情复杂里面，蕴藏着戏剧的全部原理。这种原理来源于民间戏剧，来源于广场上的表演，与此同时取消了宫廷演出的各种手法及其造作的规矩和人为的场面。

在普希金眼前出现一条崭新的途径：通过包罗万象的历史记事广阔自由的洪流来表现沙皇同人民的斗争。

在米哈伊洛夫斯科耶，这个复杂任务一下子就解决了。

一八二四年十一月，从彼得堡给普希金寄来两本书，是春天出版的卡拉姆辛的《历史》的两卷续编。书中叙述了费多尔·伊凡诺维奇和鲍里斯·戈东诺夫朝代的史实。

"混乱时代"的事件同当代政治事件有着惊人的相似之处，使诗人很感兴趣。他不久之后写道："卡拉姆辛新出的这两卷史书写得好极了！生活原来是这样！就像昨天读过的报纸一样熟悉。"

卡拉姆辛历史著作的新章节，解决了多年来创作中一直令普希金苦恼的难题：从俄国历史中为他的悲剧找到一个主题。鲍里斯沙皇的生平提供了用自由、宏伟的新风格进行这种创作尝试的一切要素。

卡拉姆辛不但是历史学家，而且是俄国第一位莎士比亚专家。他在叙述鲍里斯·戈东诺夫的命运时,故意写得富于戏剧性。他把叔伊斯基家族指控戈东诺夫杀死太子德米特里的政治抨击文章当成真实的历史文献,把经选举而登基的莫斯科沙皇写成很有作为的君主,不过由于这件"凶杀"而损害了他的事业,并因此种下了灭亡的种子。作者想要通过历史事件的错综复杂揭示出"天网恢恢"的道理:"戈东诺夫作为世界上最聪明睿智的君主的名字,由于受到道德的公正裁判,将永远遭到世人的唾弃。"

不过,卡拉姆辛醉心于莎士比亚的历史哲学思想,在叙述史实时采用的是塔西陀的绘声绘色、富有戏剧性的年鉴形式。然而,要想完满表现出戈东诺夫由于历史罪过必将受到道德和政治报应的构思,必须通过悲剧结构的规律,通过对话的激烈交锋和舞台诗格的有力节奏才能做到。这个创作任务在一八二四年末引起了普希金的兴趣,他把这种方法看作创作民族悲剧的正确途径。到一八二五年初,《鲍里斯·戈东诺夫》的头五场草稿已经完成。

七月,普希金给拉耶夫斯基写了论述戏剧理论的著名通信,这封信对于理解《鲍里斯·戈东诺夫》十分重要。尽管他在信中谈道,戏剧表演难免有一定的程式化,但又宣称:"情景的逼真和语言的真实,是悲剧的真正规律。"他认为拜伦的浪漫主义作品毫无价值,极力推崇莎士比亚,因为莎士比亚的语言灵活、自由,典型真实,人与人的关系符合实际。无疑,普希金把现实主义戏剧创作方法同古典主义悲剧原则以及新式浪漫主义戏剧对立起来。他正是从这个角度来看《鲍里斯·戈东诺夫》,要求做到剧中的事件在历史上绝对可靠和人物在心理上的真实。

一八二五年九月,普希金突然接到从邻村利亚莫诺沃送来的便条。这个村子的庄园主姓佩休罗夫,是奥波切茨县的首席贵族。他的外甥哥恰可夫路过此地,在他家小住。这个哥恰可夫就是普希金在皇村的同学,如今已是驻伦敦大使馆的一等秘书。普希金带上他的《鲍里斯·戈东诺夫》手稿,急忙赶到利亚莫诺沃。

诗人同哥恰可夫在一八二〇年分手。当时,这个老同学刚刚踏上仕途。这次见面时,他已是一位老练的外交家,已经具有参加世界会议和驻在欧洲一级使馆的阅历。

普希金照着笔记本向老同学朗读了悲剧的一些段落。这个笔记本的扉页写得满满的。他本想按照中世纪戏剧或修士论文的风格给这部历史剧取名。在古代手稿的封面羊皮纸上,往往用朱砂和金色颜料工整地写上花纹字体,标出冗长的题目。在普希金写的标题里,最醒目的就是纯体裁标志:《戏剧故事》。诗人似乎想强调这部作品的纪事性质,说明其中讲述的全是史实;文字接近古代的年鉴,按照日期准确记载重大事件。这个标题还包括了剧中的主要人物——沙皇和僭王,因而含有一定政治因素。普希金在他的手稿的一页上,还记上了古代的标题——《多次叛乱编年史》。这里叙述的不是一个事件,而是包括几次起义和内战的整个时代。这个悲剧写的是经历长期混乱的朝廷危机的各个阶段。

哥恰可夫听了普希金的人民悲剧,并不怎么感兴趣。普希金感到十分激动的历史问题,并没有引起这位伦敦使馆一秘的共鸣,而戏剧的自由倾向引起他当然的不满。这种不满表现为他对某些手法甚至语言(尤其是广场场面的语言)说得一无是处。

九月,普希金按照惯例去普斯科夫。他要定期去见省长冯·阿德尔卡斯、奥波切茨县首席贵族和普斯科夫、利弗良德、库尔良德三省大主教。这位大主教从他的高位上监视这个失宠的新无神论信徒。

受监视的十等文官完成这些公事之后,便可以从事创作构想和自由的历史考察。他的诗友和秘密团体的成员,如弗拉基米尔·拉耶夫斯基、雷列耶夫、谢尔盖·沃尔康斯基、久赫里别克尔,不止一次地向他指出古罗斯共和国对他的创作是具有重要意义的主题,其中包括伟大的诺夫戈罗德及其英雄的兄弟城市普斯科夫。按照十九世纪初俄国进步人士的观点,在这两座城市,"俄罗斯自由的最后一点火花已被熄灭",然而恰恰是从这里把德国骑士、立陶宛和瑞典的野蛮侵略打退了。

这原是莫斯科国土西北边界上的一座最强大的要塞,由于波罗的海沿岸并入版图已经失去了从前的战略意义,坚固的要塞渐渐变成破败的外省城市。它在被解除武装和被驯服之后,只保留着珍贵建筑古迹集中地的价值,无论就其古迹的数量或美观,除开莫斯科之外,可以算首屈一指了。

普希金仔细观看了这座维利卡亚河畔的千年古城。经过年轻的敖德萨及其蔚蓝的大海之后,如今从这带有"巴托里缺口"的高大城墙和多夫蒙特①时代的雄伟塔楼上可以感到古罗斯的气息。修道院城墙光滑,狭窄的窗子带有螺旋状铁栏,低矮的台阶带有沉重的石柱,玲珑的钟楼带有配备齐全的大小钟铃,剥蚀的壁画和数不尽的圣像都是当地画家的笔意,其中有表现著名战役细节的,也有画着名将领及其偏将的画像的——这些建筑在诗人面前广阔地展现出古罗斯丰富复杂的文化的史诗般的画面。

他在这里最突出地感觉到他在戏剧中所要再现的时代精神。千篇一律的传说使他看到栩栩如生的形象,考古学的古迹使他写出悲剧的诗篇。在加夫里洛教堂的台阶上,停放着普斯科夫著名疯修士尼古拉的棺木,在诗人的脑海里唤起了一贫如洗、靠乞讨为生的先知的动人形象。这个先知对一切最有权力的统治者,也敢于说出确定不移的真理(有意思的是,在《鲍里斯·戈东诺夫》里,这个先知用的是历史上的真名,叫尼科尔卡)。而玛琳娜·姆尼舍克于一六〇六年住过的荒芜花园中的城堡废墟,则令诗人回忆起桑博尔波兰贵族追求虚荣的血腥阴谋。

普斯科夫市民在大教堂前的集市广场上,愁眉苦脸地拥戴伪德米特里第三登上宝座,正是这种情景为剧中的处女地群众场面增添了历史特色。一六一五年,古斯道夫·阿多发率领的瑞典兵烧毁了修道院,只留下一片废墟;波兰国王斯蒂芬为瞭望他的杂牌军(他雇佣的立陶宛兵、匈牙利兵和德国兵)作战情况,登上尼古拉教堂。——这些史迹为诗人描写立陶宛边境上、谢夫斯克和诺夫戈罗德-谢维尔斯克一

---

① 多夫蒙特是十三世纪普斯科夫大公,以顽强抵御德军而闻名。普斯科夫有一部分与内城相连的区域,就叫作"多夫蒙特城"。——作者注

带的战斗细节提供了依据（马尔热列特、罗任、德国兵、波兰人）。在柳比亚托夫村流传着一个传说，说伊凡四世在盛怒之下曾想毁掉普斯科夫城，后来又宽宏大度赐给它和平和优遇（"让残杀停止吧！"）。这个传说跟比缅叙述严厉的沙皇说出英明和善的话仿佛相呼应：

> 雷帝坐在我们中间，默默不语，若有所思……

喜欢深思的老人讲的"这个痛苦和不平静的心灵"的故事，仿佛就是从保存在米罗日修道院和圣山修道院教堂法衣圣器室里的修士手稿上抄来的。这些手稿都装饰着精工的插图和玄奥的图案。

这座普斯科夫古城，既给予了伟大诗人以丰富知识，又激发了他的灵感。如果说他是从书上了解事件内容和时代精神的，那么艺术家的幻想在这些古代艺术品面前找到了广阔天地，可以任意翱翔了。古代建筑和绘画珍品，可使历史悲剧作者认识到古时君主和牧首的告民众书所用的古代庄严风格的雄壮特色以及古罗斯无名人士寻求真理和保持坚贞理想的深沉语调。普希金在写比缅关于青年时代的回忆和盲牧人关于他的双目神奇复明的动人故事时，都是用这种语调写的。

这位历史剧作家在悲剧中用明快的诗句反映了古罗斯生活的全部诗意，仿佛用安德烈·卢勃廖夫的轻巧画笔勾勒出费多尔·伊凡诺维奇弥留之际神采焕发的形象和"被害的太子"的温柔面容。

2

一八二五年十月，《鲍里斯·戈东诺夫》草稿完成，十一月七日誊清。普希金已经可以对维亚泽姆斯基庆贺俄国第一部"浪漫主义悲剧"的诞生。这部悲剧完全抛弃了法国宫廷戏剧的严格规律，着力反映生活，表现生活的千姿百态、变化无常和支离破碎。这是一场用舞台反映历史真实的斗争。历史真实既不需要粉饰，也不受古典主义诗学规律的限制。通过人物的冲突和宫廷的阴谋，表现出整个时代，这个时代包罗了一切"叛变和阴谋以及战争烽火"（按普希金后期的说法）。通过政治家们的表演，表现出支配这些历史傀儡的真正动力——人民，正是人民决定他们的活动和主宰他们的命运。悲剧的中心思想，就是要表现"人世的审判"和"人民的意见"。

普希金在这部悲剧里，运用了他作为艺术家的丰富经验。正是由于这个缘故，才使各种编年史和史籍材料变得有声有色。悲剧中的波兰人典型——从切尔尼科夫斯基神父到玛琳娜和卢齐亚——都是根据不久以前在卡罗琳娜·索班斯卡娅的沙龙里的谈话和会面写成的。圣山修道院和沃罗尼奇的神父们，包括他们爱说快活的俏皮话和公然贪杯的特点，都被写进游方修士的鲜明形象里了。修道院集市和集市上的乞丐、歌手以及农民的土语，为悲剧的群众场面提供了丰富素材。诗人在这些场面里描写了莫斯科居民复杂的民族成分和形形色色的人物性格。通过这些人物可以令人了解全国居民的状况。

普希金新近取得的政治经验，在安排描写"混乱"古代的悲剧结构方面起了巨大作用。这些经验，他是在同南方十二月党人的交往中得来的。南方十二月党人对俄国热爱自由的古代和他们对政治纲领的战斗内容的热忱，对诗人产生了影响。尽管他们把革命政变看作纯军事性质，但是佩斯杰尔在《俄罗斯真理》中也谈到"人民群众同上层贵族"的斗争，并说这种斗争必将导致君主政体的彻底垮台。十二月党人关于沙皇、人民、贵族的思考以及关于政权、权贵和"平民"之间的决裂的基本设想，便构成《关于莫斯科国大灾难的讽刺剧》的基础。大灾难指的就是僭王时期的深刻政权危机。

尽管普希金在一八二三年曾反对历史悲剧过于现代化，然而他在再现历史情景时，并没有完全割断同现代的联系。按照他自己的说法，他在剧中广泛运用了今昔类比的有效方法。普希金作为剧作家，是从当代战斗立场出发去理解古代事件的进程和古代政治家的形象的。他完全按照十二月党人的诗学，摒弃了历史剧局限于史实和依靠考古发现的写法。按照他的思想，历史剧也应该有现实意义，有号召力和有影响。他在快写完《鲍里斯·戈东诺夫》时，写信给维亚泽姆斯基说，他是从政治观点来处理他的主人公的，也就是用十七世纪的素材来解决俄国社会运动面临的问题。普希金在一八二九年写信给尼古拉·拉耶夫斯基，说明自己一八二五年戏剧创作的原则："现在谈我的悲剧。这部悲剧充满了与当时历史有关的有趣的笑话和微妙的暗示，类似我们在基辅和卡缅卡使用的双关语。必须懂得这些双关语，这是必不可少的条件。"

按照诗人自己的看法，如果猜不透这些双关语，他的历史剧是无法理解的。那么，这些基辅和卡缅卡的"暗喻"、寓意和类比究竟表现在哪里呢？

十二月党人经常讨论的主要题目之一，便是亚历山大统治末期的独裁制度及其军屯制、军队里的严厉刑罚、对谢苗诺夫团起义和诺夫戈罗德暴动的残酷镇压、捣毁大学、查禁刊物和压迫农奴。持反对立场的青年为了表示黑暗时代的各种恐怖现象，自己制定了一套暗语。普希金在一八二一年的书信中，在批评周围的反动势力时，便已经使用这种独特的"伊索寓言"。比如他提到俄国，便说是"亲爱的土耳其"，把彼得堡叫作"北方的伊斯坦布尔"。他在这一时期写的书信和诗歌中，一贯用罗马专制君主屋大维·奥古斯都及其罪恶的继承者提比略的名字称呼亚历山大一世。普希金在基希涅夫时写给普辛将军的诗中，便指出对阿拉克切耶夫制度的普遍不满和爆发革命的必然性，他把普辛将军叫作"我们未来的吉罗加①"。他给瓦·利·达维多夫的献诗（关于那坡利，关于"血杯"②），也是如此。南俄团体热爱自由的青年使用这种政治"双关语"，都与当代重大事件有关。这些事件包括西班牙革命和那坡利革命、俄国的解放斗争、即将举行的武装起义和谋刺沙皇。

最后一个题目具有特殊的现实意义。谋刺亚历山大一世的计划，密谋家们早已做了周密安排，甚至时间都准确地规定在一八二六年夏季演习时期。但是，在这之前（正如法国大使科林库尔向拿破仑禀报的那样），"在彼得堡早已在谈论谋杀沙皇的事，就像谈论下雨或晴天

---

① 吉罗加（1784—1841），西班牙将军，曾参加卡吉克斯的暴动。——译者注
② 血杯是参加革命的流血斗争的象征。——译者注

一样"。人们准备杀死亚历山大,普希金在《鲍瓦》里已经涉及这个题目。《匕首》一诗也用铺陈的"寓意"写这个题目,诗中把匕首作为"自由的秘密卫士"加以颂扬。这首诗在革命团体里起到了最重要的反政府宣传文献的作用。

这就是普希金在南方交游中学到的难忘的"隐语"。一八二五年他又想起这些隐语,并把它们看作这部悲剧必不可少的注解。我们根据这些尖锐而准确的隐语的双关意义,可以找到诗人为什么要强调这部历史剧包含深刻的现实性的准确答案。

那么作者一再强调的《鲍里斯·戈东诺夫》的政治含义究竟是什么呢?

广场上有人散布叛乱的私语,

人们头脑发热,应该让他们冷静……

我们只有采取一贯的严厉手段

才能把百姓制服……

这些字句在一八二五年的历史剧里,跟早期的《瓦吉姆》里的一些诗句一样,是对神圣同盟时代和军屯制的明显反响。悲剧中有些台词就反映出普希金认为亚历山大参与了三月十一日近卫军阴谋的观点,如比缅叹息道:"我们把弑君的罪人尊为皇帝",又如疯修士喊道:"不,不行! 不能为杀死婴儿的皇帝祈祷!"戈东诺夫在执政末期("已经第六年"),喜欢搞阴暗的神秘主义。他跟法师、巫婆和占卜术士在一起,关上门,靠他们的占卜来平息良心的谴责。这里的类比十分明显,亚历山大一世后来也同修士大司祭福季和都主教谢拉菲姆过从甚密。

此外,戈东诺夫的下面一句话也很有代表性:"我讨厌叛逆的普希金家族。"这里显然影射沙皇对普希金的著名讽刺诗和《自由颂》的愤怒。诗人把自己"不安静的"性格和生活漂泊不定的一些特征,加到祖先加夫里洛·普希金身上。诗人在给拉耶夫斯基的信中,把这位先人称作卓越的阴谋家和热烈的爱国者:加夫里洛·普希金在一六一二年曾为保卫莫斯科同波兰人作过战,一六一六年曾同科兹马·米宁一起参加过杜马会议。加夫里洛·普希金在悲剧中被称作"失宠的流放者",因为他反对暴君鲍里斯,而作者在米哈伊洛夫斯科耶(写这部剧本的地方),正是这样称呼他自己的。加夫里洛·普希金还被写成优秀的政治演说家,他能用几句话就煽动人们去反对戈东诺夫的后裔。诗人仿佛要通过这个勇敢、坚强的大贵族形象说明,普希金家族无论在十七世纪或者十九世纪,对待多灾多难的俄国的罪恶君主一贯采取大胆反对的立场。

关于沙皇鲍里斯和格里什卡·奥特列皮耶夫的悲剧,它的隐含意义就是这样。普希金曾提醒拉耶夫斯基,在读《鲍里斯·戈东诺夫》时,要回忆一下他们在南俄谈话的尖锐的政治象征意义。诗人说的这些话,指的就是下面的事实:群众的不满,统治者的严厉及其担忧、苦闷和恐怖,他在日益壮大的起义面前的罪行和注定灭亡的命运。人民的起义把许多有才干的优秀人物吸引过来了。诗人还请拉耶夫斯基为此目的,不妨翻阅一下卡拉姆辛《历史》的有关篇章。这一点也是值得注意的。卡拉姆辛关于"混乱时代"的史实资料,必须按照十二月党人对阿拉克切耶夫制度的抨击加以推敲和获得新的理解。无怪乎普希金认为卡拉姆辛记述的史实就像昨天的报纸一样熟悉。由此可看出,十七世纪国家的崩溃同亚历山大君主制的内部解体何其相似。这时,亚历山大的政体由于沉默人民的不满和贵族革命者的秘密活动而濒临绝境了。

3

这部悲剧,普希金是在十二月党人起义即将发生的时刻写的,表达了十二月党人起义前革命思想的全部精髓。按维亚泽姆斯基的精辟说法,十二月十四日正是"用武装起来的手对卡拉姆辛的历史进行批判"。但在这个值得纪念的日子的前夜,被流放的伟大诗人已经用他不朽的剧作驳斥了卡拉姆辛对专制制度的颂扬。普希金在这部悲剧里,歌颂了俄罗斯人民。当代的优秀人物正是为了俄罗斯人民的自由而不惜投身于反对沙皇制度的殊死斗争。

正是由于这个缘故,这部历史剧的主人公就是俄罗斯人民,人民是剧情发展最强大的动力。在这一点上,普希金比十二月党人的思想大大前进了一步。值得注意的是,在《鲍里斯·戈东诺夫》草稿中,在剧中人名单里,曾把人民写成一个人物,并成为剧情发展的主要动力。诗人正是把人民同孤立无援、精神空虚的君主及其暂时得势的对手、机灵的政治"冒险家"对立起来(普希金在书信中曾把这个僭王叫作"冒险家")。

诗人在《鲍里斯·戈东诺夫》里描写了栩栩如生、广袤无垠、无权而强大的俄罗斯,并把它同上层统治集团对立起来。这个统治集团包括世袭大贵族、诡计多端的神职人员和最高当局(军事长官、牧首、宫廷侍臣和沙皇)。悲剧的中心思想正在于此。愤怒的《乡村》作者,以人民的名义谴责鲍里斯是剥夺俄国农民的独立公民身份的农奴主。普希金从卡拉姆辛的史书上了解到,戈东诺夫"取消了农民在乡与乡或村与村之间自由迁徙的权利,使他们世世代代成为老爷的财产"。悲剧中加夫里洛·普希金的可怕预言就是根据这个史实而来的。他说只要答应恢复尤里节,人民必然会起来造反。暴虐君主之所以注定灭亡,其根源也在这里,因为他把人民从自己身边撵走,并由于同人民分裂而为自己的垮台做好准备。悲剧结尾"站在高台上的庄稼汉"的形象,以及他的呼喊"老乡们! 老乡们! 到克里姆林宫去,到皇宫里去! ……"具有巨大的概括意义,并成为"莫斯科国大灾难"的历史象征。戈东诺夫从"强大的伊凡二帝"手里倒霉地继承下来的拜占庭式专制政权,沉没在人民愤怒的汪洋大海里了。

正是这个思想决定了普希金写这部悲剧的创作方法。据他自己承认,他极力要摆脱上层贵族的古老戏剧,着力表现"人民激情的粗犷流露、广场上的自由议论"。他最为关心的是"人物、时代的准确描写,历史性格和事件的合理发展"。他要求剧作家善于"摆脱自己的思想方法,以便完全置身于他所描写的那个时代"。《鲍里斯·戈东诺夫》的作者以历史家的天才敏感,光辉地完成了这一困难任务,同他所再现的时代融为一体了。

但在创作过程中,他承认不可能、也没有必要"完全摆脱自己的思想方法"。悲剧中完全符合史实地、天才地再现叛乱的和悲惨的罗斯景象,就包含着伟大民族诗人渴望使受奴役的祖国获得解放的夙愿。这绝不是巴黎小品文作家对议会"新闻"的任意讽刺,而是普希金关于如何使英雄的俄罗斯人民获得解放的经过痛苦的思考。这部反映民不聊生、纷纷叛乱的历史剧,其真实性和现实性都是惊人的。剧中表现了"雄狮"一代关于俄国农民命运难以忍受的历史性痛苦,而抵御外侮、解放祖国的正是这些农民。艺术上的客观态度,似乎同政治上的现实意义互相矛盾,可普希金却以戏剧上的创新手法天才地加以解决了——他把对古代的准确认识同对一八二五年革命形势的深刻感受巧妙结合起来。

正是由于这个缘故,普希金在悲剧中把人民写成历史的真正主宰者,高高凌驾于那些风云人物摇摆不定的命运之上。把人民既写成一种难于捉摸的可怕的自发力量,又写成已经认识到自己力量的伟大而智慧的民族。十七世纪的莫斯科市民,尽管有时被写成消极地屈从于诡计多端、威风凛凛的大贵族,但是他们敢于坚决反抗大贵族的政治阴谋(乌格利奇的叛乱,逮捕军事长官,不肯跟大贵族高呼僭王万岁)。尽管在这里,人民群众还没有强有力的领袖(像拉辛之歌、普加乔夫史以及关于叶尔马克的构思中所描写的那样),但是,通过个别代表人物——其中既有来自平民的,也有来自知识阶层的——充分揭示出俄罗斯人民的巨大精神力量。疯修士尼科尔卡敢于在大庭广众之间揭露君主的罪恶,表现出人民的良心、人民的高度正义感。库尔勃斯基的儿子、被流放的年轻公爵安德烈,对祖国怀着无限热爱。他对祖国大地的致敬,充满着多么热情动人的欢欣:

> 看吧! 前面就是俄国国境!
>
> 神圣的罗斯! 祖国! 我是属于你的!
>
> 我轻蔑地抖掉衣上异乡的尘土,
>
> 我贪婪地呼吸新鲜的空气——

我觉出这空气是多么亲切！……

牧人讲述他如何盲而复明的故事，奇妙地传达出俄国人民丰富的诗意感，而游方修士瓦尔拉姆快活的即兴诗，洋溢着真挚生动的、地道的人民幽默感。

最后谈一下比缅这个人物。他似乎跟事件的主要线索有一定距离，仿佛是不被人注意的角色，其实，他正是这幅历史壁画中最重要、最光辉的人物之一。在普希金笔下，编年史家比缅几乎一贯被写成有思想的著作家（在剧中是一位古代作家）、中世纪俄国的学者、历史学家、传记作家和回忆录作家。在初稿中有一段独白，更清楚表明这位修士学者喜欢用艺术手法创造性地再现历史的倾向：

那些早已离开尘世的人们

又一一浮现在我眼前，

有我顶礼膜拜的君主，

有敌有友，有少年的侣伴。

我们曾一起驰骋沙场

或津津有味地聊天……

这位古代政治家并非与世隔绝，或心如古井，相反，他对人世的罪恶和政治的腐败加以愤怒抨击。他虽然戴着修士冠，却是一位最关心"治国"的政治思想家。小修士格里果里·奥特列皮耶夫把他比作无所用心的官僚，"对好人坏人都一视同仁，对善善恶恶都漠不关心"，是不对的。其实，历来的编年史家都坚持为祖国服务和使国家富强的思想。无怪乎比缅"在喀山城下打过仗，在叔伊斯基麾下抗击过立陶宛军队……"他在编往年纪事时，仍然是一名忠诚的军人。他的语言纯朴，可思想激奋，有斗争精神。尽管他把传教士的预言和星相家的占卜都原原本本记入编年史，同时却义愤填膺地宣称：罪恶的君主把祖国土地引向崩溃和毁灭，必将遗臭万年。他不肯对眼前发生的事件做四平八稳的记录，他是在严峻地宣判，或是在向后人做"可怕的告密"，以求真理和正义的胜利，哪怕等到遥远的未来。

比缅是一个令人感到亲切的形象。《鲍里斯·戈东诺夫》作者在诗中不止一次地谴责"带王冠的丘八"。为了争取自由祖国的斗争,他在悲剧中通过古代君主的形象刻画出当代沙皇的特征。这个沙皇丧尽天良,崇拜阴森的神秘主义,必将给国家和人民带来新的灾难。但是,当普希金完成《鲍里斯·戈东诺夫》时,亚历山大在塔干罗格已奄奄一息了。

第十章 彼得堡发生暴动

1

十一月末,沙皇快要驾崩的消息传到了奥波切茨县的偏僻乡村。这只不过是十一月十七日从遥远的亚速海岸传到彼得堡的亚历山大一世患病消息的余波,接踵而来的消息越来越令人不安。十一月二十五日傍晚,代替平日的家书而来的,是御前总参谋长季比奇男爵报告沙皇"病危"的公函。十一月二十七日,冬宫正为亚历山大的康复做祈祷,由于收到新消息而中断,原来亚历山大一世已于十一月十九日晨在塔干罗格病逝。

在专制的帝国,沙皇逝世是最为重大的政治事件,因为这类事件往往导致政府大政方针的改变。从彼得三世到亚历山大一世,共历四帝,国家的方针每次都发生了剧烈变化。米哈伊洛夫斯科耶的流放者也可以期待新君即位会使自己的命运有新的变化。

普希金热切地关心有关事态发展的消息。沙皇是否死了?彼得堡是否还在隐瞒沙皇逝世的消息?帝位继承人的问题是否解决了?诗人打发车夫彼得到诺沃尔热夫打听传来的消息是否属实,据彼得后来回忆说:"他对这个消息一直怀疑,心里很不安,听说有个士兵从彼得堡回到城里休假,就打发我找这个人,想从他那里打听确实的消息。"

这时尽管没有官方文告,人们都深信不疑沙皇已经驾崩,国家没有了最高执政者。两个首都人心惶惶,这种惊惶心情渐渐传到外省和县城。国内帝位空虚,这种状态能持续多久? 又会有什么结果呢?

十二月初,普希金开始考虑秘密前往彼得堡,以便同弟弟和朋友探讨自己未来的命运。最高当局正忙于帝位继承事宜,各级政府也不会注意流放者擅自出走的问题。然而正在这时(大约十二月五日),普希金得到正式文告:亚历山大一世驾崩,枢密院宣誓效忠于康斯坦丁·巴甫洛维奇皇帝陛下。于是,他只好放弃冒险举动,等待事态的进一步发展。

这时,《鲍里斯·戈东诺夫》已经完成,剧本手稿已从写字台上撤走。用什么来填补奥波切茨县令人难耐的寂寞呢? 普希金翻开莎士比亚的作品,把莎氏的抒情叙事诗《鲁克列提亚》读了一遍。诗中讲的是罗马政权更迭始末的传说。

莎士比亚的这部史诗,是按照提图斯、李维和奥维德等古代历史学家和诗人的记述写的,而普希金认为这些古代人的历史观荒诞不经,把神话当成史实。根据他们的记载,赛克斯图斯·塔尔克维纽斯不顾情谊,占有了好友柯拉提努斯的妻子、贞洁的贵妇鲁克列提亚,鲁克列提亚因为未能抵御暴行而绝望自杀。柯拉提努斯和他的朋友布鲁图斯共同举事,塔尔克维纽斯带全族仓皇逃出罗马。普希金不免提出疑问:"如果鲁克列提亚打塔尔克维纽斯一个耳光,又该怎么样? 那样一来,布鲁图斯便不会把皇帝撵走,世界将是另一种样子,世界史也要另一种写法了。"

当俄国帝位悬而未决之际,普希金决定用"模拟讽刺诗来讽刺一下历史和莎士比亚"。他不禁想起不久之前在邻近的诺沃尔热夫县发生的一起"诱骗事件",于是用了两个早晨(十二月十三日和十四日),写出一首诙谐长诗《新塔尔克维纽斯》,后来改名为《努林伯爵》。

这个简短的故事生动而准确地勾勒出普斯科夫地主庄园的生活图景:打猎的准备,庄园的家务事,女主人的操心和娱乐。诗中还描绘了三山村的藏书,其中就有普拉斯科维亚·温多姆斯卡娅年轻时喜欢读的古代多卷集长篇小说。诗中还写到一只带铜链子的号角,这是不久前一位邻近的庄园主送给普希金的。一幅描写生动的画面,外表显得滑稽,实则毫无乐趣,因为它揭露了这个阶层生活的绝望和空虚,因为这个阶层本身就像他们的豪华生活的内幕一样丑恶。在诙谐的诗句中,有时会感到诗人对"长期居住在凄凉的荒村的人们"的辛酸的同情心。

普希金在写这篇诙谐故事时,在一定程度上是效仿德米特里耶夫的模拟讽刺长诗《某绅士的巴黎和伦敦之行的》。德米特里耶夫的这篇长诗,讽刺的是瓦西里·普希金。《努林伯爵》的作者特别推崇德米特里耶夫这篇游戏之作,后来甚至曾打算写一篇评论文章在《现代人》上发表。在这位一心模仿欧洲时装的俄国伯爵身上,可以找到德米特里耶夫刻画得鲜明的"俄国巴黎人"的典型影子,包括他们喜爱时髦西装和书肆新书的癖好:"多么漂亮的燕尾服!多么漂亮的裤子!不管什么东西,都是新式样!供你挑选的新书有多么丰富!……毕冯①、卢梭、马布利、高乃依……"

普希金采用《时髦的妻子》的作者的诙谐手法描绘这个游历西欧的俄国人,写他也是那么喜欢听外国新闻。但是,原型的肖像特征却故意涂掉了。瓦西里·普希金虽曾出国游历,却仍然是一位地道的莫斯科文学家,"在异域以自己是俄国人而自豪,并且是一位地道的俄国人"。普希金家族中这位不大出名的老诗人,就是如此充分地意识到自己的民族尊严。

努林伯爵可不是这样的人,他在周游世界时,"咒骂神圣的罗斯,并且十分奇怪,在那茫茫大雪之中怎么能生活得下去……"普希金无情鞭挞了他崇法思想的毫无根据和反人民性。这个花花公子和阔少由于迷恋外国文明的表面诱惑而变成一个没有祖国的人,本国人中间的外国人,纯朴可爱的俄国人中间的"奇怪的野兽"。他在西方感兴趣的不是世界文学,而是时髦的名字;不是法国人民的劳动和斗争,而是王宫前厅里的俏皮话;不是伟大演员和作曲家的艺术创造,而是时髦沙龙里的闲谈。

---

① 毕冯(1707—1788),法国自然科学家。——译者注

对这个帕勒罗维尔宫的常客说来,俄罗斯文化是根本不存在的。美妙的祖国语言,在这个国际健谈家口中变成了外国话的死板译文,同时还要常常夹杂巴黎话的俗套子。他千里迢迢带回来一张法国幽默小报,而娜塔丽亚·巴甫洛芙娜告诉他的《莫斯科电报》这样重要的俄国刊物,却置若罔闻。

在这里,透过诗人轻松的幽默和优雅的诙谐,流露出对俄国权贵们的辛辣讽刺。这些老爷们不仅把巴黎的时装和趣味带到俄国,而且把外国扼杀文明的反动理论输入进来,从而同祖国的土地、祖国的劳动人民和进步青年完全割断了联系。后来,普希金还不止一次地写过这个可悲的题材。

2

《新塔尔克维纽斯》的创作,并不妨碍普希金拜访三山村。他仍然跟从前一样,几乎每日必到。

十二月十五日,奥西波娃一家都聚集在客厅里。普希金和朋友们正议论他们刚刚听来的传闻,说新沙皇康斯坦丁一世为人古怪,仍然住在华沙,不肯接受皇位。仆人突然进来向女主人禀报说,派往彼得堡采购食品的厨子阿尔谢尼匆忙赶了回来,说那里不知发生了什么事变,在座的人都为之一震。阿尔谢尼被叫进客厅,向大家报告:"彼得堡发生了暴动,到处是巡逻队和岗哨。我好不容易出了卡子,雇上驿马,拼命似的跑回家来……"

这是普希金接触到的十二月十四日事件的第一个见证人。这消息使诗人大为震惊,这显然是秘密团体开始行动了。他在彼得堡、卡缅卡和基希涅夫都曾感觉到他们有所活动。普辛的欲言又止,拉耶夫斯基少校的公开言论,米哈伊尔·奥尔洛夫、尼古拉·屠格涅夫、雅库什金和瓦西里·达维多夫等人说过的话,佩斯杰尔和谢尔盖·沃尔康斯基的激进观点——这一切突然汇成一个统一的运动,并和令人震惊的首都暴动消息联系起来。普希金脸色惨白(据玛·伊·奥西波娃证实），接着讲起秘密团体的情况。

他心事重重地回到米哈伊洛夫斯科耶。彼得堡发生了暴动！他是否会像四年前在卡缅卡那样，又看到使他的一生变得高尚的"崇高目的"呢？普希金平时好匆促做出决定，这一次也立刻收拾行装，准备上路。

不过，普希金好在冲动之下突然做出决定，来源于他性格的变化无常。诗人的情绪顷刻之间判若两人，一举一动都会突然改变，令周围的人感到莫名其妙。这一次也是这样，普希金刚走到弗列沃村就改变了主意。可能是由于事态的发展，更主要的是暴动的结果如何，他都一无所知，只好停止前进。一旦彼得堡的朋友遭到失败，他此行不但对他们无益，而且会使自己落到不可挽救的下场。对待彼得堡发生的重大历史事件，不能凭青年气盛，而要采取理智、成熟的步骤。目前的形势要求他冷静等待。普希金控制住一时的激动，返回米哈伊洛夫斯科耶。

大约过了一两天之后，他已经读到十二月十六日报上刊登尼古拉一世的登基诏书，国家无主的状态已经结束。又过了三天，公布了关于十二月十四日事件的报告，说莫斯科团有些连发生暴动，这些连的士兵在七八名尉官的率领下，在枢密院前面排成营方阵。"军官中的主犯已被逮捕，关进要塞……参加这次叛乱的犯人不久即将受到公正审判……"

不久，被逮捕人的名字公布出来了。十二月末，普希金怀着沉痛的心情在"国家要犯"名单中读到他的同学、好友或曾经亲密交谈的人的名字。第一个是"少尉、作家康德拉季·雷列耶夫"。这是一位正直而大胆的诗人，就在一个月之前还曾向普希金发出呼吁，希望普希金勇敢坚强，投身到斗争中去："全俄罗斯的眼睛都注视着你；大家热爱你，信任你，模仿你，希望你既要做一个诗人，又要做一个公民……"雷列耶夫的下边，是他最好的朋友和《北极星》杂志的同人别斯图热夫。他的姓又叫别斯图热夫－马尔林斯基，当时任维尔杰姆别尔格斯基公爵的副官。这是一位有见地、有水平的批评家，还写过一些引人入胜的中篇小说。他同普希金经常保持通信联系,书信的文字警策。他那"真挚的雄辩""奔放的思想""活泼生动的文笔",都令诗人钦佩。就在不久之前,即十一月三十日,普希金还向他询问过雅库鲍维奇——"自己心目中的英雄"的情况。如今,官方对他这友好的问讯做出冷冰冰的回答:"尼热戈罗德龙骑兵团上尉雅库鲍维奇犯有谋反罪。"

然而,最可怕的还是罪犯名单末尾的字样:"从莫斯科来的六等文官普辛和在逃凶犯六等文官威廉·久赫里别克尔。"这一打击竟然落到情同手足的好友、皇村学校的同窗、少年游戏和闹学潮的伙伴头上。严酷的历史通过这些人的名字直接伤害了诗人,引起他剧烈的痛楚,并向他发出威胁。

普希金决定焚毁一份最珍贵的手稿。五年来,他一直在记录关于当代杰出人物的笔记,本不想发表,所以就把对"后来成为历史人物"的这些人的印象如实写到纸上。一八二五年政府公告提到的正是这些名字。普希金明白,他的这些笔记如果落到政府手里,肯定会成为重要证据,一定会"连累好多人,增多无谓的牺牲"。他决定把四年来关于在基希涅夫、卡缅卡、敖德萨值得纪念的会面的日记付之一炬。

> 漆黑的纸缩成一团,那珍重的字迹
> 在轻飘飘的纸灰上历历可见……
>
> 完成了一件大事! 心头却无限忧郁。

普希金很可以把不久以前写的关于烧掉的信的诗句用在这里。就这样,在一八二六年即将来临之际,在米哈伊洛夫斯科耶小房的壁炉里,烧毁了普希金关于当代杰出人物最可靠的记录材料——关于十二月党人最早的笔记。

一八二六年,是在普遍的灰心失望和不幸的预感中降临的。到处在进行搜查和逮捕,到处在悄悄议论彼得罗巴甫洛夫斯克要塞、沙皇的审讯和即将宣布的惩罚。

诗人对现实的深入敏锐的感受,往往使他能准确无误地猜测到即将发生的事件。一八二五年春写的关于法国革命的哀歌,经过后来事件的验证,竟然成为对十二月事件的准确预见。直到一八二六年才认识普希金的亚泽科夫,十分正确地称他为"自由的预言家",《安德烈·谢尼埃》作者本人也认为自己的创作具有这种作用(普希金在一八二六年三月三日给普列特涅夫的信中曾写道:"你知道,我是个预言家。")。普希金后来写道:"按照老百姓的说法,有才智的人并不能成为预言家,而是预测家。他看到整个事态的发展进程,可以从中得出深远的推测,经过时间证明往往是准确的……"

一八二六年,普希金这种作为诗人的高度敏感和锐利的观察力,同古代"受神启示"的预言家的本领可以说相差无几了。当心中的火焰熊熊燃烧之际,高度敏锐的视觉和听觉可以使天才的诗人感受到一切声音、一切运动、宇宙间一切隐秘的颤动,赋予他用火热的语言去点燃人们心灵的才能。可能就是这种现象,使普希金写出俄国全部诗篇中最有力、最优美的诗句:

用话语去点亮人们的心。

这就是《先知》一诗中的最后一行。

3

然而,生活照常进行。在一月十二日的达吉雅娜节,三山村庆祝家庭节日——叶芙普拉克西亚·武尔弗的命名日。普希金参加了这个庆祝仪式。这个日子对他来说还有一个作用,就是为他刚刚开头的《叶夫根尼·奥涅金》第五章提供了新的生活素材。在"三山村城堡"的客厅里,诗人可以看到全县形形色色的人物,可以"在自己的心中为所有的客人画出漫画肖像"。他根据直接观察得来的新鲜印象,在这部长篇小说的第五章广泛描绘了乡村的舞会和外省典型人物的群像:这里有"优雅的主人——贫穷农奴的占有者",有"斯科季宁夫妇",有"退职文官弗良诺夫——挑拨是非的行家、老滑头、大饭桶、贪官加小丑"。在两三年以前普希金在基希涅夫发表的关于俄国贵族不可救药的意见,至今毫无变化。他把地主阶级的代表人物一个个都写成空虚、荒唐和残酷的寄生虫。

叶芙普拉克西亚命名日的庆祝宴会还没结束,又传来消息说,发生了新事件,切尔尼戈夫团在南方举行暴动。叛乱部队被政府的骑兵包围,主要肇事者和起义煽动者穆拉维约夫－阿波斯托尔中校负重伤,被活捉。

他跟普拉斯科维亚·奥西波娃是至亲。正是这个谢尔盖·伊凡诺维奇·穆拉维约夫－阿波斯托尔于一八一六年赠给她一本黑山羊皮的纪念册,上面还有做好牺牲准备的豪迈题词。时代的政治新闻变成了俄国进步社会的家庭惨剧。

从一八二六年初开始,普希金在给朋友写信时极力探询自己的命运将有何安排。

不久,他得到消息,说自己的政治处境十分危急。茹科夫斯基告诉他说,最高审讯委员会在十二月事件每个参加者的文件里,都发现了他的革命诗歌,显然是《自由颂》《匕首》以及反政府的讽刺诗。

普希金尽管没有被拘捕,却受到缺席审讯。他作为诗人一直厕身于十二月党人中间,他从前的作品就说明了他是属于这一群人中间的。他在彼得堡时期的诗歌中,反映了幸福会的纲领,即要求取消农奴制和限制专制政权的权力,到了基希涅夫和卡缅卡,又接受了南社的激进要求——用武装革命建立共和制,甚至不惜采用暗杀沙皇的手段。所有这些内容,他都反映在自己的诗歌里。十二月党人承认他是自己人,同时认为没有必要让他正式参与密谋。

普希金反政府诗的宣传作用是巨大的。早在一八一八年,年轻的别斯图热夫－柳明就到处听到朗诵这些大胆诗篇的声音,人们"乐于诵读"并从中领会反朝廷思想。赫尔岑在孩提时,俄语教师便教给他《自由颂》、《匕首》和《高加索的俘虏》。同普希金相识的十二月党人卡霍夫斯基,曾在社会上传播普希金所有的禁诗。莫斯科的大学生对普希金的革命讽刺诗读得入迷,屏息谛听他的每个诗句,并把抄录他的向往自由的诗歌的手抄稿和整本笔记到处传播。普希金完全有权把自己称作十二月党人的歌手。

当整个运动遭到失败的可怕时刻,他仍然忠于十二月党人的基本思想。同时他明白,目前的现实要求反政府力量改变自己的表现方式。普希金在一八二六年三月八日给茹科夫斯基的信中写道:"不论我的政治思想和宗教思想①形态如何,我都要暗自藏在心里,对必然要发生的事不想再做不理智的反抗。"

这并不是投降,而是选择新的策略。普希金在这封信里极其简洁而毅然决然地阐述了自己对待十二月党人的纲领的态度和对待尼古拉一世政府的态度。他一方面保持对解放思想的忠诚,另一方面认为反抗无情事态的发展是不理智的。在这一基础上,对从前的行动方式进行了重新审度:勇敢但不计利害的做法必须抛弃,而为了进行实际斗争,必须权衡双方力量的对比,根据胜利的可能性大小来决定自己的行动。这一思想决定了普希金直到逝世前的整个政治立场,并且成为他最后一篇长诗的基础。

六月,盼望已久的亚泽科夫同阿列克塞·武尔弗一起来到三山村。这位学哲学和法律的大学生能向普希金传授许多新知识。普希金很重视这些知识,他也习惯于跟活的"大学"学习。亚泽科夫在杰尔普特学过国家学和经济学课程,还听过绘画建筑史、美学、俄国文学。他的思想很激进,热心于"高尚的自由",喜欢歌颂"拉辛战斗过的大河"。

亚泽科夫是在国家政治生活最黑暗的日子里来到三山村的:到六月一日为止,对十二月党人的审讯已经结束,最高法庭已经开庭。沙皇在诏书中宣布处以极刑的恫吓,引起普遍的沮丧,毫无指望的情绪压在人们的心头。没有疑问,两位诗人在一八二六年夏天的谈话,大半离不开这场当代的历史悲剧,特别令他们担心的是雷列耶夫的命运。

但是,三山村的青年人毕竟不能只研究当前的政治新闻,只沉浸在阴森的预感之中。杰尔普特的大学生和三山村的少女们陪伴普希金散步,在露天底下设酒宴,用唱歌、饮酒和吟诗来消愁解闷。这种青

---

① 应指革命和无神论思想。——作者注

春的热闹可以暂时压低预兆不祥的历史的沉重、坚定的脚步声。

在一次这样的乡村宴席上，普希金向朋友们朗诵了不久之前在米哈伊洛夫斯科耶写的《巴克科斯之歌》。这是他关于人生最宝贵的东西——爱情、诗歌、知识、人类用以战胜一切和照亮一切的智慧的最优美的颂歌之一。这首席间即兴诗的空灵的形象，极其严整、优美。"多情的少女和年轻的妻子"，订婚戒指落在茶杯底上叮叮有声，初升的太阳把夜里的灯照得暗淡无光，"酒神的副歌"迎着瑰丽的朝霞响彻云霄——这就是黎明即将来临的景色。这种景色预示艺术、真理、自由和正义的不朽的光荣：

> 祝缪斯万寿无疆！祝理智万丈光芒！

这是普希金整个创作的基调，这一基调便成为其民族文化最完美的表现。普希金作为俄罗斯文明的忠实儿子，即使在与好友作乐的时刻，也不忘记赞美使人民生活变得高尚的精神因素。车尔尼雪夫斯基说得完全正确："凡是像普希金那样忠诚于缪斯和理智的人，必将永垂不朽。"

4

大约七月二十日，亚泽科夫动身返回杰尔普特。这时，在外省人们正惶惶不安地等待十二月悲剧的结局。普希金在信中不止一次地流露出期望最高当局"开恩"的想法。

七月二十四日，最高当局的判决传到了奥波切茨的偏僻乡村。被判处无期徒刑和长期服苦役的有：普辛、久赫里别克尔、尼古拉·屠格涅夫、亚历山大·别斯图热夫、尼基塔·穆拉维约夫、谢尔盖·沃尔康斯基、雅库什金、卢宁、奥多耶夫斯基。他们都是十二月党人最杰出的代表人物，他们被监禁，意味着整个团体的垮台。

与此同时，文告还宣布了沙皇对下述犯人的"恩典"："帕维尔·佩斯杰尔、康德拉季·雷列耶夫、谢尔盖·穆拉维约夫－阿波斯托尔、米哈伊尔·别斯图热夫－柳明和彼得·卡霍夫斯基"免除砍头截肢的痛苦刑法，"因实属罪大恶极，处以绞刑"。诏书上说明："犯人已受到应有的刑罚……"

这个出乎意外的判决，使接近十二月党人的人士都大为震惊，"仿佛人人都失去了父亲或兄弟"。他们的好友或亲人——勇敢大胆、精力旺盛、富有才华的年轻人都牺牲了。

在三山村，奥西波娃一家打开了令人心酸的遗物——黑山羊皮纪念册。这正是谢尔盖·穆拉维约夫－阿波斯托尔从前送给住在普斯科夫的表姐的礼物。普拉斯科维亚·奥西波娃自己的题词写在上面，底下便是谢尔盖·穆拉维约夫用法语写的两行字迹："我也不怕死，但也不愿意死。一旦死神来临，它会发现我早有准备。一八一六年五月十六日。"过了十年之后，切尔尼戈夫团起义的英雄领袖证明了纪念册上这两句题词是发自肺腑的。八月初，亚泽科夫怀着满腔愤怒写下悼诗：

> ……雷列耶夫死了，被当成罪犯，
>
> 啊，俄罗斯啊，请不要忘记他，
>
> 一旦你能挣脱沉重的锁链，
>
> 集合起雷霆万钧的力量，
>
> 去冲击沙皇的专制政权！

普希金不禁回想起他同这五名被处死的朋友的会面和谈话。就在不久之前，他还在基希涅夫同佩斯杰尔进行过有趣的哲学辩论，在奥列宁的书房里同年轻的别斯图热夫－柳明会过面，在彼得堡的"年轻的雅各宾派"中间跟穆拉维约夫－阿波斯托尔和卡霍夫斯基有过交往。至于跟雷列耶夫，不但有亲密的创作友谊，而且经常保持通信。

从雷列耶夫的信中可以看到，他的精力是多么充沛，他对自己的力量和未来的信念是多么坚强。这些书信给普希金"失宠的小房"的凄凉的沉寂带来多少欢乐！……

拜伦逝世，安德烈·谢尼埃逝世，普希金都写了悼诗加以凭吊。雷列耶夫的死讯传来的时候，诗人正在写《叶夫根尼·奥涅金》的第六章，恰好在描写年轻诗人的无谓牺牲。这段关于诗人夭折的叙述换了一种语调,流露出作者的无限哀伤:"我的朋友们,你们可为这位诗人感到惋惜?"

在描写连斯基之死的诗节里,曾暗示他有可能在日常生活的泥潭里变得意志消沉的可悲前景,不过其中也流露出普希金听到五个革命者被处死之后的悲痛心情。当时他在手稿上画了吊着死人的绞架,并且设想自己也有可能得到同样的下场……在这段诗的原稿中,他曾表明这样的想法,即连斯基在生活中有可能选择某些诗人或统帅所走过的特殊道路,他有可能"看到辉煌的胜利"之后,像拿破仑一样在流放中死去,

> 或像雷列耶夫一样被处绞刑……

听到彼得堡处死五个叛乱者的消息之后不久,普希金又听到阿玛莉亚·里兹尼奇逝世的消息。

根据诗人所作的简短记载推断,他得到这个消息已经是一八二六年七月二十五日,而阿玛莉亚是在一八二五年六月亡故的。这个消息迟到了一年之久。普希金自己也感到奇怪的是,他听到心爱的女人逝世的消息,并没有感到绝望。这究竟是因为在这之前刚刚得到好友被处死的可怕消息给他留下了痛苦的印象,还是由于两年的时间已经把他记忆里一度亲近可爱的形象给冲淡了,就不得而知了,只是他那首《在她祖国的蓝天底下》的诗写得像早秋的新凉一样清澈:

> 哪里有痛苦和爱情? 唉,在我心底
>
> 对于这可怜、轻信的芳魂,
>
> 对于幸福时日的甜蜜记忆,
>
> 既没有眼泪,也没有怨恨。

然而,过了几天之后,普希金终于为这"轻信的芳魂"找到了真挚的话语,在《叶夫根尼·奥涅金》的手稿上留下了全诗最悲凉的诗句之一,充满着像"安魂曲"一般痛苦的怨诉和低沉的调子。

> 我不想用空洞的责备
>
> 去惊扰坟墓里的安宁……

在热内亚的一块墓地上,有一座高高的白色陵墓。那里埋葬着阿

玛莉亚·里兹尼奇,而在遥远的北国乡村,有人为她写下不朽的墓志铭。这些墓志铭不是刻在坎波－圣多的大理石碑上,而是保存在俄国诗歌中最优美的哀诗里,并使她的名字万世流芳。

诗人在痛苦的思索中度过一八二六年这个沉闷的夏日。杰尔普特的客人走了,他的朋友又只剩下老奶娘和三山村的几位女友。

九月三日深夜,普希金从奥西波娃家回来,正赶上普斯科夫省长派的信使刚刚来到。冯·阿德尔卡斯在短简中通知,皇上恩准普希金的"奏请",让他马上到普斯科夫去。另外还有个附件,是总参谋长写的公函副本:"普希金先生可乘坐自己的马车,自由登程,不再作为犯人,但必须有信使陪同;到达莫斯科后,须马上到御前总参谋部值日将军处报到。"

从前递解政治犯,就是采取这种办法,由信使押送到御前总参谋部。奶娘的眼泪和安娜·武尔弗的担忧是可以理解的,"启程"的方式并不像什么"恩准",倒很像命令。与其说是让诗人自由行动,倒不如说必须绝对服从。

然而,就在这时,普希金丝毫也没有忘记自己是诗人。尽管他感到前途渺茫,可能遭到新的流放或监禁,但他仍然把自己"可怜的"一生中最宝贵的东西带在身边,这就是《叶夫根尼·奥涅金》和《鲍里斯·戈东诺夫》的手稿。

第三部

第一章　最高书刊检查官

1

普希金到达莫斯科。莫斯科为皇帝加冕庆典而装饰一新，又因为残酷镇压十二月党人而民心沮丧。他这次进京，仿佛标志着沙皇俄国的历史和俄国一流诗人的传记即将开始一个新时代。尼古拉帝国表面上的富丽堂皇掩盖着君主专制的日益解体，沙皇为了限制著名作家的独立活动而对他施加"恩典"——这就是普希金一生的最后十年中国家大事的整个进程和悲剧意义。

沙皇采取这种新的施政方针，极其迅速果断。尼古拉一登上王位就断然宣称："革命已经来到俄罗斯门前，但是我敢发誓，只要我有一口气在，决不会让它进来。"

这个口号就决定了沙皇同《乡村》的作者第一次谈话的基调。一八二六年九月八日下午四时，普希金被送到克里姆林宫，带进沙皇的内室。

尽管这位新的专制君主善于装腔作势，摆出帝王的架势，但他的表演毕竟不够熟练。他那勉强装出的威严自若的面孔，掩饰不住最近一年的事件所引起的沮丧、惊恐和不知所措。一个亲自参加莫斯科庆典的人证实说："皇帝的脸色格外阴沉，他那副神情，人人都觉得难看。"

尼古拉一世比普希金稍大几岁。他长得干瘦细长，没留胡子，身材笔挺，目光阴森，和人谈话时，口气果决，好发号施令，说一不二。

　　由于多种原因,这位俄国著名诗人既令他感兴趣,又令他担心。在最后一次审讯之前很久,他就知道普希金的名字。普希金在皇村学校读书时,便不止一次地引起皇族的注目,而普希金被放逐时,这位大公无疑更是知其端详。就在这个时期,据说尼古拉跟在位的哥哥有过一次谈话。亚历山大一世曾经问过他:"你读过《鲁斯兰和柳德米拉》吗?这个作者在外交部做事,他是个游手好闲的家伙,可却很有才华。"

　　皇上的这一评价,尼古拉一直没有忘记。一八二六年七月,由于传言普希金煽动农奴闹自由,便在普斯科夫省对"著名诗人的行为"专门进行了调查。秘密侦查的结果并未证实政府的怀疑,然而,怡在这时普希金的哀诗《安德烈·谢尼埃》的手抄稿传到政府手里,其中包括被书刊检查机关删掉的诗句:

　　　　哪里有自由和法律?只有斧钺

　　　　悬在我们的头上,作威作福。

　　　　我们推翻了多少皇帝,可是又把杀人犯

　　　　和刽子手选作君主。啊,真可怕,啊,真耻辱!……

　　试想,七月十三日刚刚处死十二月暴动的领袖,而一八二五年的这首哀诗的片段又以《为十二月十四日而作》的标题到处传抄,那么政府于一八二六年八月加紧对诗人的监视便不难理解了。沙皇接到米哈伊洛夫斯科耶囚徒申请撤销刑罚的条陈,在加冕礼的几天之后,决计把诗人押到莫斯科。他要亲自进行审问。

　　在二十年代中期,普希金的名字已经成为新政府必须认真对待的力量。南方长诗的作者首先在文学界享有绝对影响,即使他在流放中,无疑仍是文学界的领袖。维亚泽姆斯基于一八二五年九月证实说,"你的名字已经成为人民的财产",并在一篇文章中把普希金称作"我们的少年泰斗"。茹科夫斯基在一八二四年给普希金的信中写道:"你在俄国的帕尔纳斯独占鳌头。"别斯图热夫在读了《叶夫根尼·奥涅金》的第一章之后评论说:"你手中握着普拉克斯忒利①的刻刀。"雷列耶夫对这位"鬼斧神工、妙笔生花的大家"五体投地。

尼古拉一世的政府是在军事暴动发生之际开始掌权的,认为对于全国最有名望的诗人必须表示一点儿宽大,尽管在这些"国事犯"的文件中都发现了普希金的革命诗篇,这突出地表明了他的诗作的广泛的革命意义。把他从流放地押回京城进行政治审问的决定,突然被沙皇搞成对受到压制的社会舆论的笼络,这正是他在七月十三日的绞架和整个进步贵族阶层被彻底击溃之后玩弄的一种手法。

为了这一目的,必须演出一场精彩的"赦罪"戏,而且首先要收服诗人本人。尼古拉一世是善于做戏的,基佐②曾评论他说:"这是一位演员,他对戏剧效果要比对历史事件本身更感兴趣。"这个大公早在青年时代便对法国戏剧有所偏爱,并且亲自试演过轻松的剧目。他甚至跟法国喜剧的早期演员上过几次课。他们教会了他朗诵莫里哀和兰尼亚尔③的诗句。他在审讯十二月党人时,便表现出善于根据被审讯者不同的性格而采取不同手段的绝技,忽而厉声恫吓,忽而装出一副笑脸,真真假假,变化无常。如今要同诗人进行第一次谈话,也必须充分施展这种机灵善变的本领。他对自己的角色,无疑做了周密考虑和细致推敲。他需要表演某种类似当时时髦的《蒂托的仁慈》——这是米塔斯塔肖④的一出悲剧,莫扎特根据这个剧本写成一个有名的歌剧:古罗马皇帝宽宏大度地饶恕了那些搞阴谋的贵族,用父亲般的教诲代替了惩罚。尼古拉一世决定在这位全国第一流作家面前扮演这么一个"仁慈的蒂托"角色。

在一八二六年九月八日这一天,普希金的心情也很复杂。他当然非常希望摆脱幽禁的状态,但也不是不惜任何代价的:他能做出的最大让步,就是不再进行反政府宣传。他极力要保护自己信念的内在自

---

① 普拉克斯忒利(公元前四世纪),古希腊的雕塑家。——译者注
② 基佐(1787—1874),法国资产阶级历史学家和反动政治家。——译者注
③ 兰尼亚尔(1655—1709),法国喜剧作家。——译者注
④ 米塔斯塔肖(1698—1782),意大利诗人和剧作家。——译者注

由,甚至期望在新沙皇执政时期能保持他的独立。同杀害雷列耶夫和佩斯杰尔的刽子手的任何合作,他都绝不答应(他在给维亚泽姆斯基的信中明确暗示,在七月十三日以后他将不向皇上提出任何请求)。他完全可以把不久之前写的诗句拿来表示这时的处境,他也一定愿意这样做:

> 诗人,你应该骄傲,应该欢呼,
>
> 因为你在我们时代的耻辱面前
>
> 未曾顺从地垂下你的头颅!
>
> 你对强大的恶徒表示了蔑视……

普希金怀着这种内心的矛盾和"不付任何代价"而得到赦免的幻想,走进新沙皇的书斋。

关于这次觐见情况,诗人几乎没做任何记载,只在给奥西波娃和亚泽科夫的信中写了两三行字(提到"亲切"接待和沙皇决定做他的书刊检查官)。至于其他一些人记载克里姆林宫这次会见的文字,则不能认为完全可靠。然而,谈话另一方——尼古拉一世的介绍则很值得重视。他对莫德斯特·科尔弗的谈话是尽人皆知的,这次谈话证明,诗人在这一困难时刻表现极其勇敢。尼古拉一世说:"我顺便问他:'如果您于十二月十四日在彼得堡的活,您会怎么办呢?'他回答说:'我会站到叛乱者的行列里。'"这次谈话还有一点也是值得注意的:沙皇问"他的思想方法是否有所变化,他能否保证改变自己的思想和行为。他犹豫了很久,不肯正面回答,经过长时间沉默之后,伸出手保证改过自新"。

这些资料过于贫乏了,现在我们来用关于沙皇同普希金第一次会见的新的细节加以补充。这是尼古拉一世对科兹洛夫斯基公爵讲的,这位公爵是"欧洲最机智敏捷的外交家"之一(根据后来巴尔扎克对他的评语),在俄国文学界也素孚众望。维亚泽姆斯基、普列特涅夫乃至普希金本人对他的赞誉之词,流传至今,比如普希金下面这一段诗就是为他而写的:

> 瑰丽作品的鉴赏家,

英国弹唱诗人的朋友，

拉丁缪斯的恋人……

科兹洛夫斯基作为文学爱好者，对著名的俄国诗人的传记自然很感兴趣，作为重要外交官员，又有机会同沙皇谈论这个问题。他把同尼古拉一世的谈话记到自己的日记里，而这一段记载到了六十年代登在法文报刊上。他的文字充满对沙皇毕恭毕敬的调子，可却丝毫也不妨害叙述本身的真实性。

"普希金轻易地摆脱了在各种场合对他的行为所产生的怀疑，而这些怀疑都是他言语不慎所引起的；他公开而直接地陈述了自己的政治观点，毫不犹豫地声称，即使他确信在治理国家上需要进行改革，却从来也不赞成骚乱和无政府状态……但是，他对于这场注定失败的暴动中某些领袖的命运不能不表示同情。他们是受了爱国主义的蒙蔽和欺骗，他们如果得到正确的引导，一定会为国家建树真正的功绩。"

这个细节的结尾，是沙皇介绍"可怕的阴谋"的情况。他幸好在这些阴谋者中间没有遇到普希金。"皇上补充说，从今以后他允许诗人住在两京或国内的其他任何地方，可以任意选择；接着他又补充说，从今以后普希金的作品只由皇上一个人加以审查。"

这一段记载是根据尼古拉自己的话记录的，当然把他描写得冠冕堂皇，不过经与其他材料核对，应当承认，不管怎么说，其基本内容接近于真实情况。

政府想借"沙皇的恩典"来影响社会情绪的主要目的完全达到了。正在举行加冕礼的莫斯科热闹而忙乱，一派节日气氛。莫斯科把诗人的归来当成重大事件庆贺。

但是，这种办法并未能促使普希金迅速转到政府的立场上来，或者完全放弃自己的反对言论。在觐见沙皇的几天之后，他在年轻的波尔托拉茨基的本子上，看到了未抄录完的《匕首》一诗。普希金不但没想烧焚自己最革命的诗篇，反而把漏下的七行诗给补上了，这七行诗正是颂扬卡尔·桑德的。在六年之前，正是桑德的名字为《自由颂》的作者赢得了反政府的声誉。这是一个非常大胆的行为，当即向最高警察机关显露了诗人对新沙皇的真实态度。

政府对于这位自由思想的作家仍然抱着不信任态度。在一八二六年九月丘多夫宫的会见之后,马上就开始了一场大规模而漫长的政治诉讼,诉讼的主要对象实质上就是普希金。有几个年轻军官由于保存普希金的《安德烈·谢尼埃》(以《十二月十四日》为题流传)一诗的手抄稿而被捕。一八二六年九月末,军事法庭委员会判决阿列克谢耶夫上尉死刑,理由就是他传播这篇历史哀诗。检察院建议还要向三个人索取供词作为补充,其中就包括这首诗的作者本人。普希金刚刚摆脱了漫长的惩罚,又立刻遭到宗教裁判所审讯的新打击。

九月十六日,普希金在莫斯科的熟人陪伴下到处女地去观看大规模的游园场面。在人民中间广泛流传说,沙皇将要向农奴发放释放证,并要给国有农奴发放奖金。

诗人看到,在一片大旷场中间有一座圆形建筑物——按官方的报道说,是"为皇帝陛下修筑的带有玻璃窗和壁炉的圆厅"。整个广场摆满了条桌,桌上的食物堆积如山,有带金色犄角的烤羊,有装满白面包的各色花篮,有成桶的啤酒和蜂蜜。这些东西都显得非常粗俗,可以感觉出筹备人员对于人民的爱好和习惯丝毫不予理睬,他们关心的只是把人们灌醉了事。整个广场上,红、白葡萄酒到处喷溅。为了娱乐,给一个大气球慢慢打足了气。军队、警察和骑兵卫队勉强把数不尽的人群阻挡在拉起的大绳外面。有二十多万人来吃"沙皇的酒席"。这场加冕庆典有变成一场大灾难的危险。

十二点整,尼古拉一世登上高台,做出手势,让放人群进来。

刹那间,整个广场挤满了人,他们由于疲惫不堪和长时间等待甚至失去了控制自己的能力。这时,高高升起的气球突然破裂了,一片浓密的黑烟笼罩四周;球皮落下来,宽大的碎片盖住了一部分人,好像一块庞大的白色尸衣,罩在底下的人想逃也逃不出来。惊慌失措的人群向观礼台拥去,而观礼台前,人群已经跟警察殴打起来。宫廷侍臣、大臣和将军们以及皇室的全体成员也都仓皇离开座位,在慌慌张张的宪兵护卫下急于冲出不可阻挡的人流。在这像春潮一般泛滥的人群中,突然闯进哥萨克的骑兵队,打头的正是警察总监舒尔金。他挥舞皮鞭,拼命抽打人群。沙皇请来的客人——农民和市民,老人和妇女,四下乱跑,被打得鲜血淋淋,跌倒下去。愤怒的群众吵嚷着,埋怨着,继续向前拥去,眼看要把警察和哥萨克的队伍以及在他们保护下的国家大员和最高统治者统统淹没。普希金在创作《鲍里斯·戈东诺夫》时着意表现人民和政权对立的思想,如今通过在他眼前发生的政治场面而得到具体体现。

2

在加冕庆典结束之后,在宫廷和近卫军即将启程去彼得堡之前,普希金接到最高政治警察机关新设的机构——"皇帝办公厅第三厅"长官宾肯道夫的函件。这份公函表面上十分客气,里面却隐藏着刻薄的训斥和严厉的命令。宪兵队长官根据皇上的旨意,给诗人举行了一次政治考试——写一篇《论青年的教育》的文章。公函中既有恭维话,诸如"卓越的才能",又有肆无忌惮的攻击:"这个题目将为您提供广阔的天地,因为您根据经验充分体会到不良教育体系所带来的恶果。"

这才是新政权的真正意见,再也用不着表示"蒂托的仁慈"了,而是用官方冷冰冰的客气口吻下达严厉命令,那些冠冕的词句勉强能掩饰住长官的不满和怀疑。从这以后,尼古拉政府给诗人的公函就一贯采用这种口吻,直到诗人逝世为止。宾肯道夫曾亲自对普希金说:"您一直走的是正路。"可是,他见到沙皇才说出他真正的看法:"他毕竟是个正经的浪荡公子,不过要能使他的文笔和口才用于正路,会对我们有利。"

在莫斯科的忙碌生活中,普希金无暇写这篇命题文章,他决定把这篇作业留到米哈伊洛夫斯科耶去写,因为他必须回去料理一下事务,然后再彻底搬到莫斯科来。

论教育的文章只花几天工夫就写好了,既没拟定总的提纲,也没仔细考虑文章的结构和题目合乎逻辑的发展,更缺少普希金散文一贯具备的优美文笔以及精练有力的表述和优雅风趣。诗人仿佛通过这篇文章的写法本身表示了对皇上强迫他写的题目的抗议。他自己既然不认为这篇报告在创作上有什么价值，因而从来未想在报上发表，以便跟读者见面。

然而，普希金在这篇命题文章中，也阐述了一些切合实际、颇有价值的见解。他热烈维护"教育"的作用，赞扬兰卡斯特学校，主张在学校中取消体罚，学好俄国历史。他号召教师"不要耍花招，不要歪曲共和理论"。文章作者的基本政治观点同他近年来形成的思想是一致的，这种思想就是：要创造历史就必须充分考虑到现有的力量和实际的可能。他的这种思想只是在这里表述得更为尖锐，有些近似正式声明。

普希金要写这篇文章，也大不容易。无怪乎他于一八二六年十一月二十三日在离开米哈伊洛夫斯科耶之前，清楚而坚决地表示要摆脱官场的礼节，关起门来写作。这种思想直到他临逝世之前一直萦系于怀：

> 我一旦离开京城和宫廷，
>
> 躲开令人讨厌的喧哗，
>
> 逃到荒无人迹的柞树林
>
> 或无言的流水的岸边，
>
> 便感到莫大幸福……

但是，生活暴戾地打破了他的这些梦想。普希金刚写完《论国民教育》的报告，便收拾上路，十一月底到达普斯科夫。在这里，他从阿德尔卡斯手中接到宾肯道夫的来函。实际上这是训斥，责备诗人没有回复第三厅厅长九月的来函和在莫斯科当众诵读《鲍里斯·戈东诺夫》。普希金为了答复宾肯道夫和为自己辩解，便把"保持当时朗读的原样"的悲剧手稿给他寄去，以便由当局来决定这部作品的命运。

北方穷乡僻壤的颠簸，给普希金的诗歌带来了新的题材——俄国的漫长旅途。在他二十年代末和三十年代所写的抒情诗、短篇小说和长篇小说中，开始出现旅途之苦：乘坐驿车，沿着被冲坏的驿路走去，沿途是带条纹的路标、由残疾人看守的拦路杆和由任人欺凌的驿站长管理的驿站。冬天旅行的主要危险——暴风雪,给"旅途之苦"这一讨厌的题材增添了突如其来的戏剧性。在著名的《鬼怪》(一八二九年)一诗中,极其有力地表达了遭遇暴风雪的旅人的愁苦和惊惧万状。车夫信口讲述的民间迷信情节("看样子鬼怪把我们迷住了"),在诗中变成一幅冬天风雪的可怖画面,充满着奇怪的声音和景象,像童话中一样,群魔乱舞,阴森可怕。这是普希金对民间创作的幻想形象进行加工最为成功的尝试之一,这个幻想形象是以北方平原常见的冬景为背景展现出来的,到了结尾则变成广大国家的可怕象征。在这广大的国土上,有成群不可捉摸的恶魔盘旋飞舞,"无边无际,无一定形状":

> 这一群群妖魔鬼怪
>
> 在无际的天空中狂奔,
>
> 它们尖利的怪叫和哀号
>
> 一声声撕裂我的心……

由于在普斯科夫耽搁一段时间,普希金到了十二月十九日傍晚才到达莫斯科。在这里,开始了他同政府的"交好"——已经开场的一出戏的第二幕,这一幕便成为普希金为维护自己的独立和作家尊严的不停顿的斗争。普希金一八二六年春从米哈伊洛夫斯科耶给最高当局上书时,曾经指望政府做出相应的决议按正常途径释放他。他没料到沙皇会把这个正常程序变成皇上个人赐给诗人的"恩典",从而用道德上的义务把热爱自由思想的作者牢牢地束缚住。

按照政府人士的观点,普希金作为诗人应当"歌颂"他的最高恩人。在熟知同宫廷交往不可回避的规矩的社交界,甚至传言普希金在尼古拉的书斋听说皇上赦免他,立刻写了一首赞颂沙皇的即兴诗。

然而,不论是在这一时刻,或在赦免后的几个月之内,诗人都未能强迫自己完成这一艰难任务。对于亚历山大一世,"直到他进入坟墓",普希金是一直在"刺激"他。关于尼古拉一世,诗人则保持沉默,内心里仍然坚持自己的思想方法。如今,在九月八日的觐见之后,他已无权再沉默。但是,普希金直到十二月末才终于下决心迈出这痛苦的一步,写了一首《斯坦司体》。

> 我期望着光荣和善良,
>
> 大胆无畏地凝视前方……

像在皇村学校时代一样,每逢有人要他为王公写颂诗时,他便从历史上寻求题材,把主要力量放在描写往日光辉的英雄形象上。尽管把尼古拉同彼得一世加以类比过于牵强,但毕竟使作者可以回避对"在位的君主"的性格做具体描写,可以不必在宫廷一片谄媚声中为沙皇画正面肖像。普希金用三个诗节塑造出作为国君的彼得的突出形象,并在赞美心爱的英雄之后,做出简单而精练的结论:"希望能以效法祖先而自豪。"在这之后,才是诗人向沙皇进的忠言,劝皇上尽力巩固这种难得的相似之处。写这种体裁要想做到毫无溢美之词,则是很难的。

这首诗直到很久之后,才有人理解为替十二月党人做辩护和号召改革。① 在当时,并没有人察觉出普希金诗中的这种含意。相反,诗人的乐观主义同被尼古拉镇压了的进步阶层的情绪是大相径庭的。科舍廖夫于一八二六年秋在形容一般人的心情时说:"未来是极其暗淡和令人忧虑的。"献给尼古拉一世的斯坦司体同这种压抑的情绪格格不入,因而未能得到社会上的赞许。

正是由于这个缘故,普希金于一八二八年又写了一首斯坦司体,献给"友人"("不,我不是阿谀奉承的人……")。这是对社会的回答,同时在一定意义上也是为自己辩解。因为就在不久之前,在一八二六年八月,普希金表示决心不向尼古拉一世写一个字,可是刚到年末他就不得不为他写赞诗。这破坏了他的写作纲领的要求,他曾经不止一次地用"倔强的竖琴"的词句来表示这种要求。早在一八一八年,普希金就用优美的诗句表明自己的这种创作倾向:

> 我的竖琴质朴而高尚,
>
> 从不曾将世间的神赞颂;

---

① B.斯托尤宁最先提出这种观点(见《普希金》,圣彼得堡,1881 年,第 294 页)。——作者注

我以自由而无比骄傲，

从不肯对权贵巴结逢迎。

我只学赞美自由，

只肯向它奉献我的诗作，

我的缪斯生性羞怯，

天生不会供沙皇娱乐……

普希金一贯努力忠实地遵守这一原则，每当不得不破坏这一原则时，他都会感到莫大的痛苦和难过。他推崇罗蒙诺索夫，不仅仅因为后者是诗人和学者，而且更因为罗蒙诺索夫为了"他所崇拜的思想的胜利"，并不"珍视他优越的生活"。正是从这里可以看出诗人最后十年生活中的悲剧的一个深刻根源。

这时，彼得堡正在决定《鲍里斯·戈东诺夫》的命运。尼古拉一世根本不喜欢悲剧，因为悲剧中对君王的处理太随便，常令他恼火。一八二六年十二月十四日，宾肯道夫把沙皇的意见转告给普希金：必须把戏剧改成"类似瓦尔特·司各特①那样的历史故事或长篇小说"。

从诗人对"皇上的评语"的回答中，可以感觉出一种含蓄的愤怒："很遗憾，我既然写成了，就没有办法改。"

---

① 司各特（1771—1832），英国诗人和小说家。著名作品有《撒克逊劫后英雄略》等。——译者注

第二章　年轻的俄罗斯

1

　　普希金经过流放之后,同文学界的关系与以前大不相同。一八二六年秋,他返回莫斯科,受到文学界的热情欢迎。在这座故城还有许多老朋友和老关系:维亚泽姆斯基、恰达耶夫、德米特里耶夫、伯父瓦西里·普希金。然而,文学界的青年一代也开始崭露头角,俄罗斯思想界独立发展的运动也开始产生。普希金第一次同青年一代接触是在维涅维季诺夫的小组里。

　　维涅维季诺夫是个抒情诗人和哲学家,在外交部莫斯科档案馆任职,他把年轻的同事组织起来,成立一个小组,从而得名叫“档案馆青年”。他既是个探索俄国诗歌新途径的诗人和能以“热烈的议论”打动听众的出色演说家,又是个音乐家和画家。他的多才多艺是引人注目的,并且仿佛具备领导新思想运动的才能。在十二月十四日之前,他曾为同政府进行公开斗争而做准备,甚至以年轻人的热情学击剑和骑马,以便在起义的巷战中发挥作用。但是,到他跟普希金见面时,俄国社会的解放运动受到残暴镇压,他开始采取新的策略——“西克斯特①计划”。“要做事,要极力巴结,要善于伪装,以便终于能得到赏识,占据要职,取得广阔的活动范围。”不过,这一切只是初步酝酿,而

---

　　① 西克斯特第五(1521—1590),1585—1590年任罗马教皇。他是在经过多年巧妙隐瞒自己的目的和意图之后被选为教皇的。普希金在《波尔塔瓦》中曾提到他(“好像狡猾的红衣主教……”)。——作者注

这个有才华的青年已经在文学上完全成熟。他在刊物上发表了许多优美的抒情诗和精辟的批评文章。就在这之前不久，他在《祖国之子》上发表了评论《叶夫根尼·奥涅金》第一章的文章，极力主张文学批评必须以哲学为基础的一贯思想。他的作品表明，他热情推崇普希金：

> 我的心灵被你的歌所激动，
>
> 在欢乐的胸中狂跳不已……

由奥多耶夫斯基和维涅维季诺夫领导的文学团体——莫斯科"哲学协会"，爱做哲学上的探索，这就决定了它的倾向。这个协会的成员同十二月党人的交往，主要在文学方面，尽管同十二月党人的诗歌的宣传任务具有深刻分歧。但是，十二月十四日以后，协会主席奥多耶夫斯基便把协会章程和记录投进壁炉，郑重其事地付之一炬，从此，会员们的交往只限于朗诵文学作品了。他们无论是作诗或写评论，都以某种思辨因素作为基础，因而为了立论有据，往往求教于古希腊的哲人和现代西方的思想家，尤其是谢林①。

普希金与莫斯科这群哲学派的唯心主义是格格不入的。他在一八二七年三月二日写给戴里维格的信中说："德国的玄学……我既憎恶又鄙视。"不过，这些"档案馆青年"既在一定程度上持反政府立场，又具有高度文化，因而能够引起普希金的同情和注目。在最初接触的时候，他们之间的合作似乎是可能的，尽管他们世界观的基础有着根本的分歧（正是这种分歧不久就导致他们的破裂）。

这群哲学派很早就想办个刊物。维涅维季诺夫制定了未来刊物的纲领，提出其主要宗旨在于"启蒙"，或叫"民众的自我认识"。必须在俄国创作出具有"自由的豪情和真正热爱科学的印记"的作品。比如，古希腊的艺术就同亚里士多德的思想密切联系着。俄国新的启蒙运动必须建立在"坚实的哲学基础"上，而要使这个运动所包罗的艺术和科学五花八门的现象得到全面反映，最好的场合莫过于杂志。

办这种杂志的设想，很符合普希金的想法。他在第一次同维涅维

---

① 谢林（1775—1854），德国古典唯心主义哲学家。——译者注

季诺夫见面时,便提到必须从文集转向大型定期刊物。一八二六年秋,新杂志的核心——《莫斯科通报》编辑部已经建立。主要成员有:德·弗·维涅维季诺夫①、斯·彼·舍维廖夫②、C. A. 索鲍列夫斯基,编辑兼出版人是米·彼·包哥廷③;经常撰稿的人有:亚·谢·普希金、弗·费·奥多耶夫斯基④、尼·米·亚泽科夫⑤、谢·季·阿克萨柯夫⑥、阿·费·麦尔兹利亚科夫⑦以及基列耶夫斯基兄弟。杂志的任务:要求文艺创作达到高度成熟,要求批评文章和科学著述具有深刻的哲学根据。这将是为达到诗歌的高度技巧和哲学思想的高水平及尽善尽美的语言艺术而进行的斗争。

但由于热衷于"中世纪浪漫主义"(普希金语),使这家新刊物脱离了时代的迫切的社会问题,并大大限制了它的作用和影响。《莫斯科通报》第一期的第一篇作品,就是《鲍里斯·戈东诺夫》中比缅和格里果里对话的一场。普希金后来在这家杂志上发表了几首哲理抒情诗的杰作——《先知》《诗人》《愚氓》⑧。在歌德的崇拜者办的这家杂志上,还刊登了《浮士德一幕》。

2

新朋友带领普希金进入吉纳伊达·沃尔康斯卡娅的文学沙龙。这在法穆索夫的莫斯科是一座真正的艺术研究院。

在音乐厅的一座壁龛里,放着阿波罗屠龙的高大塑像。普希金不久就写了一首描写特尔斐神像的诗。这首诗在世界诗坛描写同类题材的诗歌中,可以说是最优秀的诗篇:

---

① 维涅维季诺夫(1805—1827),俄国诗人。——译者注
② 舍维廖夫(1806—1864),俄国政论家兼批评家。——译者注
③ 包哥廷(1800—1875),俄国历史家兼作家。——译者注
④ 奥多耶夫斯基(1803—1869),俄国作家兼音乐家。——译者注
⑤ 亚泽科夫(1803—1846),俄国诗人。——译者注
⑥ 阿克萨柯夫(1791—1859),俄国作家。——译者注
⑦ 麦尔兹利亚科夫(1778—1830),俄国诗人兼批评家。——译者注
⑧ 《愚氓》是《诗人和群众》一诗第一次发表时用的标题。——译者注

弓在响,飞矢在摇颤,

龙射死了,盘作一团;

望楼上的阿波罗啊,

你胜利了,春风满面!

这四行诗不过是讽刺诗的一节,竟然写得如此形象鲜明,光彩夺目,令人不能不叹服。至于讽刺的对象,原来是沃尔康斯卡娅家的一个客人——亚·尼·穆拉维约夫。他不小心碰掉了大理石神像的一只胳膊,并在石像底座上写了一首诗,企图为自己辩解。

普希金在这里,在许多音乐家和剧作家的画像中,结识了一位杰出的俄国女人。吉纳伊达·沃尔康斯卡娅对俄国的古迹、民歌、民间风俗和传说都非常感兴趣;她绘制了莫斯科大学的俄罗斯"美术博物馆"的平面图。她既是优秀的音乐家、作曲家,又是出色的女低音歌手。她演唱普希金的"大海"的哀歌,不论是观众或是诗人本人都听得入迷。这首哀歌是从卡法到古尔祖夫的路上,在两桅舰的甲板上写的。莫斯科作曲家格尼什塔成功地传达出海风、波涛和船帆的喧响,而女歌唱家深沉的声音赋予激昂的副歌以真正的紧张气氛:

喧响吧,喧响吧,驯顺的船帆,

掀起狂澜吧,阴沉的海洋……

维亚泽姆斯基当时也参加了这场音乐会,他注意观察普希金,在后者的脸上看到一种"孩子般和女人般深受感动的表情"——忽而高兴,忽而羞涩,脸色不断变化……

在沃尔康斯卡娅的客厅里,普希金乐于在诗人、历史学家和哲学家这样一些优秀听众面前朗诵自己的诗作。

十月十二日,普希金在维涅维季诺夫家朗诵《鲍里斯·戈东诺夫》。一清早便有许多听众聚集一堂,仿佛来参加音乐会或听讲座。维涅维季诺夫把他在外交部档案馆的同事和莫斯科各家杂志的同行都邀请来了。这里有诗人,有学者:巴拉登斯基、密茨凯维支、霍米亚科夫、基列耶夫斯基兄弟、包哥廷、舍维廖夫以及莫斯科的"哲学派"和"文学派"的其他代表人物。

正当中午,普希金出现在维涅维季诺夫家洁白的客厅里。他身穿黑色常礼服,短坎肩扣得整整齐齐,领带系得很随便。诗人打开了一个厚厚的笔记本,他用沉着悦耳的声音,仿佛歌唱似的读了起来:"我们奉命管理这座城市……"头几场很短,都是片段,还不能吸引住听众。克里姆林宫、红场和处女地几场,据包哥廷后来回忆,甚至使听众感到莫名其妙。普希金在戏剧上的创新,使得苏马罗科夫①和奥泽洛夫的门徒难以接受。但是在丘多夫修道院的深夜谈话一场,立刻使大家感到惊异并发生了兴趣。作者用简洁的诗句刻画出古代君主的历史肖像,写得栩栩如生,富于悲剧气氛。古代犯罪和战斗的史实一幕幕展现开来。听众变得活跃起来,同朗诵者发生共鸣,爆发出赞叹声和欢呼声。喷泉一场着力于心理描写,充满内在的紧张气氛,引起一致的喝彩声。普希金就在这些激动而兴奋的听众面前把手稿读完,一直读到结尾简短而令人发呆的剧情说明:"(百姓惊慌无言)你们为什么不作声?赶快欢呼:德米特里·伊凡诺维奇沙皇万岁!(百姓默不作声!)"

普希金读完之后,也是长时间沉默。只是过了一阵子,听得入迷的听众才从惊呆状态苏醒过来,纷纷扑到朗诵者跟前,表示赞赏或向他祝贺。

尤其是禅室一场,给人留下深刻印象。按舍维廖夫的见解:"这才是俄罗斯诗人的作品,因为比缅的性格具有人民性的高尚特征。"包哥廷回忆说:"我觉得,我最感到亲切和喜爱的尼克托②死而复生了,他通过比缅的口对我讲话。"维涅维季诺夫指出普希金不苟同卡拉姆辛的观点而独辟蹊径:这位诗人剧作家从自己的构思出发,"在他的作品中表现了历史伟大的公正"。普希金继续为听众津津有味地朗诵他的近作(斯杰潘·拉辛之歌、《鲁斯兰和柳德米拉》的序诗)。

一八二六年秋就是这样度过的。

在新制度令人惊惶不安的紧张气氛中,还发生了一次不寻常的会

---

① 苏马罗科夫(1717—1777),俄国古典主义作家。——译者注
② 尼克托是希腊神话中的人物,指贤明的人。——译者注

面,这令普希金非常激动。十二月二十六日,他在吉纳伊达·沃尔康斯卡娅家遇到了玛丽亚·尼古拉耶芙娜·拉耶夫斯卡娅。玛丽亚是普希金那次高加索和克里米亚之行的旅伴,到一八二五年嫁给了谢尔盖·沃尔康斯基。这位少女曾使诗人产生深刻、温柔的忠诚感情,曾激发他早期南方哀诗的灵感,如今在她遭遇到最残酷的政治悲剧之际和他重逢了。她原是和亚速海的波涛嬉戏的活泼顽皮的女孩子,也曾用自己的名字给多利亚的星星取名,如今甘愿踏上西伯利亚的漫长旅途,到矿井的苦役犯身边去生活。对她来说,莫斯科只是她去涅尔琴斯克的旅程中的第一站。时代突然使人们身上的英雄主义精神焕发出来,而在十二月十四日之前则是很难想象的。

"北方的科琳娜①"想用著名的意大利音乐和歌曲为这位自愿的流放者做最后一次消遣,给她以安慰,因为她就要奔赴冰天雪地的荒原和与世隔绝的可怕地方。但是,玛丽亚所遭受的不幸并没有使她屈服。当大家谈到有人为捐助一名囚犯而举办音乐会也遭到政府迫害时,她便热烈地打断话头说:"因为他们被人认为思想过于自由了……"

在当时社会一片忙乱和虚伪的背景上,这个女人的形象仿佛是真正的英雄主义的正义的唯一化身。普希金深受感动。玛丽亚·沃尔康斯卡娅后来记述说:"当我们这些政治犯的妻子自愿流放去西伯利亚时,他心中充满了真诚的赞赏。"他想用振作的思想和安慰的话语最后一次温暖一下她的心。他告诉她说,他写了一首致西伯利亚苦役犯的诗,在这些犯人当中有他最要好、最知己的朋友:

> 在西伯利亚矿井的深处,
>
> 你们要保持高傲的忍耐……

这首歌颂"艰苦的劳动"和将来必定获得解放的诗篇,写得很简短,诗中的形象和节奏本身流露出一种真正令人骄傲和振作的情调,表现出对自由最后一定要胜利的坚定信念,使任何人都会深信不疑。普希金不希望跟青年时代的女友就此永别。在分手时,他答应到涅尔

---

① 科琳娜(公元前五世纪),古希腊女诗人。——译者注

琴斯克矿井去探望她。他打算写一部关于普加乔夫起义的著作,要到起义的地方进行考察,然后从乌拉尔去西伯利亚。玛丽亚·沃尔康斯卡娅对诗人表示感谢,但是她感觉到他们从此不会再见面了。

这一年冬天,普希金除开收到文学界友人的来信之外,还常常接到奶娘的信。老奶娘已经风烛残年,可却依然为她的小主人不断操劳,照看他的书,惦念他的健康,为他料理家事。一八二七年三月初,奶娘寄来一封信,信写得天真而动人,在客套的恭敬词句中流露出母性的真挚的慈爱。奶娘忽而按照同老爷谈话的规矩称呼"您",忽而按照乳母对孩子的习惯叫法称呼"你"。"尊敬的老爷"或"亲爱的朋友",突然又换成"我的天使"。千恩万谢的感激,一下子变成恳切的请求,要他赶快回到米哈伊洛夫斯科耶:"我要把所有马匹都派去接你……"普希金被这些纯朴、亲切而不大连贯的话语深深打动。这个一心朴实地热爱他的老奶娘,不是跟安娜·凯恩或吉纳伊达·沃尔康斯卡娅一样值得他写一篇献诗吗?他拿起笔作了一首诗来回答老奶娘,这首诗成为他最优美的诗篇之一:

> 我的严峻岁月里的伴侣,
>
> 我的老态龙钟的奶娘!
>
> 你一个人在密密的松林里,
>
> 早已焦急地等待我还乡……

涅克拉索夫在五十年代写道:"像这样一个片段就可以使人整天心中都充满着甜蜜的诗意";"这发自高尚、勇敢而痛苦不已的心灵的热爱和孤独的哀伤乐曲",令人不能不爱。

然而另一些会见和形象缠住了普希金,使他无法到乡村去。他越来越感到独身的痛苦,希望无论如何建立个"小家庭"。关于这一段生活情况,他后来曾经写过一些片段:

"快结婚吧?""跟谁呢?"

"跟维拉·恰茨卡娅。""太老了。"

"跟拉季娜。""她是个傻瓜。"

这篇关于选未婚妻的草稿,在一定程度上符合诗人一八二六至一八二八年间在上流社会的生活状况。在向索菲亚·普希金娜求婚未成之后,他又曾向十七岁的叶卡捷琳娜·乌沙科娃求婚。这是一个快乐活泼的少女,容貌艳丽,擅长唱歌,机智健谈。普希金喜欢她那"快活的俏语"、"狡黠的寒暄"和"辛辣的嘲笑"。他喜欢到住在普列斯纳的乌沙科娃家里做客。叶卡捷琳娜的母亲唱民歌给他听,而两姊妹——叶卡捷琳娜和妹妹叶丽扎维塔——则同他竞相说俏皮话或笑话,为对方做讽刺的描绘或幽默的刻画等。叶丽扎维塔·尼古拉耶芙娜珍藏着一本纪念册,上面有普希金给画的满满的俏皮而逼真的图画、轻快而击中要害的漫画、出色的自画像草图、诙谐的名言和戏谑的诗句。

春末,普希金终于得到进京的许可,不过像往常一样,首先受了一顿长官式的教训:"举止行为要高尚端庄。"过了七年之后,彼得堡又出现在他的眼前:

> 富丽的城市,寒碜的城市,
>
> 整齐的外貌,奴隶的灵魂……

自从一八二六年进步的贵族阶层和自由团体被镇压以来,首都面目全非。普希金在青年时代与之朝夕相处的好友,几乎一个也不在了。尼古拉·屠格涅夫、米哈伊尔·奥尔洛夫、恰达耶夫、卡杰宁、普辛、卢宁、尼基塔·穆拉维约夫和雅库什金都分散在各地:有的在莫斯科,有的在乡下,有的在异国,有的在西伯利亚。像"阿尔扎马斯"、"绿灯社"或"一八一九年协会"一类的团体都不复存在了,剧场里的"派别"之争也不见了。维亚泽姆斯基于一八二八年四月十八日写道:"彼得堡变得比从前更如冷淡无聊,根本无人再去谈论人类共同的利益。"一切都是循规蹈矩,单调乏味,互相戒备,甚至连私人的接触都仿佛受到官方的熏陶,跟官场的交往一样,打上了尼古拉一世花纹字头的烙印。

在首都的"平民"客厅和小组中间,普希金所选中的朋友屈指可数,其中首先是戴里维格夫妇①。经常到戴里维格家做客的有:格涅季

---

① 戴里维格于一八二五年同 C. M. 萨尔蒂科娃结婚。——作者注

奇、普列特涅夫、米·伊·格林卡、文学家奥列斯特·索莫夫、安娜·彼得洛芙娜·凯恩、М. Л. 亚科夫列夫（皇村学校学生，后来成为著名作曲家）、谢尔盖·戈利增（诗歌爱好者兼音乐家，《黑桃皇后》的题材是他讲给普希金的）。据凯恩说，戴里维格夫妇非常喜欢音乐，有许多年轻作曲家常常到他家来演奏自己的新作，"有时，我们大家齐声唱一支雄壮的卡农曲、时兴的浪漫曲或威尼斯的船夫曲"。普希金在返回彼得堡的第二天，也就是一八二七年五月二十五日，在戴里维格家朗读了他的《鲍里斯·戈东诺夫》。

尼古拉时代继续"沿着镇压人民的道路前进"（巴拉登斯基语）。关于哀诗《安德烈·谢尼埃》的诉讼在继续进行。一八二七年六月二十九日，普希金被迫就此案再次提供供词，这一次是应军事大臣统辖的检察院的要求写的。他说明这首诗是在十二月十四日之前两个月经书刊检查机关允许才发表的，然后重申他在诗中写的就是法国革命的事件与人物。

几乎在写这些供词的同时，普希金于一八二七年七月十六日写出《阿里昂》一诗。诗中通过在大海中航行的木船的形象，以深刻的同情描绘十二月党人运动，歌颂船夫们"齐心协力"和聪明的"舵手"小心翼翼掌握航向。普希金在这里第一次宣布自己是十二月党人的诗人：

　　而我——充满坚定的信念，

　　为船夫们而歌唱……

诗中写道，伙伴们由于沉船而牺牲了，遇救的歌手对他们的共同事业以及对曾鼓舞他们的自由颂歌怀着无限坚贞："我唱着往日的赞歌……"诗人受到政治审讯的压抑，仿佛要以对自由和革命事业的忠贞来与敌对势力抗衡。

政府的新攻势给诗人留下了难忍的不快之感，据奥西波娃说，普希金觉得三山村远远胜于"两京的庸俗和愚昧"。

3

七月末，他已经回到米哈伊洛夫斯科耶。普希金一八二七年八、九月间在乡村小住期间,创作了第一篇散文作品。这部作品后来成为他在散文体裁方面最成功的作品之一,这就是《彼得大帝的黑奴》。它由于情节紧张生动、叙述史实的简洁和富有文采,而成为以艺术手法再现历史的优秀典范之一。这不是一般的历史小说,这是我国写传记小说的第一次尝试。普希金决定描写外曾祖父这一传奇式人物的不平凡的命运。诗人在仔细研究了汉尼拔的家史和古代文献之后,把自己祖先的传记同当时的重大事件和整个时代背景结合起来。在这里,政治内容和小说主题占同等分量。作者准备给这部小说加上这样的题词——"彼得用钢铁意志改造了的俄罗斯",这清楚表明,国家的革新和建设将是它的主题之一。这部长篇小说的中心人物,是历史上存在的两个真实人物——青年工程师伊勃拉吉姆和国家改革者彼得。作者擅于为历史人物描绘生动准确的肖像的技巧,在这里达到最高水平。作者只用一句话有时就能勾画出整个人物形象("……角落里有个身材魁伟的人,穿着绿色袍子,嘴里衔着陶土制的烟斗,臂肘靠在桌上,正在读汉堡报……'啊,伊勃拉吉姆!'他喊了一声,从长凳上站起身来:'你好啊,我的孩子!'")。普希金孜孜不倦地研究同代人所提供的材料,从而使他笔下的摄政时代的巴黎景象略带新闻报道色彩:"法国人一边笑,一边数钱;整个国家在轻松讽刺喜剧戏谑的歌声中走向衰落。"人物服装和生活细节都写得准确细致,从花花公子科尔萨科夫的红鞋跟、手套和佩剑(他喜爱巴黎的时装,瞧不起"野蛮的彼得堡"),到荷兰船长夫人们穿的花条裙子和红上衣。宫廷大舞会的弥漫浓烟、陶土杯子和象棋,构成十八世纪初巴乐歌式独具特色的俄国风俗画。通过普希金祖先的浪漫史展现出欧洲生活的完整画面,如由于伏尔泰的警句而席面粲然的隆重宴会,奥尔良公爵的乖张行为,西班牙战争和涅瓦河上出现的第一批商船。由一个人的生平故事,铺展成时代的广阔壁画。通过一些粗略的描绘准确把捉住一场伟大建设的精神,或者按普希金的深刻见解,是"人的意志战胜了自然界的反抗"。这表现在修筑堤坝,开凿运河,建造桥梁,以及在没有被大理石降服的原始而辉煌的涅瓦河上的桅樯林立。

这样广阔的历史画面是通过一个家族的传说展现出来的。普希金曾对阿列克塞·武尔弗说:"这部小说的主要引子,写的是黑奴妻子的不贞,给他生了一个白孩子,因此被送进修道院。"就这样通过小说的结构反映出美丽而不幸的希腊女郎叶芙多基亚·季奥佩尔的命运。她终生忍受着汉尼拔严峻可怕的脾气。

普希金一边写历史小说,一边用抒情诗形式探讨关于当代诗人的问题;他在《阿里昂》之后,又写了一首《诗人》,极力维护自己的创作自由。诗中再次提出关于倔强的歌手的主题("在众人崇拜的偶像面前,他不肯垂下高傲的头……")。在根据谢尼埃的题材改写的哀歌("在金碧辉煌的威尼斯附近……")中,也写的同一主题:歌手在无情的暴风雨声中依然在构思自己心中"秘密的诗篇"。

十月中,普希金离开米哈伊洛夫斯科耶。在去彼得堡的路上,在鲍罗维奇和卢加之间的扎拉兹驿站的桌子上,他突然发现了席勒①的《活犄角》。这是一篇很有趣的故事,情节发展迅速,对宗教法庭做了凄惨描绘。诗人打开书,情不自禁地读得入迷了。当他津津有味地一页页往下看的时候,窗前突然响起官车的隆隆声和叮当声。威尼斯宗教法庭上的法官,突然变成俄国的信使和宪兵,他们从色利塞堡要塞押解政治犯路过此地。普希金走出去,看看犯人是什么样。

他在这些犯人中间,一下子看到一个奇怪的颀长的身影,穿着一件破旧不堪的厚呢子军大衣,戴着一顶毛茸茸的皮帽子。"他是犯人?也许是间谍?"但在这时他发现这个高个子的犯人用热切的目光紧紧盯着自己,犯人满脸长胡须。第二天,普希金在笔记上记述道:"我们彼此仔细打量一番,我一下子认出是久赫里别克尔。我们扑到一起,拥抱起来。宪兵们硬把我们拉开,信使拖着我的胳臂,一边恫吓和咒骂着,我根本听不清他说了些什么。久赫里别克尔昏倒了。宪兵给他喝了点儿水,放到大车上,疾驰而去。"过了两年之后,久赫里别克尔从季纳堡要塞写信说,他很奇怪,即使他们分别多年之后,他穿着他"那

---

①　席勒(1759—1805),德国剧作家和诗人。——译者注

种装束"，普希金还能认出他来。据押送久赫里别克尔的信使报告说，普希金曾打算交给他一笔钱供这个犯人使用，但在遭到拒绝之后，他坚决声言有权"同友人作别，并给他一些盘缠"。

这次会面令诗人深为激动。皇村学校的同窗突然成长为英雄人物。想当初大家亲密无间，普希金常常嘲笑和讽刺他，把他叫作"特列季亚科夫斯基的孙子克利特"，而如今他已成为一名战士，他用革命行动加深了他的热爱自由的诗篇的力量。据官方说，他"亲身参与叛乱，不顾流血，极力把被枪弹打散的叛匪重新组织成阵"。久赫里别克尔在学校时经常是大家作诗讽刺的对象，如今他把彼得堡政府吓得心惊胆战，不得不判处他死刑（杀头）。

现在，这名对俄国专制君主构成威胁的"凶犯"正被信使专车从一所政治监狱押运到另一所监狱。过了几天之后，普希金在一八二七年十月十九日写的皇村学校周年纪念的诗中，以振奋的词句向两位老同学致敬，这两位同学就是久赫里别克尔和普辛。他们建树了公民的功绩，可却被幽禁"在阴暗的矿井里"赎罪。

普希金赶到彼得堡参加另一个老同学的命名日。十月十七日，他把武尔弗带到三山村的头盖骨赠给戴里维格。这个头盖骨是用来装烟丝的，而且有一段有趣的传说：仿佛诗人亚泽科夫为了从事科研工作，从戴里维格男爵家族在里加的墓穴里盗出来的。普希金于是把戴里维格祖先的死脑壳送给《北方花朵》的出版者，以便把它当作酒杯用。然而，这件礼品最有价值的地方还在于附在上面的一首赠诗。诗中生动描绘了杰尔普特大学生的斗室和哥特式里加的封建主墓穴。

作者在这首诗中，采用了他常用的把诗人和上流社会愚昧无知之辈加以对比的手法，不过在这里仿佛信手拈来，极其自然贴切：

> 这块骨头从未射进过
>
> 阿波罗起死回生的光辉；
>
> 总之，这块头盖骨包藏过
>
> 男爵大人沉重的脑髓……

普希金刚出学校时，在彼得堡的小组里写过大量诗篇，慷慨赠给朋友们。如今他要有节制多了,在他看来,一八二八年彼得堡的社会——从高级检查官到奴颜婢膝的新闻记者——不过是一大群渺小卑鄙、唯利是图的人。普希金在一八二八年著名的对话诗里,就是把自己和这些"无知之辈"加以对比的。

诗人准备给予从沙龙到编辑部各阶层冷酷而平庸的人们以严正的教训:告诉他们,艺术家生来是"不谋私利"的,不是为了使奴性十足和"冷酷无情"的小市民娱乐和开心,而是为了进行创造性的劳动。在这种奴性十足的客观现实和落后意识存在的条件下,为艺术服务具有一定的反抗社会的性质。这种反抗既是针对希望诗人专写"赞歌"的《北方蜜蜂》巴结当局的要求,也是针对那些认为艺术的使命只在于说教的旧修辞学的反动理论。普希金的奋斗目标,是艺术家崇高的创作权利,这一点是那些"无知之辈"无法理解的,同时还要求从事创作的大师不要脱离整个事业的任务和广大人民的利益。

《诗人和群众》一诗的结尾("为了美妙的音响和祈祷"),是和晚期的《纪念碑》手稿中的一段呼应的:

> 我将长久得到人民的喜爱,
>
> 因为我为诗歌找到了新的音响……

人民之所以崇拜诗人,是因为他为人民并出于对人民的爱而建树了创作严谨的功绩。普希金本人甘心情愿为人民效力,同时要求其他作家不要摆脱这种现实的任务。密茨凯维支在谈到普希金时写道:"他瞧不起那些没有任何目的、没有任何倾向的作者。他不喜欢歌德在哲学上的怀疑主义和艺术上的冷漠。"尤其在他一生的晚期,关于诗人应当赋有社会使命的信念,他论述得最为充分。

在普希金新结识的朋友当中,叶丽扎维塔·米哈伊洛芙娜·希特罗沃具有特殊的作用。她是库图佐夫元帅的女儿、奥地利大使的夫人和著名美女多丽·菲克尔蒙的母亲。她家的宅邸在彼得堡是一所国际政治沙龙,与此同时那里又热心地保持着对于俄国光荣历史的崇拜,这正是库图佐夫的优良传统。普希金和叶·米·希特罗沃的通信证明他们之间的牢固友情和诗人对这位有高度文化修养的女人的智慧与知识的强烈兴趣。正是她向普希金介绍了司汤达①的创作,并为诗人弄到长篇小说《红与黑》。普希金读过之后,"赞叹不已"。

普希金又与格里鲍耶多夫——一八一八年有名的戏迷之一——相逢了。一八二八年三月十四日,彼得堡礼炮轰鸣,以极其庄严的场面欢迎年轻的外交官的归来。帕斯凯维奇派他到彼得堡呈递《土库曼彻条约》文本。条约大部分是天才剧作家起草的,以对俄国非常有利的条件结束了波斯战争。第二天,格里鲍耶多夫受到尼古拉一世的接见,晋升了官职,获得了一枚宝石十字勋章和四千枚金币。他的命运在许多人看来富有传奇色彩。两年前,他由于十二月十四日事件被逮捕,在总参谋部被严格看守,受到沙皇的强烈怀疑。而一八二八年四月十四日,却被任命为俄国沙皇驻波斯的全权公使。《聪明误》的作者由于担任高官而公事繁忙,但他作为诗人和音乐家,同首都演员界有广泛交往。

经过十年的分别,普希金觉得"波斯的格里鲍耶多夫"发生了很大变化:他被南方的骄阳晒得黝黑,由于热病而脸色微黄,他已经失去了灵活快乐的眼神。他在对好友谈到他在德黑兰的遭遇时说:"我在那里变老了,我不但晒得发黑,而且几乎谢了顶,就是心灵里也再感觉不到从前那种青春的活力了。"他跟恰达耶夫和亚历山大·拉耶夫斯基一样,是和普希金同代并有过密切交往的英雄。他具有绝顶的智慧和变得冷漠的感情。普希金在对克谢诺方特·波列沃依谈到格里鲍耶多夫时说:"这是俄国最聪明的人中的一个。听他讲话,是最有趣不过了。"

普希金在《祖国纪事》出版者的家里,听格里鲍耶多夫朗诵他的新悲剧《格鲁吉亚之夜》的片段。《鲍里斯·戈东诺夫》的作者一定会由于发现他们有共同的创作探索而发生兴趣。原来格里鲍耶多夫的这部作品是以格鲁吉亚民间传说为基础写成的浪漫主义悲剧。"格里鲍耶多夫向我们背诵剧中的片段,连最冷酷的人也会为母亲的哭诉所感

---

① 司汤达(1783—1842),法国作家。——译者注

动,她向老爷哀求还给她的儿子……"

这两位诗人当时同年轻音乐家格林卡过从甚密。普希金回到彼得堡后,曾经听到格林卡的一首即兴曲。凯恩对这首乐曲做过细致描绘:"格林卡虽然手小,可是一弹到键盘上,就发出优美的歌声……"格里鲍耶多夫也是出色的音乐家,他把一支格鲁吉亚歌曲的主题告诉给格林卡,格林卡把它谱成一首钢琴曲。普希金对这个曲调很喜欢,"特意按照乐曲"写下这样的诗句:

> 美丽的姑娘啊,请不要对我唱
>
> 那悲哀的格鲁吉亚歌曲……

这是格里鲍耶多夫、格林卡和普希金共同创作的俄国杰出的浪漫曲之一。

不久,这两位诗人又分手了。格里鲍耶多夫接受驻波斯公使的新任命,预示着一场不可避免的灾难。他作为一流的外交官,早已准确预见到,波斯政府为了《土库曼彻条约》必定要向他进行残酷报复。普希金后来记述道:"他心情忧郁,并有一种奇怪的预感。我本想安慰安慰他,他却对我说:'您不了解这种民族。等着瞧吧,这场把戏非动刀子不可'。"①

这是两位诗人的最后一次谈心,然而由于机缘巧合,却不是他们最后一次见面。

在拉伐尔家读《鲍里斯·戈东诺夫》时,密茨凯维支也在场。他同普希金在莫斯科结下的友谊,如今得到显著发展,两人感情愈益深厚。

有一次,密茨凯维支同朋友在捷穆托维酒馆相聚。他写了一首即兴诗,写的是重大社会题材——关于未来世界各民族将联合成一个大家庭。波兰诗人号召俄国作家用民族之间的友谊去战胜国家之间的敌对。这首歌颂民族友谊的即兴作品给听众留下了深刻印象,许久难忘。普希金在一八三四年写的著名诗句里也提到此诗:

> ……常常

---

① 原文为法语。——作者注

他谈起未来的时代——

各族人民忘却往日的纠纷,

联合成一个大家庭。

我们贪婪地倾听他的声音……

他们的谈话还涉及其他一些历史题目。密茨凯维支在《彼得大帝纪念碑》一诗中,出色地描绘了枢密院广场上黄昏遇雨的情景:他俩披着一个斗篷,站在法尔孔内雕塑的纪念碑旁边。波兰诗人描绘沙皇的战马向着深渊的峭壁飞跃的雄姿,并且预言将来"自由的阳光将照耀所有的人,暴虐的瀑布将轰隆一声化为乌有……"在彼得堡这个不平凡的傍晚,两位诗人都思索着彼得大帝的题目。

一八二八年一月,普希金的姐姐同官吏帕夫利谢夫秘密结婚,然后就在普里德沃尔内郊区的住宅里定居下来。她写信让老奶娘从米哈伊洛夫斯科耶来替她料理家务,而老奶娘仍然像从前一样,心甘情愿照料第一个乳儿。

但是,老奶娘替她管家的日子不长了。她病后不久,便于一八二八年七月三十一日在奥尔加·谢尔盖耶芙娜的怀抱里悄然长逝了。

葬礼十分简单。这位从前的女农奴已经把自己谦恭的名字同俄罗斯文学史密切联系在一起了。诗人亚泽科夫在《悼普希金的乳母》一诗中,准确地预言,她的形象将永远活"在当代诗人们的生平的大有教益的传说中"。这首悼诗经受住了时间的广泛验证。由于普希金把老奶娘的事迹记述下来,把她唱的民歌改写成奇妙的长诗,并常常在作品中怀着无限爱的心情描绘她那纯朴而智慧的形象,所以这位民间的说唱能手的名字比当时许多知名作家的名字流传得还久。她对普希金同代诗人们的诗歌运动的影响要比所有"浪漫主义缪斯"都要强烈而深刻。就像林间清泉哺育着长江大河一样,她正是活的源泉,为茹科夫斯基描写沙皇别连杰伊的寓言以及普希金许多不朽的幻想故事提供了素材,如关于沙皇萨尔坦,关于死去的公主,关于那妙不可言的海湾(那里的"森林和河谷充满着幻影")……除了美妙的虚构故事之外,这位汉尼拔的女奴还清楚记得女王时代的事迹,并经常讲述,从而为普希金描写他的祖先的历史小说提供了素材。诗人亚泽科夫在听完老奶娘讲的故事之后,赞叹不已,一八二七年他曾写信给她说:"你是多么善良,多么快活,你讲旧式地主老爷的故事讲得多么动人,真叫我们高兴。"普希金对她更是念念不忘,不久就在他的《亲家伊凡》一诗中,以描写日常生活的鲜明笔触描写了这位民间说唱能手,用这种独特方式表示自己的悼念:

> 现在还要把她提一提:
>
> 要是讲起讲故事的本领,
>
> 那么她可以说是属第一,
>
> 她哪里来的那么多故事,
>
> 而且篇篇都那么生动有趣!
>
> 她那些笑话也蛮有道理,
>
> 顺口插话,讲得蛮俏皮,
>
> 既有虚无缥缈的虚构,
>
> 也有古代东正教的事迹!……

这位北方农妇的形象仿佛有一种平和而温暖的独特光辉洒到普希金充满风波的一生里。诗人小的时候,得到她的爱抚;被幽禁的时候,得到她的安慰;成长为天才诗人的时候,又从她那里汲取灵感。如果说普希金的好友未能发现她那"温顺的十字架",以便在这位优秀的歌手的坟头刻上不朽的墓志铭,传给后代的话,那么,她的形象却不可磨灭地印在俄罗斯人的心灵上了。有谁不记得"白发苍苍的菲利皮耶芙娜"呢?有谁不喜欢达吉雅娜的奶娘呢?有谁不在拉林家老女奴的面庞上辨认出普希金老奶娘的形象呢?这是一位热心肠的俄罗斯女人,普希金在生活中怀着儿子般的感情称她为"老妈妈",而在诗歌中则称她为"亲爱的老奶娘"。阿里娜·罗季翁诺芙娜作为俄国最伟大的民族诗人的乳母,将同诗人不朽的作品一起,永远活在人民充满感激的记忆里。

第三章　政治官司

1

一八二七年一月十八日，普希金接到紧急通知，要他马上去见莫斯科警察总监。严厉的舒尔金将军把军事法庭委员会的质问通知交给他："正在流传的诗是不是他写的？什么时候写的？怀着什么目的？""诗中讲的凶犯的意图他是怎么知道的？"这里的"凶犯"，指的就是十二月十四日起义的领袖们。这样一来，政府向普希金明白表示：怀疑他事先知道他们酝酿推翻专制制度的兵变详情。

诗人在答复第一条时写道："亚历山大·普希金不知道正在流传的诗指的是什么诗。"答复第二条："他不记得有什么诗可以让人得出上述结论。"

一月二十七日，舒尔金把《安德烈·谢尼埃》的片段装在信封里，用火漆封好，派人送交普希金。这个片段以《十二月十四日而作》的题目在社会上流传。这个片段的开头就是对法国一七八九年事件的热情歌颂：

> 我的明灯，我向你致敬！
> 我曾经把你瑰丽的英姿歌颂，
> 歌颂你刚刚吐出的一点火花，
> 歌颂你在暴风雨中诞生。
> 我歌颂过你那神圣的雷霆，
> 因为它劈开了可耻的图圄，

使赫赫权势的古老的骄横，

遇到耻辱，只落得一场空；

我看到你的儿女们公民的大勇，

我听到他们异口同声的保证、

见义勇为的庄严誓词

和对专制制度的坚决抗争。

我看到他们汇成汹涌的波涛，

把一切污泥浊水涤荡干净，

而热心的代言人热情洋溢，

向人们预告大地的新生。

你的聪明才智已大显身手，

那些神圣流放者的英灵

已进入不朽的巴黎公墓，

腐朽王位的画皮剥落了，

已无人再把它奉若神明；

枷锁开了……

普希金只好说明自己写这首哀诗的来龙去脉和这个片段的真实含意。

他解释说，这首诗是在"最近这场叛乱"发生很久之前写的，诗的内容写的是法国革命，具体描写了攻破巴士底监狱、在练马场宣誓、米拉波的答复、伏尔泰和卢梭的迁葬、路易十六被处死、罗伯斯庇尔的活动和国民议会。这么多的历史人物和事实，排除了把这首诗看作描写现实的可能性。普希金最后写道："如果这首诗不是被故意曲解，那么怎么也不能说它是和十二月十四日有关系的。"

最后一句话说得刚正激烈，具有对当局挑战的意味，因为最高审讯机关正是这样理解的。诗人对待最高侦查机构这种"激烈"的态度，对这个案件的最后判决不能不产生影响，使它又拖延一年半之久。直到一八二八年六月二十八日，国务会议才做出"关于普希金作品的决议"："根据他有关一八二五年十二月十四日事件的回答言词不逊和整篇诗作的精神,决定对他进行秘密监视。"这个决议得到尼古拉一世的批准。

在政治审讯的同时,官方教会也起而攻讦普希金。这次是"东正教首席大主教"——彼得堡都主教谢拉菲姆指控他犯有国事罪。这个都主教既是一个好挑衅的政治家,又是一个狂热的信徒。一八二八年五月二十八日,《加甫利亚德》的手抄稿传到他手里。不难想象,这个狂热的修士读到下面的讽刺语句该是多么义愤填膺:

> 至尊的上帝向他的信女的
>
> 苗条的柳腰和处女的酥胸,
>
> 投下含情的目光……

严厉的都主教曾因为整篇的神学雄文同圣经的文字稍有出入,而把它付之一炬,如今发现普希金的长诗充满着魔鬼的诱惑,认为必须立刻奏明沙皇。

尼古拉一世下令把传播亵渎神明的长诗的米季科夫上尉逮捕起来,并责成专案委员会全权审理此案。

政府大员授权彼得堡总督 Π. B. 戈列尼谢夫 – 库图佐夫对诗人进行第一次审讯。这是个大名鼎鼎的人物,人们就是根据他的名字,把警察局的"小号"叫作"库图兹卡"。

一八二八年夏,普希金"沉醉于彼得堡繁忙的社交生活",丝毫没有料到又有新的灾难临头。他经常逗留于赌场,他那篇描写"赌徒的短篇叙事诗"(《而在阴雨天》),正是这个时期写的。与此同时,他被一个性格奔放、感情热烈的女人给迷上了。这个女人叫阿格拉菲娜·扎克列芙斯卡娅。巴拉登斯基把她叫作玛格达琳娜,而普希金把她叫作"越出轨道的彗星"。当他正沉湎于这些游乐之中时,突然在八月初接到通知,要他去见彼得堡总督。

他不禁回想起一八二〇年那个倒霉的春天,他被米洛拉多维奇传见,关于要塞、西伯利亚和索洛夫基的种种议论,关于流放南方……。这次要审问他什么呢?

> 我是否还能保持对命运的蔑视?

我是否还能像高傲的青春时代

以坚强不屈和坚韧不拔

去迎接命运之神的安排？

充满风波的生活已使我疲倦，

只是淡漠地等待风波的到来……

戈列尼谢夫－库图佐夫的办公室没有陈设一件米洛拉多维奇收藏的艺术珍品。这位新任总督也不喜欢装模作样，他脸色阴沉、严厉。正是他于一八二六年受权监处十二月党人的死刑。

这位总督手举着文件，用冷淡而严厉的口吻告诉普希金必须"遵从圣上的旨意"，回答官方提出的问题：有一篇题为《加甫利亚德》的长诗，是不是普希金写的？

处境的险恶不亚于一八二〇年。法律规定，污辱教会要流放到西伯利亚最偏远的地方。

普希金沉吟片刻，坚定果决地回答说，《加甫利亚德》不是他写的，只承认在皇村学校时曾经亲笔抄过一份（诗人显然估计这篇禁诗的手稿有一份落到政府手中了）。

在第一次审讯的两周之后，普希金又被彼得堡总督传见。

戈列尼谢夫－库图佐夫声称："皇帝陛下恩准敝总督询问阁下，您在一八一五年或一八一六年，在皇村学校是从谁手里得到的长诗《加甫利亚德》；一俟找到作者，就可解除对您的怀疑，要知道现在有大量手抄稿用您的名字到处流传。"

这一席话相当明白地表示了皇上不相信他的供词。但是，现在改口供已经来不及了。普希金于是又写下一份供词："这份手稿曾在骠骑兵军官当中流传，但我是从谁手里弄到的，已经记不清楚了。我抄的那份大约在一八二〇年就烧掉了。"

然而尼古拉一世执意要查清原委，不大容易敷衍过去。他接到普希金再次"抵赖"的供词，下令第三次传见普希金。不过这次已经不是由总督出面，而是由最高委员会主席出面向诗人宣读皇上新做出的决定。

普希金前去进见圣彼得堡和喀琅施塔得总司令 Π. A. 托尔斯泰伯爵。这个老态龙钟的大员向他宣读皇上的旨意：

"传见普希金并以我的名义告诉他，我认识普希金，相信他说的话。不过希望他能帮助政府查清，是什么人写下这种猥亵的作品，用普希金的名义向外扩散，从而使他蒙受不白之冤。"

这直接表明了皇上的怀疑，同时要求诗人彻底承认。

普希金考虑了很久，现在只好承认了。不过以前写过几次供词都没承认，这回怎么承认呢？唯一的办法是直接答复尼古拉一世。

他于是问托尔斯泰："可不可以直接给皇上写信？"普希金得到允许，便给皇上写了一封信。

尼古拉一世采取的方针是，既要惩处普希金，又要千方百计加以伪装，所以这次又故作"赦免"的姿态：《加甫利亚德》一案停止了。政府已经得到受审讯者的供认，掌握了材料，只要作者再有什么不轨行为，便难逃惩办了。

然而，一方面是当局审判诗人，另一方面诗人也在审判政府。普希金在关于《加甫利亚德》供词的铅笔草稿上，又用钢笔写了《毒树》的草稿。一八二九年十一月九日，普希金写完了这首隐含愤怒的诗篇——对人压迫人的现象最有力的抗议之一：

> 于是这可怜的奴隶便死在
>
> 不可战胜的君主脚下。

暴君的专制残酷践踏个人的权利，草菅各族人民的生命，为了用流血的征服巩固自己的势力而让"奴隶们"前去送死——作者寥寥数笔便揭示出"不公正的强权"的本质。这种强权正在摧残国家的命运和第一流诗人的命运。

2

十二月初，普希金又回到莫斯科。这次在莫斯科短暂的逗留，成为他那"漂泊不定的命运"的转折点，为他未来的生活做出新的安排。

普希金到达莫斯科不久,在一次舞会上看到一位绝色少女,"身穿轻飘飘的白连衣裙,头戴金发箍",这就是十六岁的娜塔丽亚·冈察洛娃。她由母亲带着,刚刚踏入社交界。她的容貌合乎古典式的端庄,目光流露出深邃的沉思,任何人看了都不免为之倾倒;再进一步观察,便会发现她"前额上的痛苦表情"和一种特殊的"浪漫色彩的美丽"。普希金后来回忆一八二八年十二月的这个傍晚时承认:"我的头开始眩晕了。"

这副端庄秀丽面庞上的"痛苦表情"并非偶然。这个美丽的少女是在艰难的环境里长大的。冈察洛夫一家原来是卡卢加的富商和工厂主,有一笔可观的财产,可是到她祖父阿法纳西·尼古拉耶维奇的手里,却挥霍光了。这使全家落入困难、尴尬的境地。漂亮的娜塔丽亚的父亲,叫尼古拉·阿法纳西耶维奇,从很早时候便患上忧郁症,后来得了厉害的精神病,经常剧烈发作,夜里则疯狂喊叫。娜塔丽亚六岁之前,是在祖父的亚麻厂里长大的,后来搬到住在莫斯科的父亲家里。这里的环境十分艰难。为了在父亲犯病时保证孩子们的安全,往往要把她们撵到带铁门的小阁楼里。她的母亲年轻时也非常漂亮,甚至从伊丽莎白·阿列克塞耶芙娜女皇手里夺走了女皇的情夫奥霍特尼科夫;随着年纪渐老,娜塔丽亚·伊凡诺芙娜变得邋遢了,成为家里难以忍受的暴君,她那乖张的性格使全家人发抖。按照家族的传说,"在规矩最严的修道院,对待见习的小修女也不像对待冈察洛娃姐妹那样严厉,她们姐妹被母亲管得服服帖帖"。这种环境使娜塔丽亚形成一种孤僻和胆小的性格。这些特征,普希金很早就发现了。然而,从保存下来的她的书信来看,她对亲人表现出真挚的感情、衷心的体贴和关怀,这些家庭内部的通信足以驳倒那种认为娜塔丽亚·尼古拉耶芙娜是个一钱不值、冷酷无情的女人的传统观点,并且说明诗人写给妻子的信为什么总是充满着情投意合、眷眷不忘的真挚口吻。

普希金同冈察洛娃一家结识之后,便经常到她家做客。她家的年轻人对著名诗人怀有强烈兴趣,其中十八岁的亚历山德拉能背诵不少他的诗,并且偷偷地爱上了他。但是这个可怜的姑娘长得不漂亮,没有可能得到诗人的垂青。

女儿们对普希金的这种热烈崇拜，做母亲的毫不理解。这个老妇人满腹的伪善，整日由修女们和香客们陪伴着，热心于教会的仪式，因而对于未来女婿的自由思想的言论和怀疑主义的俏皮话深恶痛绝。至于谈到最小的女儿，她过于腼腆，"谦逊到病态程度"，"温顺而胆怯"，著名作家的垂青给她带来了痛苦。普希金的想法是："我希望终究能博得她的好感，不过在我身上没有任何能够使她喜欢的东西。"

然而，他对这位十六岁少女的态度也充满了腼腆、胆怯和虔敬的赞美。他作为艺术家拜倒在生活中这种绝代的美色之前，并把她看作艺术世界的奇迹。无怪乎他献给未婚妻的第一首诗是以极其优美的诗节开头的：

> 我不想用古代名画家的作品
>
> 把自己的住处装饰得琳琅满目，
>
> 那不过为了使客人叹为观止，
>
> 聆听鉴赏家高深玄奥的论述。

开头，普希金犹豫不决，全心沉浸于欣赏状态，幻想永远做"一幅名画"的观赏者……

尽管如此，到了一八二九年四月底，他还是请美国人托尔斯泰做媒，向不大欢迎他的娜塔丽亚母亲求婚。五月一日，托尔斯泰通知他，老冈察洛娃耍了个外交手腕，把这个问题搁起来了。普希金当天就给她写信说："这样的答复并不是完全拒绝。您让我还有指望的余地。"然而，这样的答复毕竟还不是同意。普希金认为他必须像遭到拒绝一样行事：当天离开莫斯科，去遥远的格鲁吉亚。那里正在进行俄土战争，当时战争已经是第二年了。

第四章　阿尔兹鲁姆之行

1

为了躲避当局的"恩典"和在首都社交界的"名声",普希金产生一种强烈的出走愿望——逃到乡下,逃到异乡,不论是巴黎或北京,哪里都好,只要能躲开围在身边的"无知之辈"。

酝酿已久的"出走"打算,这次得到部分实现。他自作主张,匆忙跑到土耳其前线。他的一些十二月党人好友都在高加索集团军里作战,帕斯凯维奇任高加索独立军总司令。他的作战计划包括攻取黑海的萨姆松港和特拉比曾德港。从那里要"去看看君士坦丁堡",则易如反掌。看来,出走的可能像一八二四年一样,再次令诗人动心。无论如何,到作战部队去,毕竟可以使他暂时离开彼得堡。

关于普希金生平这段有趣的历史,他自己在一八二九年的旅途笔记中有所记述,后于一八三六年又写成专文发表。他在奥勒尔附近拜访了被废黜的叶尔莫洛夫(诗人在旅途日记中给他描绘了一幅惟妙惟肖的画像:"赫剌克勒斯的身躯上长着猛虎般的头颅。")。他在斯塔夫罗波尔附近访问了卡尔梅克人的帐篷(在草原里为卡尔梅克女郎写的献诗中有所反映:"再见了,亲爱的卡尔梅克女郎!")。他沿着格鲁吉亚军用路兼程前进(反映在《雷崩》、《高加索》和《卡兹别克山上的修道院》中)。他在梯弗里斯逗留了两三周(当地人士赠给著名的高加索歌手一顶花冠)。此外,他还描写了遇见格里鲍耶多夫尸体的情景,帕斯凯维奇的作战情况,访问阿尔兹鲁姆后宫和鼠疫营的经过。

普希金自传中的这一章写得清清楚楚,不必重述,但可以引用一些历史资料加以说明。

在充满着倾轧和迫害的三十年代前夕,一八二九年夏,普希金最后一次焕发了青春。亚洲战争的勇敢、山路的险峻、东方的浴池和格鲁吉亚歌曲以及旅行者本人描写卡兹别克峰和格鲁吉亚山岚的空灵诗句——这一切仿佛正是遥远的南方岁月的继续,跟那时的漫游、吉卜赛人的部落、契尔克斯人的歌曲、对海外世界的向往和不朽的长诗有多么相似。

阿尔兹鲁姆之行,使诗人重温最美好的岁月、重逢尼古拉·拉耶夫斯基和重见厄尔布鲁士峰,使《高加索的俘虏》的作者得以直接观察山民的生活和风俗,收集山民的歌曲。

普希金极其珍视"诗人之间的美好友情",在这次旅途中更加扩大了同各族诗人的交往。

在离卡兹别克不远的地方,他遇到伊朗王子霍斯列夫·米尔扎和俄国使团的车队。伊朗王子是为格里鲍耶多夫被杀害一事来彼得堡道歉的,陪同王子一起来的有著名诗人和学者法齐尔汗。普希金请求把他介绍给波斯作家,他十分钦佩这位作家待人的纯朴和谈吐的"聪明而有礼貌"。他献给法齐尔汗的诗稿一直保存到现在。俄国诗人在这首诗里,仿照东方手法祝福命运使他和诗友在高加索山中相逢的这个日子,并祝愿德黑兰抒情诗人一路顺风,说他要到"我们严酷的北国,那里的春天十分短暂,可是那里却十分熟悉加菲扎和萨迪的名字……"在这些未经润色的草稿中,也有光辉璀璨的诗句:

> 你将访问我们的北国,
> 请在诗中留下些痕迹,
> 请把东方幻想的花朵,
> 撒遍白雪皑皑的大地。

普希金在梯弗里斯结识了当代格鲁吉亚的大诗人亚历山大·查夫查瓦茨(格里鲍耶多夫的岳父)和格里果里·奥尔贝里安尼。全俩熟悉俄国诗歌,使浪游的诗人接触到格鲁吉亚的民间创作。

　　当地人为普希金举行了欢迎会,有音乐、唱歌和舞蹈。在库拉的一座城郊葡萄园里,据欢迎会的筹备者后来说,聚会了"格鲁吉亚各亚洲民族的歌唱家和舞蹈家。这里有祖尔纳管,有塔玛沙舞,有列兹金卡舞曲,有如怨如诉的波斯歌曲,表演者有阿哈洛,有阿拉维尔迪,有亚克希奥尔……"伊梅列克族的即兴歌手在风笛伴奏下唱歌。间或欧洲交响乐队代替格鲁吉亚的乐师,演奏布阿里爵①的《白衣夫人》里的进行曲,从而更鲜明地衬托出民族艺术的特色。

　　"普希金以一种独特的方式欣赏这种亚洲式娱乐的大杂烩。当哀婉的波斯歌曲刚刚结束而快拍的列兹金卡舞曲开始之前,他常常从座位上跳起来。他非常喜欢欧洲音乐同东方乐曲的掺杂交替,斑斓多彩,他真是衷心陶醉于孩子气的欢乐中了!"

　　普希金在他的《阿尔兹鲁姆旅行记》里写道:"格鲁吉亚歌曲的声音极其悦耳。"他还把在这个晚会上唱的一支浪漫曲译成俄语,放在《阿尔兹鲁姆旅行记》里,这便是诗人德米特里·图马尼什维利的《春之曲》,曲调富有东方装饰音形象和优美的诗节复叠。"我期待你给我以生命!"可以相信回忆录作者写得完全真实,第二天凌晨,普希金被格鲁吉亚丰富多彩的艺术所激动了;梯弗里斯朋友还用鲜花给他做了一副花冠,对他表示热烈欢迎,也令他非常感动。他告诉他们说:"我不记得还有比今天更快乐的日子……"

　　诗人继续往前走,又同几位阿塞拜疆诗人相识:在卡赫齐亚,普希金结识了米尔扎·江·马达托夫,这是一位爱写歌颂享乐生活歌曲的作者;在帕斯凯维奇的司令部里,又有人向他介绍了阿塞拜疆的一位大作家阿巴斯·库利·阿加·巴基汗诺夫,他是被驱逐的巴基汗的儿子。他对东西方语言都掌握得熟练,如波斯语和法语。这些会面并不是毫无作用的,普希金的人格和创作得到阿塞拜疆诗坛的热烈承认。过了几年之后出现的年轻诗人米尔扎·法塔利·阿洪多夫的长篇哀诗,便表明了阿塞拜疆诗人对遇害的俄国歌手的热爱和崇拜。

---

　　①　布阿里爵(1775—1834),法国作曲家。——译者注

2

在一八二九年夏季的日子里,普希金一直向往亲临战场甚至直接参战的愿望终于实现了。

他在皇村学校时代便梦想从军,他渴望投身于希腊反对土耳其的斗争,他于一八二八年申请加入作战部队——这一切都证明诗人有一种顽强的愿望,愿意亲身捍卫祖国,为完成祖国的历史使命而效力,为它的独立而斗争。他对圣彼埃尔神父的"永久的和平"思想的兴趣,从来也没有熄灭他投笔从戎的愿望。这种愿望是被"一八一二年的战火"点燃的,在皇村骠骑兵和基希涅夫参谋们的熏陶下而成熟起来的。其中头脑聪明、观察力敏锐的利普兰季上校断言说,像普希金这种"不惧怕任何危险"的人,一定可以成为出色的军人,他在军事领域会像诗歌领域一样声名显赫。

普希金这次可以看到一场真正的"大战"。这场复杂、困难而又极其重要的战役,恰好是从一八二九年六月开始的。从春天起,土耳其军队开始重新部署,清楚地暴露了敌人将对俄军发动一次夏季总攻势的计划。当时阿尔兹鲁姆是土耳其军总司令驻地,集结重兵,从那里发出向俄军全线同时发起进攻的决定。这意味着向古里亚、卡尔斯、阿哈尔齐赫和巴亚泽特同时进攻。俄国的高加索军相比之下人数较少,受到严重威胁。必须了解土军总司令作战意图而先发制人,保持作战的主动性,攻取敌军的重要据点,如阿尔兹鲁姆和特拉比曾德。

五月中旬,帕斯凯维奇从梯弗里斯出兵,六月初已经到达卡尔斯城郊。恰好在这里,在萨甘卢格山脚,在卡尔斯河畔已成为废墟的小村科坦雷,普希金于六月十三日晨,在俄军向阿尔兹鲁姆发起进攻的几小时之前赶上了部队。

《波尔塔瓦》的作者便这样开始出征了。

下午五点,俄军向"古代的多尔"推进。有一小队人马被派到右翼去佯攻土军前锋的主力。大队由布尔佐夫将军指挥,他也是幸福会的重要成员,曾经介绍普希金在皇村学校的同学久赫里别克尔和瓦里霍夫斯基加入他那个热爱自由的"小组"。一八二六年,他服刑期满后被调到高加索。他在这里表现了出色的军事才能,不久就晋升为将军。他是高加索军最有才干的将领之一,帕斯凯维奇总是把最重要的任务交给他去完成。普希金从读书时候起就十分熟悉这个名字。

但是诗人并没去投奔布尔佐夫,而是去找在热泉和古尔祖夫曾经相处的好友尼古拉·拉耶夫斯基。这时尼·拉耶夫斯基任尼热戈罗德龙骑兵团长。据后来诗人回忆说:"我就当自己是暂时被调到尼热戈罗德团的。"普希金的弟弟列夫·谢尔盖耶维奇也在这个团里,这个团当时是后备役。朋友们跟在主力部队后面沿着山路不慌不忙地往前走,一边作久别之后的亲密交谈。

尽管尼古拉·拉耶夫斯基被认为同十二月十四日事件有"牵连",但在帕斯凯维奇军队中,凡是决战时刻都由他指挥全部骑兵。普希金高兴的是,这次可以由他聪明的朋友教他如何打仗。他写的《高加索的俘虏》和《安德烈·谢尼埃》,都是献给这位好友的。

晚上八点,部队在群山环绕的山谷里停下休息,以防敌军侦察兵发现。在这里,在露营的篝火旁边,普希金被介绍给帕斯凯维奇。

帕斯凯维奇是当时最著名的统帅之一,对他的评论的确纷纭不一。他树敌很多,难免有人抨击他。但他作战有功,这也是不容置疑的事实,不能只说他侥幸或走运。这位高加索独立军总司令是个出色的作战指挥者,甚至对他颇无好感的杰尼斯·达维多夫,虽然一方面极力渲染他的种种缺点(刚愎自用、虚荣心强、独断专行等等),但是另一方面也不得不"公正地承认他在紧急关头常常表现出堪做楷模的英勇无畏和镇定自若,对下级官兵关怀备至"。

帕斯凯维奇对普希金要跟随他的部队一起打仗的愿望深表赞赏。在五月,他就接到宾肯道夫的通知,说是普希金"根据皇帝陛下的旨意受到秘密监视","在他到达格鲁吉亚之后",一定要严加监视。帕斯凯维奇把相应的通知下达给梯弗里斯的军事长官,而他本人对普希金却极力表示器重。诗人在谈到他们的第一次谈话时说:"他心情很好,待我很亲切。"

六月十三日的后半夜，普希金在总司令部遇见皇村学校的同学瓦里霍夫斯基，只见他"从头到脚风尘仆仆，胡子长得老长，由于操劳而显得疲惫不堪。尽管如此，他还抽出工夫同我叙旧"。普希金后来回忆说。

在帕斯凯维奇的司令部里，诗人还遇到了自己最要好的朋友的弟弟米哈伊尔·普辛（也是十二月党人）。他去侦察敌人的阵地刚刚回来。

普希金询问他说："喂，你说土耳其人在哪里？我能看到他们吧？我指的是手里拿武器，一边喊一边往上冲的土耳其人……"

米哈伊尔·普辛告诉诗人说，马上就可以遇到敌人。他刚刚侦察完土耳其人在米利－久兹高地兵营的配置。根据侦察情况看，有必要马上发起攻击。

六月十四日清晨，俄军一支队伍向前推进，在英扎－苏河左岸驻扎下来。这时已经到了萨甘卢格山上，距离著名的土军统帅三麾加格基巴夏难于攻打的营地只有八俄里。

过午，土军有一大群精锐骑兵和敢死队来攻打哥萨克前沿散兵线。这正是普希金描写过的"两军在山冈后面对射"。诗人跨上马，投入他的第一次战斗。拉耶夫斯基立即命令谢米切夫少校陪着普希金一起去，尽力控制一下他的战斗热情。诗人出了峡谷，看见山坡上有一群穿蓝军装的哥萨克排成弧形横阵，而在山巅上有一群土耳其骑兵，缠着高高的缠头，穿着鲜红的短上衣，在炫耀骑术：

> 在哥萨克前面的山冈上，
>
> 红衣敢死队在往来驰骋。

土耳其兵骑马技术的大胆，令诗人惊异。他被战斗场面所吸引，从被打死的哥萨克身旁拾起一根长矛，仍然戴着他那顶圆礼帽，披着斗篷，向敌军骑兵冲去。谢米切夫少校几乎是硬把他从前沿阵地上拉回来的。周围正进行勇敢的交锋和你死我活的闪电般的厮杀。普希金在他那不可模拟的诗句里描绘了瞬息万变的战斗情景：

> 战马飞奔，杀声震天，
>
> 两人杀在一起……结果何如？
>
> 敢死队已经中了长矛，
>
> 而哥萨克丢掉了头颅。

果戈理曾说，普希金语言的节奏比"战斗本身还要急促"。他说得完全正确。

帕斯凯维奇决定把敌军拉得很长的战线切成两段，予以各个击破。这一招很成功，土耳其骑兵在俄国炮兵连续轰击下分成两路，各向相反的方向逃窜。"霰弹打中敌军正当中，"普希金在描绘战斗场面时写道。然后向两路敌军派去强悍部队予以追击。

但在这时，在山坡上出现了密密麻麻的土耳其步兵和骑兵纵队。阿尔兹鲁姆总司令率领他的三万大军来救援加格基巴夏。晚六点，俄军分三路向土军进攻，其中有一路全是骑兵，由尼古拉·拉耶夫斯基指挥。于是阿尔兹鲁姆战役中最重要的决战之———卡英雷村战斗打响了。土军总司令的部队被击溃了，在夜色即将降临时被撵出萨甘卢格山。

普希金写道："第二天早晨五点，营地苏醒了，接到命令马上出发。我刚走出帐篷，就遇到帕斯凯维奇伯爵。他比谁起来得都早。他立刻看见了我。'昨天是否太疲劳了？''是有点儿疲劳，伯爵。''我真替您苦恼，因为我们马上要行军，以便靠近巴夏，然后还要追击敌人，总得追出三十俄里。'"①

上午九点，俄军已经到达米利－久兹山对面，靠近土军"总司令第一员大将"的营地。哈内－苏河陡峭的河岸和悬崖间深邃的峡谷，使得无法接近土军的营地。经过几次无益的劝降谈判之后，帕斯凯维奇终于率领五路纵队向敌军发起攻击。土军总司令的失败已预先决定了这场进攻的结局。土耳其人纷纷逃窜，加格基巴夏率其司令部人员投降，做了俘虏。通向阿尔兹鲁姆的道路已经打通。

---

① 引文中的对话皆为法语。——作者注

在这场决战的日子里,普希金骑马走遍许多山巅,观看某些战斗场面:布尔佐夫向敌军左翼的运动,穆拉维约夫的炮兵轰击,土耳其骑兵的奔袭,鞑靼部队的反攻。普希金还救了一个受伤的土耳其兵,周围的俄国士兵都想用刺刀把他捅死。他还观看了鞑靼别伊濒死的情景,别伊最宠爱的人在他身边痛哭不止。

"我的马……在一个年轻土耳其人的尸体前面停下来。这具尸体横路躺着。看样子他有十八岁光景,像少女似的苍白脸孔并不显得怎么难看;他的缠头掉在尘土里;剃光的头被一颗子弹从后面打穿了。我打马继续往前走……"

这已是对战争的新感受,是第一次得到的对战争的真正概念。这不是阅兵式上雄赳赳的气概,而是真正的战斗,是没有秩序的和杂乱的、艰难的和令人感到侮辱的战斗——"是本来面目的战争,有鲜血,有痛苦,有死亡"(过了二十五年之后,列夫·托尔斯泰这样概括道)。《阿尔兹鲁姆旅行记》的许多章节描写出极其真实的战争场面,表现了战争全部赤裸裸的悲惨实质。这正是新式战斗速写的第一次尝试,后来在世界名著《战争与和平》里得到了肯定。

3

六月二十一日,帕斯凯维奇进入阿尔兹鲁姆巴夏辖区,六月二十三日晚九点,占领土耳其亚美尼亚最古老的要塞哈桑·卡列。这座要塞是罗马人修造的,是安纳托利亚山城首都的前沿堡垒。六月二十七日,在波尔塔瓦胜利纪念日,俄军进入阿尔兹鲁姆。土军总司令及其三个巴夏——三麾的奥斯曼巴夏、两麾的阿布特·阿卜杜拉巴夏和阿赫梅特巴夏,全都做了俘虏。不久,其中有一个巴夏在遇到普希金时,用东方式动听的语言表示欢迎:

"我们和诗人会面的时刻,是最美好的时刻。"

普希金深受感动。这句恭维的欢迎词使他喜出望外。他马上在他的旅途笔记中生动描绘了这个东方演说家,并用诗歌赞美了"遥远的"城市：

> 我们用头脑支配野蛮的肉体，
>
> 而头脑要服从《古兰经》，
>
> 伟大先知保护着阿尔兹鲁姆，
>
> 就像保护自己的眼睛。

绿色的平屋顶，弯曲狭窄的街道，清真寺的高塔，亚美尼亚人熙熙攘攘的人群——这一切都富有一种新奇迷人的"异国情调"。当在新征服的城市里筹建以军事长官为首的地方行政机构时，俄国军队在城东北的幼发拉底河河谷里安营扎寨。

正是在这里，按官方叫法，在"阿尔兹鲁姆城郊营地"，按普希金叫法，在"幼发拉底河畔营地"，诗人注意到一个名叫法赫拉特·别伊的鞑靼青年，他刚刚参加俄军的穆斯林团。总司令帕斯凯维奇每征服一个地方，便大量招募新兵。到了阿尔兹鲁姆，他把由突厥人、库尔德人、亚美尼亚人、卡拉巴赫及其他省份的居民组成的正规部队都编入自己的军队。看样子，当普希金看到这个鞑靼支队的年轻的新兵将要同信奉一个宗教的土耳其人进行血战时，不免产生怜恤之心。七月五日，他写了一首诗(《不要迷恋赫赫的战功》)赠给年轻的别伊，诗中东方特色的形象同诗人对这位美好年轻人的倾倒交织在一起，然而等待这年轻人的却是悲惨的事件：

> 我知道：你不会遭遇不幸；
>
> 死神在刀光剑影之中，
>
> 一定会发现你俊秀的面庞，
>
> 不免会产生怜恤之情！

这是普希金最优秀的"东方情调"的片段之一。

普希金可能从土耳其俘虏和阿尔兹鲁姆的土耳其人那里听到不久之前震动整个东方的流血事件的详细情形，这就是马赫穆德二世镇压起义的近卫军事件。这些守旧的卫兵原来曾是土耳其各王朝命运的主宰者，这次又反对苏丹的"西方式"改革，狂热地保卫奥斯曼帝国的古老制度。不久后，普希金即写出一篇最优美的咏史诗《如今异教徒都赞美伊斯坦布尔》。诗中描绘了一八二六年的前所未闻的大屠杀，在君士坦丁堡、伊斯密尔、鲁米利亚、叙利亚、阿勒颇和阿尔兹鲁姆等地把掌握大权的近卫军全部杀净。普希金构思已久的关于反对彼得改革的火枪兵被处死的故事，如今在这篇严峻的东方史诗的开头得到独特的表现。诗中把虔诚的阿尔兹鲁姆同背叛教规的伊斯坦布尔做了对比。普希金在他的《阿尔兹鲁姆旅行记》里写道："苏丹准备进行的改革还没有渗透到阿尔兹鲁姆，军队还穿着色彩鲜艳的东方军装。在阿尔兹鲁姆和君士坦丁堡之间存在着竞争……"关于两种政治势力悬殊的戏剧性题材，构成了普希金描写穆斯林世界抵抗潮流的长诗光辉片段的内容：

> 伊斯坦布尔背离了先知，
>
> 古代东方的真理
>
> 被狡猾的西方所熏染……
>
> ……然而阿尔兹鲁姆山城可不同。
>
> 我们的阿尔兹鲁姆路途多遥远，
>
> 我们不在可耻的奢侈中酣睡，
>
> 也不用不听使唤的酒杯
>
> 从美酒里啜饮热情、喧闹和淫乱。

正是两种世界观和两种军队作风的斗争，"从鲁塞到伊斯密尔"产生出一大群刽子手。普希金把这首诗稍加改动之后，当作关于土耳其近卫军长诗的片段插进《阿尔兹鲁姆旅行记》第五章。诗中把当时遭到灾难的伊斯兰教的政治悲剧写得极其鲜明有力。

诗人在兵营里也不曾停笔，他手里经常带着本子和笔记。除写抒情诗和旅途日记之外，他正在构思新的长诗。他在酝酿把早期《高加索的俘虏》的题材更动一下：一个俄国哥萨克女郎救了一个契尔克斯俘虏。山民严峻的风俗习惯同东正教传教士的布道冲突的主题，更有力地吸引住他。他要写一个契尔克斯基督徒的形象，写他如何放弃难以改变的氏族打冤家的风俗习惯。两种伦理体系冲突所引起的内心矛盾，产生出加苏勒老人同年轻的塔齐特之间优美的对话。山地贵族的幼子不肯再成为"报仇雪恨的勇士"。这篇新长诗就是建立在这种内心的戏剧冲突上。

这篇长诗使普希金得以广泛运用他在旅途中获得的新印象。《塔齐特》的故事情节发生在卡巴尔达，在捷列克河畔，"在距离塔塔尔图勃废墟很近的地方"。从那里可以看到卡兹别克山和达里亚尔峡谷：

"你到哪儿去了，孩子？"

"我到峡谷里去了，那儿河水把石岸冲毁，

路途直通达里亚尔河水。"

"你干什么来？""我倾听着捷列克河。"

这已经不是"外库班的平原"，而是普希金在格鲁吉亚军用路的陡峭小径上看到的野蛮荒凉、不可接近的高加索。他在这里了解到山民的生活习惯、仪式和传说。年轻的车臣人的骑马作乐、加苏勃儿子的殡葬（这是作者根据他在卡普－科伊山村亲自看到沃舍梯人的葬礼而写的），"阿德赫人"的婚丧习俗，雄浑壮丽的景色——这一切都在描写年轻的阿梯盖人塔齐特的长诗片段里得到表现。这个年轻人被从家长制的氏族中驱逐出来，在战争中牺牲。

从这篇长诗可以感觉到，普希金的诗歌语言又增添了新的词汇。作者接受了高加索各民族的许多说法，使他的描写更加绘声绘色。有的形象写得非常优美，如瀑布旁的契尔克斯女郎：

叮咚的铜瓶慢悠悠地灌注

清脆的水波。

加苏勃的诗句是普希金把空灵和遒劲结合起来的优秀范例。这篇未完的长诗写的是互相敌对的世界观的深刻矛盾的题材，就这一点来说，为莱蒙托夫①的高加索长诗开了先河。

---

① 莱蒙托夫（1814—1841），俄国诗人，著名作品有《诗人之死》《鲍罗金诺》《当代英雄》等。——译者注

4

普希金对在高加索的俄国人也很感兴趣,他们是前来参加这场毁灭性战争的,其中有军人、流放者、十二月党人,都属于他的同代人,如拉耶夫斯基、瓦里霍夫斯基、普辛、布尔佐夫、优秀作家亚历山大·别斯图热夫(普希金一心想在高加索见到他)、莫尔恰诺夫准尉(他由于保存普希金的《安德烈·谢尼埃》片段而被判罪)、研究顿河哥萨克史的历史学家瓦·德·苏霍鲁科夫(他同雷列耶夫和别斯图热夫都很接近)、著名十二月党人和历史学家亚·奥·科尔尼洛维奇(他在阿尔兹鲁姆行军中是普希金的"聪明而可亲"的谈心伴侣,而他发表的有关俄国古代史的著作,得到普希金的高度评价)以及其他许多人(扎哈尔·切尔内舍夫、Н. Н. 谢米切夫、А. С. 甘格勃洛夫、П. П. 科诺夫尼增)。其中有些人普希金在高加索已经见不到了,另一些人他也没有机会见到。然而,就是他见到的这些人,足已使他看到俄国青年的新典型,他们构成他的同代人发展的新阶段。《叶夫根尼·奥涅金》作为普希金的创作又将增添新的章节——关于高加索战争。普希金在兵营里曾对他的弟弟和年轻的尤泽福维奇(尼古拉·拉耶夫斯基的副官)说:"奥涅金的命运是或者战死在高加索,或者成为十二月党人。"这一构思还要费去普希金许多心血,而且不久将得到部分实现。

七月七日,帕斯凯维奇从"幼发拉底河畔营地"搬到阿尔兹鲁姆,占据了总司令府,他邀请普希金同他住在府里。他考虑到《巴赫奇萨莱喷泉》作者的兴趣,安排他参观奥斯曼巴夏的后宫。诗人在这里第一次看到成群的姬妾,而他在克里米亚长诗中描写后宫姬妾时,只是根据别人的讲述。

这座古城以及城中杂居的不同民族的居民,像往常一样过着自己的生活。普希金高度评价俄军严整的军纪,"驻扎一万大军的穆斯林城一片平静,从来没有一个居民告状说俄国士兵有什么暴虐行为"。"在长途行军中,我们庞大的辎重队没有一辆大车被敌人抢走。辎重队井然有序地跟在军队后面,的确令人惊异。"

普希金认为安纳托利亚的首府山城被攻克,是具有国际政治影响的重大事件:俄国的这一胜利有助于决定久已渴望自由的希腊的命运。不久之后,诗人写了一首诗描写亚得利亚那堡世界如何使独立的埃拉多斯得到复兴:

> 我们又赢得了无上光荣,
>
> 傲慢的敌人又被战胜:
>
> 在阿尔兹鲁姆结束了流血斗争,
>
> 在伊斯坦布尔宣布了和平。

普希金于一八三二年写道,由于这次媾和,"希腊复兴了,北方强有力的帮助使希腊得到独立自主"。俄军攻克阿尔兹鲁姆是世界史上伟大的解放之举。

普希金在营地和城里住了三周,仔细观察生动活泼的东方生活。七月十四日,普希金得知阿尔兹鲁姆发生了鼠疫。大家纷纷议论医生的检查、烧掉衣物、痈肿等等,搞得人心惶惶。东方战争的"附带"危险开始表现出来——如果占领敌人的领土,便有可能得上可怕的传染病。如在一七九九年,法军攻占雅法后,即在叙利亚传染上了鼠疫。波拿巴表现了高度勇敢,他亲自访问有鼠疫病人在的医院,同他们握手,竭力鼓舞他们,使他们相信一定可以痊愈。

不知是波拿巴的形象影响了普希金,还是他具有蔑视危险的直感,不管怎么说,他于七月十五日跟医生一起访问了鼠疫营。过了一年之后,当他描写拿破仑在雅法的情况时,又想起了这个阴暗的角落:"我看到一长排病床。每张床上躺着一具活尸,因为他们已经染上了病中之王——厉害的鼠疫……"战场上的英雄:

> 皱紧眉头从病床中间走过,
>
> 镇定自若地同鼠疫握手,
>
> 使垂死病人的头脑
>
> 也振作起精神……

普希金仔细看了看一个被从帐篷里抬出来的病人,"祝愿不幸的人早日恢复健康"。

七月十九日,普希金去向帕斯凯维奇告别,见他精神"非常苦恼",原来他的猛将布尔佐夫在哈尔特村附近阵亡。这个村庄距离巴伊布尔特不远,巴伊布尔特及其附近的铜厂刚被俄国占领,这是通向特拉比曾德的要道。按照这次战役的计划,打下阿尔兹鲁姆之后,就应该攻打特拉比曾德。布尔佐夫在向黑海进军的途中战死了,而黑海恰恰是俄军占领土耳其在战略上的必取之地。

队伍失去了指挥,立刻后退。按普希金的说法,这是土耳其战争的"第一次失利",而这种失利对于兵力微弱的我军是十分危险的。阿尔兹鲁姆居民听到这些消息后,群情激愤,在民间传播着全民武装和进行"圣战"的呼吁书,还纷纷传说,在帕斯凯维奇右翼土军正在集结重兵,又说英法两国将进行干涉,支援土耳其。当时在离战场不远的万湖,的确有英国的外交代表。

普希金在回忆起这个转折关头时,写道:"于是,战争又继续了!伯爵留我在这里看看战事的发展。但我急于返回俄国……"

八月一日,普希金已经回到梯弗里斯,他在这里祭扫了格里鲍耶多夫的新墓。据旅伴说:"亚历山大·普希金在墓前屈下双膝,垂着头跪了很久,当他站起身来的时候,眼中还泪痕未干。"普希金站在圣达维德山的山坡上,俯瞰旧梯弗里斯曲曲折折迷宫似的建筑,全城的风景尽收眼底。他从这里再一次向诗人和外交家优美悲凉的形象致以最后的敬意。

《阿尔兹鲁姆旅行记》的作者写道:"我不知道有什么东西能比他那动荡一生的晚年更令人羡慕了。他在寡不敌众、英勇无畏的斗争中猝然死去。对格里鲍耶多夫说来,死既不可怕,也没有痛苦,它是瞬间的和美妙的事……"

在格尔格尔要塞遇到格里鲍耶多夫的尸体,后来又为他扫墓,这在普希金心中引起了关于有才能的人在沙皇俄国的命运的新的沉思("作为国家栋梁的才能没有用武之地,作为诗人的天才没有得到承认")。但在这简短的记述中,没有丝毫埋怨、悲观和牢骚之意。这是勇敢无畏的话语,从中可以听到对完整而坚强的个性的倾倒。格里鲍耶多夫的个性还有两个特点,那就是善于进行刻苦的劳作和自身修养。

在对格里鲍耶多夫的评语(可能是后来才写的)中,可以感到普希金一八二九年整个夏季旅行精神振奋的基调。这次旅行对他来说是一次暂时的解脱,丰富了他的创作题材。三十年代踏着沉重的脚步缓缓走来,阿尔兹鲁姆之行是普希金青春的尾声。

第五章 《文学报》

1

在从阿尔兹鲁姆返回的途中,普希金在符拉迪高加索看到最新出版的几本俄国杂志。他立刻看到《欧洲通报》上刊登评论《波尔塔瓦》的文章。普希金后来回忆说:"这篇文章竭力咒骂我和我的诗。"文章后面注明"写于大牧首池塘",出自 H. И. 纳杰日金的手笔。作者以极其放肆的口吻发挥他的怪论:"普希金的诗歌不过是拙劣的模仿。"

讽刺诗人用他常用的武器——讽刺诗来反击纳杰日金的攻击。他写了许多著名的急就抨击诗(《有一个小孩向福玻斯献上一首赞歌》《希望受到我的蔑视》《有一次一个门外汉观画》),都针对尼科季姆·涅维日金——这是普希金在一篇论战文章中赠给《欧洲通报》批评家的绰号①。

杂志上的这种不正常批评,促使普希金小组在一八二九年秋成立。这里联合了为数不多当代最有修养的作家,包括诗人、学者和古典文学与近代文学专家。属于这个团体的有:茹科夫斯基、维亚泽姆斯基、巴拉登斯基、戴里维格、普列特涅夫、格涅季奇。敌对的评论家竭力贬低这个七人团体的作用,讥讽他们有意"独霸"文坛,给他们起了个"文学贵族"的绰号。受到攻击的作家接受了这一绰号,维亚泽姆斯基把它解释成"才华贵族"。这个由一流诗人和批评家组成的团体,

---

① 绰号的意思是无用和无知的人。——译者注

需要有自己的刊物,以便反击纳杰日金和波列沃依兄弟的攻击,尤其是为了便于同彼得堡的"文章贩子"及官方评论家布尔加林和格列奇之流进行斗争。于是就产生了《文学报》。

新刊物的宗旨:"本报的目的在于向有文化的读者介绍欧洲文学,尤其是介绍俄国文学的新作。"

《文学报》主办人是普希金、维亚泽姆斯基和评论家奥列斯特·索莫夫。戴里维格的文学鉴赏能力是一致公认的,推举他任编辑。茹科夫斯基主动承担杂志评论的任务。自然科学和艺术专栏,聘请专人撰稿。

除这些核心人物之外,常在报上发表文章的有果戈理、科利佐夫、杰尼斯·达维多夫、奥多耶夫斯基、霍米亚科夫、波戈列利斯基等人。有趣的是,在书评栏里,在五花八门的题目当中可以看到对农民诗人叶果尔·阿利帕诺夫和斯列普什金的诗歌的评论。

他们对外国文学的一切优秀作品都加以评介,甚至当时在西方还不大知名的巴尔扎克、梅里美①和司汤达,《文学报》都曾经加以介绍。普希金在《文学报》上发表了评论年轻诗人桑特·伯弗②(《约瑟夫·德洛姆》)诗歌的文章,颇为赞赏地评介了未来的肖像评论大师的早期抒情诗。

《文学报》的寿命虽短,但其纲领旗帜鲜明,它曾同低级小说、黄色剧目、颓废的"歇斯底里"、阿谀奉承的政论文、出卖灵魂和唯利是图的报刊进行过斗争。《文学报》为高度的艺术水平,为真正有价值的文学,为艺术的真实,为诗歌的富有生活气息,为批评的思想性,为富有特色的俄国文学创作进行过斗争。这可是地地道道的普希金刊物,反映出他那种造诣颇深的民族诗派,成为俄国文学思想史上的重要发展阶段。

一八三〇年一月,普希金主持报纸的编辑工作。

他给这份新刊物提出重大的任务,极力使它超出纯职业兴趣的狭

① 梅里美(1803—1870),法国作家,著有《卡尔曼》等。——译者注
② 桑特·伯弗(1804—1869),法国作家兼批评家,著有《文学肖像》等。——译者注

隘范围。他有一种很正确的见解，就是新闻业是国家的重要事业，应该从新闻界中涌现出政治活动家，所以他极力主张在《文学报》上开辟受到查禁的政论栏。他坚持报章上的批评应该同政治结合起来，既要有文艺作品，也要登载当前的国际新闻。普希金对社会上一切重大事件都做出反应，他不承认脱离现实、孤芳自赏的艺术，作为办报人的普希金仿佛进一步肯定了作为诗人的普希金的这种一贯立场。

彼得堡的新闻投机商由于竞争而互相辱骂。《文学报》与之相反，不搞粗暴的论战和人身攻击，而极力建立真正的文艺批评。普希金关于各家杂志和作家的述评，在文学界被看作重大事件。格涅季奇在谈到普希金对《伊利亚特》译文的评价时写道："这比沙皇的钻石戒指还要珍贵。"

过了三十年之后，车尔尼雪夫斯基指出，普希金小组的作家"跟他们的领袖一样，具有高度鉴赏力，他们的文学创作有许多优点也都很像他"。作为批评家，他们在写文章时保持着"跟诗人和学者同样的骄傲的冷静和尊严"。如果说这一点缩小了他们对群众的影响，但从另一方面看，却使他们的文章具有高度水平。正是这种特点，使研究这个小团体的批评活动的人完全有根据加以赞许。

一八二九年十二月二十六日，普希金写了斯坦司体《当我漫步在喧闹的大街上》。这首诗初稿的第一节写得极其简练而富于表现力：

> 不论我挤在纷扰的人群里，
>
> 还是尽情享受宜人的安谧，
>
> 我总是想：人生终有一死，
>
> 这个念头形影相随，徘徊不去。

后面的几节逐渐发展了这一思想，最后结尾时向年轻的生命表示热烈欢迎，祝愿世界不朽的美哪怕在它"墓穴的入口"永葆青春。在全世界的抒情诗中，还找不出另一首描写死亡的诗比这首诗结尾的和声更为乐观。

一八三〇年一月七日，普希金向宾肯道夫申请允许他到欧洲去旅行，或者派他到中国任特使。

他的这些出国打算,部分是由于当时在情场上的失意,然而总是跟诗人的文化兴趣有密切关系。二十年代末,他在彼得堡社交界结识了一个出色的中国通,叫作亚金弗·比丘林。这是一个很独特的、杰出的人物。他曾任北京传教士团团长,由于"对宗教不热心"被流放到瓦拉穆,一八二六年流放期满回到彼得堡,在外交部任译员,并为几家大杂志撰写学术文章。他是俄国汉学的奠基人,发表过许多研究中国的重要文章。他是一个信仰无神论的修士,对基督的评价并不比对孔夫子的评价高。他收集了一些亚洲罕见的珍品和东方古代的手稿,招徕首都的艺术爱好者。亚金弗·比丘林把他的文章《三字经》送给普希金,甚至准许普希金利用他的手稿。为此,普希金在《普加乔夫史》一书中向他表示感谢。诗人打算率领外交部学术考察团去中国,可能就是这个出色的汉学家建议的。考察团成员中也包括比丘林本人。一八二九年十二月末,有一段哀诗片段表明诗人愿意逃到世界的任何地方去:

> 到遥远中国的长城脚下,
>
> 或者到熙熙攘攘的巴黎,
>
> 再不最后到威尼斯去,
>
> 那里的船夫已不唱塔索的歌曲……

然而,不论是普希金想去北京,还是想去威尼斯或巴黎,皇上的旨意是概不准许。

拉耶夫斯基将军因十二月党人被镇压而受到打击,于一八二九年九月十六日逝世。他的异父同母兄弟瓦西里·达维多夫和女婿沃尔康斯基都被流放到西伯利亚;另一个女婿米哈伊尔·奥尔洛夫被罢了官;心爱的女儿玛丽亚·尼古拉耶芙娜跟随丈夫到服苦役的地方去了。他在临死时望着她的肖像说:"这可是我这一生中遇到的最出色的女人!"拉耶夫斯基死后不久,他的遗孀请普希金帮忙向政府要求对她家的抚恤。诗人给宾肯道夫写了一封措辞得体的信,希望后者身为军人能够同情"一八一二年英雄的遗孀的命运,他不愧是一位伟人,生得壮丽,死得凄凉……"

2

《文学报》一问世,便受到四面围攻。富有竞争性的刊物《北方的莫考莱》首先同《文学报》展开论战。布尔加林和格列奇的《祖国之子》和《北方档案》对这家新报的办报人进行猛烈攻击,在模拟讽刺文章和抨击文章中,用虚构的然而一目了然的名字来影射他们。一八三〇年,普希金在谈到报刊上的论战时写道:

> 如今真是激烈争论的时代,
>
> 文学家彼此纷纷攻击。

普希金在《文学报》上对尼古拉·波列沃依的《俄国人民史》给予了否定的评价,从而同他发生争论。不过,诗人并不是附和当时报刊上对波列沃依这本书的激烈批评浪潮,而是批评他关于俄国历史上的"家族封建主义"的基本论点。普希金认为封建主义是最高政权同土地私有制结合的产物,所以在古罗斯并不存在,而是到了鞑靼统治和"混乱时代"才出现,因为这时大贵族在管理国家方面起了决定作用。两个伊凡皇帝和彼得一世都同大贵族在朝廷中的权势进行过斗争,他们都善于驾驭和摧毁罗斯的这种封建主义。普希金的观点比波列沃依站不住脚的论点要清楚得多,也更为正确,更接近于今天的观点。①

波列沃依在答复普希金的批评时,对《文学报》的"贵族们"大肆攻击,于是在《文学报》和《莫斯科电报》之间展开了一场激烈论战。《文学报》指责波列沃依进行雅各宾式的蛊惑宣传,《莫斯科电报》则反驳说对方是故意引起政府的注意。

但是,《文学报》同《北方蜜蜂》的斗争则更为残酷。《北方蜜蜂》是一份半官方报纸,是由出卖灵魂的叛徒和警察局的情报人员布尔加林编辑出版的。很早以前,雷列耶夫就对这个机灵的骗子预言过:"一旦发生革命,我们就要在《北方蜜蜂》上砍掉你的头。"

---

① 见Б.Д.格列科夫著的《普希金的历史观》,载于《历史论丛》,苏联科学院出版社,第一卷,莫斯科,1937年,第9—18页。——作者注

普希金一贯主张俄国文学的"崇高独立性",对布尔加林在有权势的人面前匍匐献媚和使作家在强权面前蒙受污辱的手法不能苟同。俄国诗坛的领袖同"特务、叛徒和造谣中伤者"(他一直认为布尔加林就是这种人)的深刻原则分歧,很快使他们发生冲突和激烈争论。

普希金曾经说布尔加林的《德米特里僭王》有不少地方是从《鲍里斯·戈东诺夫》剽窃来的,为此发生了一场激烈争论。宾肯道夫手下的人员在第三厅的确有机会看到普希金悲剧的手稿,因为这个剧本曾送交那里进行审查,供尼古拉一世参考。三月七日,《文学报》上刊登了一篇评论《德米特里僭王》的匿名文章,尽管文章并没有指责作者剽窃,却指明作者具有波兰爱国主义思想。布尔加林错误地认为这篇文章是普希金写的,便对他大肆诽谤。

《文学报》登出一篇描写督察密探维多克——彻头彻尾的骗子和卑鄙的告密者的著名文章,予以反击。

布尔加林对"文学贵族"又提出新的指责:"遗憾的是莫里哀没有活到今天!这是多么适用于喜剧《贵族中的小市民》而又未被人发现的特点呀!"接着大谈诗人的轶事,说他是个"混血女人"生的,把自己的外曾祖说成是"黑人王子",其实不过是一个普普通通的黑人,是从前有个船长用一瓶朗姆酒换来的。在《暴风雪》的手稿上,还保留着一首出色的讽刺诗的底稿:

> 你说只用一桶朗姆酒——
>
> 这算不得大宗财产。
>
> 可你坐在家里出卖笔杆,
>
> 收入倒是大为可观。

这场文学论战具有深刻的政治根源,而在布尔加林笔下却采取造谣中伤的小品文形式。《北方蜜蜂》对尼古拉政府卑躬屈膝,极力讨好新官僚军阀势力。从一八二五年之后,这种势力占据了国家的最高地位。《文学报》代表了进步贵族知识分子的意见。正是进步贵族知识分子把优秀的代表人物于十二月十四日送上枢密院广场。和十二月党人的同志们相对立的是审判"叛乱者"的最高法庭的成员,也就是整个官方的彼得堡,包括替它效劳的下流作家布尔加林。《文学报》和《北方蜜蜂》的论战来源于尼古拉俄国不同势力的对立,这场斗争的根源十分深刻,而后果难以消除。普希金在谈到他出身的阶层时写道:"真难以设想,我国的贵族一般来说意味着什么? 贵族同人民有什么关系?"诗人的这个问题提得十分重要:在两个阵营之中究竟哪一个能代表人民的意志和愿望呢? 普希金认为诗人、思想家和革命家是与人民的压迫者相对立的。他从尼古拉·屠格涅夫于一八三〇年写的著名诗句预见到:

　　……在这群贵族中间

　　会出现农奴的解放者。

　　通过这场论战,普希金表现出写论战体裁的真正才能。这位不可模仿的讽刺诗人在论战文章中,表现出他的讽刺异常犀利尖刻,善于击中要害。无怪乎别林斯基认为普希金的论战文章达到了"尽善尽美"的地步。

　　杂志上的论战又使普希金考虑起诗人的使命和命运。对于一切批评攻击,他都勇敢而坚决地回答说,从事创作的人具有一种不可动摇的权利:"你自己是自己的最高审判官"。在一八三〇年写的著名十四行诗里,诗人明确宣布他不会被狭隘的市民阶层的偏见所左右,犹如他不受"带王冠的丘八"的专横压制而追求自由一样。一个诗人和思想家的形象在种种攻击面前巍然屹立:

　　你是帝王,尽可以称孤道寡。

　　随着自由智慧的指引,沿着自由之路前进……

　　孤独是诗人在罗曼诺夫家族统治下,在宾肯道夫们、谢拉菲姆们、布尔加林们中间的唯一的逃避办法。不过,这是创作的孤独,它终究会使诗人的思想同伟大的人民自发力量汇合到一起,而他在创作中正努力把捉和表达人民的意志。这种感情在他于三十年代初写的美妙的诗稿中,表现得很清楚:

　　在寂寞的旅途中,唱支歌吧!

　　在路上,在昏黑的夜里,

如果听到豪放嘹亮的歌声，

该是多么亲切，多么甜蜜。

车夫啊，你就唱上一支吧，

我将默默聆听你的歌声。

皎洁的月光多么冰冷，

远处的风声又多么凄凉，

你就唱："松明啊，松明，

你的火光为什么那么不亮！……"

普希金一方面对民间艺术有深刻了解，另一方面对世界文化的重大现象也有强烈兴趣。他以特殊的敏感抓住全世界人类发展各时代的特点，并以罕见的热情把这些时代表现出来。

普希金在《文学报》上发表了他致尤苏波夫的诗，后来冠以《致贵官》的题目。这首诗引起激烈的攻击，甚至有人指责作者阿谀逢迎。然而根据别林斯基晚年的意见，这是"普希金最优秀的作品之一"。诗人和历史学家以十八世纪古典的赠诗形式，以古时的广阔文化生活为背景，描绘出古时贵官的肖像。诗中结合古代政治事件和艺术界重大事件，巧妙地利用了尤苏波夫生平的真实事迹。尤苏波夫曾经亲自跟博马舍、伏尔泰和狄德罗交谈过，在凡尔赛宫毁灭的前夕，还访问过这座王宫。但是革命的风暴，席卷了法国王宫喧闹的欢乐：

严峻的自由制定新的法律，

凡尔赛、特里阿农被送上断头台……

诗人这种善于把捉人类历史转折的本质并用简洁语言表达出来的才能，在一八三〇年写的《人生之初》一诗中也表现出来。这首诗出色地传达了文艺复兴时代的风貌：渴求知识、崇拜古典文化以及精巧的园林艺术。这是一首未完成的长诗的序诗。序诗的基本构思是通过学校、别墅和神话人物三种题材展开的，而长诗的内容写的是对古代塑像的欣赏同中世纪禁欲主义倾向的对立。

3

在一八二九年到一八三〇年之间,普希金同冈察洛娃的爱情几经波折。诗人从阿尔兹鲁姆返回之后,似乎得到明确解释,对他春天求婚的含糊回答应当理解成拒绝。

直到第二年春天,情况才有明显变化。诗人接到来自莫斯科的问候,大受鼓舞,急急忙忙离开彼得堡。到了关键时刻,他毫不拖延,于四月初再一次求婚。这次被接受了。普希金在他的自传性随笔(《我的命运已经决定》)中记述了这一令他心神不安的时刻:"娜塔丽亚向我伸出一只毫无热情的冷冰冰的手。"

至于普希金本人,虽然一心爱上了冈察洛娃,却也满心狐疑:他认为娜塔丽亚·尼古拉耶芙娜这次允婚只能"证明她心情平静与毫无感情"。另外,经济状况的不确定,受到怀疑的政治地位,沙皇政府为他阿尔兹鲁姆之行大为恼怒,都令他很伤脑筋。

尽管如此,普希金于四月还是把订婚的消息通知给父母和朋友们。

七月末,他从希特罗沃那里听说,巴黎发生突然的"骚乱"。法国人民进行街垒战,只用三天就打垮了政府军,跟一七九三年一样,又推翻了朝廷。查理十世逃亡英国。事情过了一年之后,普希金回忆这个历史时刻说:"又有一个波旁垮台了。"他根据这一事件给予他的新鲜印象从莫斯科写信给希特罗沃说,他们正在经历"本世纪最美好的时刻"。

普希金回到莫斯科又遇到另外的操心事——伯父瓦西里病势垂危。这位老诗人命在旦夕之际,对诗歌的爱好不减当年。在逝世前的一个月,还给侄儿写了一首赠诗,表示对他的新作的赞赏和对他订婚的热情祝贺:

> 你的致贵官一诗表明,
>
> 你还没忘记古奥的伏尔泰……

你的俏皮和趣味都跟他一样……

接着，伯父让他赶快把《鲍里斯·戈东诺夫》付印，故意刺激一下帕尔纳斯山的那些侏儒。他的最后祝愿也很中肯：祝侄儿享受人生的幸福，同时"不要忘掉缪斯"。这位十八世纪的语文学家在给天才诗人的最后遗嘱中，也不离本行，他叮咛诗人："要努力丰富语言！"这位"阿尔扎马斯"的老会员在赠诗后面用法语写了几句附言，也很动人。"我希望这首赠诗能配得上像你这样富有魔力的诗人，同时能打击那些愚蠢和妒忌的人们。"这位生命垂危的"阿尔扎马斯"主席至死毫不退让。无怪乎他的《自拟墓志铭》写道：

他塑造了布扬诺夫，他憎恶希什科夫……

在老人逝世之前，普希金见到他时，虽已经不省人事，但手里还拿着一份《文学报》，报上刚登出他的一首近作。他看到《文学报》批评栏里晦涩难懂的《思考与分析》，曾对侄儿说："卡杰宁的文章多么枯燥。"还说，"阿尔扎马斯"的轻骑兵当年打冲锋时，是这副样子吗？普希金在书信中根据这位论战老手的最后意见描写出一个不朽的形象："怎么样？这才是忠诚的战士死的样子，临死还发出冲锋的号召。"

据安年科夫说，八月二十日晨，瓦西里·普希金还能勉强走到那些装着丰富藏书的书橱旁边，找出他最喜欢的贝朗瑞①诗集，过了一会儿，艰难地叹了口气，就伏在法文诗集上死去了。

普希金负责料理丧事，以自己的名义发了讣告，送葬时走在队伍的最前边。莫斯科文学界人士都参加了这一送葬行列。据参加葬礼的人说："年轻的普希金跟在伯父棺材后面，神色十分悲伤。"普希金对伯父的感情要比对父亲的感情亲密得多。他一直把伯父看作是自己入皇村学校、参加"阿尔扎马斯"或进入俄国诗坛的第一个引路人。他不仅是自己的亲伯父，而且是"诗坛上的前辈"，是"素相友善的诗人队伍"中的一员。普希金对于"缪斯和灵感的骄子"之间这种亲密的联系，一向有深刻的感受。在顿斯科伊修道院坟地为瓦西里·普希金

---

① 贝朗瑞(1780—1857)，法国诗人。——译者注

举行了葬礼,诗人同时还瞻仰了苏马罗科夫的坟墓。

在那些日子里,普希金曾写道:"伯父之死和操办丧事,又使我在经济上濒临破产……过几天我就要到尼热戈罗德的乡村去,以便亲自去管理。"这里说的是遥远的基斯杰涅夫卡,位于祖传的鲍尔金诺村附近。谢尔盖·普希金为长子的婚事把这座村子分给了他。八月三十一日,普希金从莫斯科出发,随身带了几本写满提纲、草稿和诗节的笔记本。

第六章　鲍尔金诺的秋天

1

　　普希金家族在尼热戈罗德的领地与汉尼拔的祖传领地大不相同。鲍尔金诺村叫作大村,也叫集市村,坐落在卢科扬诺夫斯基县。这里的风景跟奥波切茨卡毫无相似之处。这里既没有深邃的湖水、高高的山峦,也没有堡垒林立的城镇、水平如镜的索罗契河,代替这些的是:

　　　　一排破旧的小房,

　　　　房后是一片黑土、平缓的坡地,

　　　　房的上空是浓浓的一条灰暗的乌云。

　　　　哪里有明媚的田野?

　　　　哪里有郁郁的森林?

　　　　哪里有淙淙的小河?

　　如果说在米哈伊洛夫斯克县可以感到靠近古老的西方边陲——波兰、立陶宛、里沃尼亚,那么在辛比尔斯克省的边境,便可以清楚感觉到这里是东方。鲍尔金诺周围有几座莫尔多瓦人的村落,而沿着邻近的皮扬纳河又有几处鞑靼人的村庄(现在在这一地带周围正是楚瓦什、莫尔多瓦和鞑靼三个社会主义自治共和国)。在十七世纪,伏尔加河中游这些民族杂居的村落曾经支持斯杰潘·拉辛同官军打仗。伏尔加河沿岸的流民有许多传说和歌谣,从日古里和萨马拉三角洲流传到这里。所以,普希金在鲍尔金诺兴致勃勃地从事他心爱的工作——收集民间创作。

开头,普希金很喜欢这一带没有树木的辽阔平原。从他的书信判断,他相中了这"一望无垠的草原"。根据农民的传说,他常常骑马到卡扎林灌木丛和附近的树林里去,在本子里记上"什么地方叫什么名,有什么森林,长什么草,鸟儿唱什么歌……"祖传的木顶房子修得很坚固,四周夹着柞木杆障子。普希金把房间收拾好,以便于工作。

然而,随着天气的变化,普希金在他"凄凉的城堡"里不胜寂寞。在这里,只能望着窗外的"雨和雪及齐膝深的泥浆"。一进庄园,迎面就是令人害怕的黑色大门。传说,他那位专横的祖父就是在这座大门上把法国教师给勒死了。一间寒碜的领地账房和乡村教堂,算是鲍尔金诺风景的一点儿点缀。诗人在这里看到的,正是他在《戏作》里所描绘的乡村风俗画:"不戴皮帽子的庄稼汉,腋下挟着小孩的棺材。"——这是俄国诗歌中最先描绘苦难深重、濒临毁灭的农奴制乡村图景的篇章之一。沿着通往基斯杰涅沃村的大路往前走,是一片无限凄凉的乡村坟地。普希金在鲍尔金诺的笔记里,不止一次地描写过这里的坟地:

> 到处是无言的石头、
>
> 坟墓和木头十字架,
>
> 多么单调,多么凄凉……

当时发生的事件也很容易令人想起坟墓:"印度传染病",或按诗人形象的说法"萨拉秦瘟疫",从波斯边界沿着高加索和伏尔加河蔓延开来。这是俄国第一次发生霍乱,人们把它同鼠疫混为一谈(普希金在鲍尔金诺写的信里,就把一八三〇年的传染病不加区分地叫作霍乱或者鼠疫)。许多村庄被封锁了,设立了检疫站,村口设置了岗哨,腾出许多房子做病房。普希金对内务大臣的卫生指示嘲笑不已,他还亲自向农民讲解如何防治霍乱,而在写信时对自己的讲解又自我嘲笑。

这一年秋天,既繁忙又令人惊惶不安。普希金在鲍尔金诺听说,分给他的土地以及二百名农奴并不是独立财产,而是属于一座有五百农奴的村庄的一部分,必须办理分产手续。鲍尔金诺的账房向谢尔加奇县法院提出申请,接着,由县法院向地方自治法院发出批示,于是在九月十六日,由贵族陪审员宣布,普希金从此领有基斯杰涅沃村,也叫杰米亚舍沃村。这个村子坐落在流入皮扬纳河的切卡河上。

这是一座老村子,而且是用来做惩罚的地方。严厉的地主老爷列夫·亚历山大罗维奇·普希金把胡闹和捣乱的农奴从鲍尔金诺撵到这里。这个村庄有两条街道名称很奇怪,叫作萨莫杜罗夫卡和本托夫卡①,保留着对往事的回忆。这里的农民生活极度贫困,住在没有烟囱的房子里,窗子小,屋内又脏又黑。

普希金成为这座贫穷的小村子主人之后,不得不查看领地账房的账目,听农奴告村长的状,说村长怎样使他们破产,还要看那些"谦恭的状子",状子都是"用油污的纸写的,用铜钱印火漆封口"。此外,还要"和陪审员、首席贵族和省里的各种官员打交道"。这一切在诗人面前打开了一个县城的刀笔邪神、边远地方的贪官污吏的特殊世界。他作为地主不能不查查财务账、租赋账,看看收不上的租和欠官家的税各有多少。另外还要看看纳税人的花名册和农村公社款项的支出账。这些材料是基斯杰涅沃村完整的村史的资料来源。

普希金把波列沃依的《俄国人民史》第二卷带到了鲍尔金诺,如今他可以通过俄国偏僻农村的真实情况来理解这本书的内容。他的《戈柳辛村史》就是这样产生的。书中尽管采用模拟历史学家的文笔和手法,长于讽刺,却丝毫掩盖不了普希金领地生活风俗生动而真实的特征。从前在这里,农奴由于"天气不好"或老爷心绪不佳便要挨打,他们还要被送去当兵,被送去坐牢;由于来了一个吸血的管家,"三年之内,戈柳辛村就完全变穷了,一片破落景象,集市空荡荡的,阿尔希普·雷瑟的歌声也听不见了,孩子们都出外讨饭去了"。《戈柳辛村史》以辛酸的讽刺笔法,在不大的篇幅里,广阔地展开村长飞扬跋扈和破产农民可怜无权的图景,对农奴制俄国的整个制度和整个悲惨生活进行了高度概括。

小说中指出,农民这种无权的悲惨处境,出路只有起义。小说的

---

① 萨莫杜罗夫卡取自"胡闹",本托夫卡取自"捣乱"。——译者注

结尾大概包含在提纲的最后几条里："富庶自由的村庄由于残酷压榨而陷于贫困""农村公社集会，暴动"。

与此同时，普希金开始写他的第一组短篇小说。他在鲍尔金诺写的信中提到，他写起小说来了（这些小说后来取了一个总名，叫《别尔金小说集》）。小说的素材大都取自传说、回忆、作者在生活中亲自观察到的故事或在口头（以及书面）文学中因袭相传的情节。在莫斯科的冈察洛娃家附近，在尼基特斯基大街上，棺材匠阿德里安·普罗霍罗夫的招牌给普希金提供了《棺材匠》的情节。对在基希涅夫相识的老朋友——天不怕地不怕的决斗专家、勇敢善战的军官利普兰季的回忆，构成《射击》①的基础。漫游诗人在各地的旅行和在驿站里等车或住宿，为《驿站长》提供了生活的依据。至于《暴风雪》和《村姑小姐》，看样子是作者把个人的观察同某些传统题材结合起来了。这些小说大部分以简洁明快的形式，揭露人与人之间可悲的矛盾。普希金这几篇小说的文字就像他用鹅毛笔画的素描一样淡雅轻松，就像素描的快手匆匆画就的草图，而普希金是最喜欢这类草图的，认为它空灵而富于表现力。他在形容连斯基的素描画时，也是这样说的：连斯基"用鹅毛笔和颜料淡淡地"勾画出乡村风光。

然而，这些匆促草就的素描，有时却反映了现实生活中严酷而辛酸的现象。在普希金的这些短篇小说当中，有一篇具有深刻的社会意义，对于后来俄国人道的现实主义的发展产生了强烈影响，这就是描写驿站长的小说。驿站长在古代俄国生活中，是个备受凌辱的人物，他时刻都处在一切"因公"路经此地的官员、军官、信使和邮差的要挟之下。这些人对于这个不敢反抗的十四等文官，可以随便大声呵斥或挥舞皮鞭。小说通过老萨姆逊·维林一生的悲惨遭遇，揭露出沙皇俄国社会惊人的不平等现象。他的生活和幸福由于过路的骠骑兵突然爱上他那美貌的女儿而毁于一旦。普希金在其《别尔金小说集》里写的简单的小说题材，在俄国文学中成为真正的新发现——他创造了关

① 我在《〈射击〉的历史背景（有关二十年代的政治团体和秘密警察史）》一文中，曾探讨利普兰季是西维耳奥的原型问题。载《新世界》，1929 年第 5 期。——作者注

于少女的有重要意义的戏剧性题材。这个少女被抛弃在荒郊野外,站在大路旁边,怀着不可能实现的幸福幻想。这里有涅克拉索夫①的《三套马车》(站在车站上的喀秋莎·马斯洛娃)、契诃夫的《美人》、勃洛克②的《在铁路上》(就短篇小说而言,《女儿史》是中心题目)。杜妮亚表面的成功是不可靠的:"在彼得堡像她这样的小傻瓜有的是,今天穿的是绸缎和天鹅绒,明天你瞧吧,和穷光蛋一起扫大街。"——被女儿抛弃的父亲这样想。普希金通过这个人物描绘出芸芸众生的"十四等受难者"的不朽形象。他们在贵族帝国的专横跋扈之下,穿着政府发的破旧制服辗转呻吟,一天天毁灭。在三十年代几乎不为批评界注意的《驿站长》,成为别林斯基时代整个文学流派的先声,仿佛成为写实主义流派的创作宣言。正是《驿站长》宣布了描写社会心理的现实主义将在俄国古典小说中得到空前发展。

2

鲍尔金诺同首都和省城的交通被防疫线切断了,只能靠谣传和报纸上只言片语的报道来了解外界情况。十月初,普希金听说霍乱传到莫斯科,到十月末从瘟疫流行的首都接到冈察洛娃的来信。诗人几次企图冲出关卡和检疫站,以便同未婚妻分担这一严峻时刻的惊扰,但都未如愿,只好从被水冲坏了的驿路返回"自己的洞穴"。由于欲行不能和音信中断,他郁郁不乐。

然而,普希金的创作却并未中断。他在鲍尔金诺创造了一种新的戏剧题材,把浪漫主义的自由奔放变成情节的高度紧凑。普希金早就想用浓缩的手法来表现人的激情——嫉妒、吝啬、情欲和鲁莽所产生的悲剧。这种每场短小而紧张的戏剧体裁,恰恰符合他的愿望。如今他找到一种简洁而富于表现力的新形式来表现这种构思。普希金曾试图把这种反映人物心理的对话叫作戏剧场面、戏剧速写、戏剧研究,

---

① 涅克拉索夫(1821—1877),俄国诗人。——译者注
② 勃洛克(1880—1921),苏联诗人。——译者注

甚至叫作"戏剧研究的尝试",而传统都把它叫作小悲剧。

这些短剧中的头一部——《吝啬骑士》,早在一八二四年在米哈伊洛夫斯科耶便进行了构思。经过长期的酝酿过程,诗人的构思具有极强的表现力,通过三个紧凑的场面,表现出整个历史时代。这个时代是通过强权与无权、富与贫、骑士精神与吝啬的无情斗争而展现出来的,通过塔楼、地窖和宫廷描绘出整个封建制度的俄国。

大权在握的上层贵族的华丽而冷酷的世界,通过一幅幅肖像描写得淋漓尽致。这里有被宫廷用铁链拴住了的掌权公爵,佩戴男爵徽章和生锈的钥匙的老强盗,戴着威尼斯军械师造的高贵盔甲的德罗尔日伯爵;这里有走遍堂吉诃德的祖国的游方骑士列蒙;最后还有具有神话中公主一般天真容貌的温柔的克洛季莉达,在普罗旺斯抒情诗人的作品中,她正是被歌颂的人物。

仿佛有一道耀眼的闪光照亮了我们眼前的大公比武场上的这个闲散、具有节日气氛的世界。在这里,全副披挂的骑士当着他们的意中人、少年侍卫和声若洪钟的宣承官的面,折断了长矛。我们还看到他们坐在领主的丰盛筵席上,脱掉沉重的铠甲,正如鲁本斯的绘画中的样子,"穿着绸缎和天鹅绒",庆祝自己的胜利。

但是,还有另一个法国。我们透过主人公们的言语和思想可以发现,在这个富丽堂皇的王国的某些角落里,有负债人的监狱、悲哀者的病院、阴暗的犹太人区和强盗出没的大道、赌场和手艺人的贫民窟。这是中世纪被人唾弃的世界,是最低下的阶层和社会的贱民的世界,其中包括贫苦的市民、濒临绝境的工人和备受折磨的农奴。你瞧,一个穷苦的寡妇怀里搂着三个饥饿的孩子,顶着倾盆大雨站在狠心的债主门前号啕痛哭;一个有病的铁匠被作坊的工头抛弃,马上就要死掉;做奴仆的农民,既是随从又是家奴和农奴,对于少爷的一切古怪要求都要毫无二话地执行,既要替他携带武器,侍候他吃饭,还要照料他的衣着,替他喂马。

这两个世界的对立产生出第三个世界。这第三个世界是隐蔽的严峻的世界,是铤而走险和充满犯罪企图的世界。这里有不惜杀人的高利贷者,有贩卖毒药的药房老板,有偷盗甚至抢劫的流浪汉季鲍。"鲜血淋淋的凶杀"从这里又传播到幸福的世界。

而在这些阶级和阶层中间,有一个叫阿里别尔的青年,正在拼命挣扎,想要找到生活的出路。这是一个"小老虎",是个新手,是个小鹿,是个"穷骑士"。他可不是怀有"莫名其妙的幻想"的人,不,他已经尝尽了"辛酸的贫穷的耻辱",不得不整日打算盘。他的真正格言跟森林中的流浪汉一样:"拿出金币来!"他终日操心的是抵押品、赎金、借据和遗产的收入。他十分清楚周围社会制度的严重矛盾——佛来米富翁的成箱珠宝和满载阿尔及尔奴隶的大木船。金钱的势力把世界一分为二。当雄赳赳的骑士在比武场上拼命厮杀时,支配他们的并不是高尚的技艺,而是失去最后一点财产的破产穷汉的激愤心理。贫穷使古代的勇敢和武士的光荣化为乌有,这就是十五世纪的末叶。古代的骑士风度都丧失殆尽了,那些勇敢的武士们所剩下的,只有打穿了的头盔和"天鹅绒礼服上露出了洞的衣袋"……

正是由于这个缘故,为三家王侯充当忠实附庸的老男爵菲利普在他的地窖里埋藏无数金币。他在一段独白中谈到黄金的令人可怕的万能力量,由于这种力量而产生出极端的不平等、犯罪行为、抢劫、饥饿和屈辱。这段独白是悲剧大家普希金的最高成就之一:

> 是呀! 如果为这里所埋藏的宝物
>
> 所流出的眼泪、鲜血和汗水,
>
> 突然之间从地底下迸发出来,
>
> 那真会又爆发一场洪水——
>
> 我一定会淹死在这牢靠的地窖里……

"一点点黄金"在这里成为残忍的封建势力的象征,成为犯罪念头和无穷痛苦的可怕融合物,成为被玷污的美德、堕落的缪斯和受奴役的劳动的"痛苦标志"。这是一门金钱的哲学,它从中世纪地窖的深处宣布在五个世纪之后即将出现的资本主义的凶恶力量。在文学作品中,这部剧作对建立在金钱势力上的国家和法规的谴责是最为有力不过了。

后来,伊·谢·屠格涅夫①曾有一段评论说得很中肯,他说连"莎士比亚也会怀着骄傲心情在吝啬骑士的独白下面签上自己的名字"。

在《石客》中,猎艳能手的传统形象被赋予新的特征:普希金并不想把他描绘成好色之徒,而着力于揭示他身上强烈的戏剧性格。他笔下的唐璜是个擅长给劳拉创作优美浪漫曲的诗人,是个能从容不迫地顺口编出"情歌的即兴作者"。他是一个出名的能言善辩的人("啊,我知道,唐璜很有口才!"),他用形象鲜明的告白立刻吸引了难于接近的寡妇:

> 好让您轻盈的步履和衣裾
>
> 扫抚我墓前的石碑,
>
> 当您来到这里,来到高傲的坟墓前面,
>
> 垂下您的长发,掉下几滴热泪……

在他身上,理智的闪光和作诗的才能是同大胆的思想和不拘礼法的行为结合在一起的。普希金在剧终写他遭到不幸,并不是作为犯罪的惩罚,而是要揭示情欲本身所包含的悲剧性质。

普希金在南方阅读人物传记时,曾读到莫扎特被他的对手用药害死的情节,从而想到艺术家命运的双重悲剧:一方面要与外部势力进行斗争,另一方面在艺术家圈子内也有倾轧,两者都可以导致毁灭。

开头,这个短剧的题目叫《嫉妒》。据说,作曲家沙莱里在《唐璜》首次上演时,打着口哨,"被嫉妒心所吞噬,气急败坏地走出大厅",因此,他就成为这种恶德的化身,而这种恶德在艺术家之间曾经造成无数悲剧。过了不久,普希金在笔记里写道:"怀有嫉妒心为《唐璜》喝倒彩的人,是有可能毒死歌剧的作者的。"

然而在这出短剧里,嫉妒的主题同另一个更重要的主题比较起来,退居次要地位了。普希金通过两个作曲家概括了两种基本创作类型——一种是凭灵感的艺术家,另一种是靠勤勉的艺术家,而普希金的创作是这两种类型的结合。莫扎特是天生的完美艺术家,而沙莱里

---

① 伊·谢·屠格涅夫(1818—1883),俄国作家,代表作有《父与子》等。——译者注

则是依靠勤恳劳动来创造艺术形象的艺术研究者。在他的实验室里，分析、科学、图纸和公式都是"创作幻想的喜悦"的前奏。他企图把技艺作为艺术的柱石，用数学计算灵感的翱翔，其实这种思想有许多珍贵和正确的因素。研究音乐、诗歌和建筑的科学，就是沿着这条路子走过来的。沙莱里并不是一个无才而自负的人，他是一个出色的思想家和理论家，是卓越的艺术哲学家，是完美的不知疲倦的探索者，只是他未能达到这种境界。他未能使他制作的"音乐尸体"的标本获得创作上不朽的生命，他的个性和命运的悲剧就在于此。他的过错不在于孜孜不倦的劳动，而在于缺乏创造性的实验。这个不够格的艺术家缺乏莫扎特天才本性的特征：灵感充沛，精神乐观，热爱生活，信赖人们。而沙莱里自己也承认，他深深感到不如意，因而不大热爱生活。正是由于这个原因，他不能上升到艺术的光辉顶峰，反而容易坠入犯罪念头的深渊。

普希金在提出两种创作类型的主题的同时，还提出了道德问题——关于"天才和罪恶"。当沙莱里杀害他的天才的朋友，把后者当作献给"自由艺术"的供品时，在他脑海里出现了米开朗琪罗①的形象，因为米开朗琪罗把创作看得比生命更可贵：

> 而博纳罗蒂？或许
>
> 梵蒂冈的建造者并不是杀人凶手？——
>
> 这只不过是愚昧无知的人的瞎说。

如果说，就艺术而论，普希金承认"劳动和灵感"缺一不可（根据他于一八二二年写的诗句），那么就道德而论，他则完全站在莫扎特一边，赞成后者的光辉哲理："天才和罪恶是水火不相容的东西。"

《莫扎特和沙莱里》不仅像俄国优秀作曲家亚·尼·利亚多夫对普希金的悲剧评论的那样，是莫扎特的"杰出传记"，而且是一首关于"不朽天才"的才气横溢的哲理长诗。这位天才作曲家的创作"给人类带来了幸福和欢乐"。②

---

① 米开朗琪罗·博纳罗蒂(1475—1564)，意大利雕塑家。——译者注
② 伊戈尔·贝尔扎：《莫扎特和沙莱里》，莫斯科，1953年，第68页。——作者注

《瘟疫流行时节的宴会》写的是死亡的主题,诗中有一部分笔墨来源于普希金当时得到的新鲜印象。

"印度传染病"引起的普遍惊惶,霍乱检疫站,马卡里耶夫集市因看到可怕瘟疫的怪影而放弃生意纷纷逃避——这些情景给起初模仿威尔逊描写瘟疫流行城市的悲剧主题的作品,增添亲身感受的独特色调。在这篇哀诗浪漫曲和雄壮颂歌的不朽诗节中,刻画了梅丽姑娘深沉的爱情和青年人瓦里辛加姆的大胆挑战,他们共同战胜了死亡的恐惧。正是这些内容使《瘟疫流行时节的宴会》成为普希金最伟大的作品之一。

这些哲理对话成了深刻刻画人情世态的短剧。

几乎所有这些短剧都包含着解放思想的基调。胆大妄为的唐璜以新无神论的造反精神嘲弄彼世的"神圣"不可侵犯。同一主题在瘟疫时的宴会主持人天才的歌曲中强有力地表现出来,而宴会主持人正是以不信神的思想战胜了怕死的念头和死尸遍地所引起的恐怖。这些对话式速写、试作、小戏剧,实际是极其深刻的哲理悲剧。诗人在和青春与自由的生活告别之际,在这些悲剧中以鲜明有力、不可磨灭的形象记述了他对创作、爱情和死亡的思考。

3

尽管当时正是困难时期,事务繁忙而忧心忡忡,普希金并没有失却平时的振作、勇敢的乐观精神和一贯的幽默情调,正是这种幽默使他摆脱了许多烦恼。因而,在被检疫站封锁的荒村中,他竟然写出许多卓越、乐观的诗作,如《少年侍卫或整整十五岁》《我来了,伊涅齐莉亚》《我为玛丽的健康干杯》。

在鲍尔金诺,普希金还用八行诗体写出他最优美的滑稽故事诗《在科洛姆纳的小房》。诗中把可笑的故事情节同杂志上热烈的论战和他的唯一一篇关于"诗体的论述"熔于一炉。俄国文学中还从未有过这么幽默的"论诗"的诗篇,对诗律形式的专门问题(四音步抑扬格的衰落、古典亚历山大体的被打破、八行诗体的复杂结构)加以生动的、往往甚为滑稽的论述。风流情节本身颇像十八世纪的诙谐长诗,然而叙述的手法却表明艺术家对首都畿辅的生活细节敏锐的观察力。作者在青年时代对这一带贫苦的生活十分熟悉,这使滑稽故事具有深沉的抒情情调,尤其是关于"高傲的伯爵夫人"那一段。这位伯爵夫人在辉煌的虚荣面纱底下掩藏着自己一生所受的难堪的屈辱和苦痛。这是普希金笔下最出色的心理肖像之一。

这时,他的作诗技巧已经达到炉火纯青的地步。无怪乎他在《在科洛姆纳的小房》里信口说出如下的格言:

> 善于驾驭文字的人最为幸福。

精通诗歌的行家不止一次地指出,普希金对于诗歌理论的造诣很深。卡杰宁写道:"他对作诗法十分娴熟。"密茨凯维支证实:"一般说来,他对形式的运用要比拜伦更恰到好处,更细致和更清楚。"普希金在一八三〇年所运用的各种体裁和诗体,都说明他作诗的功夫之深和诗体形式的丰富多彩。如今他对于复杂多样的诗节结构表现出更大的兴趣:

> 安排自己的诗句是多么有趣,
>
> 一行行按照号码,整整齐齐……

他想借此说明,长诗诗节结构清楚的优越性远远胜过四音步抑扬格连成一片的写法。除八行诗体和但丁的三行换韵体之外,如今他还喜欢用自由体十四行诗、古典六行诗和戏剧作品的无韵诗。不论哪一种体裁,都令人感觉出这位诗圣正处于创作旺盛时期,任何难于驾驭的语言材料,他都运用自如;他的作诗技巧之高,表现在处理任何难题都游刃有余,令人感到其巧妙手法不可模仿,感到他写诗写得高明,得心应手。

早在七月中旬,普希金就接到了一首匿名贺诗。不署名的作者表示深信,诗人的家庭幸福一定会成为"新发现的源泉"。这位贺诗作者是谦逊的著名学者 А. И. 古里扬诺夫。诗人在沃尔康斯卡娅的客厅里曾经同他见过面。恰达耶夫在给普希金的信中告诉他说,这位古埃及学专家的著作"动摇了金字塔的基础"（他批评了著名古埃及学专家商波良的象形文字学说，并且正在从事有关语言的产生和普通语法学的大量研究工作）。他是普希金真挚而热情的好友之一，只是在诗人的传记中被人忽略了。

诗人决意对这首"亲切的歌曲"有所酬答。他于九月二十六日在鲍尔金诺写的著名诗篇《答无名氏》，最清楚不过地表现了普希金对作家在当时社会中的命运的看法：

> 在冷漠无情的众人看来，
>
> 诗人不过是走江湖的艺人，
>
> 如果他发出衷心痛苦的呻吟、
>
> 饱经忧患和凄哀欲绝的诗句，
>
> 以神秘的力量打动了人们的心，
>
> 他们就会鼓掌……
>
> 可是，诗人的幸福
>
> 不会得到他们的衷心欢迎，
>
> 他就只有怯懦地埋在心中……

在鲍尔金诺，普希金致力于他最感兴趣的困难体裁——古体题词，他自己把它叫作"古希腊的讽刺诗"。然而，这些简短、鲜明和深奥的诗句（《诗韵》《劳动》《皇村塑像》）虽然因袭了古典传统，却由于增添生动的、直接的、往往具有俄国民族特色的材料而得到充实。

普希金还用这种反映观察和思考的简洁形式来赞美俄国诗歌和科学的伟大奠基者。这仿佛是一座浅浮雕的雕像，或是在罗蒙诺索夫肖像旁边刻上的题词。普希金在《少年人》一诗中，表达了他对俄国最伟大的启蒙者、祖国文化的真正缔造者的崇拜。按照普希金的见解，罗蒙诺索夫具有无所不包的智慧："历史学家、修辞学家、机械工程师、化学家、矿物学家、画家和诗人，他什么都尝试过，什么都精通。"罗蒙诺索夫作为独特的教育家，"创办了第一所大学。说得更精确些，他本人就是我们的第一所大学"。普希金给予这位自学成才的天才人物以崇高的评价，认为他最能够代表人民的聪明才智：

> 有个渔夫在冰冷的海边撒下渔网；
>
> 他的孩子给他帮忙。少年人，不要打鱼了！
>
> 另一种网在等待你，另一种工作在等待你：
>
> 你将去打捞智慧，你将去做彼得的功臣①。

普希金在一篇文章里，还把罗蒙诺索夫叫作"伟大彼得的伟大助手"。诗中清楚表明诗人的使命在于以自己的创作为人民和国家服务的思想，而"霍尔莫果尔渔夫的儿子"在他的多方面活动中为诗人做出了表率。

普希金在鲍尔金诺，跟在南方和在米哈伊洛夫斯科耶村一样，既是诗人，又是民俗学家。从前他收集过关于拉辛的歌曲和普斯科夫一带婚丧嫁娶的民谣，如今又收集伏尔加河中游平原以歌谣形式流传的民间传说。他经常在卡扎林的灌木丛里，在鲍尔金诺"肮脏的村头"，在那惩罚农奴的小村庄的拐弯处，在松树和白杨的密林里，细心倾听老百姓的语言，把当地独特的寒暄话记在心里，尽力发现戈柳辛村语言的特点。这种语言"广泛使用简略和压缩的方法"。他把农民歌谣记录下来，对基斯杰涅沃的民间创作加以悉心研究。按照他的说法，这里的民间创作都出自士兵作家和大贵族的奴仆之手。鲍尔金诺的歌谣跟普斯科夫的民间创作迥然不同，令他感到耳目一新，比如："妈妈，你找来一个会拉提琴的鞑靼人吧！找来一个会吹风笛的莫尔多瓦人吧！"这些民歌歌唱了鲍尔金诺的木筏、卢科扬诺夫斯基县草原上洁白的羽茅和"顺着伏尔加河往下"走的纤夫。这些民谣以俄国民歌所特有的凄哀调子，记述了农奴的劳动和家庭生活中毫无乐趣的情形。

当普希金滞留在鲍尔金诺的时候，彼得堡又发生了一连串事件，给他带来新的烦恼。戴里维格在一八三〇年十月二十八日的《文学报》上刊登了一首短诗，表示了对七月革命英雄们的同情和对推翻波旁王朝的法国的欢呼：这是卡齐米尔·德拉文为七月政变烈士纪念碑写的四行诗。

---

① "彼得的功臣"一语，系根据誊清手稿写。见苏联科学院编《普希金全集》，第二版，第三卷，第846页。——作者注

两天之后，宾肯道夫要求提供有关材料，"以便启奏皇上，究竟是何人送交此诗要求刊登"。戴里维格答复说，是一个"不知姓名的人"送来的，这是一首"有新闻价值的诗作"，况且书刊检查部门已经进行了审查，批准刊登。

宾肯道夫把复信撕得粉碎。他在同《文学报》主编进行了一场粗暴的谈话之后，下令将该报查封。

经过有势力的朋友的交涉，情况有所好转。第三厅的一个官员通知戴里维格，这份报纸可以继续出版，只是主编要换人，要由奥列斯特·索莫夫担任。

这种结局也没令"田园诗"和浪漫曲的作者得到安慰。他本来经常是身体不爽，如今得了一场大病，"陷入灰心状态"，终于在一八三一年一月十四日病故。

普希金于一月二十一日给希特罗沃的信中写道："他是我们中间的佼佼者。"他向普列特涅夫和巴拉登斯基建议，同他一起为已故的诗人立传，并在自己的诗中不止一次地回忆起"可爱的戴里维格""善良的戴里维格"，回忆起艺术家们的良师益友。

4

到了十一月末，普希金才终于从鲍尔金诺的幽禁中挣脱出来。半路上他又在普洛塔夫检疫站耽搁了四天，他就在这里写出了《我的家谱》一诗。还在鲍尔金诺的时候，普希金为了回答布尔加林的诽谤（关于"贵族中间的小市民"，关于用一瓶朗姆酒换来的黑人），便写了一篇文章，对于胆敢"在我们祖先的坟前泼污水"的"外国人"表示莫大的愤慨。

然而，一篇简短的文章不可能做出全面的回答，普希金于是采用另一种体裁。这种体裁更自由，却同样尖锐犀利。他想采用的是富有挑战口吻的讽刺歌，只用寥寥几节便把主题思想迅速展开，每节末尾还有一句铿锵活泼的副歌。

他在这种论战性的诗节中,对俄国贵族奇怪的命运进行了一番描写。普希金在寥寥几段的《我的家谱》中,描绘出俄国上层贵族中的两个阶层:一个是"古代大贵族"的后裔,他们有文化,但已经破落;另一个是朝中的显贵,他们都出身于皇帝执政以后由于偶然机会得到宠幸的家族。诗人在诗中说明自己的古老家族的荣耀,他们曾与亚历山大·涅夫斯基和米宁一起为国效力。相形之下,近一百年间崛起的这些暴发户则大为逊色,可是他们却排挤普希金家族,使之不能参与政治活动和干预朝廷大事:

> 奥尔洛夫一家飞黄腾达,
>
> 而我祖父被投进牢门……

这是新时代贵族内部两种潮流的斗争,在《我的家谱》中以极其有力的揭露手法表现出来。这个新时代把巧于钻营而官运亨通的野心家推上政府的重要岗位,使代表国家文化的古老家族湮没无闻。普希金接受了《北方蜜蜂》的挑战,从莫里哀的"贵族中间的小市民"的说法出发,用轻松斯坦司体的讽刺歌,有力地表现了俄国的悲惨年代及当时的"战争烽火"和大批杀戮。诗中对历史人物的描绘极其简洁和富于表情力量,可以说达到惊人的地步,如"容易动怒的君主伊凡四世……"普希金第一次把关于俄国贵族家族的论战写成犀利的诗句,并且把这一历史冲突写得严整有力。

十二月五日,普希金终于回到莫斯科。这位严格的艺术家终于可以为在秋天的鲍尔金诺所获得的创作上的空前丰收而自豪。然而,特别令诗人高兴的,却是长年孜孜不倦从事的诗体小说创作终于完成。一八三〇年十二月九日,他从莫斯科给普列特涅夫写了一封信,在谈到乡间写出的作品时,首先提到的是他心爱的诗体小说:"我带来了一件重要东西:《叶夫根尼·奥涅金》的最后两章(第八章和第九章),现在完全可以付印。"

第七章　诗体小说

1

《叶夫根尼·奥涅金》是一八二三年春在基希涅夫开始写的，一八三○年九月二十五日终于在鲍尔金诺完成。普希金在确定这部小说的最初构思时，是想"以讽刺手法描写一八一九年末俄国青年的彼得堡生活"。

作者标明年代并非偶然，正是这一年特别明显地暴露出俄国以及西方社会进步潮流同反动政府的矛盾。尼古拉·屠格涅夫和费多尔·格林卡准备成立进步活动家的政治协会，打算取名叫"一八一九年协会"，也是根据这个道理。正是在这一年，大学遭到镇压，马格尼茨基到喀山视察，大学生桑德刺杀沙皇的密探考兹布，幸福会分会——"绿灯社"诞生。

一八一九年，尼古拉·屠格涅夫向亚历山大一世上书，报告农奴状况，并建议对地主的权力严加限制。正是在这一年，普希金写出《乡村》和讽刺诗《带王冠的丘八的奴仆》。正是在这一年，他同雷列耶夫相识。正是在这一年，丘古耶夫军屯爆发了如火如荼的暴动。

尼古拉·屠格涅夫写道："一八一九年末，谢尔盖·特鲁别茨科伊公爵前来找我，直截了当地宣称，他了解我的观点，认为有义务劝我加入秘密团体，当时就把协会纲领交到我手里。这就是幸福会会章。据他说他还劝过我的一位朋友（瓦·安·茹科夫斯基），这位爱写叙事诗的诗人不肯加入，尼古拉·屠格涅夫同意了。"

他于一八一九年十二月三十一日在日记里写道："从彼得堡到堪察加,哀号遍野。啊,俄罗斯,我的亲爱而不幸的祖国！我在对你的思念中辞旧岁,迎新年。"

年轻一代就是这样评论当时的政治环境的。一八一九年,秘密团体明显成熟,反抗的声音在受压抑的社会里越来越高,甚至在经过书刊检查的刊物中都有所流露。一八一九年仿佛是即将到来的暴风雨的前奏。这是一八二〇年几个重大事件的准备阶段:西班牙革命和那坡利革命,别里斯基公爵被刺,谢苗诺夫团起义,普希金流放到南方。《叶夫根尼·奥涅金》中的故事恰恰发生在这个革命前夜和解放前奏的时代。

这一背景在第一章里可以隐约感觉出来。不过,这一章的题目叫作《忧郁》不是没有道理的。诗人表面上对于"感到厌倦的"主人公加以讽刺,实际上却怀着深刻的同情去体察主人公对周围世界的阴郁的沉思。普希金在《高加索的俘虏》中只是描绘了一个具有进步思想和冷漠心灵的当代青年人的速写,如今他要为这个青年画一幅全身像。

普希金于一八二三年十月二十二日完成《叶夫根尼·奥涅金》的第一章,第二天就接着写第二章,写得顺手而迅速。对彼得堡的印象,换成了对在米哈伊洛夫斯科耶村度过的夏日的回忆。邻村三山村的人物生活和风土人情为他描写拉林家的群像提供了素材。这一章的中心人物是年轻一代的新典型——热烈追求政治自由和语言艺术的诗人。所以,普希金曾打算把这一章叫作《诗人》。这一章的主题是描写一个擅长"热情的语言"和怀着"对自由的幻想"的高尚抒情诗人在这空虚浅薄的社会中的悲惨命运。

第三章《小姐》是一八二四年在敖德萨和米哈伊洛夫斯科耶写成的。这一章是用来写小说女主人公和她将要发生的内心冲突。《叶夫根尼·奥涅金》的中心章节——第四、第五和第六章,是于一八二五至一八二六年间在乡下写成的。头几章只是画了肖像草图,到这几章已经发生戏剧冲突:怀疑论者给连斯基的生命和达吉雅娜的心灵都带来致命的打击(《乡村》《命名日》《决斗》)。

《叶夫根尼·奥涅金》的第七章(在提纲中标作《莫斯科》)写得比较慢(在一八二七至一八二八年之间),诗人全力以赴地为人物形象加工,使之深化。达吉雅娜在奥涅金的藏书室里读到拜伦和邦雅曼·孔斯坦①的作品,在思想上大为成熟,学会批判地看待周围的人,甚至对当代最复杂的性格也能加以分析。她怀着充满爱的心灵,清楚察觉出这个个性鲜明而有才华的人物的悲剧,在当时的社会条件下他注定要虚度此生。

普希金为了充分揭示这一复杂性格的实质,决定在小说中引用主人公的日记——"奥涅金的纪念册"。这本纪念册写满了完美的箴言和绝望的问题:

> 我们可以用坚强的意志力
>
> 来抑制自己疯狂的激情,
>
> 用高傲的心灵忍受不幸,
>
> 用希望来抚慰悲哀。
>
> ……但是用什么消除苦闷,
>
> 消除这发疯似的苦闷?

一八三〇年秋,普希金在鲍尔金诺写完了《叶夫根尼·奥涅金》的第八和第九两章(《旅行》《上流社会》)。奥涅金到俄国各地的漫游,使他看到祖国美丽的风景和热闹的集市,听到动听的民歌,同时也使他发现自己脱离祖国的生活,使他意识到自己同整个事业毫无关系,感到自己在道德上的孤立和令人难堪的无用。相反,他对达吉雅娜为时已晚的爱慕,充分揭示出这位彼得堡的公爵夫人仍然是从前那个喜欢沉思而光彩照人的"达妮亚"。她摆脱了上流社会风流韵事的诱惑,宁肯严守孤独,而决不肯违背良心和掩饰自己的感情。她一心想离开熙熙攘攘的、令人眼花缭乱的"时髦宅第",她向往

> 乡村和苹果树下的阴凉,
>
> 傍着玫瑰花和郁金香,

---

① 孔斯坦(1767—1830),法国作家,著有《阿道尔夫》等。——译者注

去读自己心爱的小说。①

她向往的是简陋的小屋、荒芜的花园和乡间坟地的树荫下的坟墓。那里埋葬着熟知民间故事和传说的哺育她的老奶娘。

这就是这部长篇小说的悲剧式结尾。小说的人物本来应该有意义地度过一生和享得幸福,可却落得孤苦伶仃的下场。生活冷落了他们,幸福绕过了他们。别林斯基把《叶夫根尼·奥涅金》叫作"歌颂落空了的、未能实现的希望的史诗……"这部小说的最后一个诗节,充满着绝望的哀愁;普希金在结尾里明显地提到做出牺牲的一代人中的英雄——十二月党人和一个勇敢地陪同丈夫去流放地的俄罗斯女性。萨迪的忧伤的名句"有的已不在人世,有的流落远方",包含着当代的政治悲剧,不免令人想起彼得罗巴甫洛夫斯克要塞的碉堡和涅尔琴斯克的矿井。

但是,这种悲剧式的结尾不符合普希金的创作心理。他希望自己的主人公能度过有意义的一生,能投入斗争,建树功勋。在作者构思的尾声中,奥涅金的"命运是或者战死在高加索,或者成为十二月党人"。这是诗人在一八二九年夏对弟弟列夫·谢尔盖耶维奇和尼古拉·拉耶夫斯基的年轻副官尤泽福维奇说的。普希金在去阿尔兹鲁姆的途中,在这些朋友当中第一次看到自己的同代人参加战争的情形。他的长篇小说可以增添新的章节——关于高加索战争,而他在兵营的帐篷里曾向这些在前线作战的人谈到这一点。然而到了一八三○年,诗人采用了第二种结尾的方案,于是在鲍尔金诺动手写第十章,把描写风俗人情的小说变成当代的政治记事。第十章里描写了类似"绿灯社"的彼得堡自由团体的集会(普希金曾在这类集会上朗诵过自己的讽刺诗),记述了南方图尔琴和卡缅卡的革命运动,怀着深刻的同情缅怀被处死的十二月党人的名字——佩斯杰尔和谢尔盖·穆拉维约夫-阿波斯托尔。在开头的几节,对亚历山大一世做了抨击性的描写("一个懦弱而狡猾的统治者……"),这些描写使第十章具有鲜

---

① 摘自《叶夫根尼·奥涅金》原稿。——作者注

明的反政府内容。像这种"造反"的作品必须仔细收藏起来。十月十九日,普希金在鲍尔金诺烧毁了第十章的手稿(大概当时并没有写完),只为自己保留了这篇"记事"的密码记录。这份密码被普希金专家 Π. O. 莫罗佐夫解开,并于一九一○年公布于世。

《叶夫根尼·奥涅金》就是这样写的,逐步地成为普希金给予极高评价的问题小说,其中

> 反映了整个时代,

> 对当代人物的刻画描摹

> 相当真实,须发毕现……

作者的艺术使命在于创造一个崭新的人物。这个人物在镇压革命的时代背景上感受到没有出路的悲剧,这一点也决定了《叶夫根尼·奥涅金》的创作方法。

那么,这个当代人物在一八一九至一八二五年的俄国社会的画面上将得到怎样的表现呢?

2

在研究普希金的著作中,可以为小说里各种人物形象找出大量的原型。我们不准备谈这一点,不过,诗人一八三六年十一月十日写给阿尔杰克的 H. Б. 戈利增的信有段自述,倒是不容忽略的。他写道:"我多么羡慕您那克里米亚的美妙气候。您的来信在我心头唤起绚烂多彩的回忆。那里是我的《叶夫根尼·奥涅金》的摇篮:您当然会认出其中的某些人物(指的是小说人物活的原型)来。"显然,普希金这里指的是他于一八二○年在克里米亚认识的朋友——拉耶夫斯基一家,而曾经当过军官的诗人戈利增无疑是认识他们的。

普希金在皮亚蒂戈尔斯克同亚历山大·拉耶夫斯基的会面,在诗人的创作记忆里留下了不可磨灭的印象(普希金在给戈利增的信中所说的"克里米亚",当然也包括了一八二○年夏的高加索)。这个对一切都敢于大胆否定的人物形象使普希金大为惊奇,因为这个人物的性

格同普希金本人的灵感冲动、热爱生活、向往未来的特征截然相反。这个冷漠的唯理论者同热情的幻想家站在一起,他们的心理特征构成鲜明的对照,并且顽强地要求作者用诗体小说的广阔场面加以艺术体现,因为这种小说具有无边的视野,不受任何拘束。一位甘愿做出自我牺牲的钟情少女,可以深刻地衬托出当代怀疑主义者灰心失望的心理。这个怀疑主义者外表尽管风度翩翩,令人陶醉,内心里却是十分丑恶和无限空虚。一八二三年春,普希金在他的笔记本上写出最初的草稿。他要通过俄国青年中的三个典型人物来展现当代文明俄国的广阔图景,这三个人物就是:一个冷漠的否定一切的人物、一个热情的浪漫主义者和一个富于自我牺牲精神的少女。

俄国第一部描写"当代"人物的小说就是这样诞生的。南方长诗只描绘出这类"时代之子"的粗略的草图,而今从这些南方长诗中衍生出一个广阔的史诗画面。在这个画面里,刻画了代表新型的高度文化的人物的全貌及其深刻的内心危机。关于失望的怀疑主义者的抒情故事,变成"驳杂篇章的荟萃",在二十年代思想动荡的背景上展现出琳琅满目的心理肖像。高加索俘房或阿列科生活中的一段爱情故事,在《叶夫根尼·奥涅金》里变成重大的社会题材,使小说的内容不局限于主人公的内心感受,而且反映整个时代的思想情绪。普希金自己在谈到这部小说的主要人物形象时,曾提到恰达耶夫和雷列耶夫一类当代杰出人物的名字,不是没有缘故的;作者还令人从达吉雅娜的自我牺牲精神里感觉到玛丽亚·沃尔康斯卡娅英雄性格的光辉。

主要人物的性格发展是富于戏剧性的。他从沙龙的厌世者和优游岁月的享乐主义者逐渐变成具有深刻感情和反抗思想的人。开头,奥涅金除肉体的快乐和艺术的享受之外,对什么事都漠不关心,完全陷入"不可救药的利己主义"之中,后来却毫不留恋和惋惜地对自己的精神生活发出严厉的批判:"我的心灵已无法复活……"

然而,普希金在奥涅金已经熄灭的激情余灰里,一点一点地揭示出真正高尚的情操和心灵里澎湃激情的火花。按照赫尔岑的精辟见解,正在衰老的奥涅金"由于爱情而变得年轻"。有意思的是,叶夫根尼最后的表白竟博得了马雅可夫斯基的赞赏。马雅可夫斯基有一次读到下面这四行诗,为它的魅力所感染,在"两天之中"一直不能忘怀:

　　我知道,我不会活多久了,

　　但是,要使我的生命延续一天,

　　我在早晨定要知道,

　　白天能够和您相见……

与此同时,作者还描写了主人公对时代灾难的关心。我们知道,诗人把阿拉克切耶夫搞的军屯列入奥涅金旅行的路线之内,但是"里面有些意见、论点和言辞都过于激烈,不宜公开发表"(这是卡杰宁根据普希金的话转述的)。毫无疑问,这些反对政府的激烈见解都是通过奥涅金的口说出来的(跟《旅行》的其他诗节一样),这些见解就决定了主人公的新的立场。

这些生动的特点,使奥涅金的性格在俄国进步批评界博得广泛同情。别林斯基承认奥涅金是个"高尚的人物",只是被黑暗的时代毫无意义地抛弃了。他是一个由于孤独而苦恼的个人主义者,是一个"不由自主的利己主义者",而在"他心灵里有着高尚的情操"。

赫尔岑认为,普希金的主人公跟恰茨基和毕巧林是亲兄弟。"奥涅金是俄国人,只有在俄国才可能有;在俄国他是必不可少的,到处都可以遇见这类人……"他那聪明的怀疑主义是摆脱"这种令人窒息的无限空虚"的唯一出路。

杜勃罗留波夫写道,"奥涅金不仅是上流社会的花花公子,而且是蕴藏着巨大潜力的人",只是他的意志不够坚强。最后,按高尔基的见解,叶夫根尼·奥涅金是"普希金在精神上的兄弟",甚至就是"普希金的肖像"。

人物形象丰富多彩的心理描写,必然产生不同凡响的历史意义。这一历史意义表现为,它标志着从攻陷巴黎到十二月十四日这一值得纪念的转折时期俄国社会思想发展的重要阶段。

普希金为了和奥涅金的怀疑主义相对照,描写了女主人公的道德情操,这种情操是和俄国社会高尚道德蓬勃发展时代息息相关的。通过著名的"俄罗斯妇女"传记,我们可以更清楚地了解到,为什么普希金的这位耽于幻想、怕见生客的少女偏偏喜欢读那些描写性格坚强的女孩子的书,而且这类女孩子往往爱得深沉,富于自我牺牲精神。达吉雅娜正是用这些崇高形象来教育自己,培养自己对面临重大任务的清醒认识和对人生的责任感。她的少女的心所渴望的并不是娱乐和享受,而是尽到妇女的使命,树立道德的典范。

人生对她说来,首先是需要认真思考和正确解决的道德问题。这个喜欢幻想的十七岁少女在她那美妙的书信中,也许是幼稚地,但却认真而坚定地表述了纯洁的生活理想:"我可以做一个忠实的妻子和贤德的母亲……"她在自己的第一次爱情表白中,无意之中用她那天真的利他主义同奥涅金的以我为中心的思想对立起来;她不只是倾诉了心中的苦恼,而且讲到那些需要她去救助的穷人。对救济会、幸福会一类秘密团体她当然一无所知,然而她对贫苦人的微小救济和她对"道德的"生活的渴望,即造福于社会生活的渴望,使她自然而然按照慈善事业的章程行事。她并没有参加政治活动,然而她属于那个时代年轻一代的优秀分子,就她的心地而言,她与十二月党人知识分子是灵犀相通的。在俄国文学中,她是第一位勇于追求但思想彷徨、具有一颗正直良心的少女。

达吉雅娜在道德上不可动摇的坚定性,远远超出了家庭生活的范围,而且独特地表现了甘愿付出牺牲的一代人的崇高理想。在这一代人的经历中,包括了莫斯科的保卫战和十二月党人的成长。在这位俄罗斯妇女纯朴而高尚的形象中,可以感觉出俄国战争年代的惶惶不安和俄国人民的英雄性格。这一形象的道德力量极其伟大,甚至直到今天仍然具有教育意义,尽管我们今天的事业就规模而论是前所未有的,今天的英雄事迹更富于传奇色彩。然而,毋庸置疑,不论在我们祖国一代代新人面前将出现多么艰巨的任务,普希金笔下"具有俄罗斯心灵"的达吉雅娜,无论就其道德标准的高尚或意志力的坚强,都将永远属于人们最喜爱的民族形象。

3

小说的女主人公把诗人连斯基称作自己的同道（第七章第十四节）。这位耽于幻想的少女爱上了理查逊和卢梭笔下的崇高形象，而连斯基是早期浪漫主义者，跟她的确十分接近。文学上的类比，在这里清楚说明了人物性格的特征。连斯基喜欢引用哈姆雷特的话不是没有缘故的，仿佛借此揭示出自己的命运也是一场被生活的残酷虚伪所摧残的高尚青年的悲剧。

普希金怀着对连斯基深沉的爱，塑造出这位同阿拉克切耶夫的独裁专制格格不入的当代诗人的形象。抒情的肖像成为时代的典型。这个富有魅力的哀诗诗人，对人生的意义、对人活着的目的进行过长期而痛苦的思考。普希金不止一次地指出这位诗人思想活跃奔放，勇于探索，富有创造性："蓬勃的思潮汹涌澎湃""高尚地渴求新兴、崇高、温柔和大胆的感情思想……"连斯基正处在发展和成长中，处在探索和设想中。

根据普希金对连斯基的描写，可以清楚看到后者风格上的三个特点。首先，连斯基擅长浪漫主义哀诗，写得缠绵悱恻，如怨如诉（"他歌唱离别和悲伤……"）。他按照诗歌体裁的要求，以"晦涩而枯燥"的文笔来抒写忧伤和死亡的主题。

然而，生活气息和直接感受使他的风格变得明快，使他的形象变得纯洁和像水晶一般透明。这一点完全符合他在道德上的洁身自好："他的诗歌有多么明净，有如少女纯洁的心……"他尽力避免强烈的情欲，努力表现占据他心灵的真正感情的深度。

最后，连斯基正在成长为政论诗人、社会抒情诗人和公民诗人，这是他风格的第三个，也是最为成熟的特点。他在自己的创作中，并没有脱离生活和时代，没有忘记人间的丑恶和痛苦，"然而，他的诗句常常迸发出愤怒的讽刺"。这种"尤维纳尔①式"风格,使连斯基同当代叛逆者的揭露诗发生了直接关系。在小说的草稿中,连斯基不仅具有哲学家和艺术家的思想特征,而且具有"政治头脑"。"热爱自由的幻想","世界的幸福",对"时髦的上流社会"的仇恨,演说家和叛逆者的气质,以及带着锁链的有德行的人的形象和"勇敢者"的死亡——根据这些特征可以判断,作者写的不是耽于幻想的抒情诗人,而是一位公民诗人。连斯基正在从悲戚的叹息的歌者迅速成长为社会活动家和革命战士。普希金十分珍视"严肃的连斯基"——高尚而骄傲的诗人,十二月党一代人的精华。这是一位"准备建树崇高功绩的青年"(根据原稿)。他的世界观的基本内容是历史的正义和人类的解放。作者写道:

> 他相信确有救世的英雄,
>
> 他们是人们的神圣朋友,
>
> 他们是获得永生的一群,
>
> 定将造福于芸芸众生,
>
> 他们那不可抗拒的光辉,
>
> 有朝一日定会照临我们。

这些杰出的人物是人类的领袖,是为共同幸福、为未来的黄金时代而斗争的战士。"人们的朋友"的含意,可以根据普希金的《乡村》中的类比得到启示。《乡村》中用的是"人类的朋友",而这个词语同法国革命的词语("人民的朋友")有联系。这正是拉吉舍夫在俄国首创的社会人道主义诗歌,而普希金作为拉吉舍夫的天才继承者把它提高到不可企及的高度。

我们看到,连斯基不仅经过了德国式的幻想浪漫主义——思辨和消极的浪漫主义,而且达到了积极进步的浪漫主义。普希金本人是同情这种浪漫主义的,而歌德则坚决、大胆地把这种浪漫主义比作政治自由。无怪乎密茨凯维支写道:"连斯基就是普希金,只是相当于诗人

---

① 尤维纳尔(60—140),古罗马讽刺诗人。——译者注

生平中的某个时期。"

在悼念连斯基的抒情文字中,也包含一段辛辣的讽刺诗节,说像他这样的诗人,在生活过程中随着生活的庸俗和平淡而变得消沉起来。别林斯基认为这一段具有重要意义,其中描写的许多"热情的"浪漫主义者的平凡命运,在当时俄国的生活条件下是非常符合实际的。

不过,赫尔岑对普希金假设连斯基成为庸俗人物的描写,做了另一种解释:不,这位纯洁高尚而富有才华的诗人不可能有这种"平凡的命运"! 连斯基是"俄国生活的牺牲品",是"令人心碎的痛苦",是"纯洁的性格"之一,"这种性格在腐化和疯狂的环境中也不会随波逐流"。普希金对于自己同代人中这位"赎罪的祭品"过早夭折感到震惊,因而急于安慰读者,才描绘出一幅等待着年轻的浪漫主义者的庸俗生活的画面。

而柴可夫斯基在他的乐曲解释中,对连斯基的形象做了真正富有创造性的阐述:真正的诗人只会呕尽心血而死去,绝不会腐化堕落。

正是由于这个缘故,在精神上真正能继承连斯基的,绝不是舍维廖夫和包哥廷。连斯基更接近于当代俄国伟大而不幸夭折的诗人们的命运,他们就是普希金、格里鲍耶多夫、莱蒙托夫和雷列耶夫。普希金自己就曾把连斯基和雷列耶夫相比。在俄国诗歌中,正是连斯基成为"热烈的死亡"(歌德的话)的代表者。普希金通过连斯基的形象塑造了一个被害诗人的绚烂多彩而结局悲惨的不朽形象。

4

这就是普希金小说中的三个主要人物,也许是上一世纪整个俄国文学中最富有魅力的人物。

对当代人的深刻心理描写,在这部"驳杂篇章的荟萃"中独具特色。《叶夫根尼·奥涅金》一方面是南方长诗在更广阔的社会背景上的发展,另一方面加重了自白和怨诉、独白或内心忏悔的诚挚语调。正是由于这个原因,这部新型小说尽管广阔描写了整个时代,却基本上是以主人公们所经受到的爱情考验为线索构成的。奥涅金、达吉雅娜和连斯基都是通过他们心灵的深刻体验来加以描绘的。小说里写了三个人的内心自白:达吉雅娜的信、连斯基临死前的哀歌和奥涅金的信。奥涅金的信表明他终于体验到了一种强有力的爱情和巨大的不幸。正是这三个主要人物的爱情倾诉,赋予他们的形象以及叙述他们命运的长诗通篇以激动的语调。

别林斯基最先指出《叶夫根尼·奥涅金》所反映的俄国生活范围的广阔。除开主要人物之外,小说中还描写了很多农奴。这位批评家写道,在天才诗人们的笔下,农民的形象总是比地主老爷和达官贵人们写得更高尚:老奶娘菲利皮耶芙娜"尽管糊涂和头脑简单,却令人感动","我们同达吉雅娜一起到她穷苦奶娘的坟头去洒几滴热泪"。这个具有深刻人民性的形象,仿佛使我们看到了俄国伟大劳动人民的一斑。正是这些劳动人民用自己饱经苦难的双肩支撑起上层阶级的高雅文化。

此外,这部小说又仿佛是普希金的诗体自传,从"皇村学校的花园"到尼古拉一世的彼得堡,都同主要人物的告白和谐地穿插起来。这仿佛是诗人回忆录的片段:有对朋友的诉说,有对往日爱情的回忆,有对艺术的印象,有对祖国河山的热爱。在这部小说里,仿佛展开了作者"真实的日记",正如作者对主人公秘藏的纪念册的叫法一样。这些自白和沉思的篇页,以独特的形式保存了诗人已经失却的记述他的漫游和同当代优秀人物会面的笔记。普希金在米哈伊洛夫斯科耶壁炉的火焰里烧毁了的日记,仿佛在《叶夫根尼·奥涅金》里得到复活。这日记如同被烧掉的南方笔记一样,跟当代发生的事件有着密切关系。

普希金以这些回忆和"痛苦的感受"在《叶夫根尼·奥涅金》里,确立了抒情现实主义的独特风格。他把真实的描写同哀歌式的叙述结合起来,把形象的准确同他们的优美和诗意结合起来。普希金的诗俨如成了小说,但仍然保持动人心弦的旋律、深沉的感情和富有感染力的真挚语调。

于是,在普希金的画布上,画出了奴隶主和奴隶的国家——城市和乡村,上流社会和普通百姓。普希金把小说的主要情节集中在两个首都和中俄一带的地主庄园,并渐渐把笔墨扩展到祖国的边塞。仿佛在我们面前摆着一幅俄国地图,从涅瓦河到阿拉格瓦河,从彼得堡到巴赫奇萨莱。而在这辽阔无边的国土上,耸立着一座座城市,展现出堂皇富丽、自成格局的俄国建筑——涅瓦河的堤岸和彼得宫、皇村花园和莫斯科街巷大门上的狮子、白石城①的阳台和钟楼——"宫殿、花园和修道院……"

而向四外望去,是无边无际的国土,有草场、树林、山岚和田野。当普希金写《叶夫根尼·奥涅金》时,风景描写在俄国刚刚开始发展,而诗人甘愿把小说的情节放在大自然中间去写,并写出各式各样的优美风景。著名的冬景("玻璃窗绘出玲珑的花纹,树木都穿上银白的冬装")和早秋的景色("大自然瑟缩着,渐渐憔悴,好像祭坛上的牺牲,五彩缤纷"),跟五光十色的画面交错相间。作者通过这些画面清晰地再现出三山村的山岚、蜿蜒如带的索罗契河、普斯科夫省水平如镜的湖水和位于小河旁边两棵苍松之间的墓碑。苍松把斑驳的树影投到夭折的诗人的名字上,这是普希金灵感的独特风景画。他那些心爱的主人公的烦恼和不安都跟此地有密切联系。米哈伊洛夫斯科耶四周的丁香丛和通向湖边的小径,由于堕入情网的达妮亚曾在这里倾诉衷肠而流芳后世。

然而,普希金最为关心的,还是他的祖国的精神生活。他回忆起在人生道路上遇到的诗人、青年时代令人着迷的戏剧家、著名的女演员和芭蕾舞舞蹈家。对诗人来说,祖国的文化艺术和辽阔国土的美丽景色同样珍贵。

在《叶夫根尼·奥涅金》里表现出普希金对于当时进步社会运动的强烈兴趣。作者在小说接近结尾时,曾想全面阐述当代优秀人物高昂的政治热情。这些人物竭尽全力要打破"阿拉克切耶夫的独裁专

---

① 白石城指莫斯科。——译者注

制"，代之以合理的自由制度的最高原则。这种构思的痕迹在整部小说里都可以感觉到。这部小说就其基本思想内容而言，是一部描写十二月党人的小说。

普希金的这部诗体小说的体裁既复杂又新颖，它是由一些短小的形式逐渐形成的，但在创作过程中为俄国文学开拓出长远的途径和深刻的形式。一八二八年，普希金对一种新式的诙谐长诗发生了兴趣，而他从小就喜欢轻松愉快的诙谐故事。在《叶夫根尼·奥涅金》第一章序言的草稿中，他曾写道，这个片段"可以使人联想到《别波》——阴郁拜伦的游戏之作"。

然而，就其内容而言，普希金再现出彼得堡青年的生活，同拜伦所讲述的威尼斯的风流故事迥然不同。只有英国诗人在这首诗里采用的幽默谈话式的新颖语调和他所描写的无忧青年的新典型，跟《叶夫根尼·奥涅金》第一章的叙述方式基本相同。拜伦本人曾写道，在他的诙谐故事当中包含着"政治和戏剧"，也就是说用讽刺手法揭露现实生活。这是著名浪漫派诗人向现实主义手法迈出的重要一步。与这种变化相适应，他找到了新的社会典型，《海盗》的作者现在是第一次刻画这种典型。他原来喜欢写恶魔式的人物，从这时开始转向写挥金如土的花花公子、华丽的"纨绔子弟"（正如诗人在《别波》第六十节里对他笔下的伯爵所描写的那样）。这是当代社会的代表人物之一，又是一个"时髦公子"，爱看剧，爱跳舞，说话俏皮，崇拜法国，善于讨好女人。这就是"阴郁的拜伦"用讽刺手法塑造的新主人公，而普希金最欣赏的恰恰是这种讽刺手法。按照《叶夫根尼·奥涅金》作者的说法，这是"讽刺和犬儒主义"，换句话说，就是现实主义，不过这类术语当时尚不为人所知。

普希金总是敏锐地观察世界诗歌中的新风格，不过，诗人在进行创作时，又总是走自己的路。"诙谐的"拜伦出人意料的语调在普希金笔下变成对俄国现实生动而尖锐的记述，其中充满了"冷静的观察"和内心里隐藏的悲哀。

不过，诙谐的威尼斯长诗是《唐璜》的准备阶段，按歌德的说法，

《唐璜》是"极其天才"的作品。拜伦在这部作品中创造了一种遒劲有力的新体裁——诗体小说。这种体裁就其使用之广,主题之丰富多彩,题材、诗的格调和口语的语体之多样,都是无法估量的。普希金以其惯有的敏锐,高度评价这种创新的史诗体裁,并大胆运用它从事写作。他于一八二三年春准备并开始写的作品,"不是一般小说,而是诗体小说,其间有天壤之别。类似《唐璜》"。这是不久之后,诗人对维亚泽姆斯基说的。

诗人下的这个定义,被进步的批评界接受了。别林斯基写道:"像《叶夫根尼·奥涅金》一类小说的形式,是拜伦创造的。"普希金在当时的俄国小说体裁中,不可能像《唐璜》和《别波》的作者那样笔意纵横地对历史和现实做出无情审判。拜伦那种高傲的反抗,在"为俄国而写的关于俄国的"长诗中,是没有存在余地的。但叙述手法,散文和诗歌融为一体,插叙,作者本人在作品里出现——"这一切都是拜伦的创造"。

《叶夫根尼·奥涅金》之所以写得包罗万象,大大得力于长诗诗行安排的精密和巧妙。每个诗节自成一体,其中行数的分布有严格规定,从而形成一种内在的遒劲和严整,既摄取了生活中的各种对立面,又以绝对的准确和和谐把生活反映出来。像这种完善的作诗方法,把彼此具有内在联系和严格形式的短诗构成不可分的整体,从而使整个小说显得极其严整。而这种严整的形式又与《叶夫根尼·奥涅金》的人物形象以及情节有着有机的联系,从而创造出浑然一体、完整无缺的艺术品。

于是,"描写风土人情的诙谐作品"成为再现处于发展转折阶段中整个社会的广阔图画。在这部小说里,普希金开头是想对当代的怀疑主义者、莫斯科贵族和彼得堡的上流社会加以讽刺,后来却转而表现主人公与时代之间的内在冲突。

正是由于这个缘故,这部反映历史动荡时期的回声和充满深刻的抒情自白的小说,成为俄国喜闻乐见的作品,并对后来的文学发生了不可抗拒的影响。《叶夫根尼·奥涅金》为未来描写俄国知识界各种思想倾向的典型人物提供了可靠的创作方法。《当代英雄》和《罗亭》、《奥勃洛摩夫》和《安娜·卡列尼娜》都是奥涅金和达吉雅娜的题材在新条件下的继续。男主人公具有非凡的智慧,女主人公具有自我牺牲的精神,这是普希金用他那不朽的抑扬格创造出来的最早的一对形象。这一对形象引来了一大批著名的人物典型,像群星一样灿烂闪光,使伟大的俄国小说征服了全世界。

第八章　诗圣

1

　　到这时,普希金的写作方法已经形成完整的体系。普希金创作过程的突出特点是诗人采取的手法极其朴实与孜孜不倦地进行工作。他喜欢清楚地看见所描写的"实物",就地撷取新鲜印象来打草稿。正是由于这个原因,他把"旅行"广泛地用于创作之中。他的南方长诗是在高加索、克里米亚和比萨拉比亚写的;《鲍里斯·戈东诺夫》是在普斯科夫的名胜古迹当中写的;《叶夫根尼·奥涅金》是在两个首都、乡村和敖德萨写的;《戈柳辛村史》是在鲍尔金诺写的;《青铜骑士》是在彼得堡写的;而《上尉的女儿》是在作者走遍了伏尔加河中游地带和奥连堡的草原之后写的。

　　在着手创作之前,诗人总要仔细研究风土人情和民歌、风景和生活状况、历史古迹和文献、世代相传的传说和口头的讲述,并以此作为基础。南方许多民族的民歌,反映起义和日常生活的民间创作,编年史和作战报告,对诗人发挥想象和锤炼语言都有巨大的帮助。在三十年代,这么浩瀚的材料,还要靠古代遗留下来的手稿——国家的正式文件、审讯记录、名人通信、古代官署的记录,靠这些尘封的档案加以充实。档案具有一种独特的性能:既沉默不语,又无话不说,它们保守着从前的秘密和悲剧。普希金本人在三十年代就曾经指出,他在创作小说的人物形象时,采取使用文献的方法:

　　　　正是由于这个缘故,

闲暇无事就要翻翻档案，

寻找主人公的全部家谱，

以便为他写出故事一篇。

比如格里涅夫、什瓦勃林、米罗诺夫上尉和普加乔夫本人的性格，就是根据一捆捆厚厚的正式文件所记载的史实写成的。

普希金根据生活提供的事实和文献的旁证，开始写未来作品的提纲。这类提纲他喜欢写得简短、清楚而紧凑，往往用几个字眼儿就写出故事的线索、事件的进程、情节的发展。提纲虽只反映故事最主要的阶段，却极富有表现力。这几个字眼儿仿佛像代数式似的表现出复杂的冲突，包括其全过程和结局。如《高加索的俘虏》的提纲，只用了十多个词："山村、俘虏、爱情、别什陶、契尔克斯人、饮酒、唱歌、回忆、秘密、袭击、黑夜、逃跑。"第二部南方长诗的提纲也十分简洁："后宫、玛丽亚、基列和扎列玛、修士、扎列玛和玛丽亚、妒忌、玛丽亚和扎列玛之死、巴赫奇萨莱喷泉。"至于《吉卜赛人》《加甫利亚德》《杜勃罗夫斯基》《上尉的女儿》的提纲，也都如此。作者仿佛用一条曲线来表示情节的发展，曲线上画明主要的转折。在大力压缩的提纲里，集中了激情、犯罪、立功、痛苦和死亡等复杂情节。要把深刻的悲剧情节写得异常简洁，是不可想象的。普希金对于创作准备阶段的想法，反映在他自己写的名言中："光是《地狱》的提纲就已经是杰出天才的成果。"这话不是没有道理的。

普希金提到中世纪伟大诗人的作品，这绝非偶然。他热爱并且熟悉世界各国的诗歌，他高度评价奥维德的《哀怨集》、莎士比亚的历史剧、伏尔泰的讽刺诗和拜伦的长诗。他还根据《神曲》和《浮士德》进行了仿作。关于《伊利亚特》，他曾写下不朽的两行诗。在他的工作室里摆着世界各国各时代的伟大诗篇、史诗和戏剧作品，犹如美术家的工作室里要摆着古典塑像的仿制品一样。俄国的天才诗人对各民族和各世纪的诗歌遗产加以继承，也是理所当然的。他一方面承认古典名著的伟大意义，另一方面努力达到这些名著经过时间考验的艺术完美的境界。普希金在顽强劳动过程中，在明快的灵感鼓舞下，不但达到了这一目标,而且常常轻松愉快地超越目标,攀登新的高峰。

普希金在一八二七年写道:"有一种最高超的胆识,就是发明创造的胆识,能用创造性思想把广阔的提纲收束起来。"照他的见解,世界诗歌中最辉煌的杰作莫不如此。普希金的长诗、悲剧和小说的基本结构法就表现在这里。他的创造性思想之所以纵横驰骋,就是因为有广阔的提纲和大胆的构思与之相适应。

然而,这并不是凭空得来的。作家的书房变成了藏书室,他收集了有关文学、语言、历史和治国等方面六种语言的书籍,这对他的创作大有裨益。普希金在诗歌创作中,对完整与和谐的追求是没有止境的。他的手稿经过无数次的补充和修改,写得密密麻麻,而被划掉的诗行也常常像罗网的经纬线一样密。这不容置疑地证明了这位诗圣为再现他心目中的形象所表现的顽强意志,他苦心孤诣地要表现出这个形象的力量、纯洁和丰姿。

关于塔齐特的长诗手稿的开头,几乎所有的诗句都被划掉了,而只剩下了几个词,代替它们的是另用扬抑格写的草稿。在普希金的长诗中,扬抑格是很少见的("不是为了召开秘密会议,不是为了拂晓前的战斗,不是为了欢迎亲友……")。这些诗句渐渐变得有力,有声有色,变换音韵,终于写成了真正普希金式的优美诗节,充满活力和戏剧气氛:

> 不是为了聊天或贺喜,
>
> 不是为了参加血腥的会议,
>
> 不是为了向亲戚问候,
>
> 不是为了取乐去抢劫商旅——
>
> 阿迪赫人一清早纷纷骑马
>
> 来到加苏勃老人的院子里。

在这里,诗人立刻找到了节奏的深刻内在运动,好像波浪一样逐渐升高,突然之间坠落下去,用以反映山民朝不保夕的紧张生活的忧心和危险("冤家路窄,加苏勃的儿子被妒忌他的人杀害了……")。《塔齐特》的头一句诗的语调已经预示了整篇长诗的悲剧主题。

然而,要取得这样的成就,需要呕心沥血,要把自己的一生都放在上面。普希金自己在一八二五年就说过,写诗是一种排他的激情,它会丝毫不剩地占据一个人的全部观察力、全部精力和全部印象。普希金生来蕴藉,坚韧不拔,对于一个诗人所遭遇到的严峻考验、辛酸和痛苦从未吐过一句怨言。不过,作为他同代的晚辈的涅克拉索夫,保存着关于普希金的动人传说:普希金看到书刊检查官把他的长诗清样一张张地划掉,不禁痛苦地叹息道:"这可是我的心血啊……"

2

普希金在三十年代就是这样从事创作的。他作为抒情诗人渐渐达到炉火纯青的地步,作为思想家、历史学家和学者也日渐成熟。他在这一时期创造的人物当中,关于社会制度的题材、斗争的主题以及俄国历史上的政治悲剧占据明显的优势。

他悉心收集当代大历史学家和社会学家的著作作为藏书,其中包括《诺尔曼人征服英国史》的作者奥古斯特·蒂耶里的著作。据普希金说,这个蒂耶里使他成为"十足的政治家"。蒂耶里属于史诗史学派,这个学派用对考古学和古代羊皮纸手稿加以艺术解释的方法再现历史事实。蒂耶里的历史著作就其思想倾向而言也饶有趣味:他是法国科学历史中阶级斗争思想的奠基者,坚决捍卫被压迫民族的权利,并认为历史学家在道义上的责任在于唤起人们对贫穷和被侮辱的人们的同情。他曾长期担任法国伟大的社会思想家圣西门的私人秘书和得力助手。

在普希金的藏书中,圣西门学说的基本著作应有尽有,如关于《圣西门学说》的集体著作,其中讲述了未来社会的前景,阐明了诗人在新社会关系的确立中的突出作用。在普希金的藏书中,还有一本《圣西门的宗教》,主要说明美术家的作用和美术在新社会中的意义。在普希金藏书中的这本书,有许多地方用铅笔标出记号。

然而,欧洲史学研究中的这些新方法和新流派,并不能使普希金脱离他从青年时代就已经形成的独特的"文学和历史"道路。他在历史研究方面为自己确定的任务是,撰写关于某些伟人生平的专题著作。早在基希涅夫时期,他就对"具有坚强性格、高尚激情和事业心的人"发生兴趣。这样的人物为戏剧性描写和有趣的叙述提供了丰富材料。直到后来,他对下述历史人物也一直感兴趣:

> 巨人的幽灵:
>
> 斯堪的纳维亚的征服者
>
> 和立法人雅罗斯拉夫,
>
> 一对暴躁的沙皇伊凡。

只有性格坚强、生平遭遇富有故事性的人物,才能引起普希金作为历史学家的兴趣,如斯杰潘·拉辛、叶尔莫洛夫、汉尼拔、彼得、普加乔夫和苏沃洛夫。按普希金的见解,写传记时应该通过简明扼要且准确的结构展开人物生平事迹的线索,同时以此作为在小说或长诗中创造性再现这个人物形象的准备。据同代人说,普希金有一次"谈到彼得大帝时说,除了写一部介绍他的生平业绩的书之外,还应该创作一部文艺作品来纪念他"。他对普加乔夫这个人物就是这样处理的。早在二十年代初,他就对普加乔夫发生了兴趣。后来,普加乔夫的历史也一直属于艺术家的研究范围。他从一个传记作家走上历史小说的创作道路。

三十年代初,普希金写下如下著名诗节:

> 有两种爱对我们无限亲切,
>
> 我们的心从中得到滋补——
>
> 一是爱我们可爱的家乡,
>
> 二是爱我们祖宗的坟墓。

在这种同祖国土地、同祖国历史传说密不可分的血肉联系中,表现出人的最高尚的品格——"人的伟大的标志"。我们知道,在普希金看来,没有伟大的爱国主义精神,就没有伟大的诗篇。

恰达耶夫本是普希金最早的导师,向这个年轻人灌输过热爱自由的思想,然而普希金在临逝世之前,由于反对恰达耶夫以怀疑主义解释俄国历史而同他坚决决裂。而《哲学通信》的作者在这场历史争论中，承认自己输了。不久，恰达耶夫写道："我们民族诞生出像彼得大帝一样强悍的性格，像罗蒙诺索夫一样全面的智慧，像普希金一样富有魅力的天才，因此，对我们民族的命运哪怕有刹那的怀疑，也是不可饶恕的错误。"如今，为了报答天才诗人对祖国的无限热爱，今天的俄国承认普希金是历史上不容置疑的最伟大的人物之一。

3

为了塑造自己心爱的民族形象，普希金从早年就锤炼出准确的武器，而这一武器从来没有背叛他。早在皇村学校时期，当各种不同的艺术流派互相竞争的时候，在普希金的诗中就表现出他的基本创作方法——现实主义。这与他的唯物主义哲学思想是一致的。对周围社会环境具有强烈兴趣并从中选择典型人物，描写时代的重大政治题材——包括军事、革命等方面，坚信伟大诗篇的实质在于表现祖国的命运，最后，在写法上的极端具体和符合生活的真实——这一切就构成了普希金的手法和风格。这就是他大胆创新的使命和宏伟的创作实践，他以自己向往真理、生活和未来的天才激情，为后来的整个俄国文学奠定了强有力的现实主义。

为了这一崇高使命，他坚决摒弃一切纤巧、颓废、造作和文雅的东西，因为这些东西只能导致感情的虚假和艺术的伪善。普希金在生活的晚期，曾经同他父亲谈论过文学，经他父亲记述下来。这份材料十分可贵："不论是我国作家写的还是外国作家写的，凡是他觉得过于雕琢而不符合真实和实际情形的，都要加以严格批评，毫不留情。"伟大艺术家就这样锤炼出最有力的创作方法——他的抒情诗和悲剧中的现实主义，从而形成了十九世纪俄国文学和世界文学中最进步、最有成效的风格。普希金以其创新的、艺术上深刻的真实性成为最有前途的强大艺术运动的倡导者。

普希金对俄国人民的思想和创作有深刻领会，并以崭新的面貌再现了民族创作的传统。俄国几个世纪以来的文化表现在智者雅罗斯拉夫的《罗斯法典》和天才作品《伊戈尔王子远征记》、普斯科夫的钟楼和伊凡雷帝的书信、索菲亚的年鉴和"遇害"的德米特里王子的画像、彼得的造船厂和罗蒙诺索夫的科学仪器中，而如今在普希金的创作中仿佛得到最高的表现和总结。当写到"古代编年史莫名其妙的魅力"时，他写得多么津津有味！他的诗歌是从民族思想最深远的源泉中诞生的，标志着俄语发展史上令人望尘莫及的高度，并决定了俄国艺术向前发展的整个进程。在这个意义上说，普希金是民族文化的心脏。俄国文化中一切富有生命力的源流都向他汇集来，俄国未来艺术的一切最深刻的流派都从他这里发端。俄国有许多杰出人物的名字都是同他密不可分的，如果戈理、列夫·托尔斯泰、格林卡、穆索尔斯基、列宾和苏里科夫。普希金对彼罗夫的《普加乔夫的判决》、米亚索耶多夫的《格里果里·奥特列皮耶夫的逃亡》以及谢罗夫塑造的彼得形象都起了鼓舞作用。

为了在自己的作品中全面反映"人民的意见"，《鲍里斯·戈东诺夫》的作者深入到农民群众中间，倾听他们的声音，了解他们的传说、思想和夙愿。普希金传的真正背景不是编辑部和文艺沙龙，而是森林和草原，是北方的乡村，是米哈伊洛夫斯科耶的树林和湖水，是黑海的海港和吉卜赛人的人群，是鲍尔金诺的丛林和别尔德斯克郊区。扎哈罗沃村的民间舞蹈，圣山集市上沸腾的人声，顿河自由哥萨克的传说和乌克兰古老卡缅卡的"杜马"，"布贾克绿色草原上"的摩尔达维亚民歌和黑海水手粗犷的吹牛故事，冬天驿路上凄凉的《松明曲》和奥波切茨卡县修士的俏皮话，伏尔加河上纤夫的呻吟和雅依克河上普加乔夫老兵的歌声——这一切就是普希金诗歌的民族特色、反抗精神、高度的生活真实感和深刻的人民性的深邃源泉。

正是从这些源泉里诞生出关于莫斯科混乱时期和彼得"改革后的俄罗斯"、十八世纪的农民战争和"十二月党人"或叫"普希金时代"的辉煌形象。从这些形象和事件中，从这些谈话和曲调中，从这些活生生的动人传说中，塑造出无比坚强的、真正的历史创造者和推动者。

他们有时也许沉默不语，但毕竟是祖国命运的真正主宰者——坚强有力、富有才华的俄国人民。这就是普希金在整个创作生涯中——从青年时期对解放基辅的歌颂到普加乔夫纪念碑式的历史肖像——的历史史诗的真正主人公。这位人民歌手的创作道路正是以普加乔夫的史诗形象作为终结的。

4

普希金为了全面、深刻和准确地表达祖国所寄托的重大思想，对祖国的丰富语言进行了革新和改造。普希金把语言的铿锵、和谐和雄劲糅合在一起，这是他的前辈所做不到的。如果说卡拉姆辛把有文化阶层的斯文谈吐带到文学言语中来，巴丘什科夫带来了鲜明的形象性，而克雷洛夫带来了土语的特色，那么普希金则以他天才的勤奋综合了他们的经验，以他那得到普遍承认、受到一切人喜爱的作品奠定和传播了一种新语言。这种语言准确、生动、和谐悦耳，具有真正的人民性，并在历史体裁和庄严文体里保存了生动的古斯拉夫语词汇。伟大诗人固然需要人民的全部语言，但必须利用人民语言的基本要素组成新的搭配。而他善于准确发现把各种不同的语言适度地加以灵活综合的规律，其中包括集市语言、客厅语言、编辑部和教堂语言，然后用这些农民的、知识分子的和教会的语言成分锤炼出一种富于表现力和铿锵悦耳的语言，这就是《叶夫根尼·奥涅金》、《鲍里斯·戈东诺夫》和《上尉的女儿》的语言。

对祖国语言的一切音响都十分敏感，对其中的一切声音都善于体察的天才诗人，就是这样热忱、勤奋而从容地利用祖国语言的元素组成新的和声。俄国散文大师屠格涅夫写道："创造语言，就等于造海。"这是超出人的能力的，然而，把多少世纪形成的人民语言的宝贵财富加以重新组合，赋予它以新的倾向、纯洁的音调、经过检验的（也就是最强劲的）力量和可以神领的（也就是最高级的）美，这要克服不可估量的困难，是只有伟大的民族诗人才能建树的功勋。普希金正是这种善于驾驭俄语的语言大师，理应获得祖国语言创造者这一最荣耀的称号。他是一个万能的妙手，他从人民语言动听的琴弦上撷取新的音响来创作诗歌，来更深刻、更纯洁、更准确、更大胆地表现全体人民的思想感情。这位伟大的语言创造者完全可以把他的《仿古兰经》中的两句诗用于自己身上：

难道不是我赐给你的口才，

雄辩有力，善于掌握人心？

普希金为祖国语言的发展、成熟和获得新的表现力而进行了坚持不懈的奋斗。他一直认为"我们的丰富优美的"语言是所有欧洲语言中最富有艺术性的语言，他由此而产生出对祖国语言的无限热爱。他把祖国语言看作最优美和有生命的东西，值得表示虔诚的崇拜和忠贞。他的好友维亚泽姆斯基证实说："凡是对俄语的污辱，他都看作是对他本人的污辱。"

普希金在二十年的文学活动中建立了运用语言的新规律，而这些规律直到今天仍然有价值，仍然起作用。列宁曾说，"地道俄语"的词典，应当是这样一部"词典，它收集了现在使用的和从普希金开始到高尔基为止的经典作家们使用的词汇"。伟大诗人的语言是不朽的，并将永远被他的获得解放的人民所传诵。

普希金以其创作活动对俄语进行的改造，范围极广，效果颇佳。他努力为思想家和学者锤炼一种民族的"抽象语言"，也就是科学论文和哲学著述的语言；他为社会活动家锤炼一种新的政论体；他为诗人、小说家和剧作家锤炼一种清楚、和谐、铿锵、悦耳的语言，它即成为人民普遍使用的口语。

普希金是在民族解放思想空前高涨和活跃的时代进行语言改革的。十二月党人曾设想和计划提出创造革命术语的紧迫任务，并要求为最新的政治思想而创造出通俗易懂的表达方式。诗人为未来"迷人的幸福"时代所进行的斗争，使他的言语创造活动卓有成效，使他的诗歌语调焕然一新，使习以为常的术语获得新的含意，创造出词的新颖的搭配，引进表现当代国家概念的新语汇。尼古拉·屠格涅夫曾深刻而精辟地指出,在普希金时代,"我国丰富而优美的语言尽管带有不良社会制度的烙印,但由于表现了真理、自由和人类尊严等思想而变得高尚"。

这位语言大师把自己的生活印象、思考和感情都写进经过革新的俄国诗歌里。俄国诗歌在普希金创作中,第一次把诗歌语言的明快同紧张气氛和表情力量结合起来。普希金悉心学习茹科夫斯基和巴丘什科夫富有旋律感的新诗律,从而使自己语言的悠扬悦耳和表现力达到炉火纯青的地步。无怪乎他非常珍视诗歌押韵的"优美和雄劲",极力追求"和谐的真实感"。别林斯基曾无意中说出一个十分宝贵的见解:普希金的诗歌在俄国诗坛上一出现,就成为俄国生活中的一件大事,"我记得这个时刻,这个幸福的时刻,当时我住在一座偏僻的县城,正当夏日,从敞开的窗子传出这些声音,好像波涛的喧响,或是溪水的淙淙声"。俄国诗歌在普希金笔下,达到前所未有的柔韧和刚劲,在新抒情诗各式各样的体裁和诗节中,都获得了最大的表现力和整齐的结构。普希金尝试过抒情诗的各种体裁和格式,种类繁多而且技巧高超。普希金之所以能成为后来诗人的伟大导师,他在锤炼语言方面的孜孜不倦的工作是很重要的原因,其重要性不亚于他的创作天才。他为后人留下了抒情诗的各种体裁、格律和诗节的丰富范例,其中包括十四行诗、叙事诗、古希腊体两行诗、六行诗、八行诗、三行错韵诗、自由体抑扬格、俄国民间诗和亚历山大体两行诗。这可以称作诗歌艺术的学府,俄国诗人将永远从这里学习作诗法。普希金在《叶夫根尼·奥涅金》的两行诗里,极其简洁地表达了他作诗法的实质:

> 我又有闲暇去探索
>
> 奇妙韵音、感情和思想的结合。

普希金的诗歌通过真正"神奇的"完美形式把艺术家的思想和热情结合起来,从而提供了把每一种伟大艺术的不变因素加以高度平衡的典范。

5

那么,这位孜孜不倦的诗人在生活中究竟是什么样子呢?

一八二七年春,诗人、艺术理论家戴里维格正忙于组织俄国画家去法国、英国和意大利各地的巡回画展,特地邀请奥列斯特·基普连斯基为好友画像。五月至六月间,普希金在彼得堡让这位著名画家给他作画。这位颇有灵感的画家画出了俄国肖像画的杰出作品之一。他深刻而热忱地表现了天才诗人的性格,神态平静而气宇轩昂,右肩上随便地披着一条大毛围巾,目光炯炯有神,充满智慧,旁边有一尊弹竖琴的缪斯铜像。思想家和诗人的面部神情,表现出思想的纯洁和高尚,而神情画得轻松、文雅和富于抒情味,真是不可模仿。这幅肖像尽管有一定程度的美化,但毕竟保存了诗人性格的真实风貌。普希金在给基普连斯基的献词中写道:"我好像照镜子一样看到自己的面貌,但这面镜子真令我惬意。"

不久之后,这幅画像在美术学院的画展上展出。亚·瓦·尼基坚科于一八二七年九月二日在他的日记中写道:"这就是诗人普希金。您只要见过他一面,就会马上辨认出那双洞察秋毫的眼睛和那张嘴,只是画上的嘴不像平时那样不停地翕动。"诗人的父亲也认为基普连斯基画的肖像,是普希金最好的画像,后来由乌特金制成版画(刻版时减轻了原来的美化程度)。这位杰出的肖像画家用他的彩笔把"纯洁缪斯的弟子"的神采永远保留于世,而他对普希金的印象和解释对于子孙后代来说则是最为中肯的了。

普希金从流放中归来之后,他的好友索鲍列夫斯基请莫斯科最好的肖像画家特罗皮宁为诗人画像,并且不让画成名人的正面像,而要画私人像,平常打扮,头发蓬乱,右手大拇指上戴着珍贵的宝石戒指。这幅画像是一八二七年一月至二月间在画家的列尼夫卡的工作室里画成的。不久之后,《莫斯科电报》认为这幅肖像画得惊人的逼真,尼·阿·波列沃依则补充说:"尽管我们觉得,画家似乎没有完全传达出诗人锐利的目光和生动的表情。"

这两幅名画都是在普希金风华正茂、才气横溢的时期完成的，在流放之后和新婚之前，在写《鲍里斯·戈东诺夫》和《波尔塔瓦》之间。在这一年里，他还写出了《阿里昂》、《在西伯利亚矿井的深处》、《当阿波罗没有要求诗人》、《叶夫根尼·奥涅金》的第七章、《彼得大帝的黑奴》。出现在我们眼前的是一位勇敢有为的艺术家，他已经了解了人生，脑海里装满了构思和形象。

普希金就是这副样子。他个子不太高，身材匀称。他给人的印象是一位天生为了斗争和工作的体格健壮的人。他的一位朋友说："这大大得力于体操，他有时像运动员一样耐心地从事锻炼。不论他走多么远的路和走得多么快，都呼吸均匀自如。他对自己健康的身体十分珍视，而一旦发现有谁对解剖学一无所知，便不免有些生气。"他喜欢骑马、击剑、打靶和远足。他的面庞并不怎么漂亮，可是当他谈话或朗诵诗时，便神采奕奕，或者有时带上一种陷于沉思的神情，因而令人觉得很美。基希涅夫的一位善于观察的人说，普希金的相貌并不漂亮，"不过他那种沉思表情十分动人，令人不由得想问他：你怎么了？是什么愁事压在你的心头？"灵感能使他的外貌大为改观，甚至一八二六年当他在维涅维季诺夫家里朗诵《鲍里斯·戈东诺夫》的时候，有些听众认为他是个美男子。当他心情快活的时候，他是很有魅力的。茹科夫斯基永远也不会忘记他那"活泼愉快的孩子气的笑声"。一八三七年二月，索菲亚·卡拉姆辛娜仿佛总是听到"普希金的响亮、清脆的笑声"。而和普希金萍水相逢的人，比如他在高加索认识的 M. A. 尤泽福维奇，则赞赏他那"美丽、纯洁、清澈的大眼睛，仿佛其中反映出一切美好的事物"。

至于普希金给"乡下的小姐"留下的印象如何，也有直接的证明。当克谢诺方特·波列沃依于一八二八年认为普希金"形容枯槁，萎靡不振"，脸上出现深深的皱纹的时候，诗人在特维尔的武尔弗家认识的一个普通神父的女儿卡佳·斯密尔诺娃则得出完全不同的印象："普希金长得很漂亮，他的嘴长得很好看，嘴唇很薄，线条美观，还长着一对美丽的浅蓝色眼睛。他的头发好极了,像羊羔皮一样浓密而鬈曲,只是略长些。他穿着一件黑礼服。他很注重打扮。他跳舞、走路的样子都很奇怪,非常轻松,就像飞也似的;他的身子也轻飘飘的,留着长长的指甲"这是回忆普希金的文章中为他画出的最优美的肖像之一,是他认识的一位乡村姑娘于一八二八年用朴素的文字写出来的。

普希金性格好冲动,敏感而多情,果决而能干,他的外貌恰如其分地反映出他性格的基本特征。普希金自己也说,他"无忧无虑,天生多情","喜欢热闹和人群",但是他生来又喜欢宁静和闭门写诗:

> 在山林我的竖琴更嘹亮,
>
> 创作的想象也更奔放……

他最为珍视"灵感充沛的劳动时刻"。作为天生的语文学家,他喜欢搜集宝贵的民间语言,仔细聆听它那丰富多彩的音响,赋予它那铿锵的节奏以新的意义,对它那古老的语句和说法加以创造性的解释。他虽是一个凭灵感写抒情诗的诗人,可常常又是真正的研究人员,他的学识甚至令科班出身的学者大为惊异。古埃及学家古里扬诺夫和古典语言专家马尔佐夫对普希金熟悉语言学方面最难的问题,也惊奇不已;诗歌史学家舍维廖夫认为《吉卜赛人》的作者是俄语诗歌理论最高超的行家;古文献学家科尔库诺夫于一八三七年认为普希金对《伊戈尔王子远征记》的"清楚的解释"的遗失,对俄国科学界是一个不可弥补的损失。

普希金对祖国文学的熟悉程度,超过当时任何一位教授。尽管他在三十年代常到彼得堡和莫斯科大学去认真听课,但是他的真正位置应该在讲坛上。他对俄国十八世纪作家的评论,以及对同时代杰出作家的批评意见,是俄国文学理论中最宝贵的财富。正是这些渊博的知识,使他达到诗歌艺术的顶峰,为他打开了无限的前景。而艰苦的劳动则是他的精神魅力的主要来源之一。据同诗人接近的人说,维·格·别林斯基认为普希金是"一个仁爱、富有同情心的人,对每一个他认为是'人'的人都满腔热忱地伸出手来。尽管他过于热情,容易走极端,尽管他性格坚强刚毅,但在他内心里却有许多像孩子般温和柔弱的东西"。

  普希金的传记材料是这样描绘他的：在创作过程中孜孜不倦，苦心孤诣；在社会交往中热情、直爽；对于一切高尚的行为和有才华的作品，寄予深刻同情；最后，对于从事劳动和善于思考的人，怀着满腔善意。由于他脾气暴躁，而这种善意是靠他用意志力有意识地培养起来的，因而更为难能可贵。从普希金的书信、日记、当代人的印象看，从他的友谊、爱情、斗争、灵感和活动的历史看，普希金就是这副样子。普希金的这种性格在他的全部诗作上投下了独特的沉思色调，而这种沉思色调起着纯化和明朗化的作用。他关于"美好心灵"的高贵品质的明快诗句，其实不应该是献给普列特涅夫的，而应该是献给他自己的：

    你有神圣纯洁的幻想，

    你思想高超而平易近人，

    你诗韵明丽、奔放跌宕。

  这是无意中作的自画像。无怪乎普希金非常喜欢玻璃灯罩里的火焰形象，这是他的诗风和人格的最鲜明的象征。

第四部

第一章　彷徨歧路

1

普希金在临去鲍尔金诺前,同冈察洛娃的母亲发生过口角,并且声明她的女儿是完全自由的。在乡下,他接到父亲几次来信,都说他们的婚事出了问题。而当他回到莫斯科时,"发现岳母怒气未消",看样子好像要与他彻底摊牌。然而,这时他把尼热戈罗德的庄园抵押出去,便迅速消除了一切误会,于是他于一八三〇年十二月初同娜塔丽亚·冈察洛娃正式订婚。

诗人在结束他单身汉的自由生活时,并非毫无惋惜之情,而对于未来的家庭生活倒有一定的忧虑(他写给 Н.И. 克里夫佐夫的著名书信就说明了这一点。信中写道:"我的婚事毫无欢乐,毫无孩子般兴高采烈的心情……")。然而,那种关于诗人在结婚前后陷入绝望的传说,也值得研究。说什么普希金在结婚的前一天晚上,跑到吉卜赛女郎那里痛哭了一场,而站在祭坛前面时,由于不祥的预兆而脸色惨白。这种离奇的故事很难令人相信,据果戈理证实,"普希金从来没有哭过"。诗人自己也老实地说:

我是古板的斯拉夫人,从来不肯落泪。

在一八三一年二月十八日举行婚礼时,据在场人证实:"大家十分欣赏诗人和他年轻妻子的快活与高兴的神情,而他的妻子的确美丽惊人。"普希金在举行婚礼回来之后,还向人大谈他心爱的民间创作,这件事也证明诗人的精神很好。据彼·亚·维亚泽姆斯基后来回忆说:

"我仔细倾听普希金对朋友们讲述他对勇士传说的看法,他谈到勇士传说的优美和意义以及俄国民间诗歌的铿锵……"

况且,还有更可靠的材料,即普希金自己于一八三一年头两个月写的信。诗人在信中说,他感到无限幸福,这是他从来没体验过的心情。他仿佛把在《石客》中描写主人公由于爱情而获得心灵的新生的激动诗句用到自己身上了:"我觉得,我好像完全变了……"

普希金无疑感到自己在精神和物质上承担的义务责任重大。他可能担心他的创作将来在更为复杂的新条件下能否得到自由,然而,所有这些担心只限于如何管理产业和如何进行工作方面。普希金在一八三一年根本没有感到任何不幸的预感和预兆,并且对任何人也未流露过,他和心爱的少女结婚使他陷于阴沉的绝望。

一八三一年是普希金一生中少有的幸福时期之一。

但是,当时的政治形势却跟诗人安稳的心境很不和谐。

2

三十年代初期,发生了一系列革命。随着法国推翻波旁王朝之后,一八三〇年秋爆发了比利时要求脱离荷兰而独立的斗争。十一月十七日,波兰举起了起义的旗帜,手持武器奋起保卫自己的民族权利。

爆发了真正的战争。一八三一年一月二十五日,华沙议会宣布废除尼古拉一世在波兰的王权,于是俄国军队分成十一路纵队跨过国境,进入波兰王国。

普希金早在青年时代便对俄波关系形成了自己的看法。他同当时俄国社会的爱国人士——其中包括许多未来的十二月党人——见解一致,认为必须反对亚历山大一世的亲波兰政策,反对他把俄国西部若干省份划给波兰王国的决定。一八一七年,米哈伊尔·奥尔洛夫曾向皇帝呈递专门的奏折,反对这一措施。一八一九年,卡拉姆辛也劝告亚历山大一世不可再做任何让步。

普希金就是用这种观点来观察刚刚爆发的国际冲突的。他十分担心整个西欧,尤其是法国将对波兰事件采取干预态度,因为法国有许多政治演说家和作家一致反对俄国。二月末,在俄国驻巴黎使馆附近发生大规模示威,人们高呼:"波兰万岁!跟俄国开战!"

这类口号充斥着巴黎各家报刊的版面。著名政论家阿尔芒·卡勒尔和拉曼纳在他们的报纸上,大肆宣传亲波兰的观点。二月,贝朗瑞和卡齐米尔·德拉文在纪念科斯丘什克的隆重弥撒上,朗读了挑战式的反俄诗。在英国和"年轻德国"的杂志上,也刊登了类似的内容。勃尔尼在德国报刊上发表了同样题目、同样调子的文章。

这些情形都令普希金大为激动。他注意阅读外国的报纸杂志,同莫斯科历史学家包哥廷探讨斯拉夫人的命运,在书信中也谈论俄波战争的重大事件。他于五月中旬迁居彼得堡,于是对当时政治形势发展的反响就更加强烈了。

3

普希金夫妇在皇村住下来,准备在那里度夏。诗人回到"处处引起亲切的回忆的环境中"。不久之前,他还曾用优美的诗句描绘过"心爱的花园",那里依然是:

> 宫殿鳞次栉比,宫门相望,
>
> 到处是石柱、宝塔和神像,
>
> 叶卡捷琳娜的雄鹰们得到了
>
> 大理石的光荣和青铜的颂扬。

不过,他自己却住在宫廷侍臣的寡妻安娜·基塔耶娃的一座普普通通的木房里。这座小木房坐落在科尔平斯卡亚大街和库兹明斯卡亚大街的拐角上。这座房子是新式建筑,阳台上有帝国风格的圆柱,还带着一间小阁楼。普希金的书房就安排在小阁楼上,里面有一张大圆桌、一张沙发和满架书籍。跟前就是稔熟的、早在少年时代就歌颂过的花园,如今诗人每天傍晚都陪伴着妻子到这里来,在湖畔漫步。

然而,这种"仿佛在偏僻乡村一般的平静而愉快的生活",常被当时发生的严峻事件所打破。普希金刚来皇村小城不久,就拜访了夏宫的政治沙龙。在这些沙龙里,退伍的军官和衰老的宫臣都热烈讨论最近发生的事件。普希金在六月一日写给维亚泽姆斯基的信中说:"这里的客厅蛮漂亮。人们可以自由发表议论,真叫我感到惊奇……"

普希金完全赞同这些反对派观点。旷日持久的战争、全欧战争的危险、所有法国报刊对俄国的激烈攻讦,使诗人意识到当前面临着一场民族大灾难。他对一个居住在皇村里的人说,"目前的形势几乎像一八一二年一样危险"。

可以设想,普希金正是在这些日子里(一八三一年五月末或六月初),在皇村的军人占半数的社交界对俄军统帅指挥不力的激烈批评影响下,写下《在神圣的陵墓之前》一诗。诗中赞扬了民军的领袖——"强大国家德高望重的卫士、战胜祖国一切敌人的胜利者"。在波兰战争有可能燃起世界大战的危急时刻,普希金想起了一八一二年伟大统帅的形象。又过一些时候,普希金还谈到作为统帅有权大胆行动,遇事果决,勇于自我牺牲,"只有库图佐夫取得了人民的信任,他屡建奇功,毫不辜负这种信任"。

从普希金对伟大统帅的呼吁中,也可以听到类似的思想:

> 在你的棺木里,英气长存!
> 它向我们发出俄罗斯的声音,
> 它向我们诉说危急的年代:
> 人民的信赖向你神圣的白发
> 发出呼吁:"快救救我们吧!"
> 你挺身而出,拯救了国家。

这些历史箴言完整有力,甚至在普希金的诗中也不多见。最后一行诗包含着许多世界大事,却写得如此简洁,可以认作简短有力的"斯巴达"语言的典范。普希金用诗句为库图佐夫塑造的纪念碑式形象,犹如臣人一般屹立在沃罗尼辛修造的雄伟建筑的背景上,仿佛在用卫国战争的光荣传说鼓舞一八三一年的俄国军队。

当时的政治形势有同法国重新开战的危险,普希金在这种想法支配下，写了关于一八一二年的短小的故事。扎戈斯金刚刚发表长篇小说《罗斯拉夫列夫》，小说中把祖国解释成通过国家形式确定的民族。普希金为了对扎戈斯金的小说做出回答，描写了一个俄国少女对祖国真挚而深沉的爱。波琳娜对周围生活的空虚和贵族阶层的腐败非常愤慨，她像恰茨基一样，把"我们的善良纯朴的人民"和"令人讨厌的上层社会"区别开来。在这国家危急存亡之际，她想到的是为人民效力。她对上流社会的女友说："真不害臊！难道女人就没有祖国吗？难道俄罗斯的鲜血对我们就是陌生的吗？"这个聪明而勇敢的少女在地图上紧张地观察前线的形势，并且制订出潜入法军兵营亲手刺死拿破仑的大胆计划。这是俄国文学中第一个最有作为的女主人公。

七月十八日，由于彼得堡闹霍乱，朝廷被迫迁到皇村。这件事对普希金来说，首先意味着他又得到机会同茹科夫斯基密切交往。他俩决定进行一次诗歌比赛——比俄国童话。普希金根据从前的笔记（其中主要是根据奶娘讲的故事所做的记录），写了一篇优美的《萨尔坦皇帝的故事》。这篇童话把后宫五彩缤纷的壁画描绘得淋漓尽致。一年前，普希金根据俄国民间创作的反教会题材，写了一篇《神父和他的雇工巴尔达的故事》。不管茹科夫斯基关于睡公主和沙皇别连杰伊的神奇幻想多么成功，这场比赛的胜利者无疑是普希金。

每天早晨，他把童话读给一位聪明、有文化的少女听，他在一首著名的诙谐献诗中把这位少女叫作"黑眼睛的罗谢蒂"。普希金十分器重这位美貌的宫中女官，因为她在"上流社会和宫廷纷扰无益的忧虑中"保持独立的见解和纯朴的性格。

普希金有一次在花园里散步的时候，遇见一个年轻的杰尔普特大学生弗拉基米尔·索洛古勃伯爵。他是在卡拉姆辛和茹科夫斯基的客厅里认识这个大学生的。这个大学生向普希金提到一个刚刚开始出名的新作家。索洛古勃有一次住在巴甫洛夫斯克的姑母瓦西里奇科娃公爵夫人的家里，认识了一个青年教师和文学家。他的表弟头脑迟钝，而这位教师担负的艰巨使命就是教这个傻子读书。索洛古勃看到了老师和这个学生奇怪的上课方法——老师要一边指着各种家畜的画图,一边学羊叫、学牛叫,以便用模拟声音的办法激发学生"糊涂的理解能力"。

"我看到这种景象,心里十分难过。一个人为了糊口不得不干这种行当,他的命运该多么可怜。我刚刚听清姑母的介绍,说这位老师的名字叫尼古拉·瓦西里耶维奇·果戈理,便急忙走出房间。"

但是,过了几天之后,索洛古勃从走廊里走过时,听到有一个房间里有朗朗的读书声。他决定进去,一看屋里鸦雀无声,听课的都是些穷姑娘,有陪伴太太小姐的女伴,也有寄食在这里的穷亲友。果戈理正在给她们读乌克兰之夜的一段文字。他语调的细腻、幽默感和抒情的韵味都是不可模仿的:

"他描写的乌克兰之夜,仿佛把夏夜的凉爽、布满繁星的蓝天、芳香的空气和心情的舒畅的种种印象,都灌输到人们的心灵里了。我坦率承认,我大为诧异,简直被征服了,——我想要拉住他的双手,把他领到空气新鲜的地方,使他走上自己真正的职位。"

索洛古勃在皇村时,为果戈理奔走于卡拉姆辛和茹科夫斯基门下,也向普希金谈起过他。普希金只是在彼得堡偶尔见过这位年轻的小说家一面,不过听朋友们对他的赞誉已是不少。诗人表示愿意更好地了解一下《夜话》的作者。

不久就安排了几次会面和朗读。普希金仔细打量这位病态而腼腆的外省人,"当他那小小的灰眼睛露出善意的微笑和他不住甩动落到前额上的头发时,有一种难于捉摸的嘲笑和滑稽神情从他颤抖的声音(据索洛古勃的说法)流露出来,从他鼻子尖削的独特的脸上迅速掠过"。

养蜂人鲁迪·潘科的乌克兰故事集当时已经付梓,不久(一八三一年八月),普希金就写下了对这本书的评语:"我刚刚读完《狄康卡近乡夜话》,这本书使我惊异。这才是真正的欢笑,真挚,从容,毫不做作或拘泥迂阔。有的地方充满着诗意,表明作者的感觉异常敏锐。这一切在我国文学中都是太少见了,使我直到如今还没清醒过来。"接着谈到妇孺皆知的故事——"排字工人在排《夜话》时,都捧腹大笑"。

4

普希金闭门创作的生活没有持续多久，著名诗人偕同美貌的妻子在皇村的盘桓，立刻引起宫廷的注目。

过了不久，便开始正式接触交往。据普希金的姐姐帕芙利谢娃证实，娜塔丽亚·尼古拉耶芙娜在花园里同"圣驾"几次相遇之后，被"介绍给皇后，皇后对她非常喜欢"。而沙皇对她的印象，跟皇后完全一致。

尼古拉一世第一次看到十七岁的娜塔莎·冈察洛娃，是一八三〇年三月十二日在莫斯科贵族俱乐部的一次舞会上。沙皇十分欣赏她那艳丽的容貌，并在心中留下了天真羞涩的少女迷人的形象，这副形像正像卡尔·布留洛夫为普希金的未婚妻所画的著名水彩画像的样子。过了不久，诗人申请结婚，宾肯道夫在答复时，把沙皇的旨意通知给他：沙皇"表示希望您在采取这一步骤之前，对自己进行严格考验，并在自己的内心和性格中找到为使一个女人获得幸福所必不可少的品质，尤其是像冈察洛娃小姐这样高尚而魅人的女人"。在皇上的这篇训诫中，勉强掩饰住他的不悦。

一八三一年夏，诗人重新到政府供职。他为了写彼得一世传记，得到允许利用官方文件。由于国家档案放在外交部，诗人也就被划到外交部编制，涅谢耳罗德又成了诗人的上司。

仲夏，波兰战争有发生转折的迹象。阿尔兹鲁姆的征服者帕斯凯维奇被任命为总司令，他准备攻占华沙以结束战争。波军的退却在欧洲报刊上引起了一场恫吓俄国的轩然大波。

贝朗瑞出了一本小册子，献给波兰委员会主席著名的拉法叶特，上面登了两首政治诗：《波尼亚托夫斯基》和《火速救援！》。卡齐米尔·德拉文出版了《华沙的女人》，诗中歌颂了波兰人，提到克里姆林宫，谈论"从阿尔卑斯山到塔博尔、从埃布罗河到黑海"的辽阔土地，普希金于一八三一年八月二日写了《给诽谤俄罗斯的人们》作为回答，并对德拉文诗中的一些形象和提法提出异议。

这首诗广泛论述了普希金不久之前在给维亚泽姆斯基的信中所提出的观点："对我们来说，波兰叛乱不过是自己家的事，是从前遗留下来的古老纠纷，我们不能根据欧洲人的印象加以评论。"这首名篇的诗句证明，它的矛头不是针对英勇奋战的波兰人，而是针对法国的政治家和政论家。诗人的主要论据是法国一八一二年的战败、"大火熊熊的莫斯科"、法军在"俄国雪地"上抛下的尸体。

这时战争已接近尾声。九月四日，著名的苏沃洛夫的孙子作为帕斯凯维奇的急使来到皇村，报告华沙陷落的消息。华沙是在八月二十六日攻克的，恰好在鲍罗金诺大战的同一天，这意味着战争结束。普希金在《鲍罗金诺周年纪念》里又回忆起这场古老的历史争论：

> 我们该把碉堡撤到何处？
>
> 撤到布格以东，撤到沃斯克拉，撤到利曼？
>
> 沃伦将归谁所有？
>
> 谁应该得到波格丹的遗产？……

应当指出，普希金在一八三一年的政论诗中对波兰人民并未表示仇恨，甚至在诗句中特别强调战败者从他那里不会听到"侮辱的歌声"。诗人所特有的历史感使他保持住必要的分寸，因而，所谓的"反波兰的三部曲"毫不带有对波兰民族的仇恨痕迹。

十月，普希金夫妇搬到彼得堡。在诗人的生活中，开始了一个新时期。这个时期使他同周围世界的关系越来越复杂，并且打破了他求得平静的生活环境和进行写作的计划，使他一直走到灾难的边缘。不过，家庭生活的初期尽管也有许多困难和操劳，但对普希金来说还不乏人生的乐趣和潜心的创作。

5

一八三三年夏，普希金收到一件意外和珍贵的礼品。亚历山大·屠格涅夫从罗马给他寄来一个大理石的小花瓶，这是在图斯库卢姆进行发掘时发现的。在诗人的写字台上,在手稿和书籍中间摆着一件代表已经消失的文明的千年珍品。这个洁白的花瓶的轮廓,仿佛使古代世界的形式和精神得到复活。

这个花瓶完全符合普希金这一时期的创作意图。在这一年年初,他就写了几首"仿古"诗——古代诗人作品的意译,如科洛丰的色诺芬①、希沃斯的伊翁和阿费尼②:

> 美妙的费翁笛放在这里。它是合唱的领唱,
> 是年迈失明的老人斯基尔帕尔从前的创造……

据现代的研究者证实,普希金的这些习作要比歌德的同类作品更忠实于希腊的精神,就节律而言也更为完美。普希金终其一生从未停止学习古典传说,并在其他工作中间,把自己从艺术和生活中获得的印象写成完美的六步扬抑抑格和两言诗。

然而,诗人在三十年代初,在写古希腊体诗的同时,还写了许多生根于现实生活的题材和形象。

普希金在婚后生活的初期,在创作上进行了一系列探索,为更重大、更复杂的构思进行准备。这些构思直到一八三三年末才得以实现。他的创作意图和历史研究都与解决重大社会问题密不可分。诗人越来越明显地表现出其他方面的才能:他是一个研究人员、历史学家、政论家和进行科学考察的旅行家。

他的《西斯拉夫人之歌》就属于三十年代初期的作品。

这个组诗是由几首短诗构成的,实际是普劳斯帕·梅里美的有名习作的写意。梅里美在这些诗中,极力传达多瑙河沿岸各民族的"地方色彩"("《古兹拉》,或叫《伊利里亚诗选》,是在达尔马提亚、波斯尼亚、克罗地亚和黑塞哥维那等地收集起来的")。不过,普希金另外还使用了其他资料。总的来说,为民族独立进行英勇斗争的主题是贯穿斯拉夫人之歌的组诗的基调,赋予它们以真正的历史戏剧情节。在所有的短篇叙事诗里都可以感觉出,诗人对同种同源的巴尔干各民族的

---

① 色诺芬(公元前430—公元前355或354),古希腊历史学家。——译者注
② 阿费尼(3世纪初),古希腊作家。——译者注

语言、性格、传说和诗的格律都感到亲切,从而使《古兹拉》的异国习俗带有独特的生活气息。梅里美的浪漫主义习作译成俄语之后,在普希金笔下成为真正的斯拉夫各族人民的史诗。

其中有一首描写亚内什王子的叙事诗,同普希金的诗剧《女水妖》很接近。普希金在创作少女投水的传说时,把古风的主题写成真正的人民悲剧。作者只用几个场面就有力地刻画出主要人物的性格,揭示出他们命运的必然结局。普希金按古典手法描写公爵同磨坊主的女儿告别的场面,就其心理描写的深刻和真挚而言,是他最有力的笔墨之一。发疯老人的胡说,可能是普希金描写疯狂方面的最高成就。在《女水妖》中,人民以感人肺腑的语言和抒情情调谈到自己的痛苦和内心的震动。这篇童话剧有丰富的民间题材和谚语,而其对话像水晶一般纯净,诗句富旋律感,真是达到惊人的地步。普希金由于另有创作计划和构思,而未能写完这篇深刻的、有特色的作品。但是,现在保存的片段也得到了全民的承认,并引起作曲家达尔戈梅斯基的兴趣。对诗人来说,达尔戈梅斯基是同代人中的晚辈,他根据这部童话剧创作出俄国民族歌剧中最早和最优秀的典范之一。

普希金在建立家庭、翻阅档案和书籍的年代里,仍然从生活中为自己的作品汲取素材。在莫斯科,他有个朋友叫 П. В. 纳肖金,是一个赌徒和酒鬼,经常在古老莫斯科别有特色的酒徒群中厮混。他非常崇拜巴尔扎克,而且自己也擅于讲故事,讲得生动,津津有味。普希金通过同他谈话,取得了创作长篇小说的题材。

纳肖金认识一个白俄罗斯人,姓奥斯特罗夫斯基,是个小贵族。这个人被有钱有势的邻居用狡猾拖延讼事的办法夺去了田产。他成了破落的地主,于是率领他的农民对贪官和所有污辱过他的人进行报复。纳肖金的心腹好友是监护院的官吏,为普希金搞到这份"侵吞"别人田产的案件卷宗。普希金决定把这份刑事新闻材料写成小说。他从莫斯科回来之后,便着手写长篇小说《杜勃罗夫斯基》。

这部作品情节写得非常生动。普希金在写"强盗"小说题材时,独具匠心地解决了复杂的布局问题。整个叙述扣紧着冲突,这是使文字生动的有效方法。法庭的拖延,官吏的暴戾,农奴组成社会报复的队伍,年轻的近卫军官参加这些行动并成为其中的领袖,他装扮成法国教师打入仇人的家庭,他爱上仇人的女儿并抢劫他家的客人——这里的情节发展很快,充满着意想不到的有趣冲突,使读者的注意力一直保持紧张状态。

然而,情节的离奇丝毫没有影响普希金作品一贯的深刻真实性和描写的生动逼真。小说中把叶卡捷琳娜时代的俄国各类典型人物写得像画像一样栩栩如生,好像作者取自现实的真人真事。特罗耶库罗夫曾是权势倾朝的总司令,在宫中交际甚广,生活阔绰,没有文化,却"力大无比",很像有名的阿列克塞·奥尔洛夫(关于奥尔洛夫,普希金保留着许多笔记)。特罗耶库罗夫的生活方式,带有普斯科夫著名的横行霸道的地主的特征。这些地主弄来农家少女充作后房,连县城官吏对他们也非常害怕,极力巴结逢迎。

外省官吏的群像都是根据直接观察写成的,如陪审员萨巴什金、县警察局长、县法院法官。当普希金着手管理基斯杰涅夫卡(杜勃罗夫斯基的庄园也叫这个名称)时,同这些小官吏打过交道。

普希金对古俄国偏僻地方这些掌握人民命运而腐败专横的官吏进行了尖锐讽刺。与这类遭到唾弃的"贪官污吏"相对立,小说里描写了一系列来自人民的形象。作者在描写这些形象时,倾注了极大的温暖和同情。《杜勃罗夫斯基》中的农民为人正直,坚韧不拔,与横行霸道的地主和吸血官吏的可恶集团在道德上形成鲜明对照。普希金在这里通过艺术手法表达了自己早已形成的关于盗窃国库的官吏和作恶多端的地主老爷们的看法。在普希金看来,俄国唯一值得尊敬的阶级是庄稼人。在小说中,跟专横的封建主以及对他巴结奉承的法官和警察形成对照的,是农奴乡村中活生生的富有人道的形象。他们愤然而起,对迫害他们的地主进行反抗,比如车夫安东、格里沙、米佳,尤其是铁匠阿尔希普。阿尔希普可以冒着生命危险从大火熊熊的房子里救出小猫,但是对胡作非为的官吏的污辱和迫害却毫不留情地加以报复。小说中弗拉基米尔·杜勃罗夫斯基的奶娘取名叫奥里娜,也是有象征性的,而她给心爱的孩子写的信,几乎是原封不动地照抄普希金亲爱的奶娘给他写的信。这部小说对社会的剖析,揭露出封建俄国从朝中显贵到家奴孩子各个阶层的情况,暴露出奴隶制帝国深处蕴藏着的尖锐矛盾。《杜勃罗夫斯基》在写作过程中,从"强盗"小说发展为描写农奴制俄国的出色的现实主义画面,其中有农奴主、庇护文学和艺术的富翁、公务员,也有像铁匠阿尔希普一样生动的人民形象。

小说主人公弗拉基米尔·杜勃罗夫斯基的社会心理描写也极其值得注意。他是一个"穷贵族",由于受到有权有势的大官和国家机关的残酷迫害,拿起武器,率领自己的农民起来反抗。这个人物在一定程度上表达了普希金本人的反抗。他在流放到基希涅夫时,曾向当地的大员和军官大胆提出绞死所有贵族的要求,他希望铲除农奴主横行无忌的可耻现象,给予唯一值得尊敬的阶级——农民以自由和权利。为了同地主的国家进行斗争而走到人民中间去的贵族形象,是普希金新发现的主人公,而这类人物从此成为诗人创作的中心人物,直到他逝世为止。率领自己的农奴同特罗耶库罗夫们和萨巴什金们进行斗争的近卫军官杜勃罗夫斯基,终于引导普希金创造出更为复杂的历史人物典型——参加普加乔夫起义的军官的形象。

第二章　踏着普加乔夫的踪迹

1

当描写造反贵族杜勃罗夫斯基的长篇小说接近完成的时候,普希金又听到关于十八世纪俄国军官什凡维奇投到普加乔夫方面并"全心全意"为他效力的故事。

普希金当时正在写年轻贵族背叛本阶级而替原来在他管辖下的农奴群众办事的题材,像什凡维奇这样的历史人物就更使这一题材变得尖锐。参加人民革命的近卫军官成为长篇小说中完全新型的主人公。在政府于一七七五年发布的关于处决普加乔夫及其同谋犯的布告中,有关于什凡维奇少尉的判决词,说是由于他"在匪徒之中,盲目听从僭王的命令,不肯成仁,苟且偷生",决定"剥夺官衔和贵族称号,折断悬在他头上的佩剑,以示污辱"。

一八三三年一月三十一日,普希金草拟了取材于普加乔夫时代的历史长篇小说的提纲。提纲里写主人公由于行为不轨而被流放到边远地方的卫戍军:"草原里的要塞——普加乔夫逼近——什凡维奇交出要塞……成为普加乔夫的同谋者"等等。

过了几天之后,即二月七日,普希金向陆军大臣切尔内舍夫申请,准许他阅读审理普加乔夫案的卷宗。由于材料丰富,又非常有趣,普希金不得不放下写小说的计划,着手写关于普加乔夫的历史专题著作,这样可以把有关普加乔夫的主要文件都利用上。

"我曾经打算写一部关于普加乔夫时代的历史长篇小说,但是由于发现大量材料,只好放弃原来的打算,便写了一本普加乔夫暴动史。"

富有戏剧性的报告吸引住了诗人。他于一八三三年春只用两三个月的时间就看完了主要的手写文件,并写出了《普加乔夫史》的初稿。

但在看过陆军部的档案之后,他更向往进行实地考察——寻找当代人活的见证,直接考察"普加乔夫暴动"的发源地。到那里他可以"用已经衰迈但仍然活着的目击者的话来验证死的文件",用历史的评语来检验他们已经衰老的记忆。

普加乔夫起义的活的见证人,首先是在首都的文学界找到的。在关于防守雅依茨克小城镇的档案文件中,不止一次地提到大尉安德烈·克雷洛夫的名字,他就是著名寓言家克雷洛夫的父亲。当时克雷洛夫还很小,跟母亲住在奥连堡,还清楚记得城镇遭到炮击、饥饿、被吊死以及孩提时做暴动和处决游戏的情景。这些资料对普希金很有用处,其中有一部分就写入《普加乔夫史》里了。

另一位作家——德米特里耶夫,年轻时亲眼看到普加乔夫被处决的情景。诗人从他那里得到"一页鲜明而生动的材料",并全部用于自己的叙述文字中了。

但是,还必须去当地倾听人民关于这些值得纪念的事件的见解,必须到伏尔加中游和乌拉尔山区走走,看看那里的城镇和要塞,亲身就地研究十八世纪伟大社会战争的环境和条件。

2

一八三三年八月十七日,普希金从彼得堡出发,途经冈察洛娃家族的庄园亚罗波列茨和莫斯科,九月二日抵达下诺夫戈罗德。这里是他旅途行程上第一个有历史意义的地点,也是普加乔夫起义所波及地区的边界。他在这里停留两天,并受到尼热戈罗德省长布图尔林的亲切接见。原来这位省长以为诗人是受政府委派到该省进行私访的,由此而产生出关于外省官员如何惊慌失措的快活喜剧的构思,不久之后被果戈理写成名剧,成为全世界上演的剧目。实际上普希金这次旅行不但没有任何查访的任务,而且本人还受到秘密监视。

九月五日深夜,普希金抵达喀山,在喀山待到八日。他在喀山同巴拉登斯基意外相逢,一起盘桓了一天。《艾坦》的作者给普希金介绍了当地的老住户医学博士卡尔·福克斯。这是一位古钱学家、民俗学家和喀山古代史的优秀专家。普希金在《普加乔夫史》里写道:"我感谢他对这里所描写的时代和地域提供的许多有趣的情况。"

鞑靼人的旧都对于科学考察旅行家具有头等重要价值。九月七日晨,普希金沿着西伯利亚驿路走到离城十俄里远的特罗伊茨卡亚磨坊。普加乔夫的营盘曾在这里的卡赞卡河岸上驻扎过。诗人骑马察看了阿尔斯科耶战场,当年普加乔夫的队伍带着大炮从这里推进,去攻打喀山主炮台。他还观看了被大炮打着起火的内城,特别令他感兴趣的是苏孔纳亚郊区的"索科洛夫酒店",起义的队伍就是从这里冲进城内的。

"普希金在这里第一次同工人阶级密切接触。当时俄国工人刚刚出现,为数不多,诗人平时很少注意他们,诗人过去主要是了解农民阶层。尽管我们掌握的材料比较少,但仍然可以肯定地说,这时普希金对平民百姓争取自由的斗争的同情程度要受到考验,而结果他完全经受住了这场考验,说明他不愧为具有敏锐的智慧和高尚心灵的人。"①

普希金走遍城内和四郊,归来之后,在旅途笔记里记下他对历史遗址的初步考察。他在这里仿佛实地写下《喀山》一章——专题著作的第七章。

傍晚,福克斯博士用车把他接到"扎布拉契耶"的自己家里。这个地方位于布拉克河对岸,在喀山的俄国居民区和鞑靼居民区的交界处。在这半亚洲式的街区,福克斯收藏着他的珍贵书籍、手稿和东方钱币,其中包括十分罕见的金帐汗国币。

---

① H.O.列尔涅尔:《普希金的故事》,列宁格勒,1929年。——作者注

　　这不仅是科学家的书房,而且是喀山第一家文学沙龙。福克斯的妻子是位女作家,名叫亚历山德拉·安德烈耶芙娜·阿佩赫季娜,她在家里接待当地文化界名流。这位女作家原来只写诗、轻松喜剧和童话,后经学识渊博的丈夫指点,又开始研究地方史和民俗学。这一切对旅行家来说都是很容易引起兴趣的。

　　喝完茶之后,福克斯带领普希金去见"喀山商会领袖"列昂季·克鲁别尼科夫。这是一位年迈的老人,他年轻时候曾被普加乔夫俘虏过。

　　九月十八日傍晚,诗人到达他这次旅行的最终目的地——奥连堡。他在这里遇到几个熟人:省长佩罗夫斯基和他手下的特任官达里。达里还是个军医和作家,写过一本叫作《哥萨克卢甘斯基》的童话集。他对农民的口头诗很感兴趣,由于职务的需要,经常同水手和士兵打交道,从而大大丰富了自己的语言,并把他积累下来的丰富的俄罗斯言语一点一滴地加工整理。一八三二年末,他在彼得堡用哥萨克卢甘斯基的笔名出版了他的五卷本著作的第一卷。

　　这是有才华的语文学家研究当代俄语最有趣的尝试。他"在民间故事里发现了自由的驰骋和广阔的天地……"

　　达里著作的第一卷由于具有特殊的诙谐语调和别出心裁的色彩装饰而轰动一时,甚至引起政府的特别注意。根据布尔加林的告密,这本书禁止出售,作者遭到逮捕。幸亏茹科夫斯基营救,达里才获得释放。

　　这本禁书引起了普希金的强烈兴趣。诗人对达里的著作给予高度评价并同他进行了长谈,谈到童话的写法,谈到祖国语言发展的前途,还谈到"民间土语同文言的融合"。

　　诗人认为,只有口头创作的语言才达到了俄语的真正自由:"必须学会讲俄语,而不单是在童话中……可是太难了,目前还做不到! 可是,我们的每一句谚语是多么美妙,意思多么准确,道理多么清楚! 多么可贵啊! 可就是学不到,真的学不到!"

　　普希金还同达里热烈地讨论文学。诗人"赠给"他《勇敢的格奥尔吉和灰狼》的童话故事情节,而自己对于这位民间诗歌的热情收集者讲述的丰富的口头文学听得入迷。诗人向达里津津有味地讲述他打算创造彼得一世的形象:"我直到现在还未能充分理解这一巨人……但我能用感情来领会他!"普希金表示,希望有一天他会"用这块真金塑造出点东西"。然而,这个构思在艺术家的创作意识里已完全成熟,没过多久,便在《青铜骑士》里塑造了雄伟的塑像。

作家旅行的主要目的是考察哥萨克村庄别尔达。这里曾经是普加乔夫的首府,这里的老年人还都记得他。

达里带领普希金去看具有历史意义的哥萨克村,为诗人指出保存下来的围攻奥连堡的遗迹——普加乔夫在上面架起大炮的格奥尔吉钟楼,在奥尔斯基耶和沙克玛耶耶两座城门之间的土方工程残迹以及外乌拉尔林。普加乔夫队伍当年曾想从这片树林出发,沿河冰潜入要塞。达里还告诉他,有些别尔达老太婆还记得普加乔夫的"黄金帐"——用黄铜包起来的木房。

在村中果然找到一个哥萨克老太婆,"她认识普加乔夫,见过他而且记得他"。普希金跟她谈了一上午,她叫邦托娃,生于下奥泽尔要塞。

当问她还记不记得普加乔夫的时候,她回答说①:"是的,大兄弟,没有必要隐瞒,这是我的罪过。"

"老太婆,你认识普加乔夫算什么罪过呢?""我认识呀,大兄弟,我认识他。就像现在还站在我眼前似的:一个结实的庄稼汉,长得挺壮实,肩阔腰圆,满脸大胡子,个头不高也不矮……是呀!我太认识他了,还和别人一起对他起过誓。有时候他坐在那里,膝盖上放着一块手帕,把手放在手帕上;两旁坐着他的将军,有的手里握着银斧,一下子就可以把头砍下来,有的带着银剑,对面立着绞架。我们跪在周围起誓,起完誓,一个个地画过十字,又去吻他的手,而这工夫在绞架上接连不断地把人吊起来。"

---

① 下面对话的记录,不是普希金记的,而是其他访问别尔达郊区的人记的。——作者注

老太婆向普希金讲了枪毙哈尔洛娃和她弟弟的故事①，还给他唱了几支关于普加乔夫的歌曲，"他是怎样打仗，怎样把人吊死"。

老太婆向普希金讲了关于斯杰潘·拉辛的母亲如何哭诉的动人传说（这个细节写进《普加乔夫史》中去了，只是把它说成是十八世纪的事）。这是人民的想象创造出的母亲的伟大悲剧。

"在奥泽尔要塞，有一个哥萨克老太婆天天在雅依克河畔来回走，看到漂来死尸就用拐杖钩到岸上，一边念叨：

'是不是我的孩子呀？是不是我的小斯杰潘呀？这清凉的水洗的是不是你的黑头发呀？'

然后看到一张陌生的脸孔，便把尸体悄悄地推开……"

这个题材很可以写成雄壮有力的民歌，用在关于斯杰潘·拉辛的长诗的尾声里。可是普希金只能把它放在《普加乔夫史》的附注里（原来放在正文中，被尼古拉一世删掉了），总算把这美妙而悲惨的传说保存下来（并且经过很大周折）。

这就是诗人未能完成的构思的遗迹。这个构思是要写一部关于十七世纪农民起义领袖的史诗。早在一八二〇年，初登文坛的诗人在哥萨克村落的广阔土地上，就产生了写这样一部史诗的想法。

分手时，普希金把他妻子的肖像拿给白发苍苍的老太婆看。

"她将来会唱你唱的这些歌。"他对哥萨克老太婆说，并且送给她一枚金币。

九月末，普希金抵达鲍尔金诺，在那里大约待了六周。

3

普希金这次在鲍尔金诺度过的时光，同一八三〇年一样，收获极

---

① 据普希金讲，哈尔洛娃长得美貌，是下奥泽尔要塞司令的妻子，是塔季谢瓦亚要塞司令叶拉金上校的女儿。当她的丈夫和父母在被围中遇害之后，她同意做普加乔夫的姘妇，以拯救她七岁的弟弟。但是不久，根据起义群众的要求，两人都被枪毙了。哈尔洛娃的名字在《上尉的女儿》里提到过：什瓦勃林劝说玛丽亚·伊凡诺芙娜嫁给他，并威胁说，不然就把她送到普加乔夫的营房里，等待她的将是跟丽扎维塔·哈尔洛娃同样的命运。——作者注

大。他在这里写了两篇童话:《渔夫和金鱼的故事》《死公主的故事》。他在这里还写了一部伟大的作品——《青铜骑士》。在鲍尔金诺,他把莎士比亚的《量罪记》改成长诗《安杰洛》。他在长诗中又描写了他喜欢写的皇上赦免的题材,这可能跟他经常想的被流放的十二月党人能得到减刑有关。他的《黑桃皇后》可能也是在鲍尔金诺写的,因为没过多久就发表了。

普希金在尼热戈罗德的偏僻乡村完成的主要工作之一,是把他收集到的关于普加乔夫起义的材料进行加工。这些材料已写成草稿,在这里最后修改完成。《普加乔夫史》是普希金的第一部科学著作,也是他写完的唯一的一部科学著作。

普希金的史书风格,具有他的散文作品的特点。他对散文体裁的基本要求是"思想加思想",完全不用任何"修饰",同卡拉姆辛绚烂多彩的文笔或讲演式的手法大不相同。上一世纪那种绘声绘色的写法,他用到长诗上去了,比如《波尔塔瓦》,至于史书的写法,则只讲求实际——全靠史实和文献。在他看来,史书就应该严格按照逻辑,完全是记录式的,跟形象描写和抒情描写截然不同。普希金在给伊·伊·德米特里耶夫的信中说,他在《普加乔夫史》里"只求把事实经过写清楚",至于"轶事和地方特色等等",则有意"把这些东西都放到注释里"。他把传记作为研究和再现过去的基础,而布局上的安排则更接近于古典悲剧的体裁:有中心人物进行讲述,并把读者的注意力都吸引到自己身上;而中心人物一生中事件的展开,犹如一个完整戏剧中的各幕。作者不去描写日常生活、人物肖像、私生活和假想的情节。历史学家的任务就是讲述一个人的复杂而充满风波的命运,要讲得质朴、简洁,故事的展开要迅速。

由此,普希金关于人民起义的叙述,接近于十八世纪写实的战争史体裁。对普加乔夫起义的描写,近似战争的描述。普希金主要研究了各次战役的交替、军队的编制、围城战的性质、"混乱的场所"。

普加乔夫的第一位传记作者尽管要接受沙皇本人的最高审查,却表现出真正的大胆和独立。他把普加乔夫写成强有力的人民历史活动家、出色的战略家。普加乔夫"震撼了从西伯利亚到莫斯科、从库班到穆罗姆森林的整个国家"。这是一位坚强的人民战士,他完全可能在异族侵犯之际英勇保卫祖国。在卫国战争年代,他完全可以跟游击队一起给法军以致命打击(正如普希金在他给诗人和游击队员杰尼斯·达维多夫的诗中所写的那样):

> 在你的先头部队里,
>
> 他将是个勇敢的军士。

形象的宏伟规模使这篇传记显得有意义、有感染力和极其深刻。这个杰出人物不平凡的命运,深刻揭示出政治冲突和官府镇压的残酷。这位领导起义的哥萨克、农民、乌拉尔矿工和伏尔加沿岸东方部族的领袖的传记,被写成人民的悲剧,写得像图纸或报告一样准确,《普加乔夫史》就是这样的史书。时代的生活特色和心理冲突是在另一部作品中表现出来的,这就是描写攻占白山要塞的长篇历史小说。

尼古拉一世在《普加乔夫史》的手稿上写了一系列批评意见,是毫不足怪的。他首先改动了标题(他的根据是"普加乔夫作为罪犯是不能为之树碑立传的"),他还反对普希金的如下评语:"光荣的叛乱者"或"可怜的囚犯"。

第三章　北方长诗

1

普希金由于厌恶尼古拉的黑暗现实,便去歌颂"我国光荣的古代"。他对俄国的光荣历史十分熟悉,十分珍视古代国家的昌盛和英雄人物。他尤其对彼得时代感兴趣,"波尔塔瓦的英雄"尽管性格复杂,毕竟带有旧制度强有力的破坏者的特征;诗人把彼得所干的事业看作一场"革命",而把他的形象同斯杰潘·拉辛、罗伯斯庇尔和普加乔夫相比拟。关于彼得的两首长诗,是在二十年代和三十年代之交他的史诗发展的两个主要阶段。

车尔尼雪夫斯基写道:"他想成为表现俄国历史的诗人。《鲍里斯·戈东诺夫》《波尔塔瓦》《青铜骑士》的产生,在一定程度上也包括《上尉的女儿》,不仅仅是由于创作上的要求,而且由于想要表现他对俄国历史现象的一定观点的愿望。"

一八二八年,普希金开始用浪漫主义风格写历史长诗,《波尔塔瓦》的初稿就是在这时完成的。

普希金对马泽帕的形象给予新的解释。普希金不同意乌克兰和波兰的一些人士美化这位盖特曼的做法。他就这个题材曾同密茨凯维支进行过热烈争论,并坚决反对雷列耶夫的构想。雷列耶夫于一八二四年把这个具有强烈虚荣心的政治家写成人民的英雄和"自由同专制的斗争"中英勇的领袖。普希金反对某些作家把马泽帕描写成"第二个波格丹·赫麦里尼茨基"的倾向。

普希金认为马泽帕是"叛乱的盖特曼",是俄国的叛徒,同马泽帕相对照的是彼得——新国家的真正建设者。这种思想跟十二月党人对国家改革者的人格的崇拜完全一致。尼古拉·屠格涅夫写道:"我们歌颂布鲁图斯的爱国主义,可是对彼得的爱国主义却一声不响,尽管彼得也为祖国牺牲了自己的儿子。"

这类评价跟普希金的想法完全一致。他写这首长诗,就是为了歌颂"波尔塔瓦的英雄"。在描写汉尼拔的长篇小说的前几章,他也刻画了彼得的形象。

诗人用历史故事揭示一种惊人的心理现象——"被拐骗的女儿和被处死的父亲的故事",这个故事就成为新长诗的情节基础。在雷列耶夫的《沃伊纳罗夫斯基》中,马泽帕的骇人听闻的不道德行为就令普希金感到吃惊,如今在普希金笔下,这种不道德在"小俄罗斯君主"的国务活动中成为使他灭亡的叛变行为——他利用彼得的绝对信任,暗中同莫斯科的一切敌人——波兰、瑞典、土耳其、顿河哥萨克和查波罗什赛切①相勾结,准备共同进攻俄国。这个恶魔的庞大活动同时代的政治事件的悲剧交织在一起。这些政治事件只有到彼得和查理在波尔塔瓦相会时才得以武力解决。普希金在谈到《波尔塔瓦》的诞生过程时写道:"这些坚强的人物和笼罩着这些恐怖事件的深刻悲剧气氛吸引了我。"

诗人从这些材料出发,创造一种新的史诗布局法:伟大政治事件在家庭冲突的背景上展开,并通过主人公的内心活动来加以感受。乌克兰暗地酝酿着的不满,伊斯克拉和科楚别的被处死,查理在秘密同盟者的协助下的粗暴侵略——这一切同年轻的玛丽亚跟年老的盖特曼不寻常的恋爱故事交织在一起。

普希金为了表现历史题材,需要有一个爱情情节。他把历史的艺术再现安排在一对情人在狂风暴雨的政治时代条件下的奇艳故事的基础上。他用这种方法接近了波尔塔瓦之战的主题。普希金认为,盖

①　赛切,十六至十八世纪间逃亡哥萨克在查波罗什成立的独立组织。——译者注

特曼诱惑科楚别的女儿这件事,是"惊人的特征"和"可怕的事件"。长诗的布局从家庭的矛盾开始,进而发展到政治冲突:从马泽帕求婚、遭到拒绝、拐走玛丽亚,发展到受污辱的父亲的报复、上告"为非作歹的盖特曼"、伊斯克拉和科楚别受刑与被处死。在宾捷雷产生的历史长诗的模糊构思,如今安排到一部爱情故事的结构之中。普希金抓住了故事情节的线索,于一八二八年十月动笔写他的"彼得颂",只用了两三周的时间,《波尔塔瓦》就完成了。

南方长诗和《叶夫根尼·奥涅金》在抒情上都下了很大功夫,可在这里却没有着意发挥。《波尔塔瓦》主人公的个人遭遇只是用来衔接和贯穿历史形象与画面的,以便使这些形象和画面具有必不可少的结构完整性和得到自然的发展。如果把尽人皆知的成语变通一下,可以这样说:玛丽亚和马泽帕的爱情故事对普希金来说是中心情节,可以用它把历史战役引出来。长诗情节的全部意义和价值,在于表现彼得时代,表现瑞典、乌克兰和俄国的斗争;刻画彼得、查理、马泽帕的形象,在于描绘波尔塔瓦、宾捷雷和《青铜骑士》的彼得堡。一八二八年的长诗的尾声已经预示着彼得堡的诞生。

普希金在《波尔塔瓦》中首先是一位历史诗人。在这首长诗里,紧张的情节和生动的描写都是用来表现国家之间、军队之间和民族之间的冲突的。长诗的主人公并不是马泽帕和玛丽亚,甚至不是彼得,也不是作为历史战役的进攻基地的波尔塔瓦,而是进行伟大改革的整个时代:

> 那是个混乱的时代,
>
> 当时俄罗斯还年轻,
>
> 它在斗争中不断增长力量,
>
> 同彼得的天才一起成长壮大。

长诗的中心思想和动人之处就在于此。普希金作为历史画家,在写这首长诗时不知要比写《鲁斯兰和柳德米拉》成熟多少倍。在诗人从早期长诗向三十年代作品迈进的路程上,这是一个重要阶段。普希金作为历史学家的天才也在不断"成长壮大",已经超过不久之前还令他陶醉的抒情长诗的形式。诗人仿佛急于摆脱爱情情节,以便在描写历史题材的作品中表现他的全部才华,因为历史是这首长诗构思的真正的灵感源泉。

当有关国家大事的题目排斥了爱情情节而在长诗中占主导地位的时候,他的诗句马上变得铿锵有力,生动活泼:

> 那些崇拜血腥古代的人们
>
> 希望挑起人民之间的混战,
>
> 他们怨声沸腾,傲慢地要求
>
> 盖特曼打开他们身上的锁链。
>
> 于是怀着轻浮的喜悦心情
>
> 盼望查理,盼得望眼欲穿。

历史人物的形象是用大胆而鲜明的笔触写的。查理十二、马泽帕、科楚别、帕列、奥尔利克莫不如此,他们典型的重要历史特征都刻画得淋漓尽致。而在所有这些形象之上,则是彼得的宏伟形象。这一形象写得有连贯性——在厮杀的早晨、在临战之前的中午和在帐篷里的傍晚,三幅简洁的速写以令人难忘的特征勾画出这一历史人物的全貌。彼得的面容是故意按照十八世纪宫廷肖像的笔意描绘的,写得庄严、英武,充满了赞美和敬畏("好像一位天神,浑身闪烁着令凡人睁不开眼的尊荣的霞光,伴随着雷鸣和闪电从我们面前走过。"——别林斯基这样写道)。然而,历史画的杰出大师透过庄严文体的修饰语毕竟可以令人感觉到彼得活生生的形象——精神抖擞,膂力过人。

同长篇小说《彼得大帝的黑奴》和一八二六年写的歌颂彼得堡的建造者和俄国的启蒙者的斯坦司体比较起来,《波尔塔瓦》对彼得的写法完全不同。在这里他被写成军事的天才、俄军的改革者、大决战的指挥者和伟大胜利的组织者。诗人第一次把主人公放在同恶势力的伟大斗争中加以描写,这些恶势力的目的是企图蹂躏彼得新建的国家。在北方战争的宏伟事件的背景上,"俄国和彼得的敌人"有如阴森不祥的幽灵。诗人以不可反驳的事实证明,怀着追求虚荣的心理的查理十二和马泽帕将永远受到历史的谴责。

普希金以极其简洁的文字说明瑞典的征服者注定要灭亡:"勇敢的查理滑向深渊,因为他竟敢向古老的莫斯科进军……"这将是永远正确的历史结论:向莫斯科进军就意味着滑向深渊! 普希金又立刻指出,在百年之后的"今天",即一八一二年,类似的企图也遭到失败,仿佛借此预言,将来不论什么人企图进犯祖国的心脏,必然要遭到同样可耻的下场。

瑞典国王尽管采取了非常狡猾和果断的计策,但也都落空了。他在遇到抵抗之后,企图给予对方意想不到的打击,便从斯摩棱斯克大路拐向南方:"查理突然改变方向,把战争推到乌克兰境内……"可是就连这个战略大转移也没有使他免于必然的灭亡——在新战场上等待他的,正是在彼得领导下武装起来的俄国人民:"你的死期已经不远了,你终于遥遥地望见了波尔塔瓦的土墙……"赌注已下,于是命运也就定了。瑞典统帅为一七〇〇年纳尔瓦大捷而自豪,没曾想过了九年之后,迎接他的是俄国的新型军队,经彼得改造的精良军队:

> 于是强大的查理怒气冲冲地看见,
>
> 他眼前已不是纳尔瓦不幸的逃兵——
>
> 散散漫漫的乌合之众,
>
> 而是一排闪闪有光的整齐队伍——
>
> 纪律严明、动作迅速而镇定,
>
> 和纹丝不动的一排刺刀。

马泽帕,这为了取得乌克兰的王冠而投靠所向披靡的查理的"俄国沙皇的叛徒",一看到彼得的正规军,立刻明白自己犯了政治错误。这个盖特曼原来想打一场内战,取得"血腥的自由",造成内讧和混乱。如今他的计划被打乱了,因为乌克兰人民不肯参与叛乱,他想借助外国的军事胜利取得最高权力的算盘也落空了。在开战的前夕,马泽帕一看到波尔塔瓦多面堡难敌的防御工事和俄军坚如磐石的前线,确信自己的打算必然要失败。他也清楚看到"好斗的流浪汉"的轻浮,他竟然用很久以前的胜利来衡量"彼得巨人"(过了不久,普希金就这样称呼彼得一世)前所未有的新型军队。这个没有祖国的叛徒在一小撮叛乱的哥萨克中间,由于自己的不祥预感而郁郁不乐地观看这场保卫祖国和祖国未来的伟大决战。

长诗中对波尔塔瓦之战的描写,在史实上异常准确,在艺术上雄壮有力。这场著名的战役是在黎明时分开始的("东方又燃起了早霞")。瑞典人向俄军前沿阵地展开猛烈冲锋,俄军用旋风般的炮火还击("瑞典人穿过战壕的炮火向前冲……");碉堡后面的大炮给予进攻的瑞典军队以致命打击,使瑞军精锐部队陷入一片混乱;罗森将军带着散乱的纵队退却了,缅希科夫包围了什利彭巴赫团:

> 瑞军的进攻被大炮打退,
>
> 士兵乱作一团,纷纷倒毙。
>
> 罗森从人群中间溜走,
>
> 暴躁的什利彭巴赫束手就擒。

到了上午十点,战斗进入决战阶段。当敌人的队伍到达俄军主要工事的时候,彼得组织了反攻("响起了彼得洪亮的声音……")。两军互相逼近,进入步枪射程之内,射出猛烈的炮火。火枪兵和骑兵在隆隆的炮声中厮杀,开始了一场空前的毁灭性大混战:"炮声隆隆,战马嘶鸣,马蹄声,呻吟声,到处是死亡和地狱。"然而,祖国土地保卫者争取胜利的意志占了上风。十一点,俄国骑兵决定了战局,他们包抄了瑞典军队的两翼,吓得他们抱头鼠窜("再加一点压力,敌人就溃逃了。骑兵立刻跟踪追击……")。在俄国骑兵的追击下,瑞典人跑到第聂伯河边。波尔塔瓦之战结束了("彼得在欢筵……")。

普希金所描写的战斗场面,不论就其历史的准确性还是画面的雄浑气魄,都同样令人惊异。彼得是新国家的积极建设者,在这里又被写成新国家的坚决保卫者。彼得作为天才的统帅、宏伟的作战计划的制定者,俄军在决战关头的鼓舞者和指挥者,取得了具有重大政治意义和文化意义的胜利。正如普希金所指出的,"人民改革的成功是波尔塔瓦之战胜利的结果……"

于是各民族的命运和各国纷争的混乱局面得到了解决。彼得的历史性举动战胜了他的敌人的个人打算和居心叵测的企图。在普希金的长诗里,查理的冒险行为和马泽帕的阴谋诡计,是和彼得的保卫祖国的天才思想相对立的。彼得这一思想是由武装起来的民族在波尔塔瓦胜利的不朽功绩中加以实现的。在这场历史性争霸的紧张残酷的较量中,俄国人民取得胜利,并成为一支伟大的军队。在长诗的尾声中,为波尔塔瓦英雄塑造的"宏伟纪念碑",高耸在阴谋和贪欲的阴暗泥潭之上。在彼得堡为彼得修造的塑像总是令诗人感到激动,浮想联翩。那塑像上的彼得是一位头戴桂冠的胜利者,挥着威严的手势,露出洞察一切的目光,跃马飞驰,而在快马的蹄下是一只蜷曲的长蛇。

> 只有你,波尔塔瓦的英雄,
>
> 在北方最强盛的国家里,
>
> 在它那依靠战争决定的命运中,
>
> 为自己树立了宏伟的纪念碑。

普希金的英雄长诗既歌颂领袖,也歌颂人民。在这场残酷的战争中,俄国人民坚定不移、英勇顽强地捍卫祖国的土地,打退异族的侵略,"前队倒下去,后队马上跟上来"。

普希金在描写彼得时代的主题时,善于保持当时的艺术风格特色,使之带有当时那种装饰艺术的庄严气氛和象征胜利的图案特色。

古代文学家在笔记中指出,十八世纪诗歌总是跟在绘画后面,如杰尔查文就喜欢在诗中表现风景和颜色。《波尔塔瓦》中描写同瑞典人之战,在一定程度上就是按照古代战事画家的传统完成的。为了做到这一点,普希金放弃了浪漫主义长诗的哀诗风格,在描写攻占堡垒或歌颂胜利的统帅时,便采取赞美的颂诗体裁,故意借用罗蒙诺索夫的语汇。这些手法有助于普希金达到历史现实主义,使人通过具体的现象和形式深刻感受到时代气氛。

2

到了一八三三年,彼得的形象仍然吸引着普希金。他在奥连堡曾对达里兴致勃勃地谈到他打算描绘"这个巨人"的想法。彼得作为革新者的魄力令诗人折服,然而他的性格又很复杂,充满矛盾。普希金为了处理彼得的性格问题,花费了很多时间,经过了痛苦的思考。普希金在一八三五年的笔记里就指出过这个人物的两重性:"在彼得大帝的国策和临时指令之间,有着令人惊异的差别。前者是经过充满善意和智慧的深思熟虑的结果,后者往往残酷而古怪,仿佛是用皮鞭写的。"普希金"经过考虑之后",决定把改革者的设想与彼得个性的"专横和野蛮"所形成的鲜明对照"写进彼得的传记里去"。过了不久,他研究了大量材料,形成了写长诗的想法,不过在长诗中必须对主人公加以艺术概括,保持气势磅礴的完整性。正是由于这个缘故,普希金在一八三三年着手写《青铜骑士》的时候,没有把这一历史形象建立在揭示他的矛盾上,而只建立在塑造彼得富于强大创造力的性格上。在关于彼得的长诗中,"专横跋扈的地主"完全被为国家千秋万代创建大业的英明君主的形象排挤掉了。

普希金对彼得的人格的理解,这时与他对伟大政治变革的新认识有关。他在早年曾崇拜桑德、卢维里或黎耶哥一类单枪匹马、富于牺牲精神但注定失败的英雄,如今则不然。如今他认为未来的真正创造者必须是代表"历史的创造精神"的英雄。这样的英雄有力量扭转时代的车轮,勇敢地指挥同代人的劳动和思想前进。彼得使俄国站立起来,所以他是俄国的救星,尽管他是用"铁嚼子"来拯救俄国的。他作为同黑暗势力做斗争的战士和祖国的伟大改革者的意义就在于此。无怪乎普希金在三十年代把彼得一世的名字跟拉辛和普加乔夫等量齐观,因为在他看来,他们都是俄国革命运动的领袖人物,只是属于不同类型而已。对他来说,彼得现在已经是"具体实现的革命"。普希金并不完全同情彼得的这场革命,但却崇拜他的力量和行为。他在一八三六年给恰达耶夫的信中写道:"彼得大帝一个人就代表着整部世界史。"

别林斯基作为普希金作品的第一个批评家,准确发现了《青铜骑士》的这一基本思想:"这篇长诗是对彼得大帝的赞歌,是诗人所能想象到的最为大胆的赞歌。这位诗人不愧为伟大改革者的歌手。"

长诗的另一个主人公,是注定要同"命运的强大主宰者"进行较量的叶夫根尼。作者把他写成软弱的人,对于政治反抗的重大行动,他是毫无准备的。他贫穷而且缺乏才干,他没有"才智和金钱",而这两件东西正是推动社会的主要动力。所有通向成功和广阔活动场所的道路对他都是关闭的。他既不像彼得代表革新思想,也不是思想家、建设者或斗士。一开头,叶夫根尼被写成小人物,他把个人幸福和家庭舒适的问题看得比国家大事和民族发展的伟大目标还重要。彼得修建彼得堡,阻挡敌人进攻俄国,并招徕全世界的商船,而叶夫根尼把帕拉莎看得比彼得堡还重要。他生来好做甜蜜的美梦和追求家庭的安逸,根本不理解政治斗争的规律。历史的发展道路和国家建设者的伟大任务都超出了他的视野。

然而,叶夫根尼所经历的灾难使他发生了变化,从个人痛苦的深处产生出对世界体制富有哲理的认识:

……或者我们的全部生活

就像空虚的梦一样毫无价值,

只不过是上天对大地的嘲弄?

与此同时,他产生了批判精神(指对彼得堡的建造),对"创造奇迹的建设者"的大胆反抗也越来越强烈。对生活的新的深刻感受,使这个消极的旁观者同"半个世界的统治者"发生一场大搏斗。然而,青铜巨人刚刚做出一点反应,就把他吓跑了,吓得发疯了。

普希金的哲学思想就是这样逐渐成熟的。诗人现在和创作《匕首》的时期大不相同,他谴责一切单枪匹马、同人民没有联系因而注定失败的政治活动。拉吉舍夫的著作,考兹布和别里斯基公爵的被刺,西班牙、那坡利、葡萄牙、彼得堡和华沙的军事密谋——这一切形成一个统一的印象,就是"敌我悬殊",就是绝望的、缺乏理智的、导致整个伟大事业遭到失败的勇敢。普希金在一八二八年的书信和笔记中,谈到"疯狂的"想法、"不幸的"起义参加者,谈到他们的武器"微不足道"、他们的敌人有"无限的力量"。普希金一八三〇年在评论《参孙笔记》的文章中，谈到"疯子卢维里"。

这类修饰语已经为《青铜骑士》的构思和语言做好了准备。不过，跟二十年代反动的欧洲不同，普希金长诗的中心人物是缔造国家的伟大英雄。这场斗争的悲剧在于，反对历史前进的雄伟力量是一个单枪匹马的反抗者。他一方面注定要灭亡，一方面却坚信自己的正确，极力维护自己关于正义和智慧的观念。

这样的形象早就引起普希金的注意。起初，诗人甚至打算把叶夫根尼的命运同他的某个祖先联系起来，因为他的祖先在彼得时代曾经勇敢地站出来反对"修造圣彼得堡"，并且参与了火枪兵暴乱。诗人恰好在写《青铜骑士》的同时，写了关于一六八二年莫斯科暴动的小说提纲。在这部小说里，将要写一位"火枪兵上校"。这显然就是指有名的齐克列尔，他于一六九八年三月四日同费多尔·马特维耶维奇·普希金一起被处死刑（"我的高祖同彼得不睦，为此被送上绞架……"）。在《青铜骑士》的初稿和《我的主人公的家谱》的手稿中，都用同一种写法来描写叶泽尔斯基家族在彼得时代的遭遇：

其中有一个人被枭首断肢，

因为他参与了火枪兵暴乱。

在旁边注明："由于同齐克列尔有牵连"。

另一些注明是："由于跟旧教徒和火枪兵站在一起"，"由于同公主有瓜葛"，"由于索菲亚"……

长诗主人公叶夫根尼应该继承这位祖先的传统。在《青铜骑士》中，彼得的新对头被写成"在卡拉姆辛笔下"盛极一时的历史上名门望族的破落子弟，也就是说他家在中世纪俄国很有名望，如今则完全被遗忘了。

随着构思的发展，反动反抗的主题让位于更为深刻的哲学和政治问题——广阔而概括地揭示出只关心个人小天地的人被历史的无情进程踏得粉碎的悲剧。代表历史的就是策马奔腾、势不可挡的青铜骑士的形象。

毫无疑问，普希金对历史前进道路的这种理解，同时包含着对于同时代进步分子在注定失败的斗争中遭到惨败的悲剧的深刻感受。于是诗人从描写家族传说中的"暴躁的火枪兵",进而描写新型的"孤独的自由播种者",而他同这些播种者有着密切的交往。

普希金对叶夫根尼就像对自己在青年时代喜爱的单枪匹马进行斗争的英雄一样充满怜惜之情;不过,到了一八三三年,这类人物"教训沙皇"的做法,已不能使他感到满足。他同一八二一年一样,对自己的"受难者"深刻同情,但是,如果说当时他认为卡尔·桑德的坟墓对"罪恶势力"构成永恒的威胁的话,那么现在在他笔下失败的反抗者便死得毫不光彩,无声无息,甚至连个墓碑也没有,只是由默默无闻的陌生人"为了上帝"才把他埋在荒凉的小岛上。

和他相对立的,是被塑成铜像的英雄形象。这位英雄胜利地实现了自己的革命理想,在欧洲海的海岸上建造了一座新俄国的堡垒。和软弱无能而终于发疯的反抗者相对立的,是充满"伟大理想"的国家建筑师;和被洪水冲到荒岛上的破旧小屋相对立的,是"宫殿辉煌、钟塔林立"的庄严的彼得堡;和叶夫根尼的恐吓"走着瞧吧!"相对立的,是长诗的序诗:

> 啊,彼得的城,有多么堂皇富丽,
>
> 你要像俄罗斯一样坚如磐石……

普希金对代表着历史前进步伐的改革者彼得的崇拜,从来没有表现得这么强烈。这首长诗不可比拟的伟大之处,就在于它那宏伟的构思——把革命写成国家的建设事业。

"彼得堡的故事"的诗句,无论就其节奏铿锵还是语言鲜明有力来说,在俄国诗歌中都是不可超越的。连疯人的谵妄在这首长诗中都带有宏伟雕塑的轮廓:

> 于是,他看到一个背影,
>
> 巍然耸立,安然无恙,
>
> 俯瞰着泛滥成灾的涅瓦河,
>
> 把一只手举起,伸向前方,
>
> 原来是骑在铜马上的偶像。

普希金在《青铜骑士》里跟法尔孔纳①一样,是用雕刻刀来表现自己对彼得的看法的,并最后把它浇铸于青铜之中。

---

① 法尔孔纳(1716—1791),法国雕塑家,彼得一世的这座青铜像就是他制作的。——译者注

第四章 "在金玉其外的权贵中间"

1

一八三四年三月二十五日,星期日,普希金应国务会议成员斯佩兰斯基(印制诗人的《普加乔夫史》的印刷所归他管辖)的邀请参加宴会。席间,大家议论起亚历山大皇帝在位时的朝政。

诗人对国务活动家说:"您和阿拉克切耶夫站在这个王朝两扇相反的大门里,一位是恶神,一位是善神。"

斯佩兰斯基对普希金十分器重,听到诗人的赞誉十分高兴。早在《鲁斯兰和柳德米拉》刚一问世时,这位被流放的大臣在从托波尔斯克写的信中就谈到年轻诗人:"他真有气派,有天才的翅膀。"这次,著名法学家可以详细论证自己对普希金的才华的赏识,这时普希金已经不仅是诗人,而且是散文作家、学者和传记作家,斯佩兰斯基在结束自己对诗人的赞许时说:"您要写自己时代的历史。"

这原是普希金的凤愿之一。他在一八二七年曾对武尔弗说:"应该描写当代的事件,现在已经可以写尼古拉在位时期和十二月十四日。"

从一八三四年起,普希金得到密切观察目前国家管理情况的有利条件。一八三三年十二月三十一日,他被"封"为宫中低级侍从(普希金在他的日记中写道:这种官职"在我这种年龄颇不适宜"),于是决定利用接近宫廷的机会,把宫廷代表人物真实而尖刻地刻画一下。

普希金常常陪妻子去阿尼奇科夫宫,或去舒瓦洛夫家、乌瓦罗夫家、萨尔蒂科夫家、特鲁别茨科伊家和菲克尔蒙家参加舞会,收集到讽刺彼得堡官场的非常丰富的材料。诗人有机会经常观察尼古拉一世,在日记和书信里记下一系列评语,这些评语证明他又"回到反对派立场"(正如他对武尔弗公开申明的那样)。他谴责沙皇在人民忍受饥饿的年代,恬不知耻地、毫无意义地在宫廷宠臣身上花掉巨额钱财;他批评让声名狼藉的人窃居高位,批评一国之君任意破坏法制,破坏近卫军招募新兵的规定,批评沙皇专横地禁止俄国人侨居国外,批评沙皇不礼貌地干涉臣民的家庭私事。"不论怎么说,当一个专制君主也颇不容易。"

普希金还斥责沙皇生活放荡。诗人清楚知道这个好色之徒的君主对他美貌的妻子居心不善。他在日记里写道:"宫廷要 H. H. 到阿尼奇科夫宫跳舞去。"这里用的"宫廷"就是皇帝的同义语。当普希金被任命为宫中侍从之后,尼古拉一世于一八三四年一月便公开追求娜塔丽亚·尼古拉耶芙娜。普希金的母亲于一八三四年一月二十六日写信告诉女儿说:"在鲍勃林斯基家的舞会上,皇上和娜塔莎一起跳卡德里尔舞,在进晚餐时又坐到她身边。"尼古拉一世竭力把自己扮成娜塔丽亚·尼古拉耶芙娜的崇拜者、舞伴和"骑士"。

在诗人写给妻子的信中明显流露出他的妒意和担心("不要跟沙皇调情"等等)。如果说亚历山大一世受到普希金讽刺诗的斥责,那么尼古拉一世则遭到诗人在日记和书信中正当的责骂。

普希金对尼古拉的股肱之一、副大臣涅谢耳罗德的印象也非常坏。这是一个冷漠和无才的官僚,在国际事务中奉行梅特涅政策,因此得到一个很恰当的绰号——"俄国外交部的奥地利大臣"。

普希金在将近二十年的社会生活中,在职务上一直同沙皇这个掌管外事的无能仆从打交道。涅谢耳罗德一贯讨好反动的欧洲,瞧不起俄国,仇视任何独立思想的表现。正是他向亚历山大一世报告了普希金的情况,而他做出的结论严重影响了失宠诗人的悲惨命运。这是一个经过严格伪装的敌人,不大与人交往,难于接近而又无可指摘。他由于得到皇帝的赏识和显赫的爵位,拥有巨大的财产、国际声望和高级政治勋章,使得下属的不满对他无可奈何。这几乎使诗人无法刺伤他,并在政府同不满的"作家"进行的秘密斗争中,为这个有权势的大臣提供了大好机会。

然而,普希金十分了解涅谢耳罗德的性格,在日记中顺便也斥责了他。这个副大臣以爱财如命闻名,诗人于一八三三年十二月十四日记述道:"科楚别和涅谢耳罗德各得二十万救济款,以养活他们饥饿的农民,——这四十万一定落进他们的私囊……社会上议论纷纷,而涅谢耳罗德和科楚别则举行舞会(这也是讨好宫廷的一种手段)。"

伟大作家在内心深处是与这些饥饿农民密切相关的。在舞会的大厅里和宫廷的招待会上,在花枝招展和熙熙攘攘的人群当中,他经常感到自己同无权而失望的农民群众的深刻联系。彼得堡上流社会和宫廷里热闹的酒筵不断在他的脑际唤起饱经忧患、濒临死亡的人民形象。普希金在计算为庆祝继承人成年而举行的舞会时指出:"舞会要举行五十万次。饿得要死的人民该怎么说呢?"

"最高"政府当局对《自由颂》的作者怀有难以消除的不快是毫不奇怪的。然而,这个副大臣的夫人对普希金也怀着特殊的敌意。她是全欧保皇派最著名的代表人物之一,又是尼古拉彼得堡第一家政治沙龙的女主人。按照她的崇拜者法国保皇党人法卢的说法,这是一个"固执而残酷的"女人。她在彼得堡代表着最凶恶的反革命势力,这股势力是在巴黎城郊圣热尔芒村和维也纳梅特涅的沙龙里滋生起来的。她在法国波旁王朝复辟时期住在那里,专门周旋于"超级保皇党"中间。她从巴黎给丈夫写信说:"我在此地的所见所闻,都使我对'自由'一词感到莫大厌恶";"如果我是俄国君主,我将不会拒绝'独裁者'的绰号"。

从最后一句话里可以感觉出,M. Д. 涅谢耳罗德是个活跃的政治家,实际上她也确实如此。在欧洲社交界,她是俄国外交部的非正式代表,因为外交部属于她身居高位的丈夫领导。从事完全为反动势力效劳的政治活动,就是她的使命。她住在巴黎时,在沙龙里常和泰莱朗、夏托布里安和未来的路易·菲利普见面,不过她认为这些名人的沙龙不如议会。在议会,她可以听到有名演说家的讲演,她对议会争论的问题非常感兴趣。她无疑有过人的智慧和丰富的政治经验。

涅谢耳罗德伯爵夫人对任何"自由主义"都抱有不可调和的仇恨,这便决定了她同普加乔夫第一位传记作家的相互关系。关于他们互相仇视的原因,有各种各样的离奇传说,都是不值一提的。应该认为,普希金所以仇视这个副大臣夫人,就是因为她是"寡头政治议会"的代表,是全欧反动势力的堡垒,是政治敌人。

普希金在他的杰出小说中,曾经描写过这些名门贵胄中的一位贵妇人,这人就是赫赫有名的宫中女官——女侍从长娜塔丽亚·彼得罗芙娜·戈利增娜。她曾是十八世纪俄国封建贵族的领袖人物。这个"长胡子的公爵夫人"已经九十开外,身经六个王朝,同叶卡捷琳娜关系甚为密切,曾经被介绍给玛丽亚·安东尼①。法国革命爆发后,她决计在彼得堡建立欧洲贵族的新堡垒。她还是法国帝国复辟主义在俄国的奠基人和领袖。每逢她过命名日,沙皇也要前去祝贺。外国公使还要像觐见皇帝一样去觐见她。

戈利增娜的孙子向普希金讲过一个故事:有一次他输掉很多钱,前去找祖母要钱。这个吝啬的老太婆不肯给,不过告诉他三张保准能赢的牌——这是在巴黎时著名冒险家圣热尔芒告诉她的。

普希金立刻感到,这个故事情节包含着一篇出色小说的核心。小说可以写出革命前巴黎和现代彼得堡形成对照的动人生活场面,可以写金钱、赌博、输光等诱人情节,并以老伯爵夫人作为情节中心的典型人物。在一八三四年三月出版的《读书文库》上,登出了《黑桃皇后》,这是世界文学中最完美的小说之一。小说里把彼得堡贵族的偶像戈利增娜伯爵夫人写成专横霸道、性情乖张的老太婆,她把养女折磨得要死。普希金在他的小说中把输钱的公爵改成穷工程师。这个穷工程师一心想赢一笔大钱好摆脱穷困,发财的念头渗透他的全身。戈利增讲的故事,结局很完满,而小说则改成悲剧的结尾:原来的打算落空

---

① 玛丽亚·安东尼(1755—1793),法国路易十六的王后,法国大革命时被处死。——译者注

了,主人公疯了。小说写得十分简洁,结构线索非常清晰,中心人物写得大胆新颖,情节发展迅速,最后导致不可避免的惨剧。由于这些特点,只用几页篇幅便展开了一个有才华的穷人要求有个正当地位而落得悲惨下场的故事,揭示出一个带有波拿巴的决心和伪善的杀人不眨眼的征服者的新形象。

这篇小说受到各个阶层的好评——开头甚至在赌场和上流社会的客厅都有口皆碑。普希金在他的日记里写道:"我的黑桃皇后轰动一时。赌徒们都专押三分、七分和老 A。宫廷里都发现老伯爵夫人和娜塔丽亚·彼得罗芙娜(戈利增娜)公爵夫人极其相似,并且好像没人怪罪……"

但是,这篇小说渐渐得到其他阶层的承认,并成为欧洲小说经典作家们的典范。像普劳斯帕·梅里美和亨利·德·兰尼埃①这样精明的体裁大师都从《黑桃皇后》学习创作简洁的悲剧小说的技巧。

2

诗人赢得的全国荣誉,同他的宫中侍从官衔大不相称;他"在人民中享有的声望",同宫廷礼节的官场做戏形成鲜明对照。这一切自然要成为人们广泛议论的题目。在彼得堡的客厅里传播着一幅讽刺画,上面画着诗人拿着一把钥匙——宫中高级侍从官衔的标志,往嘴上放,准备吻它。这幅政治漫画含义很明显:热爱自由的诗人梦想得到宫中的高级头衔。

在上流社会流传的攻击文章,内容也大致相同。H. M. 斯米尔诺夫说:"这次传出卑鄙的诽谤,说是普希金的感情已经发生变化,仿佛他变得好谄媚逢迎和胆小怕事;说他珍惜荣誉,害怕这种看法不被群众接受,从而失去人民的爱戴。"

所有这些攻击,根本不符合普希金的真正思想状况。他当时正准

---

① 兰尼埃(1864—1936),法国诗人,小说家。——译者注

备写一系列具有艺术价值和学术价值的大部头作品,一心想完全离开宫廷,离开"肮脏的彼得堡",回到乡村去,闭门著书。一八三六年,他在一篇文章中无意间说出一句名言:"甘愿遭受放逐的天才。"他在这一时期写的书信,都充满了对乡村生活的思念和对皇都生活的厌恶。

是时候了,我的朋友,是时候了!

我的心渴望得到安宁……

一八三四年六月二十五日,诗人采取了坚决步骤:他向官府提出辞呈。但是,宾肯道夫冷冰冰的答复,沙皇不许他再查看档案的禁令,茹科夫斯基的激烈反对,使普希金不得不撤回辞呈。宫廷的锁链他未能斩断,甚至连放长一些也办不到。

一八三四年末,普希金同这一阶层的一个代表人物关系搞得非常紧张。当他的《普加乔夫暴动史》(尼古拉一世把普希金的《普加乔夫史》改成这个名称)问世之后,国民教育大臣 C. C. 乌瓦罗夫急忙宣布普希金这本书富有煽动性,是本危险的书。顺便说一下,这个乌瓦罗夫就是把专制制度、东正教和农奴制综合为一体的名言的发明者。

普希金在一八三五年二月的日记中写道:"乌瓦罗夫卑鄙已极。他大喊大叫,说我的书是唯恐天下不乱……这是个大坏蛋和招摇撞骗的家伙,他的道德败坏尽人皆知。他竟然卑贱到这种地步,情愿给坎克林的儿子们当走卒……他偷木柴,直到现在还欠着账(他有一万一千名农奴),用官家的钳工给他私人干活……"

过了不久,普希金就把他在日记中清楚记载的关于乌瓦罗夫的意见写成击中要害的抨击诗。一八三五年秋发生的一件事,为诗人提供了机会。

乌瓦罗夫同俄国最大的富翁之一 Д. Н. 舍列麦杰夫是近亲。一八三五年,"年轻的富翁"患了猩红热,当时的医学对这种病还束手无策。于是乌瓦罗夫担心其他继承人会采取非法行动,便不择手段,采取公开派人看守舍列麦杰夫财产的措施。

但是,出乎医生的预料,舍列麦杰夫痊愈了,从而使这位帝国政府官员处境很尴尬。普希金决定写一首讽刺诗,讥笑他这种可怜的处境。在一八三五年九月出版的《莫斯科观察家》上，登出一首题为《为鲁库尔病愈而作》的诗，普希金署了全名。

这首"仿拉丁诗"共有六节，其中最主要的两节是写乌瓦罗夫的。不过，诗人仅用简洁的讽刺诗的两节，就使贪图别人财产的无耻之徒受到无法洗刷的谴责。普希金根据乌瓦罗夫为官的真实材料，以有力的讽刺和艺术手法刻画出一个贪婪的掠夺者形象：

> 这时，你的一位继承人
>
> 好像乌鸦扑向野兽的尸体，
>
> 他脸色苍白，俯在你身上，
>
> 贪财的热病使他浑身战栗。
>
> 他那平时舍不得用的火漆，
>
> 已经封上了你账房的大锁；
>
> 他梦想在这文件堆的尘埃里，
>
> 捞到金山几座。
>
> 他心想："这回不必再巴结权贵，
>
> 不必再去讨那些公子的欢心；
>
> 我自己将来就会成为权贵，
>
> 何况地窖里还有一些藏金。
>
> 现在什么正直，都去他的吧！
>
> 对待妻子也不必再那么刻薄，
>
> 从今以后，我要洗手不干，
>
> 再不偷官家的柴火！"

这首庄严抨击诗，实质上证明诗人又重操旧业，写起早年使他获得声誉和长年流放的政治诗。针对乌瓦罗夫及其密友科学院副院长顿杜科夫－科尔萨科夫的讽刺诗，可以直接归入他早期写的揭露沙皇和大臣的诗中去。最高当局的又一位著名人物遭到普希金讽刺诗的毁灭性打击。

乌瓦罗夫是个手段高明的阴谋家，遭到这样的攻击当然不会不加还击和报复。宾肯道夫遵照皇上旨意向普希金提出严厉警告，显然就是乌瓦罗夫进行幕后活动的结果。不过,即使如此,这位大臣的报复心仍未满足。当时人们尽管不敢明说,可却也明白指出他后来在全彼得堡面前损害诗人声誉的勾当中扮演了十分活跃的角色。

普希金又可以——而且不是最后一次——用下面的诗句来评论周围的人:

> 我听到周围响成一片的诽谤、
>
> 狡猾的愚蠢的断言
>
> 和妒忌的低语、轻松的忙碌中
>
> 快活而血腥的责难。

一八三五年夏,诗人终于请了四个月假,回到米哈伊洛夫斯科耶。他在这里写出《我又造访了》一诗,诗中抒发了关于人生和死亡的思考,显得特别深沉而达观。诗人用简短的形式和简单列举事实的方法,表露自己深沉的"内心的思考":周围各种现象的不停变化,幼林苗壮的新苗超过一切衰败和即将消逝的东西,大自然和人类的不断更新——这就是在抒情思索中以惊人的清晰和智慧表述出来的不可违背的"一般规律"。在生命不停顿的循环中,包藏着深刻的含义。在米哈伊洛夫斯科耶村破败的小屋里,"可怜的奶娘"早已不在了,然而在地界上的三棵松树老根的旁边,"如今却长出茂密的幼林"。对未来新生命的苗壮成长的坚定信念,战胜了关于每个个别生物的局限性和转眼即逝的悲哀念头。这首名诗迸发出蓬勃的朝气:

> 你们好啊,
>
> 陌生的年轻一代!
>
> 我将看不到你们日后苗壮成长,
>
> 那时你们将高过我的同伴,
>
> 遮蔽他们苍老的头,
>
> 使过往行人再也看不见……

一八三四年一月,在杰穆特旅社尼古拉·拉耶夫斯基的房间里,普希金滔滔不绝地议论祖国战争和俄国人民运动,当时在场的还有曾参加过十二月党的 П. Х. 格拉贝将军。格拉贝于一八三六年记述道:

"他当时忙于写普加乔夫史和斯杰潘·拉辛史,似乎对后一作品更热心。他甚至随身带着一本小册子,是从英语译成法语的,由一位英国海军大尉出版。这个英国人在拉辛攻占了阿斯特拉罕之后,去觐见过拉辛,后来拉辛被处决时,他也在场……"这无疑就是一六七二年印行的英国那份关于拉辛起义的匿名"报告"(这个版本在沃隆佐夫的藏书中就有)。回忆录作者接下去写道:"在拉辛对伏尔加的致辞中,有浓厚、粗犷的诗意,如果被普希金写进诗歌,一定很动人。"在拉耶夫斯基住处的这次谈话,显然指的是普希金对关于拉辛的传说材料进行的创作加工。有趣的是,格拉贝证实普希金于一八二四年对斯杰潘·拉辛的兴趣更强了,而当时他刚刚完成《普加乔夫史》。

这时,他又产生了写十二月党人的文学作品的念头。在一八三五年构思的这部长篇小说中,普希金打算展现出亚历山大一世末期俄国社会的广阔画面——剧院、沙龙、赌场、文学团体、政治组织和彼得堡的官场。在这部小说里出现的人物有:科楚别和莫尔德维诺夫、格里鲍耶多夫和沙霍夫斯科伊。提纲中特别提到"智者协会",就是指未来的十二月党人"伊利亚·多尔戈鲁科夫、谢尔盖·特鲁别茨科伊、尼基塔·穆拉维约夫等人"。在这个"等人"后面,根据《叶夫根尼·奥涅金》第十章判断,普希金指的是卢宁、雅库什金、尼古拉·屠格涅夫。小说的主人公佩雷莫夫(按照安年科夫的说法,普希金在这个人物身上想描写自己的好友纳肖金——一个不务正业但心地纯洁的人),应该经常出现在这一群人中间。

一八三五年长篇小说的提纲,是描写早期十二月党的最后一次尝试。其实,这种尝试早在年轻普希金的诗歌速写中就出现过,在他从卡缅卡发出的书信中也有所流露,在基希涅夫的日记中已经形成文字,并跟日记一同销毁了。后来在关于切尔尼戈夫斯基准尉的小说提纲里,又勾画出轮廓,最后在像水晶一样洁白无瑕的"奥涅金"诗节里描写出来,但如今只剩下珍贵的碎片。这令人为失去普希金关于同代人英勇的先锋队唯一一篇完整的记述而感到无限惋惜。

普希金在这一时期的其他构思,也流露出对历史进步潮流的深刻同情。他在一八三四——一八三五年间写了一个剧本,但未能完成。出版家给剧本取名叫《骑士时代的舞台》。车尔尼雪夫斯基认为它"不亚于《鲍里斯·戈东诺夫》,也许还超过"。剧中写的是一个呢绒商人的儿子,属于年轻的市民阶层,为人大胆,会写诗,他发动农民同封建骑士进行斗争。呢绒商人的朋友别尔托里特·什瓦尔茨是进步科学思想的代表人物,他认为"人类的创造力是无穷的",他从事发明创造,其目的也是为了摧毁封建制度。剧中充满了普希金的思考,他考虑到宫廷生活的毫无意义,考虑到"骑士阶层的注定灭亡",考虑到以诗人和爱情歌者弗兰茨、学者什瓦尔茨和浮士德博士为代表的时代的强大力量。剧中又响起喜欢过隐居生活的普希金最喜爱的主旋律:"这就是我们的小屋……我为什么要为了高傲的城堡而离开它?在这里我是主人,而在那里我是奴仆……"作者怀着对造反奴仆的深刻同情,描写农民起义的场面和被打败的封建主的恐怖:"这是叛乱——下流的百姓殴打骑士……"诗人弗兰茨写下的关于"可怜骑士"的天才叙事诗,使他免于被绞死。根据提纲,剧本的结尾是城堡主人们的彻底失败——他们被战无不胜的新思想的力量所打败。

"什瓦尔茨在监狱里研究炼金术,从而发明了火药。年轻诗人发动农民起义。城堡被围。什瓦尔茨把城堡炸掉。骑士(庸庸碌碌的象征)中弹身死。剧本以沉思的独白和浮士德骑在魔鬼尾巴上出场而结束(发明印刷术,这从某方面说来就是发明炮)。"

于是,普希金使用了这种可靠而有效的武器。他用印刷机跟一切"庸庸碌碌之辈"和俄国宫廷"金玉其外的权贵"相对峙。一八三六年初,诗人当了杂志编辑。为了逃避彼得堡上流社会的空虚和庸俗,他埋头于编辑《现代人》杂志。

第五章 《现代人》

1

在茹科夫斯基家里,每逢星期六都有文学界朋友聚会。有一次,维亚泽姆斯基在这里读了亚历山大·屠格涅夫从巴黎寄给他的一封信,信中谈到当时重大的文化消息和政治事件。普希金听了赞叹不已:"思想深刻、警策、准确,观察细致,语言富有特色,充满生活气息和活力。"——这一切令他发生极大的兴趣。其他客人,如克雷洛夫、奥多耶夫斯基、普列特涅夫,印象莫不如此。据维亚泽姆斯基证实,大家异口同声地喊道:"可惜没有一份杂志,要能把这么热情的文字发表出去有多好。"

普希金的朋友们非常推崇英国的一种"季刊"和法国的"历史年鉴"。这些都是隔较长时间才出一期的综合刊物,上面对欧洲的文化和政治生活做详尽的介绍。一八〇九年,瓦尔特·司各特创办了《每季评论》(这是一种每年出四期的有关科学、艺术和政治的评论性杂志),这种新型杂志由于英国文学界、科学界和政治界的名人参加,获得非凡的成功。

一八三五年十二月三十一日,普希金向宾肯道夫提出申请,说他准备在一八三六年出版四本文学作品集,其形式"类似英国三个月出一期的《每季评论》"。

过了两周之后,文学杂志批准出版了,但不许出政治栏。普希金在果戈理、维亚泽姆斯基、奥多耶夫斯基、茹科夫斯基、巴拉登斯基和亚泽科夫的直接帮助下着手准备"每季评论"。

一八三六年四月十一日,《现代人》第一期出版了。这一期刊登的文学作品质量甚高,不仅在当时期刊中间,而且在全俄新闻业中都首屈一指。这一期刊登了普希金的《吝啬骑士》、《彼得一世的盛宴》、《阿尔兹鲁姆旅行记》、《被有毒的鲜血浸透的衣裳》及关于格奥尔吉·科尼斯基的评论文章;还有果戈理的三篇作品:《马车》、《一个精明强干的人的早晨》和评论文章《论杂志文学的发展》。这篇文章成为《现代人》的纲领,提倡"生动、新颖和敏锐"的政论文,反对三十年代俄国期刊的停滞现象。

一种新型的俄国杂志于是诞生了。诗人努力把《现代人》办成代表当代文化的大型刊物。他的藏书中,有某些外国同类刊物可资借鉴。他熟悉并且重视综合性评论,这些评论可涉及"文学、艺术、写作技巧、天文、地理、商业、政治经济、财政、法律等"。这种期刊对游记的体裁格外重视。杂志上还广泛阐述代表制、工厂劳动组织、新市场和航海等问题。

《现代人》从第一期起,就把回忆录作为收集活的历史资料的专栏。在三十年代,普希金曾不止一次地劝说有才华的俄国人写回忆录。一八三六年在莫斯科,他亲自记述农奴出身的别具特色的天才演员 M. C. 谢普金的身世。根据普希金这些原始笔记,后来写成了关于伟大演员的生活和创作道路的生动活泼、激动人心的传记。

最令普希金感兴趣的,是一些军事家的回忆录、"女骑兵"H. A. 杜罗娃的笔记、杰尼斯·达维多夫的日记和《越过巴尔干的漫游》。科学栏系统介绍当前迫切的题目(如"关于巴黎数学年刊"),普希金直到快要逝世之前还建议 П. Б. 科兹洛夫斯基为他写一篇介绍蒸汽机的迫切问题的文章。

普希金拟定将来扩大杂志的文献栏,这一栏将以历史、批评、回忆录、游记和各种发现或发明为内容。他还想登载民间创作的优秀作品,如民歌、童话和谚语,介绍不幸而湮没无闻的古代作者。

不过,《现代人》首先是伟大诗人的杂志。杂志上刊登了编者本人以及同代诗人丘特切夫①和柯尔卓夫②的著名诗篇。

普希金在《彼得一世的盛宴》中再一次表现出描绘历史画面的卓越技巧。"彼得堡城"的欢乐场面使人对整个彼得时代有鲜明的感觉。在这首诗的欢快振奋的节奏中,仿佛回响着分舰队的交响乐、海军的合唱和礼炮的轰鸣。这是新文化的巨大建设同军事胜利相结合的时代的脉搏在跳动:

> 用合唱和礼炮的轰鸣
>
> 表示对科学的敬意……

前面几节壮丽的描写,于不知不觉中引向重大的政治题材——"赦免"("不!他是在和旧臣言归于好……")。这首诗不禁令人想到十二月党人的命运,这从普希金对他历史著作的说明中便看得出来:"彼得赦免了许多犯罪的重臣,邀请他们参加宴会,并鸣礼炮祝贺他们的和好。"

《现代人》第四期刊登了《统帅》一诗,博得了别林斯基的赞赏("天才的普希金最伟大的作品之一")。这首诗至今仍很有意义,它告诉人们,对于在历史上有过卓越功绩的,非但没有得到承认反而受同代人严重污辱的人,要加以热情保护。

这首诗的写作过程是很有趣的。在当时出版的《普柳萨尔词典》第四卷中,对巴克莱给予了高度评价,说他"把勇敢和临敌时出奇的镇定同对军事艺术的渊博知识"结合起来;"但是,同代人的不公正往往是伟大人物的共同命运——巴克莱·德托里对于这个真理体验之深,更非他人可比。在艰难的一八一二年,他按照精心拟定的计划,在敌人浩浩荡荡的军队面前,缓缓后撤,没受损失,并给敌人准备下必定覆灭的下场,但却有许多人,许多许多人,不了解他的作战意图,责难他给祖国造成灾难。当时,巴克莱·德托里只有从对自己举措正确的内

---

① 丘特切夫(1803—1873),俄国诗人。——译者注
② 柯尔卓夫(1809—1842),俄国诗人。——译者注

心信念中得到支持。"①

这个词条引起了普希金深沉的反响。诗人曾思考过英雄人物在落后而浅薄的社会中的悲惨遭遇,而今在得到这个受同代人诽谤的卓越军事家的新资料之后,即写成极其鲜明和富有悲剧色彩的历史肖像。就在一八三六年,普希金写道:"巴克莱既没有得到部下的信任,又受到敌意的包围、流言的中伤,却自信不疑,默默走向心中既定的目标,终于交出兵权,而未来得及在俄罗斯面前证实自己无罪。他在历史上将永远是一个富有诗意的人物。"

普希金在他的历史肖像中努力把巴克莱写成这样的人物。诗中在描绘巴克莱在冬宫著名军事陈列馆中的肖像时,采取了最有表现力的移位手法。元帅的正面肖像戴着金肩牌、勋章和帽上的羽饰,普希金从中看出巨大的悲戚和痛苦的沉思。"他身后是俄国的兵营……"这是俄军在巴黎城下的驻扎地。一八一四年巴克莱曾指挥攻打巴黎的战斗。"周围是一片昏暗……"孤独、与世隔绝和在致命的污辱面前坚定不移——这就是对主人公精神面貌的刻画,其中包含着普希金对于"受到盲目而暴虐的世纪辱骂"的杰出人物的悲惨角色的思考。总司令由于不被理解和受到同代人的责难而不得不"孤孤单单地消失在团队的行列里"。

> 在那里,衰老的统帅跟年轻士兵一样,
>
> 只要一听到子弹快活的嗖嗖声,
>
> 你便立刻投入战火,乐得战死在沙场……

在研究普希金的著作中,不止一次有人指出,《统帅》一诗表露出诗人对自己的命运的想法。他处在上流社会怀有敌意的庸人中间,而这些庸人已经在为诗人一生中的最后一场悲剧秘密地进行准备。

---

① 《普柳萨尔词典》,第四卷,第359页。词典上附有订购者名册,在该名册第31页上标明"亚·谢·普希金大人"。——作者注

2

一八三六年是普希金在文学活动方面多产的一年——他既写出《上尉的女儿》，编辑《现代人》，又在抒情诗领域写出一系列高水平的作品。这一时期，在普希金的诗歌中增添了新的音色：告白和怨诉被沉思所代替。哀诗诗人一转成为喜欢沉思的诗人。他三十年代的一段散文片段是很有代表性的："他就像喜欢词汇的和谐一样喜欢思想的游戏，乐于听哲学议论，写起诗也不亚于卡图鲁斯①。"普希金的晚期抒情诗极其符合这段描写。

七月五日，普希金写了《译自宾得芒蒂②》一诗。诗中把"资产阶级民主"及其议会对国家预算的辩论和受到种种罚款及监禁威胁的表面的"出版自由"，同"另一种权利"和"另一种自由"对立起来。这后一种自由就是诗人的自由的伟大原则——摆脱议会和宫廷的"仆役制服"的束缚，到处自由漫游，为了艺术对大自然和人生进行创造性的观察。

《世俗的权力》一诗也是这时写的。诗中表示强烈反对在基督受难像前安排"威严的哨兵"守护。哨兵"拿着枪，戴着高筒军帽"，站在那里不许老百姓靠近：

> 免得挤着游玩的老爷们，
>
> 干脆不许普通百姓进来。

这里尖锐地反映出诗人在一生的末年对社会不平的呼声。这时他经常考虑的，是人民、人民的生活和命运、人民的要求和未来。普希金在他的诗歌创作即将结束之际，跟青年时代一样，非常重视诗歌的讽刺力量，他欢迎一位作家在演说中"把诗歌说成是一贯同统治力量进行斗争的产物"。

普希金在他的最后一首诗里，讲述了自己的创作使命，表明了新

---

① 卡图鲁斯（公元前84—公元前54），古罗马诗人。——译者注

② 宾得芒蒂（1751—1812），意大利诗人兼剧作家。——译者注

的社会美学的主张。诗人的纪念碑不会孤独,不会荒无人迹,不会远离人生的大路:"人民来去的小径不会长满青草。"诗人会得到各族群众的爱戴,普通百姓的亲近,"人民的喜欢"。最热爱诗人的,不是个别的天才、孤独的思想家或精神上的超人,而是草原上的游牧民族和北方贫穷的部族。这些民族贫穷落后,受到排斥,被历史和文明所遗忘,被投入黑暗和贫困中,无声无息。他将把自己的声音传到操不同语言的少数民族中,传到无边无际的东方草原和草原上的帐篷里,传到北方不毛的巉岩上。这声音在当时的斗争、压迫和黑暗中向人们诉说未来的伟大目标,主张减轻那些被打倒和受迫害的人的不幸,呼吁"对倒下的人实行宽宥"。

普希金遗言的深刻社会内容,怎么评价也不为过高或夸大,正是这种社会内容决定了这一不朽诗篇的意义。无怪乎普希金在这首诗的初稿中提到拉吉舍夫的名字。对普希金说来,拉吉舍夫永远是俄国思想解放和革命要求的表达者:

> 我曾追随拉吉舍夫歌颂过自由,
>
> 并赞美过仁慈。

六月,《现代人》第二期通过了书刊检查。这一期刊登了普希金关于俄国科学院和法国科学院的文章、维亚泽姆斯基评论《钦差大臣》的文章、杜罗娃的回忆录和柯尔卓夫的《收获》。当时秋天的一期也正在编排。下一期将发表果戈理的《鼻子》,还有普希金的许多作品——几篇文章、《罗斯拉夫列夫》的片段、《我的主人公的家谱》。普希金在这一期里还采用了费·丘的《从德国寄来的诗》,这就是当时还不知名的丘特切夫的几首诗。丘特切夫的这些诗后来成为俄国诗歌的杰出典范,其中有《春水》、《西塞罗》、《喷泉》、《沉默》、《夜风啊,你为什么哀号》、《大自然并不像您想象的那样》、《就像海洋包围着地球》以及其他一些抒情杰作。

过了一段时间,普列特涅夫回忆起普希金意外发现这些诗时所表现出的"惊异和喜悦",这些诗写得"思想深刻,色彩绚丽,语言新颖有力"。

　　在这一期《现代人》上，还发表了普希金的文章《约翰·泰纳》，这是介绍一个文明美国人的回忆录。这个美国人在印第安人中间生活了三十年。普希金从前对描写生活在契尔克斯山民或流浪的吉卜赛人中间的文明人的浪漫主义题材很感兴趣，如今这一题材又获得政治现实主义的特征：合众国宪法，"新民族"的生活习俗，舒适和图谋暴利同教育和民权思想的矛盾，"在文明和自由中间的黑人的受奴役"，"美国国会对印第安民族的不人道"，为"令人讨厌的厚颜无耻、残酷的偏见、令人不能忍受的残暴"装潢门面的虚伪民主——最新社会制度的这些尖锐问题，普希金以其对现实的敏锐感觉一下子就提了出来，并对奴役群众的伪善的专制制度——"选民的贪婪和妒忌，公务人员的胆小和曲意逢迎"——表示一贯的反对。普希金在一八三六年便写出关于美国的优秀文章，仿佛为几十年之后高尔基的文章和马雅可夫斯基的诗歌对现代美国的愤怒控诉开创了先声。

　　另外，普希金在他的文章中还多次谈到英国的社会制度和征服政策，其精神与上述文章完全一致。他在《从莫斯科到彼得堡旅行记》中，提到英国工人的诉怨，其可怖情景"令人发指"。他千方百计向读者说明，不列颠批发商人遍及世界各地的商行，像"史密特呢绒公司""杰克逊针公司"，不知掩盖着多少血和泪。诗人深刻意识到这个由于不可调和的斗争而分裂的世界的悲剧实质："一方面是多么冷酷的野蛮！另一方面是多么可怕的贫穷！……"他记述工人破坏机器和失业工人的群众性罢工，并对大不列颠的殖民地政策的非人道——英国人"在印度的残暴行为"感到愤慨。英印帝国同当地居民的血腥战争已经进行了一百多年。在伟大人道主义者这些充满愤怒的篇章上，殖民主义和资本主义的英国受到永远洗刷不掉的谴责。

　　与此同时，政治斗争的方式方法也经过重新检查。新沙皇执政后所形成的环境，改变了一八一七年或一八二一年的一系列状况。普希金相信，"只有蠢人才不会随机应变"，努力把握历史思想的发展和新时代的经验，以便在现实的基础上树立自己的国家观，同时又始终如一地保持对年轻的十二月党人的基本宗旨的坚贞。他在南方所形成的"敌我悬殊的斗争"毫无裨益的思想,如今由于新的事件和事实的证明而进一步加强。

普希金在两篇纪念拉吉舍夫的文章(一八三三至一八三五年和一八三六年)中,都以单枪匹马的斗士是不能推翻专制偶像的信念作为出发点。不是个别人,甚至不是农民起义的队伍能使俄国达到人人幸福的地步,只有全体人民,只有整个"文明自由的祖国"(按普希金早期的提法)才能做到这一点。拉吉舍夫、十二月党人和《青铜骑士》中的叶夫根尼,都英勇高尚而不顾一切地做出无谓的牺牲。任何斗争都应该讲究实际,以得到胜利的实际可能为出发点。因此,必须从根本上改变那种高尚然而无益的革命策略,因为这种策略在实际上已经遭到不可挽回的失败。

在纪念拉吉舍夫的文章中,普希金的进步世界观在同"残酷世纪"的反动潮流的冲突中经受住了考验。尽管诗人责备这位古代政论家的社会纲领流于空想,但对其高尚的人格和人民的真正捍卫者的形象却十分钦佩。普希金一方面反对《旅行记》作者的一系列论点,另一方面公然表示自己对这位大无畏的作家的真诚敬意,赞美他具有"不同凡响的气质",具有"惊人的牺牲精神和某种骑士良心"。值得注意的是,普希金在他象征性的纪念碑基座上刻上的唯一的名字,就是拉吉舍夫的名字。

普希金作为批评家的活动,早在二十年代中期就开始了,不过当时只是零散发表一些评论,到了编《文学报》时便有系统地进行,终于在《现代人》上得到全面发展。普希金在文学批评方面尝试过各种体裁——从人物介绍、小品文和书评,一直到文学通讯、对话和戏剧形式。这些经过仔细琢磨的形式证明,普希金在写批评文章方面也是一位艺术大师。普希金尽管不得不经常在杂志上同政敌进行论战,对各种攻击予以反驳,却认为批评文章的真正任务在于揭示作品的价值,对有才华的作家给予同情的评价。普希金在他的一篇批评文章里问道:"您想了解艺术吗?那么就请您爱作家并从他的作品中寻找优美之处。"

而他本人的批评文章就树立了楷模。他总是写得俏皮、深刻、漂亮，充满闪光的思想和难忘的箴言。

普希金关于果戈理、巴拉登斯基、戴里维格、别斯图热夫，关于古典主义和浪漫主义，关于拜伦和瓦尔特·司各特的文章和评论，表明他已接近于从历史角度研究诗歌，并接触到文艺的美学问题。他的保留至今的评介和草稿都带有"文艺理论"性质，也就是文学史和理论研究性质。普希金关于口头创作和文字创作的时代与倾向，关于古代文学的伟大作品，关于俄国民歌和《伊戈尔王子远征记》，关于当代作家和经典作家，关于著名的文学论战，关于语言和诗律的思考，都具有极其珍贵的价值，为后来的语文学家取得的重大成就奠定了基础。在普希金的这些研究成果中，占首要位置的是"关于文学的民族性"问题。他在一八二六年写的一篇文章，就曾使用这样的标题。文章中提出，每国人民都有"独特的面貌"，它就"像反映在镜子中一样，反映在诗歌中"。

普希金最先从根本上肯定批评也是创作，并号召诗人和小说家把自己对文学的思考都写成文章加以发表。

与此同时，普希金奖掖新生力量——当时在俄国还默默无闻的少数民族作家。《现代人》的第一期就刊登了苏尔丹·卡扎·基列的短篇小说《阿日图盖山谷》。普希金写道："这可真是我国文学中出人意料的现象：半野蛮的高加索的儿子竟然参加到我们作家的行列里来了。一个契尔克斯人运用俄语竟然如此流畅、有力和生动……"

关于《现代人》的头几期，年轻批评家别林斯基在莫斯科的《论坛》上发表了评论。他承认这份新杂志无论就出版者的名望而言，还是就上面刊登的文章独具特色而言，都是"重要和有趣的现象"，同时也提出一个问题，就是能否扩大新刊物对读者的道德影响。

这些详细的分析，看样子普希金很感兴趣。普希金在这之前就知道有个年轻批评家文章写得十分激烈，惹得包哥廷和舍维廖夫勃然大怒。《现代人》的编者高度评价《论坛》的年轻撰稿人写批评文章的才能。诗人曾经打算在莫斯科同别林斯基会面和交谈，看样子是打算约他为杂志写稿。普希金器重别林斯基"有独立见解和机智",善于发掘"大有前途的天才"。他希望别林斯基能进一步丰富自己的知识,并预言这位"杰出的批评家"前途无量。在天才诗人的文学生涯中,对年轻的平民知识分子作家格外关注,的确是件值得注意的事。别林斯基的使命在于在俄国建立真正的文学原理,并为十九世纪中叶的两位伟大革命民主批评家铺平道路。

普希金在他的别墅接见了巴黎著名记者勒弗·韦玛尔。诗人为法国文学家翻译了十一首俄国民歌,其中有一首是情歌,其余的属于历史题材和"哥萨克强盗"题材。其中有两首(《弟兄们,在我们的静静顿河有过这样的事》和《弟兄们,那是在早霞升起的时候》)跟斯杰潘·拉辛有直接关系。

有意义的是,普希金在翻译民歌时,专门选择关于顿河哥萨克领袖的"赞美"歌——歌颂他的勇敢、威名和壮烈牺牲的传说;最后一首民歌是典型的"哀歌"或"挽歌":"美丽的静静顿河浑浊了,所有的哥萨克都发疯了;我们失去了领袖,失去了斯杰潘·拉辛……"就这样,普希金在逝世前的半年还在为关于斯杰潘·拉辛的民歌进行创造性加工,不过这次他是努力使关于可爱的人民英雄的传说传播到世界中去。

这位法国文学家得到了珍贵的礼品,对普希金的创作及其人格给予了高度评价。

这位善于观察的政治家记述道:"他关于历史题材的谈话令人感到莫大的享受;他是用诗人的优美语言来讲历史的。"普希金作为作家的悲剧也没能逃过这位巴黎记者的眼睛。诗人自己说,"我再也不受欢迎了"。青年时代的声望魅力已经成为过去,现在只有关起门,埋头创作。

3

这一年冬天的悲凉色调,由于诗人母亲病重而更加浓郁。一八三五至一八三六年的整个冬天，她住在舍斯季拉沃什那亚大街和伯爵胡同的拐角上的一间小屋里（这一对破落了的老夫妻如今就住在这里），病情日益加重，濒临死亡。诗人经常前去看望他们。普希金的母亲仿佛为了弥补长子幼时对她的冷淡，如今对他格外慈爱。一八三六年三月二十九日，母亲病故，普希金显然非常悲痛。他乘车把母亲的遗体送到米哈伊洛夫斯科耶。家里决定把死者埋在她父母的坟旁，紧靠着圣山修道院院墙。

普希金很喜欢这个地方。周围是三山村的山岚，米哈伊洛夫斯科耶的丛林，伊凡雷帝时代古城的城墙，刻着汉尼拔家族名字的墓石。不久之后，普希金曾对纳肖金说，为他在乡下找到一块"沙土干燥的墓地"，准备有一天跟他并排埋在那里。这一想法，不久后在《当我心有所思地在城郊漫步》一诗中就有所反映。在这首诗里，诗人把城郊简陋的坟场的整个景象（那里有商人、官吏的陵墓）同乡村的坟地加以对照，衬托出在乡村墓地"死者长眠地下，庄严肃穆"。

一八三六年四月，普希金永远离开了他曾经在那里写下许多不朽诗篇的米哈伊洛夫斯科耶。

十月初，普希金从石岛别墅搬到彼得堡新居。这是沃尔康斯卡娅的一所大宅邸，坐落在莫伊卡河的河岸上，靠近佩夫切斯基桥。诗人的书房朝着宽敞的庭院，院子尽头是安娜女皇时代的古老建筑——"比隆的马厩"。普希金在这里为《现代人》写了几篇文章和评论，写了《上尉的女儿》的跋和最后一篇"皇村学校周年纪念"的诗。普希金从这里给恰达耶夫发出了"哲学通信"的复信，信中指出他们对俄国历史的看法的深刻分歧。他不同意恰达耶夫的悲观主义观点，而提出俄国历史上坚强的人物作为自己论点的根据，如阿列格和斯维雅托斯拉夫、"两位伊凡皇帝"，尤其是"彼得大帝"。仅彼得大帝一个人，就足以写"一整部世界史"。但是，普希金也同意青年时代的朋友的下述观点，即尼古拉帝国的社会生活黑暗得不见天日："这种不存在社会舆论的现象，这种对任何义务、正义或真理的无动于衷，这种对思想、人类尊严的犬儒主义的鄙视，真令人绝望。"

给恰达耶夫的这封信，是在一八三六年十月十九日写的。就在同一天，在皇村学校的同学亚科夫列夫家里，举行庆祝皇村学校二十五周年纪念活动。一共有十一个人，其中有诗人伊利切夫斯基、莫德斯特·科尔弗和康斯坦丁·丹扎斯。席间频频举杯祝酒，读了流放者久赫里别克尔的书信，唱了学生时代的歌曲。根据聚会记录记载，普希金开始朗诵纪念皇村学校二十五周年的诗，但未能记全。有一种传说，说他突然号啕大哭，以至于再也朗诵不下去。这只不过是"动人的轶事"（按安年科夫的说法）。这种传说只是出于对诗人在一八三六年秋心情不快的好意解释，同普希金在大庭广众之间一贯矜持、沉默寡言的性格不符。安·彼·凯恩的话倒更为可信，她写道："他几乎从来不表露自己的感情；他仿佛为自己的感情感到不好意思。在这一点上他恰好代表了时代的特征。"亚科夫列夫在给瓦里霍夫斯基的信中讲到了庆祝皇村学校周年纪念的情况，却只字未提普希金在朗诵诗过程中大哭的戏剧场面，而且这整个情节也不会加强《想从前》一诗所渗透的绝望悲伤的气氛。青春的消逝，精力的衰弱，优秀的一代青年在现实的残酷进程中不可避免地瓦解，尤其是在紧张斗争的时代（"当着忽而是荣耀的人们，忽而是自由的人们，忽而是高傲的人们，用鲜血染红了祭坛……"）——这一切在诗中表现得极为深刻而清楚，只用几个诗节便揭示出历史的悲剧和个人命运的不幸。普希金的眼泪不会比他的绝笔之作更令人激动。

第六章　描写农民战争的小说

1

一八三六年十一月一日,普希金在维亚泽姆斯基家里朗读他新写的长篇小说《上尉的女儿》。第二天,维亚泽姆斯基告诉亚历山大·屠格涅夫说:"很有趣,情节很生动,也很质朴。"维亚泽姆斯基的儿子帕维尔·彼得罗维奇当时只有十六岁,他永远也不会忘记,普希金朗读《上尉的女儿》时给他留下的"不可磨灭的印象"。

这在当时的确是文学界的一件大事。

普希金按照他写小说已经成型的章法,着力通过简洁清晰的白描手法深刻揭示祖国的古代面貌。高度的简洁和富于表现力,成为《上尉的女儿》写作的基本原则。

《上尉的女儿》在运用结构手段方面极其简单,感情力量极其充沛,像这样的历史小说很难找出第二部。这部小说把人物的历史叙述同俄国政治事件的记载结合起来,描绘出关于那个时代的家庭风貌和国家局势的广阔画面——虚构的形象、家族史中的人物、外省家庭中不为人知的成员同历史上的重要人物混在一起。这些重要人物有普加乔夫、叶卡捷琳娜二世、奥连堡省长林斯多尔普、普加乔夫部下赫洛普沙和别洛鲍罗多夫(按照提纲,小说的人物还包括奥尔洛夫和狄德罗)。

小说的笔调选得很有匠心,从一开头就吸引住了读者。普希金十分赞赏在描写历史时不用任何庄严语调,而是用"叙家常"的方式。他自己在描写十八世纪的历史时,也极力做到这一点。他为自己规定:不要在古典悲剧或官方历史的高耸舞台上表现历史,而要透过家长制家庭的亲切纯真的风貌来表现它。从此而产生出描写古代生活的一系列充满动人的幽默感的特征("同订购全年用的葡萄酒和橄榄油一起",从莫斯科招聘家庭教师博普勒)和在格里涅夫家客厅与在米罗诺夫家饭厅开心的滑稽场面(炮台司令夫人在帕拉什卡的帮助下逮捕了两位军官,让帕拉什卡把佩剑送到仓房里去)。在这里,在描绘广阔的历史画面之前,首先对"内室"加以风俗画式的描写,带有俄国民间木版画的各种细节。阿芙多季亚·瓦西里耶芙娜的蜜饯和瓦西丽莎·叶果罗芙娜的毛线团,都强调"家庭记事"的气氛,而作者也一再向读者渲染这种气氛。小说的标题借自军官唱的浪漫曲(在小说中曾直接引用),也是根据这种精神,极力显得平淡,丝毫没有暗示小说的悲剧题材和逐渐展开的事件的残酷性。这种笔调在尾声中仍然如此("他们的后代在辛比尔斯克省过着幸福生活……")。

这种家庭安乐生活的描写,突然转为十八世纪农民革命的蓬勃画面。作者只用个别细节,如攻城、叛乱的村庄、流动绞架和普加乔夫受刑这样一些突出的片段,就使人对整个政治事件的宏伟规模有清楚的感觉。普希金再一次表明自己是一位卓越的历史肖像画家,他把历史人物写得极其富有表现力,极其简洁。普加乔夫令人难忘的外貌只用两三个特征就写得活灵活现:"他那带金流苏的高筒貂皮帽正卡在两只炯炯有神的眼睛上面。"苍苍的白发和已经褪色的安娜女皇时代的制服,可以使人清楚想象到林斯多尔普将军的相貌。在描绘赫洛普沙、残废的巴什基尔人和叶卡捷琳娜的肖像时,同样栩栩如生,而在"如实"描写雅依茨克军队和游牧民族的骑手时,同样精练简洁。这里的风景描写,也故意写得平淡而古拙:"丘陵纵横的凄凉的荒野",雅依克河陡峭的河岸,吉尔吉斯草原,别尔达村的峡谷,"莫尔多瓦人和楚瓦什人贫穷的村落"。对风土人情的准确描写,再现出俄国东部边陲荒凉不毛的大自然的瘠薄景象。

尽管普希金对农民革命抱批判态度,但是由于他对资料和主题进行了仔细研究,所以主要人物都写得真实可信。

他在评价俄国历史上这些规模宏伟的运动时,曾走过一段漫长的路。我们看到,早在一八二〇年他就对斯杰潘·拉辛和普加乔夫的形象发生兴趣。但是,诗人直到逝世之前,在这一问题上仍未能彻底改变贵族作家的立场,从而超越本阶级把普加乔夫起义看作"一场毫无意义的残酷暴动"的观点。列夫·托尔斯泰的社会观点经历过深刻危机之后,在九十年代他已经成为"俄国革命的一面镜子",便不再同意普希金的这种观点。他反驳普希金说:"把俄国农民暴动看作毫无意义是不正确的。如果仔细研究一下,那么任何一次农民暴动总有合理和正当的要求作为根据。"

不过,根据列宁的著名论断,普希金作为伟大艺术家总应在自己的作品中反映"革命的某些本质方面",而伟大诗人的确做到了这一点。他以艺术家的巨大创造力和赞赏的态度再现出农民革命领袖的形象,从而完全推翻了自己对于俄国农民暴动性质的抽象论断。

正是由于这个缘故,作者才能为普加乔夫画出饱含同情的准确形象——人民运动的勇敢机智、颇有才干和豁然大度的领袖。普加乔夫的人格引起格里涅夫的强烈爱慕和想挽救他的"热烈愿望"。可以感觉出,诗人在长期的思考中已对这个坚强的人民形象非常熟悉了。早在流放时期,他就开始研究普加乔夫的材料并且同时进行创作构思(他在一八二六年十二月就曾对玛尼·沃尔康斯卡娅说,他已经想好了一部关于普加乔夫的书),长年的创作唤起了他对主人公的深切同情。普加乔夫被贵族俄国判处死刑,被教会驱出教门,在道德上蒙受污辱,但是普希金在描写人民暴动领袖的辉煌历史肖像时所流露出的深刻同情,是怎么估计也不为过的。

旧俄国另一阶层的代表人物——米罗诺夫上尉也写得独具匠心。这个人物在日常生活中默默无闻,并且有点儿可笑,但在大敌当前之际,成为恪守义务和誓言的英雄。他在完成任务时不但做到一丝不苟,奋不顾身,而且机智灵活,很有办法。当这个老军人的高大形象出现在被围困的城镇的土墙上的时候,他的一切可笑特征立即消失了。

他清楚知道摆在自己面前的任务,并且找到了正确解决的方法。"让我们向世人证明,我们是勇敢和恪守誓言的人!"当战斗到了危急时刻,他率领准备投降的守城部队前去出击并准备以身殉职的时候,他表现出真正的英雄主义。普希金通过这一人物高度赞扬了那些普普通通的军人,按瓦·奥·克留切夫斯基的名言:他们"没有创立政府,却创造了我国十八世纪的军事史",他们与俄国士兵一起,以自我牺牲的精神用自己的双肩担负起著名统帅们珍贵的桂冠。

普加乔夫的那些从乌拉尔矿山来的亲密助手们的形象,在小说里也写得真实而生动。其中有农奴工人的儿子别洛鲍罗多夫,有多次参加十八世纪农民起义的伊凡·季莫菲耶维奇·索科洛夫。索科洛夫的绰号叫赫洛普沙,他善于组织杰米多夫矿井的掌锤师傅、铁匠和钳工,把他们组成革命队伍。索科洛夫等人是普加乔夫运动在南乌拉尔工人群众中的领袖。

最新的科学研究成果也未能在普希金所描绘的普加乔夫起义的整个画面上,增添任何新内容或者改动任何重要细节。普希金以研究人员的劳动,加上艺术家的天才,为这个狂风暴雨般的时代永远画定了基本轮廓,并且为其主要活动家勾画出典型的形象。

2

格里涅夫和什瓦勃林是被事件的发展卷进农民革命中去的年轻军官的形象。普希金想通过这两个人物来解决他早就感兴趣的背叛原来阶级、参与叛乱的贵族的问题,如十二月党人雅库鲍维奇、杜勃罗夫斯基以及许多受普加乔夫运动牵连的历史人物——什凡维奇、巴沙林、布拉宁、历史上真实的格里涅夫少尉。如果说这一复杂问题在《上尉的女儿》的人物形象和情节发展中未能得到彻底的解决和清楚的说明,那么起码这部小说非常广地提出了这一问题,而且贯穿着极其真实而紧张的情节。

历史本身为诗人的社会观点提供了典型人物。在一八三三至一八三四年间,普希金开始注意十八世纪中叶有名的好惹是生非的浪荡公子、精兵连士兵①亚历山大·什凡维奇。这个人有一次在酒馆里打架,用大军刀割破了亚历山大·奥尔洛夫的面颊(关于此事,普希金有记载)。这个家伙的儿子就是米哈伊尔·什凡维奇中尉,他从官军叛逃到普加乔夫方面,于一七七四年受到最高法庭审判。

这个参加普加乔夫起义的贵族,使普希金非常感兴趣。米哈伊尔·什凡维奇于一七七三年秋在奥连堡城下被普加乔夫队伍俘虏,出乎意料地受到农民领袖的赦免。普加乔夫看到中尉身上的"袍子很破",赐给他一件"用羊羔皮腿做的"皮袄,并且留他一起吃晚饭。当天晚上,普加乔夫对他说:"你如果能忠心为我效力,我是不会抛弃你的。"

不久,什凡维奇被提升为首领。但是,当一七七四年三月普加乔夫在塔季谢夫要塞附近遭到惨败之后,什凡维奇离开空城别尔达,到奥连堡省长林斯多尔普那里自首。根据最高法庭判决,米哈伊尔·什凡维奇被剥夺官衔和贵族称号,受到辱刑(把悬在他头上的佩剑折断),然后流放到西伯利亚。

普希金于一八三三年开始读有关普加乔夫的卷宗,使他有可能根据这些材料提出关于什凡维奇的有趣的社会政治问题。他的确把俄国精锐部队的这个中尉同那些把普加乔夫当成"真正的国王"而归顺的近卫军军官加以比较。有一个归顺普加乔夫的军官说:"如果可能的话,整个近卫军都会这样做。"这句话引起普希金的特别兴趣。普希金把什凡维奇说成是世袭的贵族,是"名门",尽管这种说法缺乏足够的依据。不过,普希金把上层贵族出身的军官参与叛乱同十二月党人参加十二月十四日事件加以类比,显然是想通过这个人物形象来证明自己的一贯想法:俄国的优秀人物不是想靠近沙皇的宝座,而是一心接近人民群众。

这一问题的历史复杂性,这种犯忌讳的题目在小说中不可能畅所欲言的情况,什凡维奇中尉成为普加乔夫的首领的真正原因从心理上

---

① 精兵连属于普列奥布拉任斯基团,因参与一七四一年政变有功,成为御林军。——译者注

解释不清(是出于政治同情?抑或由于贪生怕死?)——这些原因促使普希金采取极其巧妙的结构手段,把历史上的真实人物分成两个性格相反的人物:一个是忠诚正直的格里涅夫,一个是随机应变的什瓦勃林。格里涅夫对于普加乔夫大胆而慷慨的人格怀有真挚的同情,却不肯改换门庭;什瓦勃林为了升官和谋取私利,什么事都肯干。

诗人经常在考虑将俄国贵族划分成享受荣华富贵的奥尔洛夫家族和备受屈辱的普希金家族的情景,正是这一想法决定了《上尉的女儿》主要人物的立场。曾在米尼赫手下任职的老格里涅夫于一七六二年退休,同普希金家族史的记载相同,而他对女皇时代的冒险家和宠幸们所持的反对立场,也与普希金家族一致。在这一分化中,白山炮台的两位年轻中尉格里涅夫和什瓦勃林代表着两种类型的俄国贵族:一个一帆风顺,一个地位卑贱;一个随机应变,一个在道德上坚定不移;一个代表"近卫军",一个代表"陆军"(正如第一章的题词所暗示的那样)。格里涅夫家族过去是辛比尔斯克的贫穷贵族,如今只有很少一点田产。什瓦勃林是彼得堡人,是"名门"之后,而且颇为"富有"。格里涅夫小时受的是马夫萨维里伊奇和理发匠博普勒的教育;什瓦勃林受的是演说术教授和宫廷诗人特列季亚科夫斯基的教育。格里涅夫喜欢小市民纯朴的情歌,而什瓦勃林爱唱法国歌剧的咏叹调。但是,格里涅夫信守誓言,断然拒绝为冒充的彼得三世效力;而从前当过近卫军的什瓦勃林只问利害成败,见到普加乔夫得胜,急忙归顺普加乔夫。神父妻子见了说:"没说的,真机灵!"

这里实际上是把普希金家族和奥尔洛夫家族加以对照。格里涅夫家族高尚,有文化,可以给后代留下有趣的回忆录,但是由于历史形成的原因,家道日益衰落。他们的祖父在伊丽莎白时代当中校,在辛比尔斯克有块不大的田产,到了第三代已经分归"十个主人"所有。这是普希金在最令他激动的关于历史上古老家族衰败的画面上添加的最后一笔讽刺线条。所幸的是老仆们对他们忠诚(奥多耶夫斯基于一八三六年末写信告诉普希金说:"萨维里伊奇真是妙人!这是一个最悲惨的人物,即小说中最值得可怜的人物。")。纯朴的玛丽亚·伊凡诺芙娜还是认为他们要比机灵的近卫军军官好。而这个老兵的孙女、上尉的女儿已成为普希金笔下妇女形象的辉煌画廊里的最后一个人物。在她那真正来自人民的外貌底下，反映出普希金在外省的偏僻乡村常常遇见的美丽而温顺的少女的活泼情影。

普希金为了表明小说所描写的事件来源于民间并从这一角度加以解释，便采用了他最喜爱的材料——俄国民间创作。他把士兵歌、婚礼歌、感伤的情歌、卡尔梅克的童话用作每章开头的题词或直接在正文中引用，而在著名的场面还运用了纤夫的号子，还让"将要被绞死的人唱起关于绞架的民歌"，歌声十分凄厉。

普希金所塑造的普加乔夫的坚强形象，跟他所创作的拉辛之歌的气魄一样，可以对普希金温和的政治观点起到重要的校正作用，因为普希金作为农奴主老爷，只会把普加乔夫看成阶级敌人。如果从普希金国家观念不可避免的矛盾引出他反动和反人民的结论，那就大错而特错了。天才诗人的政治见解，必须根据他所创造的人物形象加以纠正。只有这样做，他的一切纲领性、理论性、带有阶级局限性和社会局限性的言论才会得到正确的解释，才会揭示出伟大的民族作家思想发展的真正趋向。

尽管普希金对"俄国农民暴动"的最终评价有些摇摆，但毫无疑问，他基本上倾向于承认起义群众的力量和伟大。他公开同情农民与官僚和地主的国家进行的斗争，不断地美化那些使"从库班到穆罗姆森林"的专制政体发生震动的农民领袖。值得注意的是，在普希金之前，在文学作品中描写拉辛和普加乔夫时，只知道对这些伟大的叛逆者加以污辱。普希金的作品第一次承认这些人民领袖的力量和英雄主义精神。大家知道，在普希金写了《上尉的女儿》半个世纪之后，柴可夫斯基被迫放弃用这个题材写一部歌剧的打算，因为，用他的话说，不可能让普希金当年塑造的普加乔夫英勇魅人的形象登上皇家舞台。伟大诗人在整个创作过程中，一直高度评价同专制压迫进行斗争的大无畏的战士，从一八二〇年起到一八三七年止，他对起义人民的这些坚强的历史形象的忠诚一直未变。他在创作中激烈地突破了他的贵族意识、教养和社会环境加给他的限制,并作为伟大的艺术家已经预见到后代的进步立场。

普希金较早地对本阶级失去信心,认为俄国贵族不可能按合理的原则改造多灾多难的祖国,于是越来越注意观察农奴制俄国的群众运动。民族诗人构思和创作的中心人物随着阿列科、奥涅金和杜勃罗夫斯基而逐渐成长,这个中心人物就是不断进行反抗的、不断举行起义和斗争的俄国人民。只有这一历史进程的强大动力,为伟大诗人指出通向自由、正义和理智的胜利的道路。正是由于这个缘故,普希金把他不朽的名字同早期人民起义领袖的名字——普加乔夫和斯杰潘·拉辛联系在一起。

第七章 十一月的冲突

1

　　普希金是在忧心忡忡和焦虑不安中完成《上尉的女儿》的。诗人一生中的最后一场冲突已经在秘密酝酿,在不知不觉地渐渐展开。

　　普希金从一八三四年起不得不在宫廷中周旋,从而跟荷兰公使盖克伦相识。盖克伦以彼得堡最机智的外交官和道德败坏的人而闻名。

　　涅谢耳罗德是在荷兰开始外交生涯的,他在回忆录中记载了荷兰上层贵族的显赫人物,其中就有盖克伦家族。这个家族属于保守的"奥兰治党",支持奥兰治王朝。奥兰治党鄙视和仇恨人民共和党。

　　这个公使以变态心理和放荡的生活而闻名,放荡的生活使他挥金如土。盖克伦感到遗产的收入和"大"公使的巨额薪金不足,很早就求助于他们民族传统的美德之一——经商。在外交档案中保存下来的文件清楚说明,荷兰公使经营范围有多广和他的生意经有多精明,不过他的买卖常常变成地道的走私。

　　从一八三四年起,盖克伦经常带着一个年轻的美男子——法国人乔治·丹特士出入于社交界。这个丹特士原是波旁王朝的忠实支持者,在七月革命之后逃离法国,到处撞大运。他那久经考验的保皇思想,使他在彼得堡得以飞黄腾达。

　　据一位目击者说:"一八三四年,尼古拉皇上有一次召集了近卫骑兵团全体军官,用手拉着一个青年走到他们跟前说:'这是你们的伙伴!请接收他参加你们的大家庭吧!他会努力取得你们的爱戴,并且我相信,他一定不辜负你们的友谊.'这个人就是丹特士……"

皇上的介绍,使这个无名的保皇党在彼得堡宫廷中得到优越的地位,尽管这种特殊擢升的方式在军队中引起某种程度的不满。普希金在一八三四年一月二十六日的日记中写道:"丹特士男爵和德皮纳侯爵,这两个朱安党将加入近卫军,并直接擢升为军官。近卫军一片牢骚。"

这个漂亮的近卫军军官开始出入于彼得堡的沙龙,在那里常常遇见普希金夫妇,并对娜塔丽亚·尼古拉耶芙娜一见钟情。开头不过是上流社会流行的对名媛的崇拜,到一八三五年秋则变成热烈的爱情,不久就赢得对方同样的感情。普希金对自己的朋友说,是丹特士"迷住了她",而在这段故事接近尾声时,他在给盖克伦的信中写道:"她会在这种伟大而高尚的激情面前感到万分激动。"由于不肯阿附权贵的作家树敌过多,这些敌人便千方百计利用这个机会,制造谣言,辱骂普希金,竭力玷污俄国第一流诗人的名字。普希金在一八三五年末给奥西波娃的信中写道:"生活隐藏着无限辛酸,因而令人讨厌,而社交界不过是肮脏的垃圾堆。"

在一八三六年冬的一次舞会上,"在两场卡德里尔舞中间",普希金的妻子同丹特士之间有过一次关键性谈话。这个情况我们是从不久之前才公布的乔治·丹特士给当时正在国外度假的荷兰公使的信中得知的。

在这次谈话中,娜塔丽亚·尼古拉耶芙娜对丹特士说:"我是爱您的,在我这一生中还从来没有像这样爱过任何人,但是,除开我的心之外,请不要对我有任何企求,因为其余的一切都不属于我,而我也只有尽到自己的义务,才会感到幸福。请您可怜我,并且永远像现在这样爱我,而我的感情将是给您的奖赏。"

这封信在普希金逝世一百一十年之后才公之于世,无疑具有为娜塔丽亚·尼古拉耶芙娜辩护的作用,只是为时已晚。这封信说明她能够为了高尚的道德标准而牺牲自己的感情。当时在社交界好说俏皮话的人曾说她有一颗"浮华的心灵",其实她能深刻理解自己的义务,命运既然把她同一位伟人结合到一起，就应该忠实于他。

但是，上流社会对于普希金的"家丑"议论纷纷，对敏感的诗人的刺激越来越大。当丹特士给盖克伦写这些密信时，也就是一八三六年舞会期即将结束之际，彼得堡上流社会都对他这场不平常的艳遇十分注目。二月五日，在两西西里王国公使狄布特尔公爵举行的舞会上，所有的客人都注意到"年轻的近卫军骑兵军官"对诗人的妻子过分殷勤。事件的进程从一开始就预示着不可避免的悲惨结局。

诗人想要"逃出彼得堡"的愿望变得更加强烈。宫廷、沙皇、第三厅、书刊检查、教会和各个部，就像砸不开的铁环箍在作家的写字台周围。在写字台上，关于伏尔泰、拉吉舍夫和普加乔夫的手稿越积越高，但是这些手稿只能引起官方的警惕和仇视。普希金在一八三四年一首较晚的赠给妻子的诗中，流露出痛苦的呻吟："是时候了，朋友，是时候了！我的心渴望得到安宁！"诗人的多年积愫都在这里倾吐出来，表现为深刻的痛苦。

　　我这疲惫的奴隶，早就想逃走……

然而，普希金要实现这一愿望谈何容易。他被复杂的关系束缚住了，其中包括同债主和高利贷者的关系，包括宫廷的官衔、公务和上流社会风俗的约束，还包括宾肯道夫的"器重"和尼古拉的"优遇"，这条锁链是打不破的。

由于经济上的困难，诗人的苦恼就更加重了。

普希金本人在日常生活中是艰苦朴素的。他的房间就是他的工作室，里面摆着一张写字台和几个普通的书架，没有任何多余的陈设。但在结过婚和在彼得堡定居之后，他在生活中不得不保持上层贵族通行的"豪华"。他租赁一所有十个房间的住宅，带有马厩、车库、干草棚和酒窖。侍候家人的奴仆也很多，不少于二十人。这样一来，只好经常借债和挪移钱款。

普希金在彼得堡生活的开支，同他的实际收入大不相符，经常使家庭面临钱财困难。他在书信中清醒地估计了自己的经济状况，明确意识到，要想制止入不敷出的现象，以免将来陷入贫困和绝望，只有离开彼得堡。一八三六年,由于家务管理不善,欠下一大堆债,账单像雪片飞来,有家具匠的、裁缝的、马车铺的、书商的、时装店的、英国商店的等等。

从一八三六年初,普希金不得不向高利贷者借债:二月一日用妻子的土耳其白围巾作抵押,借了一千二百五十卢布;三月十三日又把布列盖特表和咖啡壶拿去抵押。由此可见,他拮据到何等地步。普希金在五月二十七日给纳肖金的信中写道:"钱!钱!没钱就活不了。"普希金就是在这样艰苦的条件下办《现代人》杂志和完成《上尉的女儿》的。

诗人的心头笼罩着深刻的悲哀,他越来越经常想念故去的好友戴里维格。早在一八三一年写的一首诗中,就清楚表现出这种思念("我觉得该轮到我了,亲爱的戴里维格在将我召唤……")。

三月末,普希金参观雕塑家奥尔洛夫斯基的工作室。这个雕塑家原来是个农奴,后来跟托尔瓦尔森①学雕塑。诗人观看了他收集的塑像,欣赏了当代统帅们的雄姿,对这些塑像做出简洁有力的描写:

这里是创业者巴克莱,这里是完成者库图佐夫。

诗人在这诸神和群雄的塑像中间,又想念起已经逝世的好友:

……在这群沉默无言的偶像中

我感到抑郁,因为戴里维格不在了;

这位艺术家的良师益友安息在幽暗的坟墓里,

不然他会热烈拥抱你!会为你感到骄傲!

一八三六年整个夏天,普希金一家是在石岛、在黑河畔的避暑胜地度过的。近卫骑兵团在附近的新村扎营,在矿泉厅里经常举办舞会,而在石岛剧院里上演法国戏剧。在娜塔丽亚·尼古拉耶芙娜和冈察洛娃姐妹身边的,仍然是彼得堡的那些熟人。丹特士在夏季游乐中仍然大出风头,仍然以他对美人普希金娜的忠心来博得无所事事的谣言家和诗人的政敌的注目,而这些政敌也正在窥伺他们的举动。

①　托尔瓦尔森(1770—1844),丹麦雕塑家。——译者注

一八三六年九月十七日,卡拉姆辛家举办晚会,朋友来得很多。卡拉姆辛的女儿索菲亚·尼古拉耶芙娜在给哥哥的信中写道:"我们可以举行一次真正的舞会,从表情来看,大家都非常高兴,只有亚历山大·普希金闷闷不乐,好像在想着什么心事,他的忧愁也引起我的忧愁。他的目光显得发呆,漫不经心,游移不定,令人担心地死盯着他的妻子和丹特士。丹特士仍然讲着从前那些笑话,同叶卡捷琳娜·冈察洛娃寸步不离,却从远处向娜塔丽亚投去热情的目光,最后到底跟娜塔丽亚跳了一场马祖卡舞。普希金的样子十分可怜,他站在门口,朝着他俩,默默无言,脸色苍白,样子吓人……"

他们之间的关系整个秋天都是如此。整个社交界默默地观看这场没有声张的较量,尚未理解这种局面的严重性,并且不停地嘲弄这场"感伤的喜剧""神秘的戏剧""巴尔扎克式的罗曼史"。

在空旷的石头城彼得堡,在联合起来并精心伪装的敌人中间,普希金只靠不知疲倦的埋头创作来支持自己。他正在完成《上尉的女儿》,并为杂志准备一期期的稿件。《现代人》的第四期即将出版了,普希金不声不响地从事伟大的文化事业,从作家朋友和俄国文化界对他的设想的支持中找到一些慰藉,而暂时忘却生活的不幸。

一八三六年十一月四日,普希金正悉心从事创作和编辑工作,可却被卑鄙的冷箭打断了。他接到通过市邮局寄来的一封诽谤信——一份仿照授勋证书的乌龟称号特许证。同一天,一些朋友把他们收到的同样的卑鄙证书给他送来,这些证书套着两层信封,里面注明普希金的名字。

冷酷的上流社会又向我的心投来无法反击的污辱……

然而,这场污辱不仅仅是针对他的,而且针对他的妻子,所以无论如何也要进行反击。信中的暗示,他立刻就懂了,可是普希金的传记作家直到九十年之后才完全解开:在"最最尊敬的骑士团长 Д. Л. 纳雷什金"的称呼里,暗示尼古拉一世对普希金妻子的爱慕,因为纳雷什金的妻子是亚历山大一世有名的情妇。

诗人在接到这封信的第三天,一八三六年十一月六日,给财政大臣坎克林写了一封信,证明他对诽谤信中的政治暗示理解得完全正确。普希金在信中说明,他已打定主意,要把他从皇上那里借来的四万五千卢布"立即如数"归还。同时,他请求大臣不要把这事禀奏尼古拉,因为尼古拉可能免去他的全部债务,那样一来会使他处于"极其困难和尴尬的地步,因为遇到那种情形,我将不得不拒绝皇上的恩赐……"

过了几天之后,普希金把最近发生的不愉快的事告诉两位老同学亚科夫列夫和马丘什金。他把自己接到的匿名信拿给他们看:"你们看,有多么卑鄙……"

亚科夫列夫管理皇家办公厅的印刷厂大约有五年之久了,对纸张的种类十分熟悉。他仔细看了看这份暗中投寄的诽谤信,这信写在一张又结实又厚的纸上,没有水印,便得出结论说:"这种纸是外国货,根据这种纸关税高的情况来判断,说不定是哪个大使馆的。"

这个结论对普希金说来,真是个发现。亚科夫列夫的鉴定对事件的发展起了重大作用。普希金根据这一鉴定,做出一系列必然的推论:这封匿名诽谤信出自荷兰大使馆,写信的人就是盖克伦男爵。诗人的这个结论是任什么情况也动摇不了的,"纸的种类"成为普希金公开指控荷兰公使的首要根据。

盖克伦对他心爱的义子的艳史所起的作用,只能使普希金的怀疑更加坚定。这个老阴谋家不惜采取任何手段,以使他的乔治得到幸福,千方百计引诱娜塔丽亚·尼古拉耶芙娜,使她走上"失足的道路,巧妙地利用各种机会向她耳旁吹风,说他的儿子爱她爱得发疯了,一旦绝望,可能自杀……"(这是娜·尼·普希金娜第二次结婚所生的女儿 A. Π. 阿拉波娃在回忆录里记载的,她显然是听母亲说的)。娜塔丽亚·尼古拉耶芙娜对这种无礼行为十分气愤,便告诉了丈夫。由此而产生出普希金写给荷兰公使的信,信中愤怒指责他"身为父辈"竟给丹特士做撮合人。由于荷兰公使想破坏诗人的家庭,使诗人在世人面前出丑,所以普希金从一八三六年秋就对他满腔仇恨。一种"复仇的渴望"(正如后来莱蒙托夫在著名诗篇中所说的那样),在普希金一生的最后几个月里,填满"做了荣誉俘虏"的诗人心头,并加速了不幸结局的到来。

"普希金十分妒忌,并且热烈地爱他的妻子。"——这是 Я. П. 波隆斯基根据诗人的弟弟列夫·谢尔盖耶维奇的话所做的记载。正如诗人在临逝世前写给盖克伦的信中所说的,他不能允许上流社会的谣言把他妻子的名字跟别的什么人的名字联系起来。按照当时贵族的观念,做丈夫的名誉遭到污辱,只有用决斗来洗刷干净。普希金向丹特士提出了挑战。

不过,诗人要求决斗的理由不够充分。在有关人士的狭小圈子里,决定促使普希金放弃他的挑战。老盖克伦、茹科夫斯基、扎格里亚日斯卡娅以及请来做副手的索洛古勃都竭力制止这场流血冲突。丹特士声明,他追求的不是娜塔丽亚·尼古拉耶芙娜,而是她的姐姐叶卡捷琳娜,而叶卡捷琳娜爱他爱得神魂颠倒,甚至据传说,从一八三六年初就成了他的未婚妻,在周围的人的压力下,诗人终于同意收回挑战。

但是,他保持着不可动摇的决心,要在全国面前坚决保护自己名誉的纯洁。"唉,某一位伯爵夫人说我的妻子贞洁还是不贞,这种议论跟我毫不相干! 我所尊重的唯一的意见,就是下等阶级的意见,在今天只有他们是真正的俄罗斯人,我只怕他们将来会指责普希金的妻子不贞。"①

诗人认为自己应该对所受的污辱做出反应,他认为整个事件的罪魁祸首是荷兰公使盖克伦。既然同丹特士的冲突表面上已经不存在了,普希金决定要他的义父来补偿。十一月二十日左右,他给盖克伦写了一封尖刻的书信。信中最有分量的地方是说盖克伦作为国务活动家,作为"一国之君的代表",却得到"放荡的老妇人"的污辱诨号。

但是,普希金在用书信形式打出这一记耳光之前,决定先尝试另一种办法——在派驻政府的眼里破坏荷兰公使的名誉。十一月二十

---

① 根据荷兰代办赫维尔斯于一八三七年四月二十日(五月二日)给外交大臣费尔斯托利克的报告。——作者注

一日,他把匿名信事件及已经取消的决斗报告给宾肯道夫,他在结尾写道:"在此期间,我已查明,匿名信出自盖克伦先生之手。我认为有义务将此情况报告政府并公诸社会"。

宾肯道夫接到对外交使团人员如此重大的指控,便采取紧急措施。隔了一天之后,十一月二十三日,普希金受到皇上的接见。

这是普希金第二次受到尼古拉一世的接见。第一次令人难忘的谈话是在一八二六年,已经过去了十年。在这十年之间,沙皇对诗人的态度,一直保持当时采取的策略——竭力延长对他的幽禁时间,用给予他公民的自由,甚至加以优遇的办法把他完全束缚住。沙皇作为本国的"第一个贵族"、保皇党的首脑和反动政治势力的领袖,完全赞同彼得堡上层贵族对自由思想的作家的仇恨心理。这个作家是被迫生活在怀有敌意的人群之中的。第三厅作为国家耳目,坚决认为普希金是"伟大的自由主义者",敌视任何政权。有一份宪兵队的报告说:"他尽管备受皇上的恩宠,思想观点却至死未变,只是在最后几年发表见解时稍为小心谨慎而已。"这种评语的确不乏观察力,不过也清楚证明了沙皇政府对待诗人的态度。

在十一月二十三日的这次谈话中,毫无疑问,普希金再次提出了他的指控。他强调指出匿名信对他本人和妻子的名誉的污辱,并且坚持他的意见:这封匿名信是荷兰公使写的。这样的揭露在微妙的国际环境中会突然造成麻烦,当然要引起尼古拉一世的重视,因此他才表示愿意干预。可以设想,他答应追查此事,如果普希金的怀疑得到证实,一定会使他的要求得到某种形式的满足,同时要他答应,未得到皇上批准,不再进行决斗。上述内容可以根据普希金在冬宫谈话之后的行为判断出来。他暂时放弃了原定同盖克伦决斗的计划,那封迸发着激情和愤怒的书信也没有发出去。

2

在这些心神不宁的日子里,普希金也有一件快事,就是同老友亚历山大·屠格涅夫的重逢。屠格涅夫是"从巴黎途经辛比尔斯克"于十一月二十五日回到彼得堡的,二十七日观看了《伊凡·苏萨宁》的首次演出。

屠格涅夫在十一月二十八日给弟弟尼古拉的信中写道:"昨天我出席了首次公演,现在正在上演作曲家格林卡的俄国新歌剧《苏萨宁一家》,无论表演、服装、观众、音乐和芭蕾舞,一切都好极了。宫廷几乎全体出动,包厢里坐满了花枝招展的妇人。我看到茹科夫斯基身体很好……维亚泽姆斯基不太忧郁了,普希金为了家庭的事操碎了心……"

但是,这种忧心忡忡并没有妨碍诗人热切地关心文艺界的重大事件和继续他通常的创作,个人的不幸并不能动摇天才人物的内心平衡。普希金在这一时期的谈话,其洞察事理之深和形象性之妙,都是惊人的。德西尔库尔伯爵夫人(未嫁之前叫 A. C. 赫留斯季娜)在一八三六年末曾经同普希金见过面,过了一年之后,她写信给茹科夫斯基说:"他对于只能想象的东西所具有的卓越的猜测能力和他的头脑对于一切事物下意识地赋予诗意的能力,都令我十分诧异;他的谈吐表明他已完全成熟,这甚至在他的优秀诗歌中也难找到;我跟他分手时,预祝他前途远大,寄予无限希望,就是没有料到他会很快地死去……"

普希金在一生的最后几周,仍然努力了解文化界的新事物,积极关心当代的文艺状况。俄国民族歌剧的诞生这一重大事件,引起了普希金的密切注意。他跟《伊凡·苏萨宁》歌词的作者罗津男爵详细讨论了歌剧的结构,甚至向罗津要了一份台词,以便加以仔细研究和分析。普希金十分珍视雷列耶夫关于苏萨宁的咏史诗及其爱国主义主题:

> 谁要是真正的俄国人,他就会勇敢坚强、
>
> 高高兴兴地为正义的事业而牺牲!

普希金还跟格林卡讨论他准备用《鲁斯兰和柳德米拉》的情节写一部新歌剧的构思,并说这篇青年时代写的长诗有很多东西都要重新修改。

普希金到大学去听俄国文学课,他的到来使学生和教授都惊喜不已,普列特涅夫"精神抖擞地"走上讲台(据一个学生记载)。"在教室的门口出现了可爱的诗人的身影,鬈发的头,炯炯有神的眼睛,淡黄色和神经质的脸。"普希金坐到最后一张椅子上,聚精会神地听讲。普列特涅夫最后谈到俄国文学的前途时,特别提到了普希金的名字。"听众的情绪非常兴奋,几乎形成了对于贵宾的热烈欢迎场面。"彼得堡的大学生都为伟大的诗人感到骄傲,都以跟他相识为荣。

一八三六年秋,普希金参观了美术学院举办的展览。在这里,雕塑家皮麦诺夫和洛加诺夫斯基的作品引起了诗人的注意。他们没有因袭传统题材塑造古典的抛掷铁饼运动员的塑像,而是塑造玩民族游戏(投钉戏和打羊拐子)的俄国少年。普希金对陪他参观的美术学院院长奥列宁说:"谢天谢地,俄国到底有了人民的雕塑了!"诗人然后走到一边,写下两首关于"俄国民间游戏"的四行诗,都是仿照他的《皇村塑像》一诗的情调写的。这是伟大诗人对祖国艺术大师们最后的崇高评价。

同亚历山大·屠格涅夫的会面,使普希金暂时忘却苦恼的现实,而埋头于历史知识中间。过了不久,屠格涅夫谈起普希金时说:"不知为什么,他特别喜欢我,而我在他身上发现取之不尽用之不竭的才华、敏锐的观察力和关于俄国史的渊博知识,尤其是关于彼得和叶卡捷琳娜,他的知识的渊博是罕见的,绝无仅有的……"普希金从小就认识屠格涅夫,可以说是通家老友,普希金拿他很为重。他们一同去看戏,到科学院参观,找共同的熟人,在交谈当中提出和解决文化方面最有趣的问题。普希金甚至打算在一八三七年的《现代人》上刊登一篇非常有趣的文章——《亚历山大·屠格涅夫在罗马和巴黎档案馆的研究工作》。

十二月十五日,屠格涅夫在普希金家里一直坐到深夜,他们一起讨论《伊戈尔王子远征记》。诗人通过"作者的语言"感觉到"古代的精神",这种精神在诗人看来就是这部古代作品真实性的确凿证据。

普希金进入文坛之际,正是争取俄语革新的战斗激烈进行的时候,而他一直是革新的俄语的奠基人和保护者。诗人在南方流放时期就写道:"我们有自己的语言;大胆点儿说,有自己的习惯、自己的民歌和童话的发展史。"他在逝世之前不久,曾表示担心祖国语言未来的命运:"我们优美的语言在不识字和不熟练的作家笔下,会迅速走向衰落。词汇受到歪曲,语法变得模棱两可。"普希金在赞美"我们优美的语言"的丰富的同时,承认他自己从这一语言中汲取了巨大的力量,锤炼了诗的语言:"我往俄语的砧子上打一锤,便造出一个诗句——于是所有的人都开始写得好了。"

屠格涅夫对好友的新作很感兴趣。普希金打开本子,读了一首近作——《纪念碑》。其中有一节,屠格涅夫永远记在心里:

不,我不会完全死去——在我遗留的竖琴上,

我的心灵将比骨灰活得长久,永不腐烂……

新年是屠格涅夫跟普希金一起在共同的好友维亚泽姆斯基家里度过的。到这里聚会的有卡拉姆辛夫妇、麦谢尔斯基夫妇、斯特洛加诺夫夫妇、普希金夫妇、冈察洛娃姐妹和乔治·丹特士。斯特洛加诺娃伯爵夫人便是诗人在快乐的学生时代热恋过的娜塔丽亚·科楚别。那是他的"初恋",令他想起一生中最美妙的时代,想起在蓝色大理石方尖碑旁羞怯的约会;这座方尖碑是很久以前为纪念卡古尔的胜利而修的。他在《皇村回忆》中曾歌颂过这座方尖碑,不久前,在《上尉的女儿》里再一次做了粗略的描写。

这个娜塔丽亚·科楚别曾经是普希金的早期哀诗和晚期《叶夫根尼·奥涅金》中某些诗节的灵感源泉。这天晚上,他却很少和她交谈。诗人心事重重,神情抑郁……普希金在十二月末曾写信给父亲说:"新年来到了,但愿在新的一年里我们能比上一年更幸福。"母亲故去还不到一年,惹得满城风雨的"家丑",给他带来难以忍受的痛苦。体贴而又敏感的屠格涅夫为了驱散好友的不快,开始读刚接到的弟弟尼古拉从巴黎来的信;这使他们想起在彼得堡的青春时代、"阿尔扎马斯"、《自由颂》、《乡村》和"绿灯社"。但是,个人的不幸把一切都涂上阴暗色彩,使回忆也带有难堪的辛酸。大家都和普希金干杯,极力排解他

的忧虑,祝贺他新年幸福。

他在世上只剩下不到一个月的时间了。

第八章　诗人之死

1

　　普希金在他逝世前的两三年曾写道："门第和财富的特殊阶层同写作才能的特殊阶层比较起来,算得了什么呢? 任何财富也收买不了深入人心的思想影响,任何权势、任何统治也经不住印刷的炮弹摧毁一切的力量。"

　　法国革命之后,这种新的力量对比使整个欧洲"门第和财富的特殊阶层"惶惶不可终日。正由于这个缘故,他们对进步作家展开不停的斗争。查理第十垮台的原因之一,是发布了关于报章的敕令。一八三七年一月,俄国保皇派向俄国进步思想、诗歌才华和报刊言论的最高代表发起讨伐。这次讨伐经过长期的策划准备:先是慢慢地挫伤对方的士气,给他造成种种烦恼,削弱他的力量,然后经常刺激他那强烈的自尊心,终于使他筋疲力尽。由于这种原因所造成的深刻的私生活悲剧,为这场政治报复准备好了结局。

　　普希金的好友都忐忑不安地注视着他的家庭冲突的发展。库图佐夫的孙女达丽亚·费多罗芙娜·菲凯里蒙非常器重诗人,她就在诗人逝世那天记述了她对这场已经不可收拾的悲剧的印象:"我们大家都看到,这场毁灭性的雷雨越来越发展,越来越厉害。不知是普希金太太的虚荣心得到满足并被煽动起来,还是丹特士真的打动和迷惑住她的心——不管怎么说,她再也摆脱不掉或控制不住这种发疯似的爱情。没过多久,丹特士忘记了明理的人应有的谨慎,破坏了上流社会的一切礼节,在众目睽睽之下向她表示爱慕,这对有夫之妇来说是完全不能允许的。而她在他的目光逼视之下,脸色苍白,浑身发抖,显然,她完全失去约束这个人的能力,这个人一定会把她引向绝路……"

这些情形在诗人的家庭生活中引起了重大的心理变化。如今已经不是妻子回忆丈夫那些"凄凄惨惨的负心故事",数说他从前的艳遇,而是普希金感到有必要做妻子的"知心人",在这年轻女人感情上发生矛盾之际加以指导。这段风流故事已经是满城风雨,可是两个主要参与者依然在社交界会面,毫不掩饰他们之间的感情,更加引起人们的注目。在十一月的阴谋之后,娜塔丽亚·尼古拉耶芙娜的不幸爱情更加深了,而十一月这场阴谋的后果,是她所爱的人成为她的姐夫。普希金家庭某些成员的回忆清楚说明了这一点,他们在回忆中谈到一八三六年冬至一八三七年春在冈察洛娃姐妹之间形成的复杂关系。

"叶卡捷琳娜·尼古拉耶芙娜意识到她对丹特士的爱情是毫无希望的,因此,当姨妈(Е.И.扎格里日热斯卡娅)向她转达丹特士的正式求婚时,她高兴得发昏,真以为她命中注定有这份幸福。妹妹(娜·尼·普希金娜)把经过精心策划而想加到叶卡捷琳娜身上的阴谋都告诉给她,试图使她看破其中的机关,可却无济于事。妹妹还向她描绘了家庭生活的图景,谈到叶卡捷琳娜第一步遇到的便是数不清的妒忌的怀疑。不论对她说什么,她只回答一句话:'我爱他的力量非常大,早晚会赢得他的心。'最后,为了结束这种使两人都难受的规劝,叶卡捷琳娜便不假思索地责备妹妹在偷偷地妒忌她,所以才跟她争夺心爱的人。她朝着妹妹的脸气冲冲地叫道:'关键是你不愿意,你害怕把他让给我!'"

这就是在普希金家里发生的一场复杂而痛苦的心理斗争。这种斗争用准备婚礼的表面热闹气氛勉强掩盖着;新房的样子很像一家时装和衬衣店(按诗人的说法),使他"气得发狂"。一月初,家里人把一只很宽的金镯子拿给他看,上面镶着三颗光玉髓,刻着"永志不忘,亚历山德拉和娜塔丽亚赠"的字样。彼得堡珠宝商制作的这个小物件,预示着叶卡捷琳娜·尼古拉耶芙娜即将离开普希金家,搬到荷兰大使馆,在那里她将成为盖克伦男爵夫人,成为荷兰使团的女主人。

一八三七年一月十日,叶卡捷琳娜·尼古拉耶芙娜和丹特士举行婚礼。娜塔丽亚·尼古拉耶芙娜参加了婚礼,但是,宗教仪式刚一结束,她就坐车走了。普希金家对新婚的盖克伦夫妇仍然是关闭的(丹特士于一八三六年五月被荷兰公使正式收为义子,从此开始使用义父的姓氏)。

据冈察洛娃姐妹间排行第二的亚历山德拉·尼古拉耶芙娜后来说:"但是,他们在社交界仍然会面,乔治对新小姨故意表示倾倒。他很少跟她攀谈,不过总是不离她左右,差不多是用眼睛盯着她。这是地道的逞强,我个人是这样想的:盖克伦想借此表示他之所以结婚,并不是因为怕决斗,如果他的行为普希金不喜欢,那么他愿意承担由此而产生的一切后果。普希金不受这份气,因为他的性格忍受不了,于是他就利用偶然的机会发一通火,给老盖克伦写了这封信,而这封信只能靠鲜血来洗刷了。"

这封有名的信件,可以说是普希金遗书中写得最有力、最出奇的篇页,而亚历山德拉·尼古拉耶芙娜在信未发出之前就看过。当时,普希金对她什么事都不隐瞒。这年冬天他心情苦闷,往往是在同二大姨相处的时刻找到某种慰藉。这就是早在普希金结婚之前就能背诵他的许多诗而且内心里偷偷地爱上了他的那个脸色苍白的少女。普希金跟冈察洛娃全家都有些合不来,只是在结亲之后,觉察到二大姨待他亲切,他也只对她一个人有明显的好感。早在一八三四年夏,他在给妻子写信时,曾提到她的两个姐姐,说亚历山德拉·尼古拉耶芙娜是"我的天使"。从这年秋天起,冈察洛娃两姐妹搬到普希金家里住,他又发现二大姨性格的新美德:她对于宫廷和上流社会的生活不大感兴趣,不想去当宫中女官,对穿着打扮也很淡漠,几乎把全部精力都放在照看小外甥上面了。这更加深了诗人对她的好感,使他们的感情更加亲密了。据维亚泽姆斯基家人证实:"普希金跟她很好……"索·尼·卡拉姆辛娜肯定地说,他"深深地爱上了亚历山德拉"。

在普希金一生所认识的女人当中,亚历山德拉·尼古拉耶芙娜·

冈察洛娃也许是最值得尊敬的人。她对诗人的爱情的确是最有生命力和最有裨益的。她并不期望从所爱的人那里得到恭维或献诗,却想方设法减轻他生活的痛苦。普希金在一生最艰难的时刻,凡是有隐秘的痛苦都向她倾诉。她还想尽办法帮助妹夫解决经济上的困难,把自己的钱财和贵重首饰都给他拿去用。正是她在一八三七年诗人的剧烈痛苦中给他带来如许的温暖和同情,而诗人的痛苦却给她带来苦恼。可以设想这位少女的处境:当她读普希金的这封信时,她明白了:决斗已不可避免。她这少女柔弱无力的手,是无法制止事件的自然发展进程的。

2

普希金痛苦地经受着家庭悲剧。据瓦·亚·索洛古勃证实,他最担心的就是沙皇爱上了娜塔丽亚·尼古拉耶芙娜。在社交界也都偷偷议论,像她这样的绝代美人不可能逃过一切漂亮的宫中女官的共同命运。"由此可以明白,普希金为什么希望死。"据尼古拉一世本人证实,诗人在决斗前三天,曾就这一题目同沙皇进行过一次简短而大胆的谈话。

索洛古勃接着说:"他本来就不断遭到上流社会的种种污辱,如今更要受到嘲笑和辱骂,想到这种情景,只有上帝知道他该多么痛苦。他想通过丹特士或者得到死亡,或者同整个上流社会算总账。"

一月二十五日,普希金又接到一封匿名信。信中说丹特士跟娜塔丽亚·尼古拉耶芙娜有秘密约会。诗人把信拿给妻子看,妻子当时就向他解释了这个消息的含意:乔治·盖克伦要求跟她见面,商谈重大的家庭问题,如果她不答应,他就要自杀。盖克伦还以名誉担保,不会伤害她的尊严。这次会面是在近卫骑兵团的营房,在他们都熟识的伊达丽亚·波列季卡家进行的。这原来是丹特士耍的手腕。娜塔丽亚·尼古拉耶芙娜立刻打断谈话,"对盖克伦坚决声明,她永远不会答应他的要求……"

普希金听了她的解释，表面上显得很平静。这次他没像往常那样跟妻子发火，但是他说："这一切应该想法结束。"

　　当天，普希金利用十一月的那份草稿，给盖克伦写了一封措辞非常激烈的信，信中对公使的义子也顺便说了一些污辱的话。黄昏前，法国大使馆武官德阿尔夏克带着丹特士的挑战来见普希金。当天晚上，在拉祖莫夫斯卡娅伯爵夫人的舞会上，普希金请英国大使馆秘书梅泽尼斯做他的副手。这是诗人最后一次在上流社会露面，据卡拉姆辛娜的说法，"他神色自若，谈笑风生"。

　　一八三七年一月二十七日，星期三，普希金尽管忙于有关决斗的谈判和交换信件，忙于斟酌副手的人选、手枪的型号及决斗的条件，可是上午的时光同往常一样，仍然是在写作中度过的。这是他最后一次坐在自己的写字台旁，不时地把鹅毛笔伸到带有黑人小青铜像的墨水池里，间或走到长长的书架前寻找所需的书籍。

　　但是，决斗事件毕竟不可阻拦地闯入诗人的书房中来了。丹特士的副手要求按照决斗规则行事，马上召集证人协商。

　　然而，普希金以其一贯的顽强毅力，也许因为更清楚地意识到死亡的危险，仍然镇定自若地处理当天需要做的工作。

　　他看稿子，为《现代人》挑选材料，给一位新撰稿人写信谈问题。茹科夫斯基在他的笔记中写道："喝过茶之后，他写了很长时间。"在一月二十七日的《北方蜜蜂》上，刊登了一篇题为《彼得大帝在新都的生活》的文章，文章记载了一七〇六年伏尔加河、顿河和雅依克河的叛乱。普希金如果读了这篇文章，这将是他研究彼得大帝传记的最后一份资料。

　　《现代人》杂志还有一件事必须马上处理，女作家伊希莫娃答应为《现代人》翻译英国诗人巴里·康瓦尔写的剧本。

　　普希金于一月二十七日把他特别喜欢的作品标上记号，一共挑出五个"戏剧习作"，其中有关于妒忌和复仇的内容——《畸形人温图奥特》和《路易·斯福查》。

　　普希金拿一张灰色的厚纸把书包好，在上面写清地址，然后又迅

速写了一封附信,这就是他写给亚历山德拉·奥西波芙娜·伊希莫娃的有名的绝笔信:

"……您在书的最后面可以找到用铅笔做出记号的几个剧本,您就尽您的能力译吧——您应该有信心,您一定会译得很好。今天我偶尔打开您写的历史故事,不禁读得不忍释手了,就应该这样写。"

这就是普希金留下的最后的文字。他在即将离开人世之际,向为俄国文学而共同奋斗的同行——一个无名的新作家发出令人兴奋的赞许、令人振作的赏识和诀别的敬礼。

再要写什么已经没有时间了。需要马上跟丹扎斯谈妥,要到法国大使馆去找德阿尔夏克,要打发人到军械匠库拉金那里取手枪,要商量好会面的时间和地点,要换一下衣服,打扮成傍晚出去访友的样子,要换上新衬衣,在黄昏来临之前要同对手交火。事情有这么多,而时间却这么少!

《现代人》的编辑推开了书,放下笔,离开了写字台。

诗人普希金从事文学工作的最后一天结束了。他二十年的创作劳动从此永远中断了。

这是一八三七年一月二十七日(星期三)上午十一点。

3

关于决斗的安排,普希金同皇村时代的老同学丹扎斯进行了最后一次商量。这个丹扎斯从来就算不上普希金的好友,当普希金在一八二〇年曾经想到自杀的时候,他身边有恰达耶夫和尼古拉·拉耶夫斯基等好友,他可以跟他们讨论生与死的问题,现在他却不得不求教于跟他气质不同的老同学。普希金写了那么多纪念皇村学校周年的诗篇,其中只有一次提到丹扎斯,也只是因为他是班上"倒属第一的"学生。在普希金的朋友中,丹扎斯也是最末了的一个。丹扎斯没有像利普兰季、索鲍列夫斯基、纳肖金、茹科夫斯基和索洛古勃那样,想办法阻止这次决斗,或者最低限度把条件定得宽一些。他同德阿尔夏克搞的是一场决死的搏斗。两线之间的距离只有十步,这样一来,死亡几乎是不可避免的了。而且,由双方副手制定的第四个条件更为残酷:一旦第一次对射不中,接着进行第二次,"就跟第一次一样",按照同样残酷的条件。这样一来,死亡就完全不能避免了。

下面我们从四十年代欧洲一家大杂志上摘录一篇不为人知的描写普希金决斗的文章①(至于尼古拉的俄国,则根本不准报道此事):

"事情发生在一月。在离城很远的地方。由于天寒而变得坚硬的积雪,在殷红的太阳的寒光下白得耀眼。两张雪橇,后面跟着一辆四轮马车,同时出城,走到离彼得堡三四公里的新村后面停了下来。两个对手走进一片不大的桦树林。他们的副手——两个相当体面的人——在经过砍伐的树木中间选择了一块场地……普希金用焦急而阴沉的目光注视他们的举动。当可悲的准备工作完毕之后,两个对手就面对面站好。为他们规定五步活动的地盘也都量好了。两个斗篷标志着距离的两端,也就是他们不许越过的界线。发出信号了。丹特士先生向前走了几步,慢慢举起枪,立刻就响起了枪声。普希金跌倒了,对方向他跑过来。'站住!'负了伤的诗人喊了一声,挣扎着抬起身子。他用一只胳膊拄着雪地,又吆喝了一声,然后愤愤地说:'我还能开枪,而且我有这个权利。'丹特士先生回到原处,两个副手刚要往前靠近,也马上走到一旁去了。诗人用左手吃力地支撑着身躯,举枪瞄了半天。可是突然发现,枪上沾满了雪,他要求换一支。立刻按照他的要求办了。不幸的他经受着难以形容的苦痛,但是顽强的意志战胜了肉体的痛楚。他拿起另一支枪,看了一眼,就开枪了。丹特士先生晃了晃,也栽倒了。诗人欢呼起来:'他死了!……'但是,他高兴得过早了。丹特士先生抬起身子,他被打中了肩部,伤势没有一点儿危险。普希金失去了知觉,他被架到马车上,大家都凄然地回城去了。"

---

① 我们把这一段译成俄语,不准确之处略有删改。全文发表在《普希金》(普希金委员会期刊)第4—5期,莫斯科—列宁格勒,1939年,第417—434页。文章作者是彼得堡大学法语讲师夏尔·德–圣–儒勒恩。——作者注

普希金受了重伤。丹扎斯的疏忽大意是多么不可原谅,诗人疼得难忍,可他却没有准备医生,没有准备把受伤的人平稳地送回家去的马车,甚至连救急用的绷带和棉塞都没有准备(这些是副手分内的事情)。丹扎斯不得不忍受某种程度的屈辱而同对方妥协,接受了对方的"好意",用盖克伦的马车把正在大量流血的诗人送回城里,并把这一情况瞒着普希金。

在回城的途中,普希金感到剧烈的疼痛,便对丹扎斯说:"伤好像挺重。你听我说:如果阿连德认为我的伤是致命的,你可要告诉我。我不会害怕。因为我不想活。"

这些简单的话揭示出普希金在即将逝世之前所经历的悲剧有多么深刻。

当他们来到坐落在莫伊卡的宅院时,天已经完全黑了。性情急、动作快的普希金,往常总喜欢一口气就跑到台阶顶上,如今一动也不能动了。丹扎斯把普希金家的仆人叫出来。还是那个曾经陪着普希金在莫斯科大街上游玩,在南方流放中与他共过患难,如今已老态龙钟、白发苍苍的尼基塔,像抱小孩子似的把他抱起来,走上台阶。在一小时之前,在沾满血迹的雪地土,受伤的诗人一直保持凛然不可冒犯的沉默和镇定。但在老尼基塔身上,有一种亲切、温柔、几乎是母性的感情,从他那里可以期望和得到同情,于是,诗人向他寻求最后的安慰话:"让你抱着我,太伤心了吧?……"而尼基塔像妈妈抱着生病的孩子似的,把他抱得更紧了,小心翼翼地走过前厅,轻轻放到书房里的沙发上。普希金就躺在书架之间的沙发上,再也未能起来。

诗人开始进入垂危状态,这种状态几乎延续了两昼夜。他问请来的第一位医生什托尔茨:"您看我的伤势怎样?""我不能隐讳,很危险。""请您告诉我,致命伤吗?""我认为连这一点也不应当对您隐瞒。""谢谢您,您真是个诚实的人,我需要安排一下后事。"普希金拿眼扫视了一下书架,对他创作中的这些忠实伴侣诀别说:"再见吧,朋友们!"不久,御医阿连德(外科医生)也证实诗人的伤势已无法医治了。

普希金请求茹科夫斯基向尼古拉一世转呈他恳请沙皇宽恕他未能履行诺言的奏疏，因为他曾答应沙皇，未经皇上同意不再采取决定性步骤。不久，茹科夫斯基带回皇上的回信，赦免罪过，还答应抚恤遗孤。

经过一夜难忍的痛苦之后，普希金于一月二十八日清晨同妻子和孩子们告了别，跟茹科夫斯基、维亚泽姆斯基、维耶尔果尔斯基握了手，还要求同卡拉姆辛娜诀别。他请求朋友为丹扎斯奔走，求得赦免。腹膜炎常见的憋闷感一直没断，整个医疗过程几乎只限于冷敷和服鸦片。

过了一百年之后，俄国医学界对诗人垂危时守候在跟前的前辈医生提出了指责（除什托尔茨和阿连德之外，当时在场的还有 И. В. 布亚里斯基和 X. X. 萨洛蒙两位教授以及 K. K. 扎德列尔、И. T. 斯帕斯基和弗·伊·达里三位医生；后面两位几乎寸步不离地守在跟前）。按现代专家的看法，医生在同普希金谈话时，不应该把死亡的危险告诉他，应该尽量保证他安静，不要安排朋友们来告别，也不要使他受到不必要的激动。①

不过，应该把达里排除在上述评价之外。他既是作家，又是医生，平时对普希金非常崇拜。当诗人处于慢性垂死状态的冷漠绝望心情中时，他却给诗人带来些温暖和希望。有的时候，诗人也受到他的鼓舞而振作起精神。达里是在一月二十八日两点（刚刚听到这一消息之后），赶到诗人病榻前的。他在这里看到的是，人人脸上露出"等待死亡的恐怖"和名医束手无策的窘态："阿连德和斯帕斯基一个劲儿耸肩膀……"，而达里的出现使垂危的诗人感到由衷的高兴。这个擅于写有趣的童话的能手，早在一八三二年就得到普希金的赏识；在奥连堡

① 下面引证俄国外科史专家 A. M. 扎勃卢多夫斯基的意见：对普希金施行的治疗方法正确，但是整个护理情况（没有护士守候，却让不相干的人在场，等等）不能令人满意。当时要把人治活是不可能的，但可以减轻弥留之际的痛苦。在今天用作手术和输血的办法，有可能治好这种伤，不过，像普希金这样的伤势，就现在来说也认为相当严重，往往导致死亡。（A. M. 扎勃卢多夫斯基：《十九世纪前半叶的俄国外科学》，载《新外科档案》，1937 年，第 39 期，第 1 分册，第 19—24 页）。——作者注

时,普希金曾同他一起度过一些难忘的日子。普希金对达里微微笑了笑,握了一下他的手,第一次跟他称呼起"你"(这意味着,诗人在临死之前跟他情同手足了)。普希金在死前的最后几小时,同他"很随和,很听话,就像个小孩子似的",他的一切请求和叮嘱,诗人都照办无误。

到了傍晚,达里给病人贴过水蛭之后,普希金的脉搏变得平稳、缓慢而柔和。达里决定推翻其他医生的一致判决,小心翼翼地宣布:"有希望。"他的这句话,给普希金带来了最后的欢乐。当达里以坚决的口气宣布"我们对你寄予希望,真的寄予希望"时,诗人紧紧握住他的手,不加反驳地回答说:"好,谢谢!……"毫无疑问,达里大大减轻了诗人垂危时肉体的痛楚和心情的抑郁。这一夜过得很安稳,病人没有感到疼痛,直到天亮一直握着达里的手不放。早晨五点,茹科夫斯基回家休息时,"几乎是怀着希望"走的。

但是过了两小时之后,茹科夫斯基又回到普希金家,立刻听到阿连德果决的预断:"普希金活不过一天了。"脉搏可怕地减弱,双手开始发凉。中午,医生会诊,认为普希金的病毫无希望了。茹科夫斯基为挤满了会客室的朋友写出病情最后公告:"病人处于危急状态。"两点过后,达里把茹科夫斯基、维亚泽姆斯基和维耶尔果尔斯基叫去,告诉他们说:"要咽气了!"普希金还把一只手伸给达里,在半昏迷中请求把他抬得"高一点儿,再高一点儿",要超过书架和上面的书:"好,请一起走吧,一起走!"然后,他的脸变亮了,恢复了知觉。他轻声说道:"生命结束了。"的确,上肢已凉到肩头,下肢凉到膝盖,呼吸渐渐慢下去,一点一点地没有了……

一八三七年一月二十九日将近下午三点的时候,世界诗坛上最伟大的天才所遭受到的一切考验和痛苦终于得到了彻底解脱。

4

普希金虽死,可他的敌人并没有放下武器。根据尼古拉一世的旨意,普希金在决斗的第二天便被交付军事法庭,直到死后仍然被送上特别法庭的被告席。直到三月十七日判决,这一案件才算结束。判决书说,"宫廷侍从普希金的犯罪行为应受到与被告盖克伦同样的刑罚"(按法律规定,就是死刑)。

警察事先采取了有力措施,破坏公众为纪念诗人不幸逝世而去瞻仰遗容的活动。文学界和科学界、青年学生、广大教师、中级军官、小公务员的优秀代表把普希金之死看作是对他们的沉重打击和重大的政治事件。这些人代表着正在形成的"知识界",他们对十二月党人怀着深切的怀念(十年之后,他们组成了彼特拉雪夫斯基小组和斯彼什涅夫小组)。"老百姓"浩浩荡荡的人群一齐向诗人的遗体涌来,关于这一情形,卡拉姆辛的女儿有一段出色的记载:"妇女、老人、儿童、学生、穿羊皮袄的甚至衣衫褴褛的平民百姓,纷纷前来瞻仰人民爱戴的诗人的遗体。"当普希金逝世的时候,这些城市贫民前来悼念他,他们站在被杀害的作家灵柩前面,仿佛代表着俄国人民的广大的无权群众。

十二月党人谢·格·沃尔康斯基有个侄女叫 A. П. 杜尔诺沃,于一八二四年曾在敖德萨同普希金见过面。她在笔记里记录了为普希金送葬的人群的愤慨情绪:"在为普希金送葬时,人们不断发出呼喊:'这个外国人在哪里?我们非撕烂他不可!……'"

当局由于担心发生政治示威,下令把诗人遗体转到科纽申教堂(原来决定在海军部大教堂举行安魂祈祷),并要连夜把灵柩送往圣山修道院下葬。与此同时,乌瓦罗夫预先采取一系列有力措施,平息愤愤不平的社会舆论。政府对写赞誉悼文的作者都发出警告,并向书刊检查部门发文,在评价已故诗人时,要做到"适可而止"。

维亚泽姆斯基在一八三七年三月给巴黎的友人写信时说:"我们的杂志和普希金的朋友都不敢发表任何有关他的文章,对待他就跟对待普加乔夫一样,而对普如乔夫有明文规定,不许纪念。"在举行葬礼的前夕,尼基坚科在日记中写道:"乌瓦罗夫连普希金死后也不肯放过。海报已经登出为卡拉蒂金捧场而演出《齐赍骑士》,中途被取消了,大概是害怕观众会表现出过分的热情……"

只有边远的敖德萨例外,没有受当局规定不准悼念的阴谋的约束:那里共有两份报纸,一份俄文,一份法文,都刊登了广泛评价普希金的活动的文章。这在当时的俄国报刊中是绝无仅有的。文章写得很有头脑,颇有独立见解,充满真挚的悲痛。文章悼念"具有高度人民性的歌手",说他"既了解俄国最深奥的秘密,又了解全人类共同的生活面貌"。

教会也继续反对已故的诗人。最先发难对《加甫利亚德》提出指控的彼得堡都主教谢拉菲姆,反对为诗人举行安葬仪式。普希金遗体不许送入伊萨阿基耶夫大教堂举行安魂祈祷,也不许举行隆重的弥撒,其借口是:决斗受伤而死同自杀一律看待。

东正教总会总监普罗塔索夫通知普斯科夫大主教纳法纳伊尔,要他承担举行安葬仪式的责任,"在这类情形下,不许有任何特别的表示、特别的迎接场面,总之,不许举行任何仪式"。

在普希金的同代人中间,唯有历史学家卡拉姆辛的儿子安德烈·卡拉姆辛对彼得堡这场悲剧给予了恰如其分的评价。他在巴黎听到普希金逝世的消息之后,给母亲写信说:"妈妈,请代我向彼得堡的上流社会祝贺,他们完成了一件大事。他们用卑鄙的谣言和对天才与美的下流妒忌,终于使他们一手制造的悲剧胜利结束。请代我祝贺吧,他们是当之无愧的。可怜的俄国啊!在你那广漠的穹窿上,巨星一颗颗陨落了,我们翘首仰望,会不会是升起了早霞,可东方却一片漆黑……妹妹来信谈到上流社会、上层人士、沙龙里的上层贵族(鬼知道,这些败类应该怎样叫才是!)的种种议论,我丝毫不感奇怪;他们的性格真是始终如一。凶手在辱骂被他杀害的无辜者——这是应该的,是理所当然的。当我读您的来信时,真是心绪千变万化;当我读到进教会要收票,只放上流社会的人士进去时,恼怒和遗憾之情不禁填塞胸臆。为什么要放他们进去?难道普希金是属于他们的吗?自从他落到他们那腐败的环境中之后,他的天才受到束缚,他开始沉默了……

他没得到承认,没得到应有的评价,在这块不毛之地上虚度光阴,终于成为诽谤中伤的牺牲品。① 应该把他们都驱逐出去,把泣不成声的人群放进来,那样一来,普希金属于人民的灵魂,在天上也会出现笑容。"

这位同诗人观点接近的观察者,就是这样评论诗人逝世之际的社会环境的,在很大程度上表达了普希金本人对这个杀害他的社会的感情。

5

屠格涅夫在日记中写道:"二月四日,零点将过,我出发送普希金的灵柩去普斯科夫。在灵柩和我的前面,是个宪兵大尉骑在马上。"在送灵柩的雪橇上,坐着死者的老仆尼基塔·科兹洛夫。他愿意把诗人一直送到坟墓;他的神色非常忧伤。"没想到我这个老头子还要为亚历山大·谢尔盖耶维奇送葬。我是用手托着他长大的……"到了普斯科夫,省长向屠格涅夫宣读刚收到的皇上的旨意:在送普希金的遗体时,不许有"任何表示,任何迎接场面"。正是由于这个缘故,这次行程走得极快,就跟急使的速度一样,从彼得堡到三山村只用三十五到四十个小时左右。普希金的遗体也被当作最重要的国事犯,用快马运送,中途不许休息。马都累坏了,"有一匹拉灵柩的马累倒下了",屠格涅夫只好付钱赔偿。

普·亚·奥西波娃一直想念"亲爱的亚历山大",这时出面为诗人料理丧事。恰好在一个月之前,她收到诗人的来信:"我有一种强烈的愿望,今冬一定要拜访三山村。"不幸的是,这种愿望竟成为谶语。她只好安排把遗体送到圣山,同时派一些农奴去挖墓穴。

二月六日清晨,屠格涅夫、尼基塔·科兹洛夫和奥西波娃的两个女儿一起从三山村来到修道院。这两个女孩子,一个十八岁,叫玛丽亚,当年诗人曾经教过她法语;另一个是最小的,只有十三岁,叫叶卡

---

① 这一句话原文为法语。——译者注

捷琳娜。奥西波娃本人有病,家里的其他人都出去了。宪兵大尉拉克耶夫代表彼得堡当局,修士大司祭戈纳季代表国家教会。地方警察局由村陪审官彼得罗夫出面,他代表奥波切茨县警察局长(这位局长认为参加"叛党"的葬礼诸多不便),代表奥斯特罗夫城警察局长的是县法院书记官菲利波维奇。

在一旁光着头站着三山村和米哈伊洛夫斯科耶的农民。他们刚挖好墓穴,不过这个墓穴只是暂时的,因为土冻硬了,只好用钎子在冰上挖个洞,用雪盖住棺木,等到春暖时重埋。

这就是为普希金入土送行的寥寥几个人。首都当局几乎没人来,可是忠诚的"萨维里伊奇"——尼基塔·科兹洛夫来了。他从涅麦茨卡亚街上的摇篮开始,一直陪伴诗人走完人生的道路,来到圣山坟地。老朋友屠格涅夫来了。是他把诗人送入皇村学校,在诗人流放的年代又为之到处奔走,自己身居异地时又为诗人寄来古代花瓶和巴黎当代的新闻。三山村的两位少女来了。对她们来说,这雪堆将与诗人不朽的诗句联系在一起:"弗拉基米尔·连斯基埋于此地,他不幸夭折,却死得勇敢……"最后,还有普斯科夫省几个农奴来了。他们仿佛是被不自由的人民派到被人杀害的诗人坟头的。正是人民用他们的传说丰富了诗人的创作,并且永远把普希金的名字藏入记忆里,以便把它带到遥远的但必定要来到的解放的时代。

第九章 普希金的遗产

1

"陌生的年轻一代"已经在周围成长起来。就在普希金的灵柩尚未阖上的时候,俄国已经响起新的天才抒情诗人莱蒙托夫的声音。莱蒙托夫仿佛以犀利的诗句和对扼杀"自由、天才和光荣"的刽子手的大胆挑战来继承夭折诗人的遗志的。彼得堡大学的文科学生伊凡·屠格涅夫前来向普希金的遗体表示敬意。屠格涅夫后来回忆说:"普希金在当时对我来说,对许多年龄和我相仿的人来说,好似半神半人。"外贸司的小官吏伊·亚·冈察洛夫①在上班的时候听到诗人逝世的消息,马上从办公室走出来,放声痛哭:"我无法想象,我心目中最崇拜的人怎么能停止了呼吸……"在遥远的慕尼黑,俄国大使馆的年轻职员丘特切夫(普希金逝世前在《现代人》上发表了他的诗),对被害的诗人写下自己的名句:"俄国人的心是不会忘记你的,就像不会忘记自己的初恋一样……"另一个初学写作的诗人、沃罗涅日的歌曲作家柯尔卓夫(他也在普希金创办的杂志上发表过诗),用一句话表达了俄国诗人们遭到这样重大损失时的心情:"太阳被射穿了!……"

普希金的思想和文章已经影响了文学界的一代人,并在不知不觉中帮助了这一代人的成长。再过十年到十五年,这些年轻人便要成为俄国伟大现实主义文学的中坚力量。而俄国现实主义文学正是从普

---

① 冈察洛夫(1812—1891),俄国作家,代表作为《奥勃洛摩夫》。——译者注

希金那里继承了反映生活的绝对真实、描写的准确无误、人物形象的惊人逼真、构思的高度的社会敏感和结构的宏伟与大胆创新等特点。

老一代作家已经肯定了俄国文学由普希金创立的这一伟大传统。果戈理在四十年代继续写他的《死魂灵》——这本书的构思正是普希金提供的。别林斯基已受到《现代人》编辑的赏识,并被邀请做该刊的撰稿人,当时他正在写评论普希金创作的第一部最完整的专著。这部优秀著作的许多论点,成为后来整个文艺评论的基础,对六十年代伟大的民主主义批评家车尔尼雪夫斯基和杜勃罗留波夫关于普希金的评价均有影响。

为俄国文学赢得世界影响的现实主义长篇小说,其基本艺术手法都来源于《叶夫根尼·奥涅金》和《上尉的女儿》。屠格涅夫对普希金的小说人物心理的深刻真实性给予高度评价,并在自己的创作中写出一系列别具特色的奥涅金式人物。这种人聪明,有教养,但由于时代的束缚,终于一事无成。屠格涅夫在逝世前不久,在一八八〇年的一次讲话中赞扬了"俄国光辉的艺术家",说他诗歌的特点"符合我国人民的气质和天性"。

列夫·托尔斯泰的艺术手法独具特色,但也接受了普希金的影响。托尔斯泰在写高加索的中篇小说《哥萨克》时,就受到《吉卜赛人》的启发。他的《战争与和平》采纳了《上尉的女儿》的结构原则——由家庭记事发展成时代的历史悲剧。至于《安娜·卡列尼娜》的结构,则参考了《埃及之夜》的散文片段。他曾以所有的俄国作家的名义说:"普希金是我们的老师。他的美感发展到最高限度,别人是望尘莫及的。"

冈察洛夫永远不会忘记普希金出现在莫斯科大学课堂上的形象,当时诗人正为肯定《伊戈尔王子远征记》的真实性而同达维多夫和卡切诺夫斯基进行热烈争论。他在学生时期听过普希金讲演,而在描写俄国生活的小说中出色地掌握了普希金的文笔简洁准确的特点。普希金的文笔像镜子一样清晰地反映出大自然和日常生活的画面及当代人物性格的特征。

赫尔岑作为写政论文和回忆录的大师,对普希金也给予崇高评价。他特别珍视普希金"对俄国未来的出自本能的信心"。他指出,那样的年代,凡是敢于"把头抬得高于沙皇的权杖所划定的界限"的人,都要遭到"可怕的悲惨命运",而生逢其时的伟大诗人在创作上保持了健康旺盛的现实主义,在生活中经受着毫无出路的悲剧。

陀思妥耶夫斯基在他的整个创作过程中,都把普希金当作自己的老师。他在第一部中篇小说里,就对《驿站长》的作者表示赞美。他的最后一篇文字——在莫斯科诗人纪念碑揭幕式上的演说,着力为俄国的后代解释普希金创作的价值。"如果没有普希金,就不会出现继他之后的那些天才。"——这就是陀思妥耶夫斯基在逝世之前不久所表示的信念。

俄国伟大的讽刺作家萨尔蒂科夫①认为普希金是"俄国最伟大的艺术家"。他之所以感到诗人可亲,大概正是因为普希金在俄国诗坛上创立了"火热的讽刺诗"。普希金曾用"尤维纳尔的皮鞭"无情鞭挞过沙皇和大臣,无疑成为这一体裁后来的所有大师的鼻祖。人们常把《一个城市的历史》和《戈柳辛村史》看作同类作品。普希金对朝廷代表人物的讽刺诗,为谢德林勾勒市长的熟识脸谱开了先河。萨尔蒂科夫作为罗曼诺夫王朝的讽刺作家,继续着普希金所开辟的道路。

2

普希金流派的影响,在俄国十九世纪下半叶语言艺术大师的作品中都非常明显。俄国小说奠基人的直接继承者契诃夫认为,《上尉的女儿》和莱蒙托夫的《塔曼》直接证明了俄国绚丽的诗歌同优美的散文之间的密切联系。他的哀歌式的短篇小说出色地证明,渗透着对外界的抒情感受的俄国散文,不忍采用人为的格律,一样具有普希金诗歌的魅力,同时又是地道的散文。

---

① 萨尔蒂科夫－谢德林(1826—1889),俄国讽刺作家、文艺批评家。——译者注

奥斯特洛夫斯基①的历史剧和阿列克塞·托尔斯泰的三部曲②是利用另一种体裁继承《鲍里斯·戈东诺夫》的传统的。

"悲伤和愤怒"的歌手涅克拉索夫认为,他的革命世界观是在普希金的政治诗的影响下形成的:

　　您想知道我读过什么书吗?

　　普希金有一首诗,叫《自由颂》。

涅克拉索夫在心爱的作品《谁在俄罗斯生活得快乐》的草稿中,预言俄国未来的人民将是有文化、有教育的人民,并把这一预言同伟大诗人的名字联系在一起:

　　……农民要买普希金的诗、

　　别林斯基的文章和果戈理的小说,

　　甚至不惜花费自己的血汗钱。

　　这可都是最有名的大作家,

　　都是人民的保护者,

　　都是你的朋友,庄稼汉!

到了两个世纪之交,又出现另一代诗人,他们不仅向普希金学习,而且深入研究他的作品。瓦列里·勃留索夫③仿照《埃及之夜》《青铜骑士》的题材写了不少作品,还写了剧本《赌徒》(草稿)。亚历山大·勃洛克在抒情诗中也写过类似《青铜骑士》的主题,他的最后一首诗就是描写普希金的住处和诗人的形象的。他把普希金写成为在时代转折时期使人保持乐观精神和有助于俄国诗歌的新探索的伟大力量:

　　普希金! 我们追随你

　　歌唱过秘密的自由!

无产阶级文学的第一位经典作家高尔基永远忘不了最初读到普希金的诗时所产生的印象:"那些响亮的诗句很容易记住,诗中不论写

---

① 亚·奥斯特洛夫斯基(1823—1886),俄国剧作家,代表作为《大雷雨》等。——译者注

② 阿·托尔斯泰(1883—1945),苏联作家,三部曲指《苦难的历程》。——译者注

③ 勃留索夫(1873—1924),苏联诗人。——译者注

什么,都装点得十分美丽;这使我感到幸福,使我的生活变得轻松愉快,这诗歌就像新生活的钟声一样,不绝于耳。"

在苏联最伟大的诗人马雅可夫斯基的成长过程中,普希金标志着两个不同时期的分野。马雅可夫斯基年轻时曾推倒一切经典作家的权威,但在一九二四年五月二十六日,在小剧院的一次辩论会上谈到奥涅金书信的"魅力"时说:"当然,我们要几百次地反复阅读这样的文艺作品,甚至当死神把绞索套在我们脖子上的时候;我们要几千次地学习这些非常认真的创作手法,它们可以使人得到无限的满足,并迅速表达出突然想到的、受到启发的或自己头脑中产生的念头。"

在纪念普希金逝世一百周年之际,诗人不朽的传统对苏联各民族诗歌的巨大影响表现得最为明显。各民族共和国的大作家用诗和散文表达出他们同俄国诗坛领袖密不可分的联系。

亚美尼亚诗人阿维季克·伊萨克扬说:"我在童年时代第一次感受到普希金诗歌的美,从此以后,俄国诗坛的太阳就永远以其纯洁、灿烂的光辉为我照耀着艺术世界。"马克西姆·雷里斯基写道:"从很早以前普希金就令乌克兰作家感到亲切,这不仅仅因为他写作了《波尔塔瓦》,而且因为他的全部作品,因为他那广袤无垠的伟大之处。"萨麦德·武尔贡说:"无论是拜伦、歌德,还是荷马、但丁,以及菲尔多西①、哈菲兹②,都没有像普希金那样,在阿塞拜疆得到全体人民的热爱。"阿·阿巴舍利对《在格鲁吉亚的群山上》的作者说:"卢斯达维里③的土地记得你的声音。"马克西姆·坦克宣称:"白俄罗斯文学是在普希金的有益影响下成长和发展起来的。"

拉脱维亚诗人亚尼斯·普拉乌季亚是这样谈到他跟俄国天才诗人的"相识"的:

　　　　我们的诗人跟普希金学会了歌唱,

---

① 菲尔多西(940—1020),波斯诗人,曾用韵文改写《列王记》。——译者注
② 哈菲兹(1327—1390),波斯诗人。——译者注
③ 卢斯达维里(生卒年不详),十二世纪格鲁吉亚诗人,著有《虎皮骑士》。——译者注

拉脱维亚人都喜欢他那迷人的诗篇，

这诗中充满着热烈奔放的感情、

无所不包的智慧和坚强的心灵⋯⋯

阿赫麦德·叶里凯耶夫对俄国的伟大歌手说："你的诗歌的声音在鞑靼斯坦的广阔土地上到处传扬。"哈利江·别克霍真在诗歌里也给予诗人以同样的评价：

我曾经听到，在集体农庄的村落里，

在幸福的国度，那些草原的勇士

竟把达吉雅娜的书信当成自己的情歌，

怀着无限深情对黑眼睛的少女歌唱。

巴什基里亚的歌手赛菲·库达什仿佛在总结这多声部而整齐一致的赞扬，为普希金写下激动的诗句：

他——未来世界的报信者，

曾说在普加乔夫起义的年代，

有个参加起义的巴什基尔人

只为要求自由，被割掉了舌头。

这个人备受摧残，壮烈牺牲，

而我们就是他的子孙，

我们最爱读普希金的作品，

并用各种语言颂扬他的美名⋯⋯

高加索、哈萨克和乌克兰等各族民间诗人、民歌作者和节奏语言的大师，齐声赞颂诗歌形象和音韵的伟大革新者、正义和自由时代的预言家。如今这一时代终于在无边无际的多民族的祖国大地上降临了。

3

普希金作为文化艺术的强大推动者，对祖国艺术各个领域都发生了广泛影响，比如对音乐和戏剧、绘画和雕塑、舞蹈和电影。

伟大的作曲家都成为普希金作品的天才解释者。从格林卡和达尔戈梅斯基开始,经过穆索尔斯基、里姆斯基－科萨科夫、柴可夫斯基和拉赫玛尼诺夫,俄国歌剧通过再现普希金的人物形象和题材逐渐成长、壮大,得到世界的承认。今天,B.克柳科夫的《驿站长》、马·科瓦里的《努林伯爵》、A.戈里坚威泽尔的《瘟疫流行时节的宴会》和比柳科夫的《村姑小姐》都继承着这一光荣传统。早在诗人生前,阿利亚比耶夫、维尔斯托夫斯基、季托夫、格尼什塔及其他许多人就为普希金的诗谱了近七十首歌曲。在后来的作曲家中,除上述歌剧大师之外,还有巴拉基列夫、鲍罗廷、鲁宾斯坦、居伊、利亚多夫、塔涅耶夫、格拉祖诺夫、阿伦斯基、格列恰尼诺夫和麦特涅尔等,相继为著名的告白和"酒神的副歌"谱曲。他们的事业现在由苏联大批杰出的作曲家继承下来,他们是:赫连尼科夫、克尼佩尔、瓦西连科、沙波林……

与此同时,普希金的创作大大丰富了俄国的舞蹈艺术。诗人非常喜爱舞蹈的热情奔放、神采飞扬。从博得他好评的狄德洛到苏联的作曲家和学者 Б. B. 阿萨菲耶夫,芭蕾舞台用浮雕般的形象解释了普希金的神话故事,《鲁斯兰和柳德米拉》、早期的南方长诗和《村姑小姐》。C. 瓦西连科把《吉卜赛人》的题材写成芭蕾舞。P. M. 格利埃尔把《青铜骑士》写成芭蕾舞。M. 丘拉基把《神父和他的雇工巴尔达的故事》写成芭蕾舞。

俄国戏剧界的优秀代表也一直努力表现普希金塑造的伟大形象。天才的悲剧诗人为悲剧演员提供了丰富的素材,和诗人同时代的卡拉蒂金和莫恰洛夫都非常喜欢普希金戏剧中复杂而深刻的人物。后来,热情的叶尔莫洛娃和来自民间的斯特列佩托娃揭示了《女水妖》中磨坊老板女儿的整个悲剧形象;科米萨尔热夫斯卡娅再现出《瘟疫流行时节的宴会》中的梅丽;卡恰洛夫塑造了唐璜的光辉形象;奥斯图热夫塑造了吝啬骑士令人震惊的形象。然而,连扮演独特角色的演员也塑造了一系列第一流的舞台形象,如谢普金演的老贵族,普罗夫·萨多夫斯基演的莱波列洛,萨莫伊洛夫演的僭王,达维多夫演的瓦尔辛加姆,瓦尔拉莫夫演的逃亡的修士,莫斯科文演的格里果里·奥特列皮耶夫(以及银幕上的驿站长)。俄国演员从普希金的戏剧里受到悲剧和节奏语言方面最好的训练。夏里亚宾为普希金作品的许多人物塑造出光辉的形象。在普希金逝世一百周年之际,苏联戏剧界涌现出大批新人,他们成功地表演了普希金戏剧中的人物形象,如 H. K. 西蒙诺夫和 M. Ф. 列宁(鲍里斯·戈东诺夫)、Б. A. 巴鲍奇金(僭王)、E. H. 戈戈列娃(玛琳娜·姆尼舍克)、И. H. 别尔谢涅夫(唐璜)、C. B. 基阿钦托娃(唐娜·安娜)。

下面我们分析一下其中的某些舞台形象。

普希金的戏剧作品对善于表现人物心理的伟大演员夏里亚宾所演的角色及其舞台表演艺术的形成都起着决定作用。《女水妖》中磨坊老板的巨大形象经夏里亚宾的表演,真正具有莎士比亚的气魄,无怪乎批评界认为这个因失去女儿而发疯的老头儿可与萨尔维尼和波萨尔特演的李尔王相媲美。夏里亚宾演的鲍里斯·戈东诺夫具有同样庄严的气魄。这位歌手既忠实于普希金的构思,又忠实于穆索尔斯基的解释,极力把这个历史人物演得像"民间音乐剧"的某些场面那样,成为有魅力的悲剧人物。夏里亚宾被众多的历史人物所吸引,塑造了有智慧的神父比缅和被免去神职的修士瓦尔拉姆的令人难忘的形象。这位伟大的歌唱家和演员在说明他对角色的理解时说:"穆索尔斯基以不可比拟的艺术手法和浓重的色彩传达了这个流浪汉的无限哀愁……瓦尔拉姆的哀愁极深,恨不得上吊,而如果不想上吊的话,就放声大笑,或者纵酒作乐,做出可笑的神态。"他唱着快活的词句,然而"这并不是唱歌,而是暗地的抽泣"。在《鲁斯兰和柳德米拉》里,夏里亚宾创造出饶有幽默情趣的杰作,这就是胆小的武士法尔拉弗的讽刺典型。他还同弗鲁别尔、谢罗夫和拉赫玛尼诺夫一起,揭示出沙莱里的阴险形象,表现出他内心里美学思想、道德观念的斗争的全部悲剧。对莫扎特的赞赏,使他突然做出要把杰出的音乐天才置于死地的残酷决定,因为莫扎特的不可企及的完美,在对手的眼中仿佛使当代所有作曲家的作品都相形失色。这种解释法,把著名独白的内容提到真正的悲剧高度:

他有什么用处？不过像智慧天使

给我们带来几支天堂的歌曲，

蛊惑我们凡人的无力愿望，

然后就飞走了之！

那你就飞走吧！飞得越快越好。

夏里亚宾在年轻的拉赫玛尼诺夫的歌剧中扮演过阿列科的角色，他所表现的阿列科的复杂性格，给人留下难忘的印象。夏里亚宾在舞台上塑造的奥涅金形象，也是对这个人物的独特解释之一。他所表演的普希金笔下的形象多么多，又多么可贵！这位歌剧界的泰斗正是在伟大民族诗人的不朽构思熏陶之下成长起来的，并且根据这些构思塑造出不可磨灭的形象。

瓦·伊·卡恰洛夫也是一位在舞台上再现普希金笔下形象的大师。他所扮演的唐璜，就其构思的深刻和演技的精湛而论，可以称之为俄国戏剧界的楷模。他还成功地演唱了《瘟疫流行时节的宴会》中瓦尔辛加姆的独白。卡恰洛夫是一位着重表现思想的演员，他以对命运发出的大胆挑战为依据（在大无畏的颂歌的最后诗节里），来解释来自塞维利亚的诱惑者这一形象：

在殊死的战斗中，

在深渊的边缘上，

在咆哮的海洋里，

在惊涛骇浪和天昏地暗中，

在阿拉伯飓风里，

在瘟疫流行中有莫大快慰……

按卡恰洛夫的说法，他想表现的不是拿女人寻欢取乐的唐璜，而是另一个唐璜——"他最崇尚的是敢作敢为，他最尊重的是敢于违抗禁令，敢于同上天的力量做斗争"。

因此，在邀请骑士的大理石像到他的孀妻家赴宴的情节中，唐璜表现出不寻常的大胆，他以无所畏惧的精神迎接了复仇的石客的到来。（"一切都结束了。唐璜，你在发抖。""我？没有。我既然请你来,当然高兴见到你。""伸出手来。""好的。")尽管石像的握手令人难忍,但是唐璜叨念着唐娜·安娜的名字而死去。他至死蔑视死亡的危险,坚决捍卫自己听任奔放的激情和叛逆思想支配的权利。

斯坦尼斯拉夫斯基认为卡恰洛夫演的唐璜是普希金剧作中演得最好的形象。演员本人也宣称,他"通过着重表现普希金这一作品风格的轻松和优美",努力对剧中人物予以新的解释。这一任务他完成得很出色。

最后,在苏联舞台上,由 A. A. 奥斯图热夫演出的《吝啬骑士》,成了普希金剧作舞台表演的重大事件。奥斯图热夫是属于浪漫主义风格的演员,经常扮演英雄角色。他在扮演老贵族时,放弃了把老贵族跟夏洛克①和阿巴公②同样表现的传统做法。他保持了封建时代人物的阴沉冷酷,赋予他以中世纪的骑士派头和文艺复兴初期贪图权势的特征。在这部小悲剧的台词中,描写了这个戴着铁皮手套的吝啬鬼的高傲的个人主义特征:

> 什么不归我管辖?从今以后
>
> 我将像恶魔一样统治世界……
>
> ……一切都听我的,而我不必听从任何人;
>
> 我超脱任何欲望;我心平气和,
>
> 我知道自己的力量,只要想到这一点,
>
> 我就心满意足了……

演员仿佛用古代的宫廷肖像揭示了"忠实勇敢的骑士"(按照公爵对他的称呼法)的丰满形象。与此同时,演员并没有让自己的歌声成为衰老的音调,而是像青年人一样表达他满腔的激情。高利贷者的形象被狂热者、躁狂者、疯子的形象所遮蔽了,不过,作为狂热者却不失其勇敢坚毅的心灵和对自己思想的忠贞不渝。奥斯图热夫由于大胆表现了这种凌驾于一切恶德和欲望之上的钢铁意志和充沛精力,在悲剧史上做出了新的贡献。

---

① 夏洛克是莎士比亚的《威尼斯商人》中的人物。——译者注
② 阿巴公是莫里哀的《吝啬鬼》中的人物。——译者注

普希金的创作为俄国画家提供了最为丰富的材料。在俄国文学史上，没有任何一位作家像最伟大的诗人普希金那样，在绘画和版画方面得到广泛的、充分的反映。为普希金作品作插图的有：费多托夫、勃柳洛夫、克拉姆斯柯依、列宾、苏里科夫、谢罗夫、弗鲁别尔、别努阿、比利宾、卡尔多夫斯基，在十月革命时代有：库斯托季耶夫、多布任斯基、米特罗辛、库普里扬诺夫、克拉夫钦科、科纳舍维奇、鲁达科夫、库兹明、希任斯基、萨维茨基及其他许多人。以普希金作品为题材作画的有：索科洛夫－斯卡利亚、A.格拉西莫夫、什马里诺夫、马尼泽尔。为《青铜骑士》《叶夫根尼·奥涅金》《黑桃皇后》《埃及之夜》作的许多插图和版画，都是造型艺术中的杰作。最后，普希金的作品还激发了装饰画大师们的灵感，如戈洛文、尤昂、科罗文、西莫夫、法沃尔斯基、拉比诺维奇、德米特里耶夫、丘皮亚托夫、费多罗夫斯基以及其他许多人。在彩色鲜艳的大型布景中展现出普希金作品的世界，令人耳目一新。

普希金既是俄国雕塑的鉴赏家（在诗歌中描写过皮麦诺夫、洛加诺夫斯基、奥尔洛夫斯基的塑像），又是祖国雕塑的创作对象和推动者。与他同时代的雕塑家维塔利、哈尔别尔格、捷尔宾耶夫，就曾塑造他的最早的半身像和全身像。稍后，由奥佩库申塑造的莫斯科普希金纪念碑和巴赫塑造的"学生时代的普希金"，得到了一致的好评。П.特鲁别茨科伊塑的普希金青铜像，风姿优雅而富于表现力。在苏维埃时代，苏沃洛夫、科罗廖夫、多莫加茨基都曾为伟大诗人塑过塑像。

> 雕塑家，我忧郁而欢快地走进你的工作室，
>
> 你给石膏以思想，大理石听从你摆布……

在俄国雕塑家们为普希金塑造的优美塑像群面前，仿佛听到了诗人这两句向雕塑家致意的诗句。

银幕作为一种群众性艺术，向几百万观众展现出《鲁斯兰和柳德米拉》、《萨尔坦皇帝的故事》、《驿站长》、《阿尔兹鲁姆旅行记》、《杜勃罗夫斯基》和《上尉的女儿》。

但是，最广泛地反映普希金的诗歌作品的，仍属手工工艺的不可

胜数的无名大师们。"举世闻名的帕列赫村民间画家用普希金的长诗和童话为题材,在新做的小盒子、木箱子、盘子和托盘上画出小型精工画,然后涂上薄薄的一层清漆。乌克兰有名的刺绣女工用普希金的题材在纺织品上刺绣或补花。乌拉尔的翻砂工人用铁水为诗人的作品浇铸宏伟的插图。霍尔莫戈尔的雕刻家用猛犸象牙雕成烟斗和别针,并在上面刻出普希金作品中的人物形象。古斯-赫鲁斯塔尔内伊市的琢磨匠在玻璃和水晶里显现出诗人决斗的场面。莫斯科玩具厂的师傅用木头和骨头雕刻出沙皇达顿、金公鸡和农妇巴巴里哈。列宁格勒的巧匠为木偶剧院做出唐璜和唐娜·安娜的木偶。沃洛格达的女工制作出一种绝无仅有的花边,在细线的网络中间钩出《鲁斯兰和柳德米拉》不朽序诗的图画,就像冬天的窗花一样玲珑剔透。"①

在民族艺术的各个领域,普希金都是伟大的首倡者。俄国造型艺术和声调艺术的大师在再现普希金的人物形象和戏剧情节方面,同我国的诗人和小说家一样,向全世界显示了我国人民取之不尽用之不竭的创造力。冈察洛夫对普希金有一段评语说得最恰当不过:"普希金是俄国艺术的奠基人,就像罗蒙诺索夫是俄国的科学之父一样。"

4

别林斯基最先广泛地提出普希金具有世界意义的问题。照他的说法,普希金"不仅是俄国十九世纪的伟大诗人,而且是各民族和各时代的伟大诗人"。

普希金很早就进入了世界文坛。他的著作的最早译本(德语和法语两种)出现于一八二三年,而到了一八二七年,歌德把他的鹅毛笔通过茹科夫斯基赠给《浮士德一幕》的作者。早在诗人生前,外国的文集或游记中就有对俄国年轻诗人的评论,说他不但有艺术家的卓越才能,而且具有不肯阿谀权贵的高尚性格。这些评语准确地把握了普希

---

① B. A. 马努伊洛夫:《普希金和我们的时代》,列宁格勒,1949 年,第 37—38 页。——作者注

金创作的特征,形成西欧进步批评界对诗人的基本认识,随后,全世界进步读者也都是这样看待诗人的。密茨凯维支和普劳斯帕·梅里美、马克思和恩格斯对普希金都有定评,说他是达到语言艺术最高境界的热爱自由的诗人和思想家。科学社会主义的奠基者们都是用《叶夫根尼·奥涅金》来学习俄语的,对这部名著在艺术上和思想上的创新赞叹不已。一八九九年,爱弥尔·左拉①曾就普希金诞辰一百周年纪念向俄国作家表示祝贺。他说普希金是"当代俄国文学之父,是多才多艺的人,是杰出的诗人,是自由和进步的真正朋友"。一九三七年,罗曼·罗兰表示"诚挚地"纪念普希金,并且说:"我希望他的名声越来越大。"最后,在一九四九年,外国进步文化人士在莫斯科一致向世界著名诗人表示敬意。智利诗人帕布洛·聂鲁达说:"受到自己伟大的人民保护的普希金,向世界各国人民放射着光彩。"中国著名作家萧三说:"普希金纪念碑高傲地耸立在中国人民解放军彻底解放了的上海的黄埔江畔。"黑人歌手保罗·罗伯逊说:"普希金属于全人类。"丹麦老一辈无产阶级作家马丁·安德逊·涅克索把普希金比作古代的歌唱诗人,走在军队的前面,用歌声鼓舞士气。

诗人的名声不但传遍了"整个伟大的俄国",而且在一切进步国家中得到反响。普希金是第一位以其创作证明了列宁后来提出的俄国文学具有世界意义的论点的作家。

普希金短暂而悲凉的一生,标志着俄国思想发展史和语言发展史上前所未有的转折。在普希金以前的作家笔下,俄语没有这种空灵而遒劲、悠扬而雄壮的特色,只是到了普希金才有了新的素质。普希金不仅大大扩展了抒情诗的体裁,创造了许多新的诗节,诗句写得匀整、富于表现力,而且使俄语诗达到前人所未见的灵活和有力。在俄国,从普希金开始,诗歌第一次成为政治讲坛,对"不公正的政权"发出威胁,对无权的人和"堕落的人"用热情的语言加以庇护。诗人对当时的一切现象都很关心,很敏感,用文字记录了整个社会的画面。当时的

---

① 左拉(1840—1902),法国自然主义作家。——译者注

俄国社会受到法国革命思想的推动，又被十二月党人的风暴分为两个势不两立的营垒。普希金作为艺术家和思想家，从历史中为眼前发生的政治斗争寻找依据，并在他的作品中不断描写俄国历史上的传说，描写俄国人民的胜利的斗争和英雄的形象。然而，他作为真正的诗人所捍卫的，正是人民群众为之而奋斗的属于未来的宝贵历史遗产。

普希金生平年表和主要作品年代

1799 年 5 月 26 日	普希金生于莫斯科。
1811 年 10 月 19 日	皇村学校开学,普希金入学。
1814 年	《致诗友》——普希金发表的第一篇作品(载于《欧洲通报》第 13 期)。
1815 年 1 月 8 日	普希金在考试时当着杰尔查文朗诵《皇村回忆》。
1817 年 6 月 9 日	从皇村学校毕业。
1817 年 6 月 10 日	被外交委员会录用。
1817 年	《自由颂》。
1819 年	普希金参加"绿灯社"集会。
1819 年	《乡村》。
1820 年 5 月 6 日	普希金由于写反政府诗被流放到叶卡捷琳诺斯拉夫(现第聂伯罗彼特罗夫斯克),在英佐夫将军监视下供职。
1820 年 5 月末至 7 月初	普希金随尼·尼·拉耶夫斯基将军一家去诺沃罗西亚、顿河草原、高加索和克里米亚等地旅行。
1820 年 7 月末至 8 月初	《鲁斯兰和柳德米拉》问世。
1820 年 9 月 21 日	普希金到达基希涅夫。
1820 年 11 月	普希金去卡缅卡。

1821 年	《高加索的俘虏》《加甫利亚德》《匕首》。
1822 年	《强盗弟兄》《阿列格之歌》《囚徒》。
1823 年 7 月	调到敖德萨,在诺沃罗西亚总督沃隆佐夫手下供职。
1823 年	《叶夫根尼·奥涅金》的前两章、《巴赫奇萨莱喷泉》、《孤独的自由播种者》。
1824 年 6 月 8 日	普希金上奏皇上,申请退职。
1824 年 7 月 31 日	普希金再次被流放,从敖德萨移居米哈伊洛夫斯科耶村。
1824 年 8 月 9 日	到达米哈伊洛夫斯科耶村。
1824 年	《吉卜赛人》、《叶夫根尼·奥涅金》第三章。
1825 年 1 月 11 日	普辛访问普希金。
1825 年	《叶夫根尼·奥涅金》第四章(于1826 年写完)、《鲍里斯·戈东诺夫》、《浮士德一幕》。
1826 年 7 月 24 日	普希金得到十二月党人被处死的消息。
1826 年 9 月 3 日	普希金在专门派来的信使陪同下去莫斯科御前总参谋部报到。
1826 年 9 月 8 日	普希金受到尼古拉一世接见。
1826 年 10 月 12 日	在维涅维季诺夫家朗读《鲍里斯·戈东诺夫》。
1826 年	《叶夫根尼·奥涅金》第五章、第六章(于1827 年写完),《先知》,《致普辛》。
1827 年 1 月 18 日	为《安德烈·谢尼埃》一诗,普希金

	受到莫斯科警察总监审讯。
1827 年 10 月 14 日	在扎拉兹车站同被捕的久赫里别克尔相遇。
1827 年	《叶夫根尼·奥涅金》第六章、《致西伯利亚》《阿里昂》。
1828 年 7 月 31 日	老奶娘阿里娜·罗吉翁诺芙娜故去。
1828 年 8 月	彼得堡总督为《加甫利亚德》一诗审讯普希金。
1828 年 12 月	《加甫利亚德》一案由于尼古拉一世做出决定而结束。
1828 年	《波尔塔瓦》《叶夫根尼·奥涅金》第七章、《毒树》《诗人和群众》。
1829 年	普希金向娜·尼·冈察洛娃求婚。
1829 年 5 月 1 日	去高加索前线。
1829 年 6 月	普希金在梯弗里斯。
1829 年 6 月 27 日	普希金目击阿尔兹鲁姆被攻克。
1829 年	《在格鲁吉亚的群山上》《高加索》《当我漫步在喧闹的大街上》。
1830 年	参加戴里维格《文学报》的编辑工作。
1830 年 5 月 6 日	普希金订婚。
1830 年 8 月 31 日	去鲍尔金诺。
1830 年 12 月 5 日	返回莫斯科。
1830 年	《吝啬骑士》《莫扎特和沙莱里》《石客》《瘟疫流行时节的宴会》《别尔金小说集》《戈柳辛村史》《在科洛姆纳的小房》《叶夫根尼·奥涅金》第八、九两章,《神父

和他的雇工巴尔达的故事》。

1831 年 1 月 14 日	戴里维格逝世。
1831 年 2 月 18 日	普希金在莫斯科同娜·尼·冈察洛娃举行婚礼。
1831 年 5 月 25 日	迁居皇村。
1831 年 10 月	迁居彼得堡。
1831 年 11 月 14 日	普希金被外交委员会重新录用,在档案馆工作。
1831 年	《萨尔坦皇帝的故事》《在神圣的陵墓之前》《给诽谤俄罗斯的人们》《鲍罗金诺周年纪念》。
1832 年	《杜勃罗夫斯基》、《女水妖》。
1833 年 8 月 17 日	为研究有关普加乔夫史的资料离开彼得堡去喀山和奥连堡。
1833 年 10 月 1 日	返回鲍尔金诺。
1833 年 12 月 31 日	普希金被擢升为低级宫中侍从。
1833 年	《青铜骑士》《普加乔夫史》《渔夫和金鱼的故事》《死公主的故事》。
1834 年 6 月 25 日	普希金申请退职。
1834 年	《黑桃皇后》《西斯拉夫人之歌》《金公鸡的故事》。
1835 年	《统帅》《我又造访了》《彼得一世的盛宴》。
1836 年 3 月 29 日	普希金母亲纳杰日达·奥西波芙娜·普希金娜故去。
1836 年 4 月 11 日	《现代人》第一期出版。
1836 年 11 月 4 日	普希金收到匿名诽谤信。
1836 年 11 月 5 日	普希金向丹特士提出决斗。
1836 年 11 月中旬	普希金得知丹特士向叶·尼·冈察

洛娃求婚之后,收回他的挑战。

1836 年 11 月 23 日	尼古拉一世接见普希金,有宾肯道夫在场。
1836 年	《上尉的女儿》《纪念碑》。
1837 年 1 月 10 日	丹特士同叶卡捷琳娜·尼古拉耶芙娜·冈察洛娃举行婚礼。
1837 年 1 月 26 日	盖克伦接到普希金的信,丹特士向普希金提出决斗。
1837 年 1 月 27 日	傍晚四五点钟之间,普希金在决斗中被丹特士打中致命的一枪。
1837 年 1 月 29 日午后 2 时 45 分	普希金逝世。
1837 年 2 月 1 日	在科纽申教堂举行安魂祈祷。
1837 年 2 月 4 日 0 时许	普希金遗体被送往圣山(现普希金山)安葬。
1837 年 2 月 6 日晨 7 时	普希金遗体在圣山修道院墙侧下葬。
1880 年	莫斯科普希金纪念碑揭幕,伊·谢·屠格涅夫、费·米·陀思妥耶夫斯基和亚·尼·奥斯特洛夫斯基发表演说。
1899 年	普希金诞辰一百周年,举行纪念活动,同时庆祝科学院编辑的《普希金全集》第一卷出版。
1937 年	全苏普希金委员会(在高尔基主持下于 1836 年成立)纪念普希金逝世一百周年。苏联科学院编辑的《普希金全集》开始出版,此外还出版了其他许多版本和关于诗人的专著,在苏联报刊上用苏联各民族语

	言介绍诗人的生平和活动。
1949 年 5—6 月	在法捷耶夫主持下，纪念诗人诞辰一百五十周年委员会召开科学讨论会，举行庄严的纪念会、展览会和演出活动。由科学院编的两种版本的全集均于纪念日之前出齐。
1957 年 6 月	列宁格勒普希金纪念碑揭幕。

简明书目

普希金著作的主要版本

《普希金全集》,苏联科学院出版社,1—16 卷,莫斯科—列宁格勒,1937—1949。

《普希金全集》,苏联科学院出版社,1—10 卷,莫斯科—列宁格勒,1949。

《普希金全集》,M. A. 茨亚夫洛夫斯基编,国家文学出版社,1—6 卷,莫斯科—列宁格勒,1936—1938。

《普希金全集》,杰米扬·别德内依、安·瓦·卢那察尔斯基、П. H. 萨库林、B. И. 索洛维约夫、M. A. 茨亚夫洛夫斯基及 П. E. 谢戈列夫编,国家文学出版社,1—6 卷,莫斯科—列宁格勒,1930 年;再版,1931—1933。

《普希金文集》,C. A. 温格罗夫编,勃罗克高兹 – 叶弗隆出版社,1—6 卷,圣彼得堡,1907—1915。

研究普希金的主要书目

卡·马克思和弗·恩格斯:《论艺术》,莫斯科—列宁格勒,1937;第 2 版,1938。

马·高尔基:《论普希金》,C. Д. 巴卢哈蒂编,莫斯科—列宁格勒,1937 年。

安·瓦·卢那察尔斯基:《俄国文学》,莫斯科,1947。

尼·瓦·果戈理:《关于普希金的几句话》、《鲍里斯·戈东诺夫》、《俄国诗歌的实质究竟在哪里?》,载于《果戈理全集》(6 卷本),第 6 卷,莫斯科,1941。

维·格·别林斯基:《论普希金的作品》,载于《别林斯基全集》,第 7 卷,莫斯科,1955。

尼·加·车尔尼雪夫斯基:《论普希金的生平与文章》,圣彼得堡,1856(文集第 4 卷,莫斯科,1939—1953)。

《尼·亚·杜勃罗留波夫全集》,第 1 卷,莫斯科—列宁格勒,1934。

德·皮萨列夫:《普希金与别林斯基》,载于《皮萨列夫文集》,第 3 卷,莫斯科,1956。

帕·瓦·安年科夫:《普希金传记资料》,圣彼得堡,1873。

帕·瓦·安年科夫:《普希金在亚历山大时代》,圣彼得堡,1874。

阿·格里果里耶夫:《自普希金逝世起人民性思想在我国文学中的发展》,载于《格里果里耶夫文集》,第 1 卷,圣彼得堡,1876。

费·米·陀思妥耶夫斯基:《普希金》(随笔),载于《陀思妥耶夫斯基文集》,第 10 卷,莫斯科,1958。

伊·谢·屠格涅夫:《在莫斯科普希金纪念碑揭幕式上的讲演》,载于《伊·谢·屠格涅夫全集》,第 11 卷,莫斯科,1956。

雅·卡·格罗特:《普希金和他在皇村学校的同学和老师》,圣彼得堡,1887 年;第 2 版,1899。

雅·卡·格罗特:《普希金的皇村学校(1811—1817)》,圣彼得堡,1911。

列·迈科夫:《普希金》(传记资料和文学史随笔),圣彼得堡,1899。

И. B. 亚基奇:《南方斯拉夫族文学对普希金的研究》,圣彼得堡,1901。

叶·费·布德:《普希金语言语法试探》,第 1 部,1—3 分册,圣彼得堡,1901—1904。

B. 西波夫斯基:《普希金的生平与创作》,圣彼得堡,1907。

德·尼·奥夫夏尼科－库利科夫斯基:《普希金》,载于《文集》,第 4 卷,圣彼得堡,1909。

Д.科别科:《皇家皇村学校及其师生》(1811—1843 年),圣彼得堡,1911。

Н.哈斯特弗林德:《普希金在皇村学校的同学》,1—3 卷,圣彼得堡,1912—1913。

П. Е. 谢戈列夫:《普希金》(随笔),圣彼得堡,1912 年;第 2 版,1913。

П. Е. 谢戈列夫:《决斗与普希金之死》,圣彼得堡,1916 年;第 3 版,莫斯科—列宁格勒,1928。

П. Е. 谢戈涅夫:《普希金和农民》,莫斯科,1928。

П. Е. 谢戈涅夫:《普希金》,第 2 卷,第 3 版(增订版),莫斯科—列宁格勒,1931。

П. 巴尔捷涅夫:《普希金在南俄》,莫斯科,1914。

П. 巴尔捷涅夫:《普希金的故事》(1851—1860 年根据普希金朋友口述记录),莫斯科,1925。

П. Н. 萨库林:《普希金和拉吉舍夫》,莫斯科,1920。

В. М. 热尔蒙斯基:《拜伦和普希金》,列宁格勒,1924。

Б. Л. 莫扎列夫斯基和 Н. В. 伊兹马伊洛夫:《普希金的生平与创作概述》,列宁格勒—莫斯科,1924 年。

Б. Л. 莫扎列夫斯基:《受秘密监视的普希金》,圣彼得堡,1922;第 3 版,列宁格勒,1925。

Б. Л. 莫扎列夫斯基:《普希金》,列宁格勒,1939。

Н. О. 列尔涅尔:《普希金的散文》,第 2 版,彼得堡—莫斯科,1923。

Н. О. 列尔涅尔:《普希金的故事》,列宁格勒,1929。

Н. О. 列尔涅尔:《普希金学试探》,《环节》,第 5 卷,莫斯科—列宁格勒,1935。

В. 维列萨耶夫:《普希金生平》,1—4 分册,莫斯科,1926—1927;

第 6 版,1—2 卷,莫斯科,1936。

　　В. 维列萨耶夫:《普希金的同代人》,1—2 卷,莫斯科,1937。

　　瓦·勃留索夫:《我的普希金》,莫斯科—列宁格勒,1929,

　　尤·蒂尼亚诺夫:《拟古派和革新派》,列宁格勒,1929。

　　Д. 布拉戈伊:《普希金作品的社会学》,莫斯科,1929;第 2 版,1931。

　　Д. 布拉戈伊:《普希金的创作道路(1813—1826)》,莫斯科—列宁格勒,1950。

　　Д. 布拉戈伊:《普希金的写作技巧》,莫斯科,1955。

　　С. 邦迪:《普希金的新篇章》,莫斯科,1931。

　　Б. 麦拉赫:《普希金和俄国浪漫主义》,莫斯科—列宁格勒,1947。

　　Б. 麦拉赫:《普希金的生平与创作概述》,莫斯科—列宁格勒,1949。

　　Н. Л. 布罗德斯基:《普希金的长篇小说〈叶夫根尼·奥涅金〉注解》,莫斯科,1932 年;第 4 版,1957。

　　Н. Л. 布罗德斯基:《普希金传》,莫斯科,1937。

　　维·维诺格拉多夫:《普希金的语言》,莫斯科—列宁格勒,1935。

　　维·维诺格拉多夫:《普希金的风格》,莫斯科,1941。

　　康·西蒙诺夫:《普希金》(1949 年 6 月 6 日在苏联大剧院隆重纪念大会上的报告),莫斯科,1949。

　　В. 基尔波京:《普希金的遗产和共产主义》,莫斯科,1936。

　　И. А. 诺维科夫:《普希金的生平和创作》,儿童出版社,莫斯科,1949。

　　В. В. 叶尔米洛夫:《我们的普希金》,莫斯科—列宁格勒,1949。

　　С. М. 彼特罗夫:《普希金的历史小说》,莫斯科,1953。

　　И. 埃格斯:《音乐在普希金的生活和创作中》,莫斯科,1937。

　　А. 采特林:《普希金的写作技巧》,莫斯科,1938。

　　И. 谢尔盖耶夫斯基:《普希金》,莫斯科,1950。

　　Н. К. 古齐:《普希金》,基辅,1949。

K.楚科夫斯基:《普希金和涅克拉索夫》,莫斯科,1949。

Б.П.戈罗杰茨基:《普希金的戏剧作品》,莫斯科—列宁格勒,1953。

И.芬别尔格:《普希金未完成的作品》,莫斯科,1955。

И.安德罗尼科夫:《塔吉尔的发现》,莫斯科,1956。

Б.托马舍夫斯基:《普希金》,第1卷,莫斯科—列宁格勒,1956。

《普希金语言词典》,第1卷,莫斯科,1956年;第2卷,莫斯科—列宁格勒,1958。

研究普希金的专集

《普希金和他的同代人》,1—39卷,圣彼得堡—列宁格勒,1903—1930。

《普希金学家》,文学史专集,1—4卷,圣彼得堡—彼得堡,1914—1922。

《普希金》,俄国语文爱好者协会普希金委员会专集,1—2卷,莫斯科—列宁格勒,1924—1930。

《普希金》,论文和资料汇编,М.П.阿列克谢耶夫编,1—3卷,敖德萨,1925—1927。

《莫斯科普希金学家》,1—2卷,莫斯科,1927—1930。

《普希金在世界文学中》,论文集,列宁格勒,1926。

《文学遗产》,16—18期,莫斯科,1934。

《普希金手稿》,未收集和未发表的手稿,经М.А.茨亚夫洛夫斯基、Б.Л.莫扎列夫斯基、Т.Г.津格尔审阅付印,莫斯科—列宁格勒,1935。

《国家文学博物馆年鉴》,第1卷,《普希金》,莫斯科,1936;《普希金管理的档案》,莫斯科,1939。

《普希金》,普希金委员会期刊,1—6期,莫斯科—列宁格勒,1936—1941。

《普希金逝世一百周年》,莫斯科—列宁格勒,1938。

《普希金——俄国新文学的奠基者》,莫斯科—列宁格勒,1941。

《十九世纪俄国作家论普希金》,A. C. 多利宁编,列宁格勒,1938。

《同代人对普希金的回忆以及关于他的故事》,C. Я. 格先编,列宁格勒,1936。

《普希金的〈鲍里斯·戈东诺夫〉》,论文集,K. H. 杰尔查文编,列宁格勒,1936。

《回忆普希金文集》,M. A. 茨亚夫洛夫斯基编,莫斯科,1931。

《批评家普希金》,H. B. 鲍戈斯洛夫斯基编,莫科科—列宁格勒,1934。

《俄国批评界对普希金的评价》,B. 多罗费耶夫和 Г. 切列明编,莫斯科,1950。

《第一、二届全苏普希金学术会议报告汇编》,莫斯科—列宁格勒,1952。

《关于普希金的科研报告和资料汇编》,第三届全苏普希金学术会议报告,莫斯科—列宁格勒,1953。

《关于普希金的科研报告和资料汇编》,第 1 卷,莫斯科—列宁格勒,1956。

研究普希金的书刊索引和参考资料

B. И. 麦热夫:《普希金文献》,圣彼得堡,1886。

B. B. 西波夫斯基:《1899—1900 年普希金诞辰一百周年纪念文献》,圣彼得堡,1901 年;再版,1902。

B. B. 卡拉什:《普希金文献》,1—2 卷,基辅,1902—1903。

H. 列尔涅尔:《普希金的著作和生平》,莫斯科,1903 年;第 2 版,圣彼得堡,1910。

M. A. 茨亚夫洛夫斯基:《普希金生平和创作年表》,第 1 卷,莫斯科,1951 年。

Б. Л. 莫扎列夫斯基:《普希金的藏书》,载于《普希金和他的同代人》,第 9—10 卷,圣彼得堡,1910。

Н. 西尼亚夫斯基和 M. 茨亚夫洛夫斯基:《1814—1837 年普希金发表的作品》,莫斯科,1914。

К. П. 鲍加耶夫斯卡娅:《一百年间出版的普希金作品(1837—1938)》,莫斯科,1938。

А. Г. 福明:《普希金文献》(1900—1910),列宁格勒,1929 年;《普希金文献》(1911—1917),莫斯科—列宁格勒,1937。

《普希金作品手册》,П. Н. 萨库林、П. Е. 谢戈列夫、Б. В. 托马舍夫斯基、М. А. 茨亚夫洛夫斯基和 Д. П. 雅库鲍维奇编,莫斯科—列宁格勒,1931。

Н. В. 拉普申、И. К. 罗曼诺维奇、Б. И. 亚尔霍:《普希金诗律指南》,莫斯科—列宁格勒,1934。

Б. Л. 莫扎列夫斯基、Б. В. 托马舍夫斯基:《在普希金之家保存的普希金手稿》,莫斯科—列宁格勒,1937。

П. 别尔科夫、拉夫罗夫:《普希金作品目录》,莫斯科—列宁格勒,1949。

译后记

普希金是俄国的伟大诗人，他的许多名篇不但在俄国诗坛上占据首位，而且对其他国家的诗歌发展也有巨大影响。普希金的诗在很早以前就介绍到中国来了，鲁迅先生在《摩罗诗力说》里就提到过普希金的名字。普希金写的渴望自由的诗篇，曾鼓舞中国的青年读者投身于反帝反封建的革命斗争。

解放后，普希金的诗歌和小说、戏剧等，介绍到中国来的就更多了，但传记似未多见。这本《普希金传》出版于三十年代，当时一共出过三本（另外两本的作者是布罗茨基和丘尔科夫）。根据苏联普学家的评论，这本书的优点是对诗人生活的时代和生平事迹的叙述，翔实可取，因而被收入《名人传》丛书，几次再版。这个本子是根据苏联青年近卫军出版社一九五八年修改版译出的。

至于书中评价诗人时所阐明的观点，尚有待于普学家进一步加以研究，读者也可以根据自己的认识加以扬弃或取舍。

本书作者列昂尼德·彼得洛维奇·格罗斯曼，一八八八年生于敖德萨，一九一一年大学毕业，任大学文学史教员，一九二一年迁居莫斯科，仍然从事文学研究与教学工作。他研究的俄国作家主要有普希金、屠格涅夫、陀思妥耶夫斯基、列斯科夫等，外国作家主要有罗曼·罗兰、亨利·巴比塞等。

译者在翻译本书时，也遇到一些难题，主要是俄国人研究诗歌有他们的一套办法，在翻译中有时难以表达完满。译者既要忠实于原著，又要想办法使读者能够接受。由于水乎所限，错误在所难免，欢迎批评指正。至于原书的人名字头和年代有些笔误（或印刷错误），译者

径直订正,未一一注明。为了便于读者阅读,译者除保留原书作者的
注释外,还适当地加了一些注释。

译者

一九八一年元旦